Das öffentlich-rechtliche Bankensystem

Europäische Hochschulschriften

European University Studies

Publications Universitaires Européennes

Reihe II **Rechtswissenschaft**

Series II Law

Série II Droit

Band/Volume **5763**

Andreas Schäfer

Das öffentlich-rechtliche Bankensystem

Bestandsaufnahme, Rechtfertigung und aktuelle Probleme

PL ACADEMIC RESEARCH

Bibliografische Information der Deutschen Nationalbibliothek
Die Deutsche Nationalbibliothek verzeichnet diese Publikation in der Deutschen Nationalbibliografie; detaillierte bibliografische Daten sind im Internet über http://dnb.d-nb.de abrufbar.

Zugl.: Heidelberg, Univ., Diss., 2015

D 16
ISSN 0531-7312
ISBN 978-3-631-66361-5 (Print)
E-ISBN 978-3-653-05794-2 (E-Book)
DOI 10.3726/978-3-653-05794-2

PL Academic Research ist ein Imprint der Peter Lang GmbH.
Peter Lang – Frankfurt am Main · Bern · Bruxelles · New York · Oxford · Warszawa · Wien

Diese Publikation wurde begutachtet.

www.peterlang.com

Meinen Eltern

Vorwort

Die vorliegende Arbeit wurde im Wesentlichen im Jahr 2010 fertiggestellt und im Wintersemester 2014/2015 von der Juristischen Fakultät der Universität Heidelberg als Dissertation angenommen.

Mein Dank gilt in erster Linie dem Betreuer der Arbeit, Herrn Prof. Dr. Stephan Kirste, der mir die nötige wissenschaftliche Freiheit ließ, diese Arbeit nach meinen Vorstellungen zu fertigen, was ein maßgeblicher Faktor dafür war, dass die Beschäftigung mit ihr Freude bereitete. Gleichzeitig war er jederzeit für mich erreichbar, um mich bei auftretenden Fragen und Problemen zu unterstützen.

Herrn Prof. Dr. Ekkehart Reimer danke ich für die freundliche Übernahme der Zweitkorrektur sowie für seine wertvollen Anregungen.

Mein Dank gilt auch dem Deutschen Sparkassen- und Giroverband, der diese Arbeit unterstützte.

Mein herzlicher Dank gilt meiner Frau, die mich – konkret – während meines Auslandsaufenthalts mit Literatur versorgte und das Korrekturlesen übernahm. Allgemein gilt ihr mein Dank für ihr Verständnis und ihren Zuspruch. Ohne ihre Unterstützung wäre die Fertigstellung dieser Arbeit – aber auch meine juristische Ausbildung und Berufsausübung in ihrer jetzigen Form – kaum möglich gewesen.

Besonderer Dank gilt meinen Eltern, denen diese Arbeit gewidmet ist. Ihre uneingeschränkte Unterstützung meiner gesamten juristischen Ausbildung in vielerlei Hinsicht war für deren Erfolg maßgeblich.

Speyer, im Mai 2015 Andreas Schäfer

Inhaltsverzeichnis

I. Einleitung

Zu Beginn der Arbeit an dieser Untersuchung im Jahr 2007 lag das öffentlich-rechtliche Bankensystem, hiermit ist die Sparkassengruppe gemeint, insbesondere die Sparkassen und Landesbanken, im Fokus des öffentlichen Interesses. Hieran hat sich bis heute nichts geändert, immer wieder findet man neue Schlagzeilen über diese Kreditinstitute in den großen Tageszeitungen.

In der Diskussion spielten insbesondere die Zukunft der WestLB und damit auch die Zukunft der Sparkassen eine Rolle. Auch die SachsenLB erntete aufgrund von Spekulationsgeschäften große Aufmerksamkeit.

Vereinzelt werden Stimmen laut, die fordern, das öffentlich-rechtliche Bankensystem abzuschaffen.[1] Gerade in Zeiten, in denen auch diese Kreditinstitute nach Gewinnmaximierung streben und sich hierbei riskanten Geschäften bedienen, sei es unverantwortlich, diese Risiken dem Steuerzahler aufzubürden.[2]

Doch was ist geschehen? In der Vergangenheit hat das öffentliche Bankensystem, das im Wesentlichen in Gestalt der vielen regionalen Sparkassen, den Landesbausparkassen und an der Spitze durch die Landesbanken in Erscheinung tritt, seine Dienste ruhig und scheinbar durchaus erfolgreich verrichtet. Dies drückt sich augenscheinlich darin aus, dass die Sparkassen schon wiederholt das Ziel einer Übernahme waren.

Im Wesentlichen konzentriert sich die aktuelle Kritik auf die von den Landesbanken erwirtschafteten Verluste. Namentlich die WestLB musste aufgrund von Fehlspekulationen für das Jahr 2007 einen Verlust von EUR 1,6 Milliarden ausweisen.[3] Ähnliches geschah bei der SachsenLB in der jüngeren Vergangenheit, weswegen eine Übernahme durch die Landesbank Baden-Württemberg erfolgte.

Zu erwähnen ist in diesem Zusammenhang auch der Streit zwischen der Bundesrepublik Deutschland und der EU-Kommission über die Frage, ob § 40 KWG mit Unionsrecht vereinbar ist. Dieser Streit entzündete sich im Rahmen der Verkaufsbemühungen hinsichtlich der Landesbank Berlin Holding AG.[4]

Diese Entwicklungen werfen eine Vielzahl von rechtlichen Fragen auf, deren Beantwortung teilweise noch nicht abschließend erfolgt ist. Vielen Fragen in diesem Zusammenhang nimmt sich die vorliegende Untersuchung an.

Ein Bestandteil der Arbeit soll es sein, zu prüfen, wie eine Übernahme eines öffentlich-rechtlichen Kreditinstitutes vollzogen werden kann, insbesondere, ob und wie eine Übernahme durch Private rechtlich möglich ist.

---

1 Spekulanten aus Verzweiflung.
2 Spekulanten aus Verzweiflung.
3 WestLB macht 1,6 Milliarden Euro Verlust.
4 Witte/Gregoritza, S. 151 f.

Auch sollen weitere aktuelle Entwicklungen beleuchtet werden, wie beispielsweise der Wegfall von Anstaltslast und Gewährträgerhaftung in diesem Bereich und die Gründe, die hierzu führten.

Es wird auch darauf eingegangen werden, inwiefern sich das Geschäftsfeld der Institute geändert hat und ob sich insbesondere die Sparkassen und Landesbanken nicht schon soweit an die Geschäftsbanken angenähert haben, dass es eigentlich keine Daseinsberechtigung für das System mehr gibt. Denn, wenn Private exakt die selben Leistungen in der selben Qualität erbringen können wie die Landesbanken und Sparkassen, würden die Leistungen der staatlichen Banken keinen Mehrwert für die Bevölkerung bieten.

Die Frage nach der Rechtfertigung des öffentlich-rechtlichen Bankensystems insgesamt bildet einen Schwerpunkt der Arbeit. Hier bedarf es auch einer Betrachtung der Geschichte der Sparkassen und Landesbanken sowie deren rechtlicher Struktur, um zu verstehen, welche Intentionen hinter der Gründung standen. Es wird zu fragen sein, ob diese Intentionen weiterhin als Rechtfertigung dienen können, oder ob etwa im Laufe der Zeit andere Gründe dieses Engagement der öffentlichen Hand rechtfertigen können oder ob es solche Gründe gar nicht mehr gibt.

Insbesondere muss in diesem Zusammenhang der Frage nachgegangen werden, woraus sich die pauschale Aussage ergibt, dass staatliches Handeln stets rechtfertigungsbedürftig sei. Möglicherweise ist es angebracht, diese Sichtweise zu ändern und es dem Staat zu gestatten, wie ein Unternehmer zu handeln.

Eventuell werden auch Stellen im System entdeckt, zu denken ist hier insbesondere an die Aufsichtsstruktur, die modifiziert werden sollten, um dem ursprünglichen Anspruch auch in Zukunft gerecht zu werden. In diesem Fall sollen Modifikationen, die der Verfasser ggf. für angezeigt hält, dargestellt werden.

Zudem soll auf aktuelle Probleme des Europarechts eingegangen werden, die das öffentlich-rechtliche Bankensystem betreffen. Hier ist vieles im Fluss, der Wegfall der Anstaltslast und der Gewährträgerhaftung waren ein Ausfluss dieses Konfliktes.

II. Marktbedeutung

Insgesamt zeigt eine Erhebung aus dem Jahr 2000, dass der Marktanteil, unter ausschließlicher Berücksichtigung der Bilanzsumme, insgesamt unter den verschiedenen Bankengruppen relativ gleichmäßig verteilt ist:

Abbildung 1[5]: Bilanzsumme.

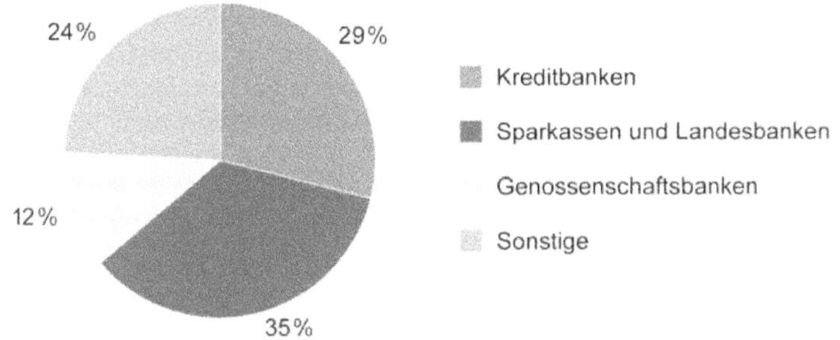

Hieraus lassen sich nur geringe Rückschlüsse für den weiteren Gang der Arbeit ziehen. Vielmehr ist es notwendig, zu sehen, in welchen Bereichen die Sparkassen und Landesbanken besonders stark agieren und wo nicht.

Erwartungsgemäß stark vertreten sind die Sparkassen nämlich im Bereich der Spareinlagen:

Abbildung 2[6]: Spareinlagen.

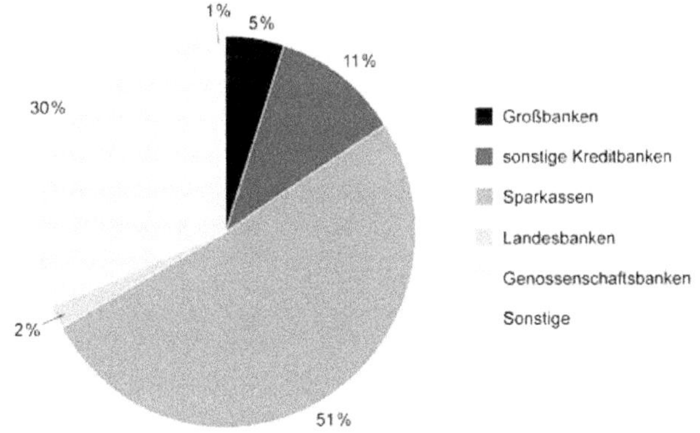

5 Vgl. Gärtner, S. 28.
6 Vgl. Gärtner, S. 29.

Dies ist schon ein Indiz für die Schwerpunktsetzung der öffentlich-rechtlichen Akteure auf dem Kreditmarkt. Auch bei der Vergabe von Krediten an Unternehmer und Selbständige ist das Engagement der sogenannten Sparkassengruppe bemerkenswert. Hier besteht ein Marktanteil von über 40 %[7], regional bei Privatkunden sogar darüber, so hält die Sachsen-Finanzgruppe einen durchschnittlichen Marktanteil von 50 %[8].

Die Sparkassen in Nordrhein-Westfalen und Brandenburg können auf ein Kundenpotential von zusammen 12 Mio. Privatkunden zurückgreifen, was ungefähr den bundesweiten Kundenverbindungen der Postbank entspricht.[9]

Umgekehrt treten die Sparkassen mit Dienstleistungen im Bereich von spekulativen Geschäften nahezu kaum in Erscheinung. Diese Geschäfte scheinen die Landesbanken für sie zu unternehmen, wie beispielsweise der Marktanteil bei Geschäften im Zusammenhang mit der Nutzung von Zins- und Wertpapierschwankungen zeigt:

Abbildung 3: Zins- und Währungsswaps[10].

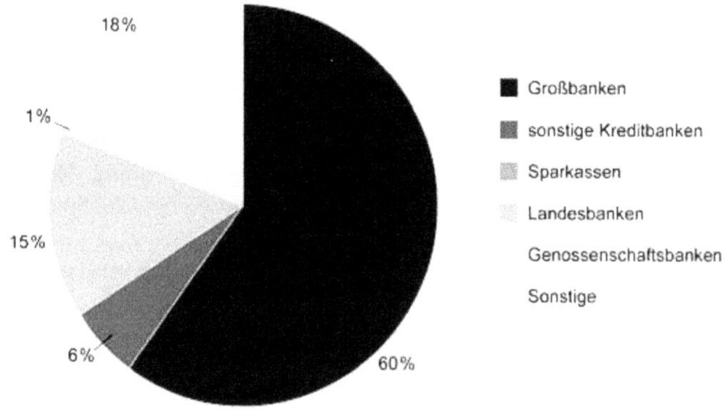

Aus diesen Untersuchungen zeigt sich bereits eine Fokussierung des Geschäftsgebietes der öffentlich-rechtlichen Banken. Betrachtet man nun die absoluten Marktanteile, so unterstreicht das Ergebnis einer Auswertung die Fokussierung auf bestimmte Bereiche:

7 DSGV Faktenpapier Nummer 19, Seite 9.
8 Sachsen-Finanzgruppe (SFG) stärkt Substanz der Verbundsparkassen.
9 Fischer, S. 541.
10 Vgl. Gärtner, S. 29.

Abbildung 4[11]*: Marktanteile der Bankengruppen.*

in %	Kreditbanken	Landesbanken	Sparkassen	Kreditgenossenschaften	Realkreditinstitute	Banken mit Sonderaufgaben	Bausparkassen
Bilanzsumme	29,6	20,8	13,7	8,3	11,0	10,6	2,5
Buchkredite an Banken	35,5	27,9	5,3	3,5	6,2	15,2	1,8
inländische Banken	17,2	26,5	9,5	6,4	7,4	23,6	3,1
ausländische Banken	55,7	29,4	0,7	0,3	4,9	6,0	0,4
Buchkredite an Nichtbanken	27,3	16,4	19,6	11,7	13,0	7,3	3,4
inländische Nichtbanken	25,2	13,9	23,1	13,8	12,5	6,6	4,0
Unternehmen und Selbstständige	26,6	18,7	22,5	12,3	10,9	6,6	0,8
Wohnungsbaukredite	21,3	9,2	25,4	12,7	16,3	11,9	3,1
Wirtschaftskredite	28,3	21,7	21,6	12,2	9,2	4,9	0,1
Privatpersonen	28,5	3,8	28,6	19,8	6,8	3,2	9,3
Wohnungsbaukredite	25,1	3,7	28,7	19,4	8,0	3,2	11,9
Konsumkredite	40,9	4,2	28,1	21,3	2,4	3,1	0,0
ausländische Nichtbanken	39,0	30,0	1,0	0,4	15,8	11,0	0,1
Einlagen von Banken	35,5	27,4	10,4	4,0	7,3	7,6	1,1
inländische Banken	17,6	27,9	16,3	6,2	10,3	10,9	1,7
ausländische Banken	64,4	26,6	0,2	0,5	2,4	2,3	0,1
Einlagen von Nichtbanken	32,8	12,7	23,6	15,3	6,6	3,9	4,5
inländische Nichtbanken	28,9	12,8	25,9	16,9	7,2	3,5	5,0
Spareinlagen	18,3	2,5	49,9	29,0	0,1	0,0	0,1
ausländische Nichtbanken	58,5	23,7	4,2	1,6	2,3	6,8	0,3
Inhaberschuldverschreibung	14,5	27,4	2,8	2,8	25,1	24,8	0,4

Besonders aktiv sind die Sparkassen bei den Krediten an inländische Nichtbanken und im Bereich der Einlagen von Nichtbanken, insbesondere, wie schon gesehen, bei den Spareinlagen.

Die Tabelle zeigt auch die Aufgabenteilung zwischen den Sparkassen und den Landesbanken. Gerade Geschäfte mit Auslandsbezug und Geschäfte mit anderen Kreditinstituten werden innerhalb der Sparkassenorganisation von den Landesbanken abgewickelt.

11 Vgl. Marktanteile der Bankengruppen.

III. Derzeitige rechtliche Struktur des öffentlich-rechtlichen Bankensystems

Nachdem nun die tatsächliche Marktbedeutung der Sparkassen und Landesbanken angesehen wurde, erscheint es sinnvoll, zunächst darauf einzugehen, wie die Sparkassen und Landesbanken rechtlich organisiert sind.

1. Die Sparkassen

a) Die rechtliche Struktur der Sparkassen

Die Sparkassen werden von ihren Errichtungskörperschaften regelmäßig[12] als Anstalten des öffentlichen Rechts errichtet.[13] Errichtungsträger sind Gebietskörperschaften, häufig Städte oder Landkreise, wodurch sich auch die Bezeichnung der Sparkasse als „Kreissparkasse" oder „Stadtsparkasse" erklärt. Diese rechtliche Organisation geben teilweise die Sparkassengesetze vor.[14] Dass es sich bei den Sparkassen ungeachtet der gesetzlichen Anordnung nicht um Körperschaften, sondern um Anstalten des öffentlichen Rechts handelt, ergibt sich schon daraus, dass die Sparkasse Benutzer hat. Denn nach dem allgemeinen verwaltungsrechtlichen Unterscheidungsgrundsatz soll eine Körperschaft dann vorliegen, wenn das rechtliche Konstrukt über Mitglieder verfügt; eine Anstalt hingegen, wenn das Gebilde über Benutzer verfügt. Zudem ergibt sich die Anstaltseigenschaft aus der Abhängigkeit der Sparkassen von ihrem Gewährträger, aus der Rechtsfähigkeit und ihrer öffentlich-rechtlichen Grundlagen.[15]

Neben diesen Sparkassen, die „klassisch" organisiert sind, bestehen in Deutschland sechs freie Sparkassen, die sich in Norddeutschland befinden und privatrechtlich organisiert sind; zwischenzeitlich durchweg in der Rechtsform der Aktiengesellschaft.[16] Organisatorische Ausnahmen von der Sparkasse als rechtsfähige Anstalt des öffentlichen Rechts stellen die Berliner Sparkasse und die Braunschweigische Landessparkasse dar: Die Berliner Sparkasse, auf die im weiteren Verlauf der Arbeit

---

12 Eine Ausnahme bildet die Sparkasse Berlin, die als teilrechtsfähige Anstalt letztlich eine Abteilung der Landesbank Berlin ist. Hierauf wird im weiteren Gang der Untersuchung noch einzugehen sein.

13 Widhofer-Mohnen, S. 28; Lohmiller, S. 1; Püttner, Sparkassenrecht, S. 57, der noch davon ausgeht, dass nach „allen" Sparkassengesetzen die Sparkassen Anstalten des öffentlichen Rechts seien.

14 Beispielsweise heißt es in § 1 Abs. 1 des Sparkassengesetzes Rheinland-Pfalz: „Die von kommunalen Gebietskörperschaften oder von Zweckverbänden (Errichtungsträger) errichteten Sparkassen sind rechtsfähige Anstalten des öffentlichen Rechts."

15 Püttner, Sparkassenrecht, S. 57.

16 Siehe die Aufzählung bei Henneke, S. 178.

detailliert einzugehen sein wird, stellt eine teilrechtsfähige Anstalt des öffentlichen Rechts dar, mit deren Trägerschaft die Landesbank Berlin AG beliehen wurde. Seit 2007 ist auch die Braunschweigische Landessparkasse eine teilrechtsfähige Anstalt. Sie gehört der Norddeutschen Landesbank an.

Neben den Ausnahmen der freien Sparkassen und der Sparkassen als teilrechtsfähigen Anstalten, gibt es Ausnahmen in der Trägerschaft. In diesen Fällen ist der Träger jedenfalls nicht unmittelbar eine Gebietskörperschaft. Zu nennen sind hier die sächsischen Kreissparkassen Mittweida, Freiberg und Aue-Schwarzenberg und die Sparkassen Vogtland, Mittleres Erzgebirge, Erzgebirge und Leipzig sowie die Ostsächsische Sparkasse Dresden, deren Träger jeweils der Sachsen-Finanzverband ist.

Die Frankfurter Sparkasse entstand aus der freien Frankfurter Sparkasse von 1822 und der Stadtsparkasse Frankfurt am Main. Die Frankfurter Sparkasse wurde aufgrund einer finanziellen Schieflage zunächst am 30.08.2005 in eine AG umgewandelt, um dann von der Landesbank Hessen-Thüringen erworben werden zu können. Mit Gesetz vom 01.07.2007 wurde die Frankfurter Sparkasse erneut in eine Anstalt des öffentlichen Rechts umgewandelt, deren Träger die Landesbank Hessen-Thüringen ist.

Eine weitere Ausnahme stellt die Sparkasse Bremerhaven dar, deren Träger die „Sparkassenstiftung Bremerhaven" ist.[17]

b) Das Regionalprinzip als Ausfluss der rechtlichen Struktur der Sparkasse

aa) Grundsätzliches zum Regionalprinzip

Wenn man von den Sparkassen spricht, fällt häufig der Begriff des Regionalprinzips. Das Regionalprinzip ergibt sich letztlich aus der Bindung der Sparkasse an ihren Gewährträger. Denn die Kompetenz der von dem Träger erschaffenen Anstalt kann grundsätzlich nicht weiter gehen, als diejenige ihres Trägers, was auch die räumliche Kompetenz, also das Gewährträgergebiet, umfasst.[18] Hinsichtlich der dargestellten Ausnahmen in der Trägerschaft ergibt sich das Regionalprinzip häufig direkt aus dem Gesetz, das die andere Trägerschaft zulässt.[19]

---

17 Vergleiche zu den dargestellten Ausnahmen die Übersicht bei Henneke, S. 178 f.

18 Püttner, Sparkassenrecht, S. 132.

19 Siehe etwa § 17 des Gesetzes zur Errichtung der Frankfurter Sparkasse als Anstalt des öffentlichen Rechts (Fraspa-Gesetz) vom 14. Mai 2007.

bb) Ausnahmen vom Regionalprinzip und deren rechtliche Legitimation

Dennoch gibt es von dem oben dargestellten Grundsatz Ausnahmen. So ist es teilweise[20] gestattet, dass die Sparkassen Zweigstellen außerhalb des Gewährträgergebietes errichten. Auch kann es im Falle eines Zusammenschlusses zweier Sparkassen dazu kommen, dass eine Sparkasse in verschiedenen Gewährträgergebieten geschäftlich aktiv wird. Zudem besteht bei den Kreissparkassen ein gewisses Problem hinsichtlich des Gewährträgergebiets, so kann beispielsweise eine kreisangehörige Gemeinde eine eigene Sparkasse errichten. In diesem Fall wäre der räumliche Geschäftsbereich der Kreissparkasse teilweise mit demjenigen der Sparkasse der kreisangehörigen Gemeinde deckungsgleich.

Auf diese Fragen und deren Rechfertigung ist näher einzugehen:

aaa) Errichtung von Zweigstellen außerhalb des Gewährträgergebiets

Betrachtet man den oben dargestellten Grundsatz des Regionalprinzips, so stellt die Errichtung einer Sparkassenzweigstelle außerhalb des Gewährträgergebiets ein Problem dar. Wie kann eine Sparkasse, die von ihrem Gewährträger im Rahmen seiner Kompetenzen, insbesondere im Rahmen seiner räumlichen Kompetenz, ihre Geschäftstätigkeit in einem Gebiet ausüben, das über die räumliche Kompetenz des Errichtungsträgers hinausgeht?

Die Lösung ergibt sich aus dem Gedanken, dass die Sparkassen zwar eng mit dem Gewährträger verbunden sind und deswegen grundsätzlich das Kommunalrecht sich in dem Sonderrecht der Sparkassen, also den Sparkassengesetzen, widerspiegelt. Allerdings ist diese Erkenntnis nicht abschließend. Denn die Sparkassen üben neben der Funktion, sich den Angelegenheiten der örtlichen Gemeinschaft anzunehmen, auch solche Aufgaben aus, die im staatlichen Interesse liegen.[21]

Teilweise scheint der Gesetzgeber der Ansicht zu sein, dass die Sparkassen diese staatlichen Aufgaben nicht erfüllen können, wenn sie einzig den Gemeinden bzw. den sie tragenden Gebietskörperschaften allgemein zugeordnet wären. Der Staat übt insofern eine Gestaltungskraft aus, die ihm aufgrund der Kompetenz zukommt, allgemein den Rechtsrahmen von Anstalten des öffentlichen Rechts zu regeln.[22]

Selbst wenn eine Gemeinde als Rechtsträger einer Sparkasse, etwa durch eine Satzungsänderung, an der räumlichen Erweiterung des Geschäftsgebietes „ihrer“ Sparkasse mitwirken müsste, könnte die Gemeinde aufgrund ihrer eingeschränkten räumlichen Kompetenz aus eigener Kompetenz heraus die Erweiterung des

20 So heißt es etwa in § 3 SpkG RLP: „Die Sparkassen können im Gebiet ihres Errichtungsträgers Zweigstellen errichten. Die Errichtung einer Zweigstelle außerhalb des Gebietes des Errichtungsträgers oder im Gebiet des Trägers einer anderen Sparkasse bedarf der Genehmigung der Aufsichtsbehörde. Wird die Zweigstelle im Gebiet eines anderen Trägers errichtet, ist dieser vorher zu hören.“

21 Brzoska, S. 77.

22 Brzoska, S. 78.

Geschäftsgebietes nicht veranlassen. Diese Kompetenzerweiterung beruht letztlich auf der staatlichen Entscheidung, sie unter bestimmten Voraussetzungen zuzulassen.[23]

Sofern daraus folgt, dass die Sparkasse eine Zweigstelle in dem Gebiet einer anderen Gebietskörperschaft errichtet, stellt sich allerdings die Frage, inwiefern diese andere Gebietskörperschaft, etwa eine angrenzende Gemeinde, in ihren Rechten verletzt wird. Hierbei ist insbesondere an die kommunale Selbstverwaltungsgarantie aus Art. 28 Abs. 2 GG zu denken.

Es fragt sich, welchen Schutz die kommunale Selbstverwaltungsgarantie bietet und wie und ob dieser Schutz ggf. eingeschränkt werden kann.

aaaa) Die kommunale Selbstverwaltungsgarantie

Wie es sich aus der Stellung des Art. 28 Abs. 2 GG im Grundgesetz ergibt, die Vorschrift findet sich im organisatorischen Teil des Grundgesetzes, handelt es sich bei der Selbstverwaltungsgarantie nicht um ein Grundrecht der Gemeinden auf eine Selbstverwaltung gegenüber dem Staat, sondern vielmehr um eine institutionelle Garantie der kommunalen Selbstverwaltung.[24]

Sie beinhaltet drei Komponenten:

- Die Gemeinden und die Gemeindeverbände werden als institutionelle Rechtssubjekte geschützt.[25]
- Die kommunale Selbstverwaltung erfährt durch Art. 28 Abs. 2 GG eine objektive Rechtsinstitutionsgarantie.[26]
- Zudem wird den Kommunen eine subjektive Rechtsstellung garantiert, wonach sie in der Lage sind, sich gegen Angriffe auf diese Garantien durch den Staat zu wehren.[27] Dies wird durch die Einräumung der Möglichkeit, Kommunalverfassungsbeschwerde zu erheben, gewährleistet. Die Kommunalverfassungsbeschwerde findet ihre Rechtsgrundlagen in Art. 93 Abs. 1 Nr. 4 b GG und § 91 BVerfGG.[28]

Die objektive Institutsgarantie vermittelt den Kommunen einen Aufgabenbereich, der grundsätzlich alle Angelegenheiten der örtlichen Gemeinschaft umfasst. In diesem Zusammenhang ist es den Gemeinden gestattet, die Geschäfte eigenverantwortlich zu führen.[29]

---

23 Brzoska, S. 78.
24 BVerfGE 1, 167 (174 f.); Maunz/Dürig-*Maunz*, Art. 28, Rn. 45.
25 Stern/Burmeister, S. 47; Bonner Kommentar-*Stern*, Art. 28, Rn. 78 ff.
26 Stern/Burmeister, S. 47; Bonner Kommentar-*Stern*, Art. 28, Rn. 78 ff.
27 Bonner Kommentar-*Stern*, Art. 28, Rn. 174 ff.
28 Stern/Burmeister, S. 47.
29 Siehe insbesondere die „Rastede-Entscheidung" des Bundesverfassungsgerichts: BVerfGE 79, 127.

Hieraus ergibt sich der gegenständliche Schutzbereich der kommunalen Selbstverwaltung: Sie umfasst grundsätzlich alle Angelegenheiten, die mit dem Zusammenleben der Menschen in örtlicher Gemeinschaft zusammenhängen. Geschützt sind also solche Angelegenheiten, die entweder einen spezifischen Bezug zur örtlichen Gemeinschaft haben oder in ihr wurzeln. Der Schutzbereich ist eröffnet, wenn die Angelegenheit das Zusammenleben oder das Zusammenwohnen der Menschen in der Gemeinde betrifft. Für diese Angelegenheiten besteht für die Gemeinden eine sog. „Allzuständigkeit".[30] Diese Maßgaben hat der Gesetzgeber bei der Verteilung von Zuständigkeiten zu beachten.

Angelegenheiten mit überörtlichem Charakter sind nicht von dem gegenständlichen Schutzbereich der kommunalen Selbstverwaltung umfasst, wobei Abgrenzungsprobleme entstehen können. Die Gemeinden verfügen also über einen eigenen Geschäftsbereich und darüber hinaus können sie ihre Aufgaben in diesem Bereich frei von staatlichen Weisungen in eigener Verantwortung erledigen. Dieser Kernbereich der kommunalen Selbstverwaltung wird häufig in einzelne typische Hoheiten aufgespaltet, die den Umfang des Bereiches, in dem die Kommunen eigenverantwortlich handeln können, verdeutlichen.

Klassischerweise kommen den Kommunen aus der kommunalen Selbstverwaltung die folgenden Hoheitsrechte zu:

- Die Gebietshoheit
- Die Personalhoheit
- Die Finanzhoheit
- Die Planungshoheit
- Die Steuerhoheit
- Die Satzungsgewalt der Gemeinde

Allerdings ist bei der Betrachtung der Weite des verfassungsmäßigen Schutzes der Gemeinde zu berücksichtigen, dass die Freiheit der Gemeinde nicht grenzenlos gewährt ist. Vielmehr können die Gemeinden die Garantie der kommunalen Selbstverwaltung nur soweit in Anspruch nehmen, wie es die Gesetze zulassen.[31] Dies wird schon aus dem Wortlaut des Art. 28 Abs. 2 GG deutlich, wonach den Kommunen die darin gewährte Garantie *im Rahmen der Gesetze* gewährt wird.

Diese Einschränkung bezieht sich sowohl darauf, wie die Aufgabenerledigung erfolgt, als auch darauf, wie weit die Garantie gewährt wird.[32]

Dennoch kann der Gesetzgeber nicht unbegrenzt in die verfassungsmäßig garantierte kommunale Selbstverwaltung eingreifen. Denn aus dem Rechtsstaatsprinzip ergibt sich das Übermaßverbot, wonach Eingriffe in die kommunale Selbstverwaltung einer Rechtfertigung bedürfen.

30 Beispielsweise: Maunz/Dürig-*Maunz*, Art. 28 Rn. 60.
31 Claussen, Bernd, S. 122.
32 Claussen, Bernd, S. 122.

In diesem Zusammenhang ist zu beachten, dass bei einem Eingriff in die garantierte kommunale Selbstverwaltung keine eigentliche Verhältnismäßigkeitsprüfung erfolgt, weil die Selbstverwaltungsgarantie, wie eingangs ausgeführt, nicht mit einem Grundrecht gleichzusetzen ist. Insbesondere ist das Verhältnis der Bürger gegenüber dem Staat ein anderes, als das der Kommunen gegenüber dem Staat. In der Rastede-Entscheidung hat das Bundesverfassungsgericht folglich richtigerweise davon abgesehen, eine eigentliche Verhältnismäßigkeitsprüfung durchzuführen. Stattdessen wurde auf eine anzustellende spezifische Prüfung verwiesen.[33] In praktischer Hinsicht ähnelt diese spezifische Prüfung der Prüfung der Verhältnismäßigkeit, allerdings sind die verschiedenen Rollen von Bürgern und Kommunen zu beachten.[34]

Zudem ist zu beachten, dass Eingriffe in den Kernbereich der kommunalen Selbstverwaltung nicht möglich sind. Dieser Kernbereich stellt eine Eingriffsgrenze dar, die auch nicht durch Abwägung zu überwinden ist.[35]

Dann fragt es sich, wie weit sich der Kernbereich der kommunalen Selbstverwaltung erstreckt. Um diese Weite zu bestimmen, sind nach ständiger Rechtsprechung sowohl die geschichtliche Entwicklung, als auch verschiedene Erscheinungsformen kommunaler Selbstverwaltung zu berücksichtigen.[36] Das bedeutet, dass solche herkömmlichen Merkmale, die die kommunale Selbstverwaltung in ihren historischen und auch regionalen Erscheinungen entscheidend prägen, nicht beseitigt werden dürfen.[37] Der Kernbereich wird institutionell gewährleistet, kann also nicht durch einen Eingriff des Gesetzgebers in den Kernbereich einer einzigen Gemeinde verletzt sein, sondern nur dann, wenn er alle Gemeinden im Regelungsgebiet des Gesetzgebers betrifft.[38]

Hinsichtlich des Aufgabenbestands, der Gegenstand des Kernbereichs der Selbstverwaltung ist, hat das Bundesverfassungsgericht ausgeführt, dass ein gegenständlich bestimmter bzw. ein nach feststehenden Merkmalen bestimmbarer Aufgabenkatalog notwendig ist.[39] Hinsichtlich der Garantie der Eigenverantwortlichkeit der Gemeinden hat das Bundesverfassungsgericht ausgeführt, dass solche Regelungen nicht zulässig sind, die es vereiteln würden, dass den Kommunen eine eigenständige organisatorische Gestaltungsfähigkeit zukommt.[40]

Demnach sind folgende Bestandteile der kommunalen Selbstverwaltung dem Kernbereich kommunaler Selbstverwaltung zuzurechnen:

Die Gemeinde ist als Rechtssubjekt so weit geschützt, dass Gebietsänderungen oder Änderungen, die den Bestand einer einzelnen Gemeinde betreffen, nur dann

---

33 BVerfGE 79, 127.
34 Burgi, § 6, Rn. 39.
35 Burgi, § 6, Rn. 36.
36 Burgi, § 6, Rn. 36.
37 BVerfGE 79, 127 (147, 155); 83, 363 (381).
38 Münch/Kunig-*Löwer*, Art, 28, Rn. 49.
39 BVerfGE 79, 127 (146).
40 BVerfGE 91, 228 (239).

zulässig sind, wenn sie aus Gründen des öffentlichen Wohls erfolgen und die jeweilige Kommune vorher angehört worden ist.[41] Darüber hinaus wäre die vollständige Beseitigung aller Gemeinden oder die Abschaffung der Institution Gemeinde als solcher ein verbotener Eingriff in den Kernbereich kommunaler Selbstverwaltung.

Auch der Aufgabenbestand gehört teilweise zu dem Kernbereich der kommunalen Selbstverwaltung. Insbesondere ist das Prinzip der Allzuständigkeit, also das Recht der Gemeinden, sich grundsätzlich aller örtlichen Aufgaben anzunehmen, ohne das hierfür ein gesonderter Kompetenztitel vorliegt, vom Kernbereich umfasst und genießt damit einen besonderen Schutz.[42]

Auch die Eigenverantwortlichkeit der Gemeinden gehört teilweise zum Kernbereich kommunaler Selbstverwaltung. So darf der Gesetzgeber keine Regelungen treffen, die die eigenständige Möglichkeit beseitigen, organisatorisch zu gestalten.[43] Insofern ist auch ein Kernbestand der Organisationshoheit dem Kernbereich zugehörig. Gleiches gilt für die oben aufgeführten übrigen Gemeindehoheiten.[44]

Der Kernbereich der kommunalen Selbstverwaltung umfasst also insbesondere die Hoheitsrechte der Gemeinden sowie solche Aufgaben, deren Ursprung originär in der örtlichen Gemeinschaft liegen.

Grundsätzlich können Eingriffe etwa dadurch geschehen, dass bestimmte Aufgaben, denen sich die Kommunen annehmen, durch Gesetzesänderungen den Ländern zufallen; in diesem Zusammenhang spricht man von Hochzonung.

Allerdings kann auch der umgekehrte Fall die garantierte Selbstverwaltung der Kommunen betreffen: Wenn nämlich einer Gemeinde immer weitere zusätzliche Aufgaben übertragen werden und dies dazu führt, dass sie sich nicht mehr mit den Angelegenheiten der örtlichen Gemeinschaft befassen kann. Diese Gefahr besteht insbesondere dann, wenn die Bewältigung neu übertragener Aufgaben ihre Ressourcen in personeller oder in finanzieller Hinsicht in einem Umfang bündelt, der keine weiteren selbstbestimmten Aktionen der Kommune zulässt.

bbbb) Anwendung dieser Grundsätze auf die Frage der Zulässigkeit der Errichtung von Zweigstellen in anderen Gemeindegebieten

Dem Grunde nach wird man davon ausgehen können, dass, sofern der Staat es einer Sparkasse gestattet in einem fremden Gemeindegebiet Zweigstellen zu errichten, in die kommunale Selbstverwaltungshoheit der betroffenen Gemeinden eingegriffen wird. Schließlich muss die betroffene Gemeinde das Engagement der anderen Sparkasse in ihrem Hoheitsgebiet berücksichtigen. Diese Einschränkung wirkt auch, wenn diese Gemeinde über keine eigene Sparkasse verfügt, denn dann wird ihre Entscheidungsfreiheit hinsichtlich der Errichtung einer eigenen Sparkasse

41 BVerfG, DVBl. 1992, 960.
42 BVerfGE 79, 127 (146 f.); Meyer, S. 58 m. w. N.
43 BVerfGE 91, 228 (239).
44 Burgi, § 6, Rn. 38.

wesentlich beeinflusst. In diesem Fall erscheinen jedenfalls die Gebietshoheit und die Organisationshoheit berührt.

Da dieses Problem alle Gemeinden in den Ländern betrifft, in denen die Errichtung von Zweigstellen über das Gemeindegebiet des Gewährträgers der Sparkasse hinaus gestattet ist, kann dies durchaus als institutionelles Problem angesehen werden, so dass der Schutzbereich der kommunalen Selbstverwaltungsgarantie eröffnet ist.

Allerdings wird nicht in den Kernbereich der kommunalen Selbstverwaltung eingegriffen, denn es bleibt grundsätzlich bei der Allzuständigkeit der Gemeinde und erst recht wird nicht die Institution Gemeinde insgesamt betroffen.

Dennoch bedarf auch dieser Eingriff einer Rechtfertigung.

Der Gesetzesvorbehalt wird gewahrt, denn die Befugnis für die Errichtung weiterer Zweigstellen über das Gemeindegebiet hinaus ergibt sich meist direkt aus den Sparkassengesetzen, teilweise indirekt über Mustersatzungen, deren Rechtsgrundlage die Sparkassengesetze bilden.

Der Staat hat in diesen Fällen die staatlichen Interessen höher bewertet, als die Einschränkung der kommunalen Selbstverwaltungsgarantie der betroffenen Gemeinden. Inwiefern die Sparkassen staatlichen oder öffentlichen Zwecken dienen, wird im Folgenden zu beurteilen sein. Teilweise finden sich in solchen Fällen auch Mitwirkungsrechte des betroffenen anderen Trägers in den Sparkassengesetzen, so sieht § 1 Abs. 3 Satz 3 des Sparkassengesetzes Rheinland-Pfalz vor, dass der betroffene Träger zu hören ist. Außerdem ist hier vorgesehen, dass die Aufsichtsbehörde der Errichtung von Sparkassen außerhalb des Trägergebiets zustimmen muss. Auf diese Weise wird verfahrensmäßig sichergestellt, dass auch tatsächlich ein gewichtiges öffentliches oder staatliches Interesse besteht, das die Errichtung solcher Zweigstellen trägt.

bbb) Kreissparkassen

Eine weitere Ausnahme von der klassischen Verbindung zwischen Gewährträgergebiet und Geschäftsgebiet findet sich bei den Kreissparkassen.

Die Gründung der Kreissparkassen erfolgte neben den Stadtsparkassen ab etwa 1830. Motiv war, dass sich in kleineren Gemeinden oder Städten die Gründung einer eigenen Sparkasse häufig nicht lohnte.[45]

Hier stellt sich das Problem der Abgrenzung zwischen der Kompetenz des Kreises und derer der kreisangehörigen Gemeinde. Grundsätzlich würde sich das Hoheitsgebiet des Kreises auch auf das Hoheitsgebiet der kreisangehörigen Gemeinden erstrecken.

Die kommunalrechtliche Kompetenzabgrenzung zwischen Kreis und Gemeinde soll hier nicht anzuwenden sein, weil sie für werbende wirtschaftliche Unternehmen nicht praktikabel wäre.[46]

---

45 Henneke, S. 175.

46 Clausen, Harald, S. 43 f.

Im Wesentlichen lässt sich zu dieser Problematik sagen, dass eine Kreissparkasse nur dort Zweigstellen errichten kann, wo die Errichtung der Erfüllung der durch die Sparkassengesetze gegebenen Aufgaben dient.[47] Dies dürfte regelmäßig dann nicht der Fall sein, wenn eine kreisangehörige Gemeinde über eine eigene leistungsfähige Sparkasse verfügt.[48] Bei Berücksichtigung der Intention der Gründung der Sparkassen bestätigt sich dieser Ansatz: Es ging nicht darum, zusätzliche Sparkassen zu schaffen, sondern auch in unrentablen Gebieten die Versorgung durch die Errichtung einer leistungsfähigeren Kreissparkasse zu sichern.

Daneben mag sich eine Kompetenz der Kreissparkasse auf Unterhaltung von Zweigstellen in Gebieten kreisangehöriger Gemeinden daraus ergeben, dass etwa eine Satzungsänderung geschieht oder es schützenswerte Besitzstände der Kreissparkasse gibt, beispielsweise, wenn bereits eine Zweigstelle einer Kreissparkasse in einer kreisangehörigen Gemeinde besteht und später die Gemeinde eine eigene Sparkasse errichtet.[49]

c) Fusionen und der Bezug von Fusionen auf das Trägergebiet

Daneben stellt sich die Frage, was aus dem Gewährträgergebiet wird und insbesondere, wie es sich mit der Gebietshoheit verhält, wenn mehrere Sparkassen verschiedener Gebietskörperschaften fusionieren.

Zunächst ergibt sich die Rechtmäßigkeit solcher Fusionen regelmäßig aus den Sparkassengesetzen.[50] Diese sehen regelmäßig eine Vereinigung durch Neubildung oder eine Vereinigung durch Aufnahme vor.[51]

Bei der Vereinigung durch Neubildung entsteht eine neue Sparkasse und die alten Sparkassen gehen in ihr auf. Bei der Vereinigung durch Aufnahme geht eine Sparkasse in einer anderen Sparkasse auf.

Im weiteren Gang der Arbeit wird insbesondere der Übergang einer Sparkasse auf Private betrachtet werden. An dieser Stelle stellt sich allerdings die Frage, was mit der Sparkassenkompetenz geschieht, wenn zwei Sparkassen oder mehrere fusionieren. Hier ist es nämlich denkbar, dass, insbesondere bei einer Vereinigung durch Aufnahme, sich ein Gewährträger völlig zurückzieht und dass dann ein anderer Gewährträger eine Sparkasse unterhält, die über sein Gewährträgergebiet hinausgeht und sich insofern das Geschäftsgebiet der Sparkasse über das Gebiet des anderen Gewährträgers erstreckt.

Vergleichsweise einfach erscheint das Modell der Errichtung einer Zweckverbandssparkasse. In diesem Fall bilden verschiedene Gemeinden einen Zweckverband nach den für den Zweckverband relevanten Rechtsvorschriften. Dieser Zweckverband ist dann der neue Gewährträger der Sparkasse. Die Kompetenz, in

47 Clausen, Harald, S. 44.
48 Clausen, Harald, S. 44.
49 Clausen, Harald, S. 44.
50 Im SpkG RLP sind mögliche Vereinigungen in § 22 geregelt.
51 Vgl. etwa § 22 Abs. 1 Nr. 1 und 2 SpkG RLP.

den Gebieten seiner Mitglieder eine Sparkasse zu unterhalten, erhält der Zweckverband von seinen Mitgliedern.

Auch wenn zwei Gewährträger eine Sparkasse gemeinsam führen, ergibt sich die Kompetenz, in dem Gebiet beider Gewährträger eine Sparkasse zu führen, aus der Sparkassenkompetenz der Träger.

Problematischer ist allerdings die Frage, wie ein anderer Gewährträger, etwa die Gemeinde A, eine Sparkasse unterhalten kann, die durch Fusion aus der ursprünglichen Sparkasse A und der ursprünglichen Sparkasse B hervorging, ohne dass die Gemeinde B irgendetwas mit der Trägerschaft zu tun hat. Eigentlich fehlt es der Gemeinde A hierzu an der räumlichen Kompetenz, denn die Sparkassenkompetenz über das Gemeindegebiet B kommt nach dem oben Gesagten der Gemeinde B zu.

Die Lösung ergibt sich daraus, dass zwei Gewährträger darüber einkommen, dass es zu einer Fusion kommen soll. Die Regelungen sind unterschiedlich, in Baden-Württemberg sieht das Sparkassengesetz etwa vor, dass es nach einer Anhörung der Verwaltungsräte der Sparkassen zu übereinstimmenden Beschlüssen der Hauptorgane der Träger kommen muss.[52] In den Beschlüssen muss auch geregelt werden, um welche Art der Fusion es sich handelt. Das Gesetz knüpft hieran dann die entsprechenden Rechtsfolgen. So sollen etwa bei einer Vereinigung durch Neubildung die Gewährträger der beteiligten Sparkassen Gewährträger der neuen Sparkasse werden, § 3 Abs. 3 SpkG BW.

In anderen Sparkassengesetzen wird lediglich zugelassen, dass es zu entsprechenden Vereinigungen kommt, ohne eine Regelung zu treffen, wer nach der Vereinigung der Gewährträger der Sparkasse sein soll. Etwa das Sparkassengesetz Rheinland-Pfalz in § 22.

In Ländern, in denen die Frage der Gewährträgerschaft nach der Fusion nicht ausdrücklich geregelt ist, können die Gemeinden in einem Vereinigungs- oder Fusionsvertrag die Frage regeln, wer nach der Fusion der Gewährträger sein soll. Insofern ergibt sich die Sparkassenkompetenz eines Gewährträgers A für die Unterhaltung einer Sparkasse im Gebiet der Gemeinde B aus einer Übertragung der Sparkassenkompetenz durch die Gemeinde B aus einem öffentlich-rechtlichen Vertrag.[53]

Teilweise bedarf es über das Erfordernis eines öffentlichen Vertrages hinaus der Zustimmung der Aufsichtsbehörde zur Fusion, was erneut unterstreicht, dass die Sparkassen neben Interessen der örtlichen Gemeinschaft, die durch ihre Gemeinde vertreten wird, auch staatlichen Interessen dienen, deren Sicherung die Zustimmung der Aufsichtsbehörde dienen soll.

Sofern eine Kreissparkasse eine Sparkasse einer kreisangehörigen Gemeinde aufnimmt, bedarf es hinsichtlich der Sparkassenkompetenz des Kreises für das Gemeindegebiet keiner eigenen Übertragung durch die Gemeinde, weil der Landkreis über diese Kompetenz nach dem oben Gesagten ohnehin verfügt.[54]

---

52 § 3 Abs. 1 SpkG BW.
53 Bosse, S. 51.
54 Bosse, S. 51.

d) Aktuelle Entwicklungen im Sparkassenrecht; Beteiligungen

Hinsichtlich der Möglichkeiten der Sparkassen, Stammkapital zu bilden und auch Beteiligungen zuzulassen, sind bereits einige Änderungen von Sparkassengesetzen geschehen. Das jüngste Beispiel für derartige Entwicklungen ist das modifizierte Sparkassengesetz in Schleswig-Holstein.

Die wesentliche Änderung des Sparkassengesetzes wurde am 18.06.2010 durch den Schleswig-Holsteinischen Landtag beschlossen.

Danach ist es den schleswig-holsteinischen Sparkassen gestattet, Stammkapital zu bilden und es wird nach § 4 Abs. 5 des neuen Sparkassengesetzes ermöglicht, dass sich Dritte mit einem Anteil von insgesamt höchstens 25,1 % des Stammkapitals daran beteiligen.[55] Dritte können demnach andere Sparkassen sowie deren Träger sein, außerdem können sich auch „vergleichbare Träger" an den Sparkassen in Schleswig-Holstein beteiligen. Vergleichbare Träger sind nach § 4 Abs. 5 des neuen Sparkassengesetzes in Schleswig-Holstein

> *„juristische Personen ohne private Eigentümer, Mitglieder oder vergleichbare Berechtigte, die an einer Sparkasse im Sinne des § 40 Abs. 1 Kreditwesengesetz in der Fassung der Bekanntmachung vom 9. September 1998 (BGBl. I S. 2776), zuletzt geändert durch Artikel 4 Abs. 8 des Gesetzes vom 30. Juli 2009 (BGBl. I S. 2437) mehrheitlich beteiligt sind, Mitglied eines Sparkassen- und Giroverbands sind, unter staatlicher Aufsicht auf die Wahrung sparkassentypischer Aufgaben sowie darauf verpflichtet sind, etwaige Ausschüttungen und Liquidationserlöse gemeinnützigen oder mildtätigen Zwecken zuzuführen."*

Auch mit dieser Änderung bleiben die Sparkassen in „öffentlicher Hand".

Die Bildung von Stammkapital ist bereits in den Ländern Bremen, Hessen, Nordrhein-Westfalen und in Rheinland-Pfalz möglich. Bedenken, wonach hierdurch ein erster Schritt in Richtung Privatisierung der Sparkassen getan worden sei, wie sie gerade im Hinblick auf die Änderung des Sparkassengesetzes in Schleswig-Holstein geäußert wurden,[56] haben sich bisher nicht bestätigt.

In Schleswig-Holstein soll die Änderung des Sparkassengesetzes aber insbesondere eine Beteiligung der HASPA Finanzholding ermöglichen, die in der Rechtsform einer juristischen Person nach altem hamburgischen Recht organisiert ist, mithin privatrechtlich. Die HASPA Finanzholding ist Alleinaktionärin der Hamburger Sparkasse AG und sie ist an weiteren privatrechtlich organisierten Sparkassen beteiligt, die ursprünglich freie Sparkassen waren. Gerade durch den möglichen Einstieg einer privatrechtlich organisierten Sparkasse wird befürchtet, dass zukünftig auch Private eine Beteiligung an den schleswig-holsteinischen Sparkassen erreichen könnten. Aufgrund des eindeutigen Wortlauts der neuen Regelung (*„Mitglied eines Sparkassen- und Giroverbands sind"*), teilt der Verfasser diese Befürchtungen derzeit

---

55 Der Gesetzesentwurf der Koalition aus CDU und FDP zur Änderung des Sparkassengesetzes wurde am 18.06.2010 vom schleswig-holsteinischen Landtag gebilligt; der beschlossene Gesetzesentwurf findet sich unter LT-Ds. 17/617 vom 07.06.2010.

56 Siehe etwa: Zoff um Sparkassengesetz.

nicht. Eine andere Frage wird sein, ob das Europarecht eine derartige Ungleichbehandlung zulässt.

e) Zusammenfassung

Zunächst wurde erarbeitet, dass es sich bei dem Idealtypus einer Sparkasse um eine Anstalt des öffentlichen Rechts handelt, deren Träger eine Gebietskörperschaft ist. Hiervon wurden allerdings sowohl hinsichtlich der Trägerschaft als auch hinsichtlich der rechtlichen Struktur Ausnahmen gefunden. In Bezug auf die Trägerschaft sind dies etwa Stiftungen als Träger, insbesondere bei den freien Sparkassen, oder Finanzverbände, deren Träger häufig wiederum Gebietskörperschaften sind.

Ausgehend von dieser rechtlichen Struktur wurde gezeigt, wie es zu dem für die Sparkassen typischen Regionalprinzip kam, dass hiervon allerdings Ausnahmen beobachtet werden. Diese ergeben sich entweder daraus, dass eine flächendeckende Versorgung gewährleistet sein soll oder aus Absprachen der Träger. Bereits hier zeigte sich, dass die Sparkassen nicht nur Aufgaben für ihr Gewährträgergebiet, sondern auch staatliche Aufgaben wahrnehmen. Teilweise dienen diese staatlichen Aufgaben auch als Rechtfertigung dafür, die kommunale Selbstverwaltungsgarantie einzuschränken.

Außerdem wurden aktuelle Entwicklungen im Sparkassenrecht aufgezeigt, die insbesondere vor dem Hintergrund der Eigenkapitalbildung stattfinden. Hier ist die Möglichkeit der Beteiligung zu nennen, aber auch die Möglichkeit, Stammkapital zu bilden.

2. Die rechtliche Struktur der Landesbanken

a) Rechtliche Organisation der Landesbanken

Auch die Landesbanken sind häufig rechtsfähige Anstalten des öffentlichen Rechts, etwa die Landesbank Hessen-Thüringen (Helaba). Die Entwicklung der Organisationsform der Landesbanken erfolgte allerdings dynamischer, so dass bereits jetzt einzelne Landesbanken privatrechtlich organisiert sind, beispielsweise die WestLB AG oder die Landesbank Berlin AG.

Diese dynamischere Entwicklung ergibt sich daraus, dass sie nicht einheitlich den Sparkassengesetzen folgen, sondern dass die einschlägigen Rechtsgrundlagen sich teilweise zwar auch in den Sparkassengesetzen finden, es allerdings häufig auch eigene Landesbankgesetze in den einzelnen Bundesländern gibt. So oder so ist der Träger des Instituts, das Bundesland, letztlich auch derjenige, der die Rechtsvorschriften über die Organisation des Kreditinstituts schafft. Entsprechend weiter gehen auch die Kompetenzen des Instituts, worauf später noch einzugehen sein wird.

Darauf hinzuweisen ist, dass es neben dem Land als Träger der entsprechenden Landesbank auch weitere Träger gibt, häufig die Sparkassenverbände sowie auch andere Landesbanken. So ist etwa die Bremer Landesbank fast vollständig in den NordLB Konzern integriert, entsprechend hält die NordLB einen Trägeranteil von

92,5 % an der Bremer Landesbank. Vergleichbar ist auch die Situation der SaarLB, an der die BayernLB 75,1 % der Trägeranteile hält.[57]

b) Regionalprinzip bei den Landesbanken?

Nachdem für die Sparkassen das Regionalprinzip und dessen Ausnahmen dargestellt und begründet wurde, stellt sich die Frage, wie sich die Situation hinsichtlich des Regionalprinzips bei den Landesbanken darstellt.

Schon ein Blick in einige Staatsverträge bzw. Sparkassen- oder Landesbankgesetze zeigt, dass sich die Situation der Landesbanken von derjenigen der Sparkassen unterscheidet.

So heißt es etwa im Staatsvertrag über die Bildung einer gemeinsamen Sparkassenorganisation Hessen-Thüringen:

> ***„Artikel 8***
> *(1) Der Bank obliegen insbesondere die Aufgaben einer Sparkassenzentralbank und einer Kommunalbank in den Ländern Hessen und Thüringen. Die Bank ist berechtigt, Pfandbriefe, Kommunalschuldverschreibungen und sonstige Schuldverschreibungen auszugeben. Sie kann auch Bankgeschäfte anderer Art und weitere in der Satzung vorgesehene Geschäfte betreiben, soweit sie unmittelbar oder mittelbar der Zweckerfüllung der Bank dienen."*

Zwar wird zunächst davon gesprochen, dass die Landesbank Sparkassenzentralbank der Länder Hessen und Thüringen ist, allerdings wird in Satz 3 der Vorschrift diese Einschränkung wieder aufgeweicht, indem es der Landesbank gestattet wird, dass sie auch Bankgeschäfte anderer Art betreiben kann ohne einer räumlichen Beschränkung zu unterliegen.

Einen noch stärkeren Hinweis findet sich in § 2 des Gesetzes über die Landesbank Baden-Württemberg (LBWG):

> *(3) Die Landesbank ist Universalbank und internationale Geschäftsbank.*

Vergleichbare Regelungen finden sich auch in den übrigen Rechtsgrundlagen der Landesbanken.

Hieraus lässt sich entnehmen, dass jedenfalls die einfachgesetzliche Ausprägung des Geschäftsgebietes der Landesbanken kein Regionalprinzip kennt. Es stellt sich allerdings die Frage, wie sich diese Unbeschränktheit erklären lässt. Möglicherweise unterliegen die Länder nicht den Gebietsbeschränkungen, denen die Kommunen unterliegen. Würden sie nämlich den selben Beschränkungen unterliegen, so könnten sie den von ihnen getragenen Landesbanken nach den oben dargestellten Grundsätzen keine darüber hinausgehende räumliche Kompetenz verleihen.

Dass es für die Tätigkeit der Landesbanken außerhalb ihres Gewährträgergebietes anerkennenswerte Gründe zu geben vermag, soll hier zunächst keine Rolle spielen. Doch soll darauf hingewiesen werden, dass die Landesbanken einen

---

57 Siehe hierzu die Übersicht bei Henneke, S. 181.

wesentlichen Beitrag etwa dafür leisten, dass die Sparkassen im Verbund mit den Landesbanken vor Ort das komplette Angebot an Finanzdienstleistungen anbieten können, was durchaus als sinnvoll und wichtig beurteilt werden kann. Hierzu wird aber bei der Untersuchung der Rechtfertigung des Vorhaltens der Sparkassen und der Landesbanken noch eingegangen werden.

Es fragt sich an dieser Stelle zunächst, wie derzeit die rechtliche Konstruktion für Geschäfte der Landesbanken, die über das Gebiet des Gewährträgers hinausgehen, erfolgt.

Da die Landesbanken oft in der Rechtsform der Anstalt des öffentlichen Rechts geführt werden und es einer hoheitlichen Tätigkeit in einem anderen Staat grundsätzlich nicht bedarf, ist es denkbar, dass das Völkerrecht ein solches Tätigwerden verbietet oder dass Zuständigkeitsregeln des nationalen Rechts dieses Tätigwerden verbieten.

Hinsichtlich des Völkerrechts mag als anerkannt gelten, dass ein Staat selbst bestimmt, welches Engagement eines anderen Staats er als einen hoheitlichen Eingriff wertet, der grundsätzlich verboten ist. Andere Staaten scheinen das Tätigwerden der Landesbanken innerhalb ihres Territoriums nicht als hoheitlichen Eingriff zu werten; vielmals wird das Handeln der deutschen Landesbanken sogar begrüßt, woraus sich aus völkerrechtlicher Sicht die Zulässigkeit des Handelns ergibt.[58]

Hinsichtlich der Frage der nationalen Kompetenzabgrenzung findet sich zwar in Art. 32 Abs. 1 GG die Kompetenzregelung, dass die Pflege zu auswärtigen Staaten Sache des Bundes ist. Hiergegen sollen allerdings die Außenhandelsbeziehungen bzw. die Errichtung von eigenen Repräsentanzen der Länder im Ausland nicht verstoßen.

Die Begründungsansätze hierzu sind unterschiedlich, sie kommen aber letztlich alle zu dem selben Ergebnis, dass nämlich die genannten Aktivitäten als zulässig angesehen werden.

Zu diesem Ergebnis gelangt man entweder dadurch, dass man nicht intergouvernementale grenzüberschreitende Beziehungen mit Auslandsbezug nicht dem System der auswärtigen Gewalt zuordnet.[59]

Andere Ansätze gelangen zu diesem Ergebnis, indem sie davon ausgehen, dass der Bund die in dieser Beziehung von den Ländern wahrgenommenen Aufgaben an die Länder delegiert[60] oder die Länder zu diesem Handeln ermächtigt hat.[61]

Hiergegen kann allerdings zu Recht vorgebracht werden, dass es der Bundesregierung ohne eine ausdrückliche gesetzliche Ermächtigung nicht gestattet sein soll, entsprechende Kompetenzen abzugeben.[62]

---

58 Dörries, S. 169 m. w. N.
59 Dörries, S. 170.
60 Grewe, § 77 Rdnr. 83.
61 Kölble, S. 151.
62 Maunz/Dürig-*Nettesheim*, Art. 32, Rn. 108 m. w. N.

Zu diesem Ergebnis gelangt man auch, wenn man die wirtschaftlichen Aktivitäten der Länder durch eine ergänzende Auslegung des Art. 32 Abs. 3 GG rechtfertigt. Hier kann man sagen, dass, wenn es den Ländern schon gestattet sein soll, in bestimmten Situationen selbst Verträge mit anderen Staaten zu schließen, es ihnen erst Recht gestattet sein muss, sich nach außen in einem Bereich zu betätigen, der die Schwelle eines Vertragsschlusses unterschreitet.[63] Die Zustimmung der Bundesregierung zu diesem Handeln dürfte nach Art. 32 Abs. 3 GG auch hier erforderlich sein, wobei diese wohl auch stillschweigend allgemein erfolgen kann,[64] was hinsichtlich der hier relevanten Aktivitäten der Länder bzw. ihrer Landesbanken wohl anzunehmen ist. Dieses Ergebnis kann man auch mit einem Verweis auf die Eigenstaatlichkeit der Länder verstärken, die auch ein gewisses Moment des Außenhandelns in sich trägt.

Die Begründungswege unterscheiden sich, allerdings wird man in dem vielfältigen Außenhandel der Länder keinen Verstoß gegen nationale Kompetenzbestimmungen erkennen.

Im Binnenbereich gilt zunächst der für die Sparkassen aus dem allgemeinen Verwaltungsrecht abgeleitete Grundsatz, dass sich die Geschäftstätigkeit der Landesbanken grundsätzlich innerhalb des Gewährträgergebietes abspielen muss. Hierzu gibt es allerdings, wie bei den Sparkassen beschrieben, Ausnahmen. Bei den Sparkassen konnten diese Ausnahmen damit erklärt werden, dass ein Tätigwerden über das eigene Gebiet hinaus gesetzlich unter bestimmten Voraussetzungen anerkannt ist. Zudem wurde bei den Sparkassen festgestellt, dass die Einschränkung des betroffenen anderen Gewährträgers, der das Handeln der fremden Sparkasse auf seinem Gebiet dulden muss, entweder durch entsprechende öffentlich-rechtliche Verträge geregelt wurde oder dass übergeordnete Ziele des Allgemeinwohls, meist das Nichtvorhandensein einer Sparkasse in dem relevanten Gebiet, diese Tätigkeiten rechtfertigen.

Letztlich ist zum einen zu sagen, dass der Grundsatz, wonach eine staatliche Einrichtung nur innerhalb des Gebiets ihres öffentlich-rechtlichen Trägers handeln kann, kein Selbstzweck ist, sondern dass der Zweck dieses Grundsatzes ist, die effektive Verwaltungstätigkeit zu sichern.[65]

Hieraus ergibt sich, dass etwa die Aktivität aller Landesbanken am Bankplatz Frankfurt, wenn diese einem übergeordneten Interesse dient, als zulässig angesehen wird. Dies jedenfalls so lange, wie die Landesbanken etwa von Frankfurt aus Dienstleistungen für die Bevölkerung innerhalb ihres eigenen Geschäftsgebietes erledigen.[66]

Zum anderen lässt sich eine weitere Parallele zu den Sparkassen finden. Wie die Träger der Sparkassen, können auch zwei Länder einen Vertrag darüber schließen,

63 Maunz/Dürig-*Nettesheim*, Art. 32, Rn. 110 ff. m. w. N.

64 Maunz/Dürig-*Nettesheim*, Art. 32, Rn. 113 m. w. N.

65 Dörries, S. 177.

66 Dörries, S. 178.

dass eine gemeinsame Landesbank innerhalb beider Gebiete tätig wird, wie es etwa die Länder Hessen und Thüringen mit dem erwähnten Staatsvertrag oder die Länder Baden-Württemberg und Rheinland-Pfalz getan haben.

Dies alles erklärt allerdings noch nicht, wie Landesbanken Kunden in einem anderen Geschäftsgebiet teilweise gezielt mit Dienstleistungen versorgen können. Ein solches Handeln müsste trotz allem gegen geltendes Recht verstoßen, so dass es eigentlich eines Einschreitens der Aufsichtsbehörden bedürfte. Dies erfolgt allerdings deswegen nicht, weil alle Landesbanken sich, teilweise aufgrund einer entsprechenden Ermächtigung in den Errichtungsgesetzen, außerhalb ihres Geschäftsbereiches betätigen und insoweit von einer stillschweigenden Übereinkunft der Bundesländer auszugehen ist, die Geschäftstätigkeit anderer Landesbanken auf ihrem Territorium zu dulden.[67]

Insofern lässt sich für das Engagement sowohl der Sparkassen als auch der Landesbanken außerhalb des jeweiligen Geschäftsgebietes, sowohl national als auch international, stets ein ähnlicher Gedanke finden, der dieses Engagement rechtfertigt: Die jeweiligen Kompetenzträger schließen entweder ausdrücklich oder stillschweigend Vereinbarungen, wonach das geschäftliche Engagement anderer Sparkassen oder Landesbanken auf dem eigenen Kompetenzgebiet als zulässig angesehen wird.

c) Zusammenfassung

Bei den Landesbanken zeigt sich im Vergleich zu den Sparkassen eine dynamischere Entwicklung. Dies gilt sowohl hinsichtlich der Rechtsform als auch hinsichtlich des räumlichen Wirkungsbereichs, der faktisch und buchstäblich grenzenlos ist.

Einige Landesbanken sind zwar weiterhin als Anstalt des öffentlichen Rechts organisiert, allerdings gibt es viele Landesbanken, die in der Rechtsform der Aktiengesellschaft, also privatrechtlich, organisiert sind. Derartige Umwandlungen sind im Bereich der Landesbanken einfacher zu realisieren, weil eine Gesetzesänderung der Landesgesetzgeber vornimmt und das Land häufig auch Träger der Landesbank ist, zumindest mittelbar.

Ein einfachgesetzliches Regionalprinzip findet sich nicht, vielmehr heißt es häufig in den Errichtungsgesetzen, dass es sich bei der jeweiligen Landesbank um eine internationale Geschäftsbank handelt. Tatsächlich lässt sich nicht nur ein bundesweites Engagement, sondern sogar ein internationales Engagement der Landesbanken feststellen. Der Träger kann der Landesbank aber nicht gestatten, über sein eigenes Gebiet hinaus tätig zu werden. Rechtlich lässt sich dieses Tätigwerden durch Dulden bzw. Gewährenlassen der Geschäftstätigkeit der Landesbanken außerhalb ihres Trägergebiets erklären. Ausdrücklich gesetzlich geregelt ist dieses bundesweite und auch das internationale Engagement außerhalb der Landesgesetze nicht.

67 Dörries, S. 181.

IV. Die Geschichte des öffentlich-rechtlichen Bankensystems

Die Geschichte der Sparkassen ist bereits vielfach beleuchtet worden. Eine Auseinandersetzung hiermit ist aber unumgänglich, um das Nachfolgende verstehen zu können. Um diesem Anspruch Rechnung zu tragen, sollen in der gebotenen Kürze die wesentlichen Entwicklungen dargestellt werden. Sind diese dargestellt, fällt es leichter, die aktuellen Probleme zu verstehen und auch einen Weg in die Zukunft darstellen zu können.

Die Darstellung beschränkt sich auf die Entwicklung der Sparkassen und Landesbanken, andere Mitglieder der Sparkassenorganisation, wie beispielsweise die Sparkassen- und Giroverbände werden weitgehend ausgeklammert, weil sie für den Fortgang der Arbeit von untergeordneter Bedeutung sind.

1. Die Anfänge der Sparkassen

Vorläuferinstitute der heutigen Sparkassen entstanden bereits in der zweiten Hälfte des 18. Jahrhunderts. Die grundsätzliche Idee der Gründung solcher Institute lässt sich auf eine Abhandlung von Hugues Delestre aus dem Jahr 1611 zurückführen, der die Notwendigkeit beschrieb, Lohnarbeitern die Chance zu geben, Ersparnisse gewinnbringend anzulegen.[68] Diese Abhandlung zog allerdings nicht die Gründung einer Vielzahl solcher Institute nach sich, sondern geriet zunächst wieder in Vergessenheit.[69] Erst in der zweiten Hälfte des 18. Jahrhunderts, diese wurde von den Gedanken der Aufklärung geprägt, entstanden auf die Initiative von Geistlichen hin Waisenkassen, die sich mit einer sicheren und zinsbringenden Anlage von Waisengeldern beschäftigten.[70] Diese Institute, etwa die 1749 von Abt Anselm II. gegründete ordentliche Waisenkassa, nahmen zwar Waisengelder entgegen und gewährten hierfür Zinsen, allerdings stand die Verwaltung von Waisengeldern klar im Vordergrund und nicht der Spargedanke allgemein.[71] Darüber hinaus wurden, um sozial Schwächeren eine Versorgung mit Darlehen gegen Faustpfand zu ermöglichen, öffentliche Leihhäuser gegründet.[72] In diesem Zusammenhang steht auch die im Jahr 1765 gegründete Herzoglich braunschweig-lüneburgische Leyhausanstalt, die lange als älteste Sparkasse in Deutschland galt.[73] Zwar erfolgte die Gründung

68 Weber, Martin, S. 36.
69 Weber, Martin, S. 37.
70 Trende, S. 10 f.; Klein, S. 30.
71 Henneke, S. 173.
72 Klein, S. 31.
73 Henneke, S. 173.

dieser Institute aus sozialen Erwägungen heraus,[74] zu der Zeit der Gründung dieser Institute gab es nämlich ausschließlich private Bankhäuser, die sich primär mit der Vergabe langfristiger Kredite und mit dem Wechselkreditgeschäft befassten. Insbesondere Volks- und Raiffeisenbanken gab es damals noch nicht.[75] Allerdings waren auch die Leihhäuser keine echten Vorläufer der Sparkassen, denn sie beschäftigten sich mit der Vergabe billiger Darlehen und nicht mit dem Spargedanken selbst.[76]

Im Jahr 1778 wurde in Hamburg eine als älteste Sparkasse der Welt geltende Ersparungsklasse gegründet. Die Gründung erfolgte privatrechtlich durch die „Patriotische Gesellschaft zur Beförderung der Künste, der nützlichen Gewerbe und des Unterrichts".[77] In einer Anordnung der „Kaiserlich freyen Reichsstadt Hamburg" wurde der Zweck dieses Instituts festgeschrieben:

> *„Die Ersparungsklasse dieser Versorgungsanstalt ist zum Nutzen geringer fleißiger Personen beiderlei Geschlechts, als Dienstboten, Tagelöhner, Handarbeiter, Seeleute, errichtet, um ihnen Gelegenheit zu geben, auch bei Kleinigkeiten etwas zurückzulegen und ihren sauer erworbenen Not- oder Brautpfennig sicher zu einigen Zinsen belegen zu können, wobei man hoffe, dass sie diese ihnen verschaffte Bequemlichkeit sich zur Aufmunterung gereichen lassen mögen, um durch Fleiß und Sparsamkeit dem Staate nützlich und wichtig zu werden."*[78]

Diese Entwicklung wurde dem Grunde nach über die Stadtgrenzen Hamburgs nur wenig bekannt,[79] allerdings folgten nach und nach Gründungen ähnlicher Institute in Oldenburg 1786, in Dobersdorf 1795, in Kiel 1796 und in Altona im Jahre 1801.[80]

Im Jahre 1801 entstand in Göttingen die erste kommunale Sparkasse.[81] Auch hier ging es darum, das Armenwesen stärker zu unterstützen, was sich insbesondere darin ausdrückt, dass der maßgebend an der Gründung beteiligte Senator Justus Christoph Gründwald zuvor Administrator des Leihhauses und Direktor des Armenrechnungswesens war.[82] Auch der niedergeschriebene Zweck führt zu diesem Ergebnis, hiernach sollten nicht nur „denjenigen Personen, welche von ihrem Erwerbe und Lohne etwas zurücklegen" wollten, sondern auch allen „hiesigen (d.h. Göttinger) Einwohnern, die kleinere Kapitalsummen von 5-100 Rthlr. nicht zinsbar und sicher belegen" konnten, die Gelegenheit gegeben werden, „diese Gelder so wie jene Sparsummen mit Vorteil und Sicherheit zu benutzen". Aus diesem Zweck heraus wird verständlich, dass es eine Zweiteilung dieses Instituts in eine Spar- und in eine Leihkasse gab. An der Sparkasse durften „Domestiken und Professionisten"

---

74 Weber, Martin, S. 37.
75 DSGV-*Geiger*, S. 43.
76 Henneke, S. 173.
77 Klein, S. 31.
78 Trende, S. 30.
79 Trende, S. 33.
80 Klein, S. 31; Trende S. 33 ff.
81 Klein, S. 32; Trende, S. 55.
82 Trende, S. 55.

Anteil nehmen, die Leihkasse war für jeden zugänglich. Es wurde ein Zins in Höhe von 2 % gewährt ab einer Einlage von 5 Rthlr. in beiden Abteilungen, wobei die Sparkasse zusätzlich einen Zinseszins gewährte.[83]

Die „kurrente Kasse" des Instituts durfte einen Betrag von 50 Rthlr. nicht übersteigen, höhere Beträge mussten bei der städtischen Lombardkasse eingezahlt werden, die der Spar- und Leihkasse für diese Einlagen einen Zinssatz von 2,5 % gewährte. Für diese Beiträge garantierte die Stadtkämmerei.[84] Insgesamt war der Zweck dieser frühen Einrichtungen, der ärmeren Bevölkerung eine Möglichkeit der sicheren Geldanlage auch für kleinere Beträge zu schaffen und diesen Bevölkerungsteil vor Wucherzinsen zu schützen.[85] Hätte man damals eine Zielgruppenanalyse durchgeführt, wären die potentiellen Kunden minderbemittelte Handwerksgesellen und Dienstboten gewesen.[86]

2. Eine Weichenstellung – Das preußische Sparkassenreglement von 1838

Ein entscheidender Schritt hin zum öffentlichen Recht der Sparkassen war der Erlass des preußischen Sparkassenreglements von 1838. Vor dieser Regelung stand es den Städten nach der Preußischen Städteordnung vom 19.11.1808 zu, Sparkassen zu errichten ohne hierfür eine behördliche Genehmigung zu benötigen. Mit einer Änderung der Städteordnung vom 17.03.1831 wurde die Errichtung einer Sparkasse schließlich doch von einer behördlichen Genehmigung abhängig gemacht.[87]

Im Vorfeld des preußischen Sparkassenreglements, das erstmals eine Kodifizierung des Sparkassenrechts darstellte,[88] hatte sich ein Streit entzündet, ob die Sparkassen ihre Sparbücher weiterhin als Inhaberpapiere ausgestalten können. Für diese Regelung wurde im Wesentlichen vorgebracht, dass es die Sparkassen den Sparern so einfach wie möglich machen sollten, das Geld anzulegen, um keine Hemmschwelle aufzubauen und die Sparer so dazu zu bringen, ihr Geld nicht für unnötige Zwecke zu verschwenden.[89] Zudem wurde die Befürchtung geäußert, dass im Rahmen von Legitimationsprüfungen anfallende Gebühren den möglichen Ertrag der regelmäßig kleinen Anlagen auf den Sparbüchern zunichte machen könnten. Allerdings gab es in Preußen zu dieser Zeit die Rechtslage, normiert in Teil II, Titel 13, § 12 des Allgemeinen Landrechts, wonach Inhaberpapiere Zahlungsmittel darstellten und nur mit allerhöchster Genehmigung in Umlauf gebracht werden durften.

---

83 Trende, S. 55 f.
84 Trende, S. 56.
85 DSGV-*Geiger*, S. 43.
86 DSGV-*Geiger*, S. 43.
87 Henneke, S. 175.
88 Klein, S. 33.
89 Trende, S. 105.

Deswegen wurde zunächst die Frage aufgeworfen, ob auch neu zu gründenden Sparkassen das Privileg zukommen sollte, Sparbücher als Inhaberpapiere auszustellen, später wurde diese Praxis insgesamt in Frage gestellt. Dafür, es den Sparkassen auch weiterhin zu gestatten, die Sparkassenbücher als Inhaberpapiere zu führen, sprachen insbesondere die hohe Bedeutung und Akzeptanz der Sparkassen.

Denn die Errichtung der Sparkassen zeigte bereits erste positive Auswirkungen. So wurden die Einlagen der Sparkassen für Fonds der staatlichen Leihhäuser benutzt sowie von den Spargeldern städtische Schuldpapiere gekauft. Dies führte zu einem Kursanstieg dieser Schuldpapiere und beispielsweise dazu, dass die Stadt Berlin aufgrund des gestiegenen Kurses eine Schuldverschreibung statt mit 5 % nur noch mit 4 % verzinste – ein Indiz dafür, dass die Wucherei, wie bezweckt, eingeschränkt wurde. Die Leihhäuser hatten aufgrund der neuen Stärke und der neuen Mittel den Privatwucher zum Erliegen gebracht.[90]

Zur Lösung des Konflikts fand ein umfassender Meinungsaustausch statt und es wurde eine Enquete durchgeführt, auf deren Grundlage ein Gutachten über die Sparkassen gefertigt wurde, das wiederum zur Grundlage des preußischen Sparkassenreglements wurde.[91]

In diesem Zusammenhang wurde 1838 das preußische Sparkassengesetz erlassen. Die Regelung ließ den Sparkassen noch genügend Freiraum, selbst gestalterisch tätig zu werden. Dies geschah dadurch, dass das Sparkassengesetz zum einen feste Grundsätze festschrieb, zum anderen aber auch einen gewissen Regelungsspielraum offen ließ, der durch individuelle Sparkassenregelungen ausgefüllt wurde.[92] Hieraus ergab sich die auch noch heute übliche Dualität zwischen den Sparkassengesetzen und den Sparkassensatzungen, die aufgrund der Selbstverwaltung erlassen werden.[93]

Grundlage der neuen Regelung war der Gedanke, dass die Sparkassen gemeinnützig agierten und insbesondere den wirtschaftlich Schwächeren helfend und fürsorgend zur Seite standen. Aus diesem Grund wurde das Gewinnstreben nach Nr. 9 Abs. 2 des Reglements hintan gestellt. Die für die Sparkassen positive Gewinnspanne zwischen Aktiv- und Passivgeschäft sollte nicht Zweck des Handelns sein, sondern primär dazu dienen, die Verwaltungskosten oder Zinsverluste, die daraus entstanden, dass die Sparkassen nicht alle Einlagen gewinnbringend anlegen konnten, sondern einen gewissen Teil der Anlagen für mögliche Auszahlungsbegehren ihrer Kunden bereit halten mussten, zu finanzieren.[94] Insgesamt lässt sich sagen, dass das Reglement davon ausging, dass eine Gewinnerzielung nur als Nebenzweck erfolgen sollte. Dennoch erfolgte die Errichtung der Sparkassen für die Gemeinden nicht uneigennützig, denn die Sparkassen ermöglichten es den Bürgern, Rücklagen zu bilden, von denen sie, sofern sie kein regelmäßiges Einkommen beziehen würden,

---

90 Trende, S. 105.
91 Trende, S. 111.
92 Klein, S. 33.
93 Klein, S. 33.
94 Weber, Martin, S. 42.

leben könnten. Auf diese Weise wurden die Armenkassen geschont.[95] Zudem fand der Sicherheitsgedanke in dem Reglement seinen Niederschlag. Die Sparkassen konnten ausschließlich Spareinlagen entgegennehmen. Verwenden konnten sie die Mittel zur Dotation von Pfandhäusern, zur Vergabe erststelliger Hypotheken, für den Erwerb von Staatsbriefen und Pfandbriefen sowie für andere „völlig sichere" Anlageformen.

Dieses Reglement diente auch den anderen deutschen Ländern als Vorbild, so dass es über das Land Preußen hinaus Bedeutung erlangte.[96] Teilweise hatte das preußische Sparkassenreglement bis zum Jahr 1962 Geltung. Erst in diesem Jahr wurde es in Niedersachsen reformiert.[97]

3. Die Sparkassen in der zweiten Hälfte des 19. Jahrhunderts

In der zweiten Hälfte des 19. Jahrhunderts ging die Entwicklung vornehmlich dahin, das Sparkassennetz auszuweiten. Jeder Kreisbewohner sollte die Möglichkeit haben, seine Ersparnisse vor Ort anzulegen.[98] Um dieses Ziel zu erreichen, wurden neue Sparkassen gegründet und auch bestehende Sparkassen breiteten sich aus. Diese Bemühungen führten dazu, dass es im Jahr 1900 bereits nahezu 2.700 Sparkassen gab.[99] Die Geschäftstätigkeit jeder einzelnen Sparkasse fand hingegen auf dem im Wesentlichen gleichen Niveau statt. Die Sparkassen nahmen primär kleine Spareinlagen an. Zu diesem Zeitpunkt war wichtigste Aufgabe die Industrialisierung. Die damit zusammenhängenden Gründungsgeschäfte sowie die Finanzierung, fanden aber weitgehend ohne Beteiligung der Sparkassen statt, diese Geschäfte wurden in der Regel von den Großbanken vorgenommen.[100]

4. Spannungen zwischen den verschiedenen Bankengruppen

a) Das Verhältnis der Sparkassen zu den privaten Banken

Bereits zu dieser Zeit zeichnete sich das für die Gegenwart typische Spannungsverhältnis zwischen privaten Banken und Sparkassen ab. So wurden die Sparkassen von den privaten Banken, die sich 1901 zum Centralverband des Bank- und Bankiergewerbes zusammenschlossen,[101] kritisch beäugt. Die Vorhaltung eines Bankensystems

95 Weber, Walter, S. 157 f.
96 Klein, S. 33.
97 Weber, Martin, S. 41.
98 Klein, S. 34.
99 DSGV-*Geiger*, S. 49; Klein, S. 34.
100 Klein, S. 34.
101 DSGV-*Geiger*, S. 44.

der öffentlichen Hand und insbesondere die positive Entwicklung der Sparkassen wurden kritisiert. Die wesentlichen Argumente, die die privaten Banken vorbrachten, werden teilweise auch heute noch vorgebracht:[102]

Zum einen wurde angeführt, dass sich die Sparkassen zu weit von ihrem Gründungsauftrag entfernt hätten, zum anderen, dass schon dem Grunde nach Bedenken dagegen bestanden, dass sich der Staat in der Kreditwirtschaft betätigt.[103] Diese Argumente wurden vorgebracht, obwohl es keinen unmittelbaren Wettbewerb zwischen den privaten Banken und den Sparkassen gab,[104] denn das wesentliche Geschäftsmodell der Sparkassen bestand weiterhin darin, es den einfachen Bevölkerungsteilen zu ermöglichen, ihr i.d.R. kleines Vermögen gegen Zahlung eines Zinses anlegen zu können. Darüber hinaus lag der Schwerpunkt des Aktivgeschäfts im Personalkredit und im mittelständischen Realkredit.[105] Dagegen wendeten sich die Großbanken primär an andere Kundenkreise. Dennoch verfolgten einige kleinere private Banken den Plan, ein Netz von Depositenkassen und Agenturen auch in ländlichen Gebieten zu installieren, um selbst Spareinlagen entgegenzunehmen.[106] Man befürchtete, dass in der Provinz die Lage der Banken durch eine Monopolisierung des Verkehrs der Sparkassen wesentlich beeinträchtigt würde.[107]

Zu weiteren merklichen Spannungen kam es im Jahr 1909, als die Sparkassen in Württemberg planten, das Geschäft der Wertpapieraufbewahrung auszuführen. Die privaten Banken erhoben dagegen Einwände und brachten vor, dass es kein Bedürfnis für diese Geschäftserweiterung gäbe, weil es an allen größeren Plätzen Banken gäbe, die über die notwendigen Stahlschränke verfügten und diese zudem nicht vollständig vermietet seien, es also noch ausreichend Kapazitäten gäbe.[108] Man bemühte sich darum, die Sparkassenvertretungen davon zu überzeugen, dass die Sparkassen diese Geschäfte nicht tätigen sollten.[109] Diese Bemühungen wurden von der Schriftleitung der „Sparkasse" in dieser Zeitschrift 1909 auf Seite 32 folgendermaßen kommentiert:

> *„Es bleibt abzuwarten, ob die württembergischen Sparkassen sich letzteren Standpunkt zu eigen machen oder ebenfalls Einrichtungen treffen, wie sie in anderen Teilen des Reiches längst eingeführt sind und immer mehr eingeführt werden. Es wird dieses lediglich darauf ankommen, ob die Sparkassen, wenn sie den Weg beschreiten, darin eine Förderung der ihnen obliegenden Aufgaben erblicken oder nicht. Rücksichten auf die privaten Bankgeschäfte zu nehmen, haben die Sparkassen nicht die geringste Veranlassung. Wir haben*

102 DSGV-*Geiger*, S. 45.
103 DSGV-*Geiger*, S. 45.
104 DSGV-*Geiger*, S. 45.
105 Trende, S. 575.
106 Trende, S. 578.
107 Trende, S. 578.
108 Trende, S. 579.
109 Trende, S. 579.

noch nicht gehört, dass bislang die Banken in ihrer Geschäftsführung und ihrer Expansionslust sich haben durch Rücksichten auf die Sparkassen abhalten lassen."

b) Das Verhältnis der Sparkassen zu den Genossenschaftsbanken

Wenn das Verhältnis der Sparkassen zu den Großbanken getrübt war, obwohl sich die Geschäftsbereiche im Wesentlichen nicht überschnitten, stellt sich insbesondere die Frage, wie sich das Verhältnis der Sparkassen zu den Genossenschaftsbanken gestaltete. Schließlich waren und sind die Kundenkreise beider Bankengruppen nahezu deckungsgleich. Zwar lag bei den Kreditgenossenschaften der Fokus stärker darauf, die Genossenschaftsmitglieder mit Krediten zu versorgen und das Spargeschäft wurde hauptsächlich vor dem Hintergrund betrieben, ausreichende Mittel für die Kreditvergabe zu beschaffen, wohingegen das Spargeschäft bei den Sparkassen traditionell und regulativ der Hauptzweck des Geschäftes war.[110] Dennoch wandten sich beide Bankengruppen an die gleichen Bevölkerungsschichten und sowohl die Sparkassen als auch die Genossenschaftsbanken sind regional organisiert.

Die erste Genossenschaftsbank entstand um 1850 in Delitzsch, die erste Raiffeisenkasse im Jahr 1862 in Auhausen,[111] sie wurden also gegründet, nachdem die Sparkassen bereits ihre Geschäftstätigkeit aufgenommen hatten. Dennoch wurden nahezu keine Artikel publiziert, die darauf schließen lassen, dass die Sparkassen Vorbehalte gegen die Gründung der Kreditgenossenschaften hatten, einige Sparkassen hatten sich sogar darum bemüht, einen Teil ihrer Mittel den Genossenschaften zur Verfügung zu stellen.[112]

Erste Spannungen kamen später auf, als *Schultze-Delitzsch* anregte, bei Spareinlagen nicht „mit Zinsen zu geizen", um „immer einen höheren Zinsfuß, als die Sparkassen zu gewähren".[113] Größere Differenzen entstanden um den Begriff „Sparkasse". So kritisierten zunächst in Sachsen und Ostpreußen die Behörden Genossenschaften, die Firmenschilder benutzten, die das Wort „Sparkasse" enthielten. Dennoch wurde auf ein Programm der Genossenschaften hin, das vorsah, die Sparkasseneinrichtungen der Genossenschaften zu fördern, in der Verbandszeitschrift der Sparkassen im Jahre 1895 lediglich veröffentlicht, dass es nicht gewünscht sei, den Kreditgenossenschaften „irgendwelche Hindernisse in den Weg zu legen".

Später wurde in Bremen im Jahr 1903 zunächst vergeblich, im Jahr 1911 dann erfolgreich, versucht, die Bezeichnung „Sparkasse" für öffentliche Sparkassen zu reservieren.[114]

---

110 Trende, S. 574.
111 Trende, S. 574.
112 Trende, S. 574.
113 Trende, S. 575.
114 Trende, S. 577.

Reibungspunkte gab es auch hinsichtlich der Fragen der Mündelsicherheit und der zunehmenden Entwicklung der Sparkassen hin zu Bankinstituten.[115]

5. Die Entwicklung der Landesbanken in dieser Zeit

Die Landesbanken und Girozentralen entstanden nicht auf einmal nach einem bestimmten Muster oder in einer gewissen Zeit, sondern sie entstanden dem Grunde nach auf zwei unterschiedliche Arten: Einerseits gründeten die Sparkassenverbände Girozentralen, andererseits entwickelten sich bereits bestehende Vorläufer der Landesbanken zu eben diesen.[116]

Ein wesentliches Moment fand auch diesbezüglich in Preußen statt, wo bereits im 19. Jahrhundert Provinzialhilfskassen errichtet wurden.[117] Beispielhaft sei die westfälische Provinzial-Hülfskasse erwähnt, die am 05. Januar 1832 ihre Geschäftstätigkeit aufnahm.[118] Die Kasse wurde errichtet, um die Entschädigungsgelder Schwedens, die aufgrund des Durchmarsches schwedischer und dänischer Truppen während der napoleonischen Befreiungskriege aufgelaufen sind, in einer Form zu vereinigen, dass die Gelder für die Provinz Westfalen nutzbar wurden.[119]

Sie vergab Darlehen an Gemeinden zur Schuldentilgung und zur Finanzierung von Infrastrukturmaßnahmen. Auch konnten Darlehen an Grundbesitzer und Unternehmer vergeben werden, die einen neuen Industriezweig in einer Region ansiedeln wollten. Privatpersonen konnten Darlehen für gemeinnützige Projekte erhalten oder für Projekte, die der Förderung der Wirtschaft dienten.[120]

Entsprechend waren die landes- oder provinzweiten Institute regelmäßig Partner der Unternehmer, während die Vorläufer der Sparkassen es regelmäßig mit Arbeitern oder ähnlich Beschäftigten zu tun hatten.

Auf eine Initiative der Länder Kurhessen, Nassau und Hannover hin ergab sich im Jahr 1871 eine neue Verwaltungsstruktur der rheinischen Provinzial-Hülfskasse. In diesem Zusammenhang wurde der Kasse 1881 eine neue Satzung gegeben, die vorsah, dass die Kasse Familien helfen sollte, Grundbesitz zu erhalten. Es wurde der Kasse nun gestattet, sog. „Rheinprovinz-Anleihen" auszugeben. Später konnte sie auch Gelder von Privatleuten annehmen und Darlehen an öffentliche Schuldner ausgeben. Das Institut konnte nun also Personal-, Kommunal-, Korporations- und Hypothekarkredite ohne Einschränkung anbieten.[121]

Doch der Aufgabenbereich blieb beschränkt, er ähnelte dem einer Hypothekenbank. Es wurden unkündbare, gering verzinsliche Darlehen ausgegeben, die mit einer Zwangstilgung versehen waren.

---

115 Trende, S. 577.
116 Pohl, S. 17.
117 Henneke, S. 180.
118 Pohl, S. 18.
119 Pohl, S. 18.
120 Pohl, S. 18.
121 Pohl, S. 21.

Öffentliche Darlehen vergaben diese Institute bevorzugt an kleine und mittlere Städte, die Schwierigkeiten hatten, auf dem Kapitalmarkt zu agieren.[122] Auf dem Land wurden Gebäude in der Regel von Sparkassen finanziert, da sich diese vor Ort besser auskannten.

Hieraus zeigen sich letztlich Ursprünge des Dualismus zwischen Sparkassen und Landesbanken. Es wurde darauf verzichtet, eine Landessparkasse einzurichten, hierdurch sahen die rheinischen Sparkassen die Landesbank nicht als eine Konkurrentin. Sie diente den Sparkassen als Zahlungsausgleichsstelle und übernahm später die Funktion einer zentralen Geldvermittlungsstelle. Der Weg zur rheinischen Girozentrale war frei.[123]

Im Jahr 1890 wurde, neben anderen Provinzialhilfskassen gegen Ende des 19. Jahrhunderts,[124] auch die westfälische Provinzial-Hülfskasse zur Landesbank umgewandelt, allerdings gestaltete sich das Verhältnis der Sparkassen und der neuen westfälischen Landesbank als schwierig: So nahmen die Sparkassen die Möglichkeit, kurzfristig nicht benötigte Gelder bei der Landesbank anzulegen nicht wahr, weil die Landesbank ihnen kein Kapital für langfristige Finanzierungen zur Verfügung stellte. Zudem vergab die Landesbank Kredite zu niedrigen Zinssätzen auch an Kunden der Sparkassen, was den Konflikt verschärfte. Der Zinsunterschied, der Kredite der Landesbank für Schuldner attraktiv machte, entstand dadurch, dass die Sparkassen ihre Sätze am Kapitalmarkt orientieren mussten, wohingegen die Landesbanken aufgrund ihrer Struktur gering verzinsliche Darlehen ausgeben konnten und es ihnen sogar verboten war, den Zinsfuß zu erhöhen.[125]

6. Die Entwicklung der öffentlich-rechtlichen Kreditinstitute im 20. Jahrhundert

a) Die Entwicklung bis zum Zweiten Weltkrieg

Die erste Hälfte des 20. Jahrhunderts war wirtschaftlich im Wesentlichen von zwei Ereignissen geprägt, dem Ersten Weltkrieg und von einer Geldentwertung, die in den Jahren 1922 und 1923 ihren Höhepunkt fand.

Insgesamt ist festzustellen, dass die Sparkassen, nachdem zum Ende des 19. Jahrhunderts zuvorderst die räumliche Ausweitung der Institute auf dem Plan stand, nun ihre Geschäftstätigkeit nach und nach ausweiteten. Es begann eine Entwicklung, die die Sparkassen immer stärker in Richtung einer bankmäßigen Betätigung rückte.[126]

---

122 Pohl, S. 22.
123 Pohl, S. 22.
124 Henneke, S. 180.
125 Pohl, S. 23.
126 Weber, Martin, S. 45.

Hierzu führte zunächst die Einführung eines bargeldlosen Giroverkehrs, wofür der Erlass des Reichsscheckgesetzes im Jahre 1908 eine wichtige Rolle spielte.[127] Hiernach war es den Sparkassen gestattet, selbst Bezogener im Scheckverkehr zu sein.[128] Dies führte zu der Notwendigkeit der Erweiterung des Girosystems der Sparkassen, was durch die Erweiterung der Girozentralen geschah, deren Haftungsträger Giroverbände waren.[129] Regelmäßig wurden die Girozentralen als unselbständige Abteilungen der Giroverbände gegründet.[130] Am 02. Januar 1909 nahm in Dresden die erste deutsche Girozentrale ihren Betrieb auf.[131] Diese stand aber noch nicht in dem heute bekannten Zusammenhang mit einer Landesbank, sie stand nicht einmal im Zusammenhang mit einem öffentlich-rechtlichen Kreditinstitut.[132] Allerdings gab es neben den neu gegründeten Girozentralen auch teilweise bestehende Landesbanken und Staatsbanken, die zusätzlich die Funktion der Girozentrale übernahmen.[133]

Der heute bekannte Dualismus entstand erst später aus der Not heraus, die Folgen der Inflation zu beherrschen.[134] Im Zuge dieser Entwicklung ist die Anzahl der Spareinlagen von 21 Millionen auf weniger als eine Million gefallen. Aufgrund der Ereignisse war der Gedanke, sich durch das Sparen ein eigenes Vermögen aufzubauen, für die Bürger weniger attraktiv. Dennoch bemühte man sich, die zerstreute Landschaft des Bankensystems zusehends zu vereinheitlichen. Am 15. März 1924 schlossen sich der Deutsche Sparkassenverband, der Deutsche Zentralgiroverband und der Verband der kommunalen Banken zum Deutschen Sparkassen- und Giroverband zusammen. Die rechtlich unselbständige Geschäftsstelle dieses Verbandes war die Deutsche Girozentrale, die ihren Namen um „Deutsche Kommunalbank“ erweiterte.

In der Folgezeit wirkte der Verband auf eine Vereinheitlichung der nach wie vor in einigen Gebieten parallel bestehenden Landesbanken und Girozentralen hin, was recht erfolgreich war: Zum Ende der zwanziger Jahre bestand die Spitze der Sparkassenorganisation nur noch aus der Deutschen Girozentrale und 19 regionalen Landesbanken und/oder Girozentralen.[135] Die Girozentralen wurden von den Sparkassen in dieser Zeit primär als Institute verstanden, die zur Abwicklung des wachsenden bargeldlosen Zahlungsverkehrs dienten. Entsprechend waren die Einlagen der Sparkassen bei den Girozentralen so gering wie möglich. Die Girozentralen mussten ihre kurzfristigen Mittel in einem Umfang von bis zu 90 % bei anderen Banken, bei öffentlichen Einrichtungen oder bei Privaten beschaffen.

---

127 DSGV-*Geiger* S. 50.
128 Weber, Martin, S. 44.
129 Klein, S. 36.
130 Henneke, S. 180.
131 Wysocki, S. 37.
132 Wysocki, S. 37.
133 Henneke, S. 180.
134 Hentschel, S. 54.
135 Hentschel, S. 56.

Dies änderte sich erst, als eine vom Sparkassen- und Giroverband für Preußen erarbeitete und nach und nach in andere Länder übertragene Mustersatzung eingeführt wurde, die vorsah, dass die Sparkassen mindestens 10 % ihrer Einlagen als Liquiditätsreserve bei den Girozentralen anlegen mussten.[136]

Der Erste Weltkrieg war wie jeder Krieg sehr kostenintensiv. Um die Finanzierung schultern zu können, nahm das Deutsche Reich auch die Kunden der Sparkassen ins Visier. Die Sparkassen wurden angewiesen, in großem Umfang Kriegsanleihen auszugeben und damit das Wertpapiergeschäft auszuweiten. Die Sparer nahmen dieses Angebot an und schichteten ihre Spareinlagen auf Kriegseinlagen um oder weiteten ihre Spartätigkeit aus.[137]

1919 erlangten die Girozentralen die Berechtigung, Kommunalanleihen auszugeben. Aufgrund der hierdurch verfügbaren Mittel konnten sich die Girozentralen im Kommunalkreditgeschäft stärker engagieren. In diesem Zusammenhang erweiterten die Sparkassenzentralbanken stetig ihr Geschäftsfeld. Sie waren im Realkreditgeschäft aktiv, errichteten etwa Bausparkassen als unselbständige Abteilungen und forcierten ihr Dienstleistungsgeschäft, insbesondere das Wertpapier- und das Auslandsgeschäft.[138]

Auch als die Geldentwertung in den zwanziger Jahren ihren Höhepunkt fand, waren die Umstände für die Sparkassen günstig, ihre Geschäftstätigkeit zu erweitern.[139] So wurde in Preußen 1922/23 die Erweiterung des Geschäftsbereiches der Sparkassen und die Errichtung von Kommunalbanken durch einen Erlass vom 15.04.1921 gefördert.[140] Demnach war es den preußischen Sparkassen nun widerruflich gestattet, über das Depositen- und Kontokorrentgeschäft hinaus auch solche Geschäfte auszuüben, die mit ihrer ursprünglichen Aufgabe, den Sparsinn zu fördern, vereinbar waren. Um der besonderen Vertrauensstellung zu entsprechen, die den Sparkassen in der Öffentlichkeit zukam, waren die Sparkassen aber dazu verpflichtet, die Sicherheit der Einlagen zu gewährleisten.[141]

Auch die Bankenkrise, die durch die Zahlungsunfähigkeit der Darmstädter und Nationalbank (Danatbank) im Jahr 1931 ausgelöst wurde, beschleunigte die Entwicklung der Sparkassen hin zu Universalkreditinstituten.

Die Krise, verbunden mit einem Misstrauen der Sparer gegenüber der engen Verbindung von Kommunen und Sparkassen, führte zu einem Handlungsdrang für die Reichsregierung. Es wurden nämlich in einem derartigen Umfang Einlagen von den Sparern abgezogen, dass Liquiditätsprobleme entstanden.[142] Die Liquiditätsprobleme der Sparkassen wurden teilweise darauf zurückgeführt, dass die Sparkassen ihren

---

136 Hentschel, S. 57.
137 Klein, S. 36.
138 Henneke, S. 180.
139 Weber, Martin, S. 45.
140 Klein, S. 37.
141 Klein, S. 37.
142 Klein, S. 39.

Gewährträgern zu großzügig Kommunalkredite gewährten.[143] Auch die Girozentralen konnten den Sparkassen nur teilweise die erforderliche Liquidität verschaffen. Zwar war die Struktur der von den Girozentralen ausgegebenen Gelder zu 90 % formal kurzfristiger Natur, allerdings bestand ein Drittel dieser Gelder aus Kommunalkrediten, die nur schwer liquidierbar waren. Zudem waren eigentlich kurzfristige Kredite an Sparkassen zu dieser Zeit nicht zeitnah zu liquidieren. Einige Girozentralen, wie die Landesbanken im Rheinland und in Westfalen, die zu einem großen Anteil am Geschäft mit Kommunalkrediten teilnahmen, wurden trotz Unterstützung durch die Deutsche Girozentrale zahlungsunfähig. Andere konnten den Sparkassen teilweise selbständig, teilweise unter Inanspruchnahme von Sonderlombardkrediten, die Liquidität erhalten.[144] Allerdings kann wohl gesagt werden, dass auf längere Sicht keine Girozentrale den Liquiditätserfordernissen gerecht hätte werden können.[145] Um dem entgegenzuwirken, griff die Reichsregierung zum ersten Mal in das Sparkassenrecht ein, das zuvor in die alleinige Zuständigkeit der Länder fiel.[146] Die Reichsregierung erließ drei Verordnungen, die alle auf das Notverordnungsrecht des Reichspräsidenten aus Art. 48 der Weimarer Reichsverfassung gestützt waren.

Diese Verordnungen verpflichteten die Länder dazu, die Sparkassen mit einer eigenen Rechtspersönlichkeit auszustatten und hierdurch eine Lösung von den Gemeinden herbeizuführen.[147] Dies geschah durch die Umwandlung der Sparkassen in Anstalten des öffentlichen Rechts.[148] Zudem wurde festgelegt, dass dem Vorstand der Sparkassen „neben Mitgliedern des Gewährverbandes auch andere Personen"[149] angehören mussten. Die Kommunen hafteten für die Sparkassen aber weiterhin als Gewährträger.[150] Nach der dritten Notverordnung war die Bezeichnung Sparkasse nun grundsätzlich den öffentlichen Sparkassen zugeordnet.[151]

Die Länder erließen in diesem Zusammenhang und auf diese Notverordnung gestützt neue Sparkassenverordnungen bzw. -gesetze, die zu einer kompletten Neugestaltung des Sparkassenrechts führten.[152] Die neuen Vorschriften dienten vor dem Hintergrund der schlechten Erfahrungen der jüngsten Vergangenheit insbesondere dazu, die Organisation und den Geschäftsbetrieb der Girozentralen darauf hin auszurichten, die Liquiditätssicherung der Sparkassen zu gewährleisten.[153] So mussten

---

143 Weber, Bernhard, S. 158.
144 Hentschel, S. 62.
145 Hentschel, S. 62.
146 Klein, S. 38.
147 Hentschel, S. 63.
148 Weber, Martin, S. 46.
149 Dritte Verordnung des Reichspräsidenten zur Sicherung von Wirtschaft und Finanzen und zur Bekämpfung politischer Ausschreitungen vom 06.10.1931, Fünfter Teil, Kapitel 1, RGBl. I, S. 537, 554.
150 Klein, S. 39.
151 Klein, S. 39.
152 Klein, S. 39.
153 Hentschel, S. 63.

von nun an alle Sparkassen 10 % der Spareinlagen und 20 % der übrigen Einlagen bei den Girozentralen als Liquiditätsreserven hinterlegen.

In diesem Zusammenhang erlangten die Sparkassen durch das Kreditwesengesetz von 1934 die unbeschränkte Anerkennung als Kreditinstitute.[154]

Dies führte aber auch dazu, dass die Sparkassen nicht nur der Anstaltsaufsicht unterlagen, sondern dass sie nun auch der allgemeinen Bankenaufsicht nach dem Kreditwesengesetz unterstanden.[155]

b) Die Sparkassen und Landesbanken während des Dritten Reichs und des Zweiten Weltkrieges

Während der Zeit des Dritten Reichs gelangten die Sparkassen unter nationalsozialistischen Einfluss. Man beabsichtigte, ein reichseinheitliches Sparkassengesetz zu schaffen, dieser Plan schlug jedoch fehl. Der Deutsche Sparkassen- und Giroverband wurde zum Instrument staatlicher Wirtschaftspolitik. Der Fokus der Geschäfte der Sparkassen änderte sich in diesem Zusammenhang: So war es nun die wichtigste Aufgabe der Sparkassen Mittel zu generieren, um neue Arbeitsplätze, die Rüstung und schließlich den Zweiten Weltkrieg zu finanzieren. Das Aktivgeschäft trat hinter diese Aufgabe zurück.[156]

Das gleiche Bild zeigte sich auch bei den Girozentralen. Neben der Umschuldungsaktionen und einer Abwicklung des wachsenden Giroverkehrs nahm das Kreditgeschäft deutlich ab, insbesondere vor dem Hintergrund eines Kommunalkreditverbots, das auch die Sparkassen traf.[157] So konzentrierten sich die Girozentralen auf die Annahme von Sparkassenanlagen. Dies war auf die Verdoppelung der Spareinlagen zurückzuführen und darauf, dass es den Sparkassen nicht nur verwehrt war, Kommunalkredite zu gewähren, sondern sie auch einer Beschränkung dahingehend unterlagen, dass höchstens 40 % der Spareinlagen für Hypothekenkredite verwendet werden durften.[158]

Die Girozentralen wurden von Instituten, die insbesondere die Liquidität der Sparkassen sichern sollten, zu „Anlageagenturen" der Sparkassen.

Auf der anderen Seite benötigte das Reich nun in großem Umfang Liquidität, was dadurch erreicht wurde, dass die Girozentralen in großem Umfang Reichsschatzwechsel ankauften und darüber hinaus auch langfristige Reichsanleihen annahmen. Diese umfassende Finanzierung verstieß allerdings gegen die sog. Oktoberverordnung. Es bedurfte einer besonderen Genehmigung der Geschäfte durch die Reichsregierung.[159]

---

154 Klein, S. 39.
155 Klein, S. 39.
156 Klein, S. 40.
157 Hentschel, S. 66; Klein, S. 40.
158 Hentschel, S. 66.
159 Hentschel, S. 66.

Organisatorisch änderte sich in dieser Zeit wenig im Bereich der Landesbanken und Girozentralen. Teilweise wurden aus Zweigstellen von Girozentralen eigene Girozentralen, etwa in Bremen und Hamburg. Wichtiger war jedoch die räumliche Ausweitung des Systems auf die im Zuge des Krieges als deutsch reklamierten Gebiete.[160]

Während des Krieges wurde die Geschäftstätigkeit sowohl der Girozentralen als auch der Sparkassen durch Material- und Personalknappheit negativ beeinflusst.[161]

c) Die Sparkassen und Landesbanken nach dem Zweiten Weltkrieg bis zur Wiedervereinigung

aa) Die Sparkassen in Westdeutschland

Nach dem Zweiten Weltkrieg begann der Wiederaufbau der Sparkassen, man orientierte sich an den Erfahrungen, die man vor der Zeit des Dritten Reiches gemacht hatte. Es konstituierte sich die Arbeitsgemeinschaft Deutscher Sparkassen- und Giroverbände und Girozentralen e. V. Die alliierte Militärgesetzgebung führte die Verpflichtung für alle Kreditinstitute ein, Mindestreserven bei den Landeszentralbanken zu unterhalten.[162]

Zudem bemühte man sich, die Rechtseinheit, die durch die dritte Reichsnotverordnung aus dem Jahr 1931 schon fokussiert war, weiter auszubauen. Man betrachtete die Bestimmungen der Notverordnung als Bundesrecht, die weiteren Bestimmungen des Sparkassenrechts als Landesrecht.[163] Zu diesem Zweck arbeitete im Jahr 1948 die Arbeitsgemeinschaft Deutsche Sparkassen- und Giroverbände und Girozentralen e.V. an einer Mustersatzung.[164] Ergebnis waren zwei Entwürfe, von denen der Entwurf A eine Trennung zwischen der Geschäftsführung und der Kontrolle der Sparkassen vorsah. Die Geschäftsführung sollte wie bisher dem Vorstand obliegen, während ein Aufsichtsrat die Geschäftstätigkeit kontrollieren sollte. Der Entwurf B sah weiterhin die Konzentration beider Aufgaben beim Vorstand vor.[165]

Nachdem die beiden Entwürfe verabschiedet worden sind, passten die Länder nach und nach, zunächst teilweise Bayern, dann in Gänze Hessen und Bremen,[166] ihre Sparkassengesetze der Mustersatzung an, so dass auf diesem Weg die angestrebte Rechtseinheit weitgehend erzielt werden konnte.[167] Auch der Bund griff durch das im Jahr 1962 in Kraft getretene Kreditwesengesetz in das Sparkassenrecht ein, indem er Bestimmungen, die ihre Rechtsgrundlage in reichsrechtlichen

---

160 Hentschel, S. 66.
161 Klein, S. 40.
162 Klein, S. 40, 41.
163 DSGV-*Klüpfel*, S. 123.
164 DSGV-*Klüpfel*, S. 123.
165 Klein, S. 41 f.
166 DSGV-*Klüpfel*, S. 124.
167 Klein, S. 42.

Notverordnungen von 1931 fanden, wie die Sonderliquiditätsbestimmungen und das Hypothekenkontingent, aufhob.[168]

Hinsichtlich der Landesbanken kann man erst seit dieser Zeit von geordneten Verhältnissen sprechen, die 1950 auch rechtlich gesichert waren.[169] Den Alliierten war die Erhaltung der regionalen Girozentralen aufgrund des damit verbundenen zentralistischen Systems ein Dorn im Auge. Letztlich ist der Erhalt der Girozentralen der Arbeitsgemeinschaft deutscher Sparkassen- und Giroverbände und Girozentralen e. V. zu verdanken.[170] Auch eine Übertragung der Aufgaben der Landesbanken/Girozentralen auf die Landeszentralbanken konnte mit dem Argument verhindert werden, dass das Sparkassensystem ohne die Girozentralen nicht funktionieren könne.[171]

Gerade die nach dem Zweiten Weltkrieg neu entstandenen Länder machten die Girozentralen auch zu Landesbanken und statteten sie mit umfassenden Aufgaben aus, die teilweise hoheitlich-fördernder Art, teilweise auch rein geschäftlicher Art waren. Dies tragende Regelungen wurden in die Sparkassengesetze aufgenommen, die ab 1954 erlassen wurden.[172]

In den sechziger und siebziger Jahren wurde im Wesentlichen die Zinsreglementierung aufgehoben sowie nach und nach steuerrechtliche Privilegien der Sparkassen abgebaut. Dies führte bis zur Vollbesteuerung der Sparkassen. In den siebziger Jahren wurden schließlich die geschäftlichen Möglichkeiten erweitert und es wurde die Mitbestimmung der Sparkassenmitarbeiter im Verwaltungsrat geregelt.[173] Auf der Ebene der Landesbanken begann in dieser Zeit ein Konzentrationsprozess, der zum Ziel hatte, größere und schlagkräftigere und damit wettbewerbsfähigere Einheiten zu schaffen.[174] In dieser Zeit entstanden die WestLB, die NordLB und die Bayerische Landesbank.[175] Darüber hinaus gab es schon zu dieser Zeit Gedanken über überregionale Fusionen auf der Ebene der Landesbanken/Girozentralen. So wurde an eine Sanierungsfusion der Hessischen Landesbank mit der Westdeutschen Landesbank gedacht.[176] Beide Institute mussten im Jahr 1974 erhebliche Verluste ausweisen. Bei der Hessischen Landesbank betrug dieser Verlust 800 Mio. DM, bei der Westdeutschen Landesbank 270 Mio. DM. Der Verlust der Westdeutschen Landesbank ist auf misslungene Devisenspekulationen zurückzuführen.[177]

In den achtziger Jahren standen die Vorbereitung des Kreditwesens allgemein und damit verbunden auch die Vorbereitung der Sparkassen auf den europäischen

168 Klein, S. 42.
169 Steiner, S. 73.
170 Steiner, S. 73.
171 Steiner, S. 73.
172 Henneke, S. 180.
173 Klein, S. 43.
174 Steiner, S. 74.
175 Steiner, S. 74.
176 Steiner, S. 74.
177 Kaserer/Berner, S. 74.

Binnenmarkt auf der Tagesordnung. Auch diese Bemühungen führten tendenziell zu einer Erweiterung der Geschäftstätigkeit.[178]

bb) Die Sparkassen in der DDR

In der DDR wurden zunächst im Jahr 1945 alle bestehenden Sparkassen geschlossen und gleichzeitig die Städte und Kreise ermächtigt, neue Sparkassen zu gründen. Diese neuen Sparkassen als Teil der Planwirtschaft hatten einen stark eingeschränkten Aufgabenkreis. Im Jahr 1951 übertrug die Deutsche Notenbank den Sparkassen das Führen aller Spar- und Gehaltskonten. Auch die Kontoführung für Kleinbetriebe bis zu zehn Mitarbeitern wurde den Sparkassen übertragen. Umgekehrt mussten die Sparkassen alle Konten öffentlicher Organe und Großbetriebe auf die Deutsche Notenbank übertragen.[179]

Der Erlass der Mustersatzungen in Westdeutschland blieb aber auch in der DDR nicht ohne Wirkung. So wurden im Jahr 1956 durch das „Statut der volkseigenen Sparkassen"[180] den Sparkassen zwar auf dem Papier Aufgaben übertragen, die einem Universalkreditinstitut sehr nahe kamen, tatsächlich waren die Sparkassen aber weiterhin primär im Spargeschäft und in der Abwicklung des Zahlungsverkehrs aktiv.[181] Das Aktivgeschäft spielte nahezu keine Rolle.[182] Im Jahr 1976 wurde ein neues Statut erlassen, mit dem die den Sparkassen nach dem Einheitsstatut zugewiesenen Geschäfte reduziert wurden und sich so der gesetzliche Rahmen an die Realität annäherte.[183]

Im Zuge der Vorbereitung auf die deutsche Wiedervereinigung konnten sich die Sparkassen ein Stück weit der Einflussnahme der Staatsbank entziehen.[184]

d) Die Sparkassenorganisation seit der Deutschen Wiedervereinigung bis heute

Seit der Deutschen Wiedervereinigung stell(t)en sich die Sparkassen im Wesentlichen vier Herausforderungen:

Zunächst musste eine einheitliche Sparkassenorganisation in Deutschland geschaffen werden.

Weiterhin sind durch das immer weiter zusammenrückende Europa neue Aufgaben entstanden, insbesondere auf dem Gebiet des Europarechts. Vor diesem Hintergrund ist die Reform der Eigenkapitalvorschriften und hier insbesondere

178 Klein, S. 43 f.
179 Klein, S. 45.
180 Statut der volkseigenen Sparkassen der Deutschen Demokratischen Republik, Verordnung des Ministerrats vom 25.03.1956; GBl. I Nr. 22, S. 281.
181 Mura, S. 280 ff.
182 Klein, S. 46.
183 Klein, S. 46.
184 Klein, S. 46.

„Basel II" bzw. „Basel III" zu nennen, ebenso der Wegfall von Anstaltslast und Gewährträgerhaftung.

Als dritte Herausforderung ist das Zunehmen der Informations- und Kommunikationstechnologien zu nennen, primär das Internet.

Die vierte Herausforderung ist die Verschiebung der Geschäftsschwerpunkte, was aktuell insbesondere bei den Landesbanken eine Rolle spielt. Vor der aktuellen Finanzkrise gab es eine Schwerpunktverschiebung weg von den klassischen Bankdienstleistungen der Kontoführung und der Kreditvergabe hin zu kapitalmarkorientierten Produkten. Vor diesem Hintergrund wurden zwar die Provisionseinnahmen der Institute erhöht, allerdings nahm das zinstragende Geschäft ab. Im Zusammenhang mit der Hinwendung auch der Beteiligten des öffentlich-rechtlichen Bankensystems zu dem Geschäftsmodell von Investmentbanken nahm die Höhe der Wertberichtigungen deutlich zu,[185] wodurch es zu erheblichen Ertragsproblemen gerade bei der SachsenLB und bei der Bayerischen Landesbank kam.

Neben der Bewältigung dieser Herausforderungen sind sowohl auf Sparkassenebene als auch auf Landesbankebene Konsolidierungstendenzen erkennbar.

7. Bewertung, Zusammenfassung

Die geschichtliche Entwicklung der Sparkassen und Landesbanken bedarf einer Bewertung, um hieraus Rückschlüsse für die Zukunft des öffentlich-rechtlichen Bankensystems in Deutschland ziehen zu können.

Zur Zeit der Gründung waren die Sparkassen ein Mittel des Staates, um den ärmeren Bevölkerungsschichten den Vermögensaufbau zu ermöglichen. Dominierend für die Gründung der Sparkassen war ein soziales Motiv. Die Sparkassen hatten ein sehr eingeschränktes Geschäftsmodell und waren für die Privatbanken, die eine andere Geschäftspolitik verfolgten, keine wirkliche Konkurrenz. Bedeutend war die Anbindung der Sparkassen an die Kommunen, woraus sich eine regionale Aktivität der Sparkassen ergab. Die Sparkassen wurden nicht dazu errichtet, Gewinne zu erzielen. Ihre Geschäftstätigkeit entlastete vielmehr die kommunalen Haushalte nur mittelbar, etwa dadurch, dass durch die Anregung zum Sparen weniger Menschen den Armenkassen zur Last fielen.

Im Laufe der Zeit haben sich die rechtlichen Vorgaben und damit auch die Geschäftsmodelle der Sparkassen und Landesbanken geändert, so haben sich die Sparkassen nach und nach zu Universalbanken entwickelt, deren Geschäftsmodell dem der Privatbanken nahezu gleicht. Auch hat sich, wie beispielhaft bei den Landesbanken/Girozentralen gezeigt, das jeweilige Geschäftsgebiet durch Fusionen regelmäßig erweitert, so dass sich auch die Geschäftsgebiete der Privatbanken und der öffentlich-rechtlichen Kreditinstitute zunehmend annäherten. Spätestens seit der Gründung der Kreditgenossenschaften bietet der Markt privatrechtlich organisierte Kreditinstitute an, die denselben Kundenkreis bedienen, wie es die Sparkassen tun.

185 Klein, S. 50.

Diese Entwicklung weist den Weg zum zentralen Problem der Arbeit, ob die Sparkassen auch nach dieser Ausweitung ihrer Geschäftstätigkeit als öffentlich-rechtliche Kreditinstitute weiterhin eine Legitimation für ihr Dasein haben. Bei der Betrachtung der Ausweitung der Geschäftstätigkeit könnte man nämlich auf die Idee kommen, dass sich die Sparkassen faktisch nicht mehr von den Privatbanken unterschieden.

Auch ein weiteres Problem zeigt sich schon bei einer Betrachtung der Geschichte: So gab es bereits in den siebziger Jahren bei der Westdeutschen Landesbank eine Krise, die dadurch ausgelöst wurde, dass die Bank Fehlspekulationen durchgeführt hat. Es stellt sich die Frage, warum ein aus sozialen Gesichtspunkten heraus etabliertes, vom Staat vorgehaltenes, Bankensystem in der Lage sein soll, überhaupt derartige Geschäfte durchzuführen. Wenn, wie aufgezeigt, dieses System doch auch gegen die Wucherei eingesetzt werden sollte, so verhalten sich durchgeführte Spekulationen geradezu konträr zu dieser Intention. Bei Spekulationen wird regelmäßig auf steigende oder fallende Kurse gesetzt, d. h., eine Bank, die Spekulationsgeschäfte im eigenen Interesse durchführt, liefert sich gerade den Zwängen des Marktes aus, insbesondere Prognosen und Trends. Das System sollte ursprünglich aber gerade in gegenteiliger Richtung agieren, nämlich dazu dienen, den Markt zu beruhigen und die Wucherei zu bekämpfen.

Außerdem war und ist das öffentlich-rechtliche Bankensystem aufgrund der Bindung an die Kommunen bzw. an die Länder praktisch nicht insolvenzfähig, was dazu führte, dass die Spekulationen theoretisch ohne Rücksicht auf Verluste und damit viel aggressiver geschehen konnten, als dies privaten Banken möglich war. Dies stellt einen Wettbewerbsvorteil des Systems dar, der zusätzlich einer Rechtfertigung bedarf.

Möglicherweise sollte eine Evolution des Systems dazu führen, dass die Aufsichtsstruktur verändert und das Geschäftsmodell der Sparkassen mittels einer Veränderung der gesetzlichen Vorschriften beschränkt wird. Insgesamt erscheint eine Entwicklung, die tendenziell zurückweist zu den ursprünglichen Gedanken legitimationsfördernd. Gerade die Notwendigkeit des Bestehens der Landesbanken und Girozentralen sollte wohl überdacht werden. Denn diese Institute scheinen nach diesem Stand der Untersuchung keinem sozialen Zweck zu dienen.

V. Intention für das Bereitstellen eines öffentlich-rechtlichen Bankensystems

Nach der Betrachtung der Geschichte soll sich nun damit auseinandergesetzt werden, welche Gründe heute noch für ein Vorhalten des öffentlich-rechtlichen Bankensystems sprechen. Als Ausgangspunkt dient hier die Formulierung des öffentlichen Auftrages in den Sparkassengesetzen.

1. Die Sparkassen

a) Der öffentliche Auftrag

Bei der Beschäftigung mit dem öffentlich-rechtlichen Bankensystem fällt immer wieder der Begriff des „öffentlichen Auftrages" des Systems. Dieser spielt eine wesentliche Rolle für die wirtschaftliche Betätigung des Systems und seiner Rechtfertigung.[186]

Zunächst fragt es sich allgemein, was hierunter zu verstehen ist und wie sich der öffentliche Auftrag in den Sparkassengesetzen niederschlägt und auf das Agieren am Markt Einfluss nimmt.

Zum öffentlichen Auftrag findet sich folgende Aussage im Bericht der Bundesregierung über die Untersuchung der Wettbewerbsverschiebungen im Kreditgewerbe und über eine Einlagensicherung:

> *„Öffentlich-rechtliche Kreditinstitute verdanken ihre Entstehung dem Umstand, dass der Staat es aus wirtschafts- oder sozialpolitischen Gründen für erforderlich hielt, bestimmte bankgeschäftliche Tätigkeiten, die von der privaten Kreditwirtschaft nicht oder jedenfalls nicht in dem für erforderlich gehaltenen Umfang durchgeführt wurden, durch eigene Institute wahrnehmen zu lassen. Diese öffentlich-rechtlichen Kreditinstitute hatten und haben also den besonderen Auftrag, im Sinne der Daseinsvorsorge bestimmte Lücken in der Versorgung der Bevölkerung mit Bankdienstleistungen zu schließen."*[187]

Letztlich ist der Begriff des öffentlichen Auftrages der Sammelbegriff für alle Aufgaben, die den Sparkassen und Landesbanken von dem Gesetzgeber oder von ihrem Gewährträger gestellt wurden.[188]

Der öffentliche Auftrag stellt das, trotz aller Annäherung unter den Bankengruppen, maßgebliche Unterscheidungskriterium der Sparkassen zu den anderen deutschen Kreditinstituten dar. Dies drückt sich insbesondere darin aus, dass teilweise die im öffentlichen Auftrag in den Sparkassengesetzen niedergelegten Aufgaben die

186 Rudolph, S. 20; Grapentin/Berg/Pfingsten, S. 400.
187 Bankenenquete, BT Drucksache 3500, 1968, S. 40 ff.
188 Grapentin/Berg/Pfingsten, S. 400.

Tätigkeit der Sparkassen abschließend normierten. Die abschließende Aufzählung der Aufgaben der Sparkassen wird als Enumerationsprinzip bezeichnet.[189] Teilweise kehrte man in der Zwischenzeit allerdings das Enumerationsprinzip um und gestattete den Sparkassen grundsätzlich jede bankübliche Tätigkeit, so lange sie nicht ausdrücklich im Sparkassenrecht verboten wurde.[190] Damit stellt der öffentliche Auftrag auch die Rechtfertigung der staatlichen Betätigung in der Kreditwirtschaft dar.

Die von dem öffentlichen Auftrag umfassten Aufgaben finden sich teilweise in den Sparkassengesetzen, teilweise sind darüber hinaus weitere Aufgaben anerkannt, die dem öffentlichen Auftrag zugeordnet werden.

aa) Gesetzlich normierte Aufgaben, die im öffentlichen Auftrag enthalten sind

aaa) Förderung der Vermögensbildung breiter Bevölkerungsschichten

Nach § 2 Abs. 2 S. 3 SpkG RLP fördern die Sparkassen die Vermögensbildung breiter Bevölkerungsschichten. Sie sind deswegen auch dafür verantwortlich, dass flächendeckend alle Bevölkerungskreise ausreichend und angemessen mit Bankdienstleistungen versorgt werden.[191] Wie es sich aus dem geschichtlichen Rückblick ergeben hat, hatten die Sparkassen ursprünglich die durchaus als existenziell zu bezeichnende Funktion,[192] insbesondere wirtschaftlich schwächeren Bevölkerungskreisen eine Anregung zum Sparen zu bieten. Die Situation der Massenarmut, die zur Zeit der Gründung der Institute eine erhebliche Rolle gespielt hat, hat sich zwar zwischenzeitlich insbesondere aufgrund der Einrichtung sozialer Sicherungssysteme entschärft, allerdings kann nach wie vor die Gelegenheit und auch der Anreiz zum Sparen als besonders wichtig angesehen werden. Dies, weil die Vermögensbildung die Grundlage dafür ist, wirtschaftliche Probleme langfristig ohne staatliche Hilfe lösen zu können und weil die Vermögensbildung langfristig dazu dient, einen Ausgleich zwischen den Lebensstandards verschiedener Bevölkerungsgruppen zu erreichen. Insgesamt sind die Förderung und das Wecken des Sparsinns auch heute noch als die wichtigste Aufgabe der Sparkassen anzusehen.[193] Dies geschieht auch aufgrund des in einigen Sparkassengesetzen – in Rheinland-Pfalz beispielsweise in § 2 Abs. 2 S. 3 des Sparkassengesetzes – normierten Auftrages, *„die Erziehung junger Menschen zu eigenverantwortlichem wirtschaftlichem Verhalten“* zu fördern.

---

189 Lütke-Uhlenbrock, S. 16.

190 Beispielsweise wurde in Rheinland-Pfalz das Enumerationsprinzip, wie beschrieben, umgekehrt, was in § 2 Abs. 5 S. 1 des dortigen Sparkassengesetzes seinen Niederschlag findet.

191 Schimansky/Bunte/Lwowski-*Rümker/Keßeböhmer*, § 124, Rn. 17.

192 Henning, S. 17.

193 Püttner, Sparkassenrecht, S. 125 m. w. N.; a. A. Kirchhof, S. 921, demnach sei die kreditwirtschaftliche Versorgung Primärziel und die Förderung des Sparens sei lediglich Sekundärziel.

Eine Ausprägung erfährt dieser Auftrag beispielsweise im Schulsparen. Mitarbeiter der Sparkassen kommen hier in die Schulen und nehmen die von Kindern in einer Spardose gesammelten Münzen entgegen, um den Gegenwert auf einem Sparbuch gutzuschreiben. Für die Einlagen erhalten die Kinder ein kleines Geschenk. Auf diese Weise wird den Kindern die Idee vermittelt, dass aus dem Sparen kleiner Beträge langfristig eine größere Summe erwachsen kann.

Die Notwendigkeit, den Kindern den Spargedanken näher zu bringen, scheint nach wie vor gegeben.

bbb) Präsenz in der Fläche, Struktursicherungsfunktion

Eng mit der Förderung des Sparsinns verbunden ist die Präsenz der Sparkassen in der Fläche und in strukturschwachen Gebieten. Diese Funktion wird auch heute noch als besonders wichtig angesehen.[194] Die dezentrale Organisation dient letztlich der Verwirklichung des öffentlichen Auftrags und ist in den Sparkassengesetzen festgeschrieben.[195] So ist der Aufbau der Sparkassenorganisation ein Spiegelbild zum föderativen Aufbau der Bundesrepublik. Das Geschäftsgebiet der Sparkassen orientiert sich an dem Gebiet ihres Gewährträgers. Hieraus ergibt sich das Regionalprinzip. Diese strukturelle Entscheidung soll einige durchaus positive Auswirkungen auf die Geschäftstätigkeit der einzelnen Sparkasse haben:

Zum einen ergäbe sich aus der regionalen Struktur eine besondere Kompetenz der Sparkassen hinsichtlich der regionalen Verhältnisse.

Zum anderen führe die regionale Struktur dazu, dass die jeweilige Sparkasse grundsätzlich nur in ihrem Geschäftsgebiet tätig sein kann. Sie müsse also in ihrem Geschäftsgebiet aktiv werden und könne ihr Geschäftsgebiet nicht auf wirtschaftsstarke Regionen begrenzen. Um als Sparkasse langfristig erfolgreich zu sein, habe die Sparkasse aufgrund ihres begrenzten Geschäftsgebietes ein ureigenes Interesse daran, dass die jeweilige Region wirtschaftlich erfolgreich ist. Auf diese Weise werde ein originärer Interessengleichlauf der Sparkasse mit den übrigen Teilnehmern am Wirtschaftsleben in der jeweiligen Region geschaffen.

Hinzu käme, dass diese regionale Ausrichtung verbunden mit dem Interessengleichlauf der Sparkassen mit den übrigen Teilnehmern am Wirtschaftsleben zu einer gewissen Chancengleichheit in den verschiedenen Regionen führe. Im Gegensatz zu Banken, die ihre Geschäftstätigkeit an der Gewinnmaximierung ausrichten und deswegen schon aufgrund dieses Prinzips ihre Geschäftstätigkeit auf die wirtschaftsstarken Regionen fokussieren, seien die Sparkassen aufgrund ihrer Struktur auch und gerade in wirtschaftsschwachen Regionen aktiv. Dadurch werde so genannten desintegrativen Effekten vorgebeugt, die dann zu beobachten sind, wenn aufgrund einer zentral organisierten Kreditwirtschaft finanzielle Mittel in die Ballungsräume abgesaugt werden.[196] Auch in einer wirtschaftsschwachen Region

194 Beck/Samm-*Samm*, § 40, Rn. 11.
195 Beispielsweise in § 6 Abs. 1 S. 1 SpkG BW oder in § 2 Abs. 1 SpkG RLP.
196 Fischer, Reinfried, S. 68.

könnten also sowohl Unternehmen als auch Privatkunden in der Sparkasse einen Anbieter von Finanzdienstleistungen vorfinden, der seine Aufgabe schon aus eigenem Interesse ernst nimmt.

ccc) Kreditversorgung (Förderungsfunktion) und Hausbankfunktion des Trägers

aaaa) Kreditversorgung breiter Bevölkerungsschichten und insbesondere des Mittelstands

Daneben hat sich zwischenzeitlich das Prinzip der Kreditgewährung zum einen an breite Bevölkerungsschichten und an den Mittelstand,[197] zum anderen an den Träger der Sparkasse als eine weitere Ausprägung des öffentlichen Auftrages entwickelt.[198] In § 2 Abs. 2 S. 4 des Sparkassengesetzes Rheinland-Pfalz ist die Aufgabe normiert, dass die Sparkassen zur Verbesserung der Eigenkapitalausstattung insbesondere junger und mittelständischer Unternehmen im Geschäftsgebiet beitragen. Auch diese Aufgabe entspringt dem öffentlichen Auftrag. Gerade für junge Unternehmen mit einer dünnen Kapitaldecke ist es häufig schwierig, Kreditgeber zu finden.

Dieses besondere Engagement für den Mittelstand hat eine lange Tradition und geht darauf zurück, dass Kommunalpolitik und Mittelstandspolitik eng zusammenhängen sowie auf das Aufkommen der Zünfte.[199]

Außerdem beteiligen sich die Sparkassen als Hausbanken ihrer Träger deutlich stärker, als die Gruppe der Genossenschaftsbanken und insbesondere der Großbanken an der Finanzierung von Infrastrukturvorhaben.[200]

Die im öffentlichen Auftrag enthaltene Aufgabe der Kreditversorgung wird in den Sparkassengesetzen auf die Versorgung breiter Bevölkerungsschichten und des Mittelstandes fokussiert. Hierdurch haben die Gesetzgeber die Entscheidung getroffen, dass gerade diese Gruppen in besonderer Weise einer kreditwirtschaftlichen Versorgung bedürfen und sie geben den Sparkassen damit eine Richtschnur, wie sie ihre Geschäftstätigkeit ausrichten sollen.[201]

Wesentlich hierbei sei, dass die Sparkassen allen mittelständischen Unternehmen dauerhaft und verlässlich zur Seite stünden und ihre mittelständischen Kunden, soweit vertretbar, auch in schwierigen Situationen mit Finanzdienstleistungen zur Seite stehen wollten. Auch diese Maxime ergäbe sich letztlich aus dem Regionalprinzip. Denn aufgrund dieser regionalen Verbundenheit würde die Insolvenz eines Unternehmens in der Region mit hoher Wahrscheinlichkeit auch andere in der Region tätige Unternehmen, aber auch Arbeitnehmer des betroffenen Unternehmens,

---

197 § 2 Abs. 2 S. 2 und 4 SpkG RLP; § 6 Abs. 1 S. 1 SpkG BW.
198 Weber, S. 167 ff.; Badura, Wirtschaftsverfassung und Wirtschaftsverwaltung, S. 16.
199 Weinberger, S. 430.
200 Reinelt, S. 102.
201 Fischer, Reinfried, S. 65 ff.

negativ tangieren, so dass die Region und damit das Geschäftsgebiet der Sparkasse insgesamt leiden würde.[202]

bbbb) (Kredit-)Versorgung der öffentlichen Hand (Hausbankfunktion)

Daneben soll die Leistungserbringung der Sparkassen an die öffentliche Hand und an ihre Gewährträger eine Schlüsselaufgabe der Sparkassen sein.[203] Neben der Gewährung von Darlehen unterstützen die Sparkassen die öffentliche Hand insbesondere bei der Finanzierung verschiedener regionaler Projekte, wie etwa bei der Verbesserung der Infrastruktur oder der gemeinnützigen Wohnungsbaufinanzierung.[204] Das Aufgabenfeld hat sich von der Finanzierung der Schaffung von Wohnraum nach dem Krieg hin zur Finanzierung von Wohnraummodernisierung und Stadtsanierung verändert.[205]

Insgesamt handele es sich bei der Finanzierung der Kommunen um eine wesentliche Aufgabe der Sparkassen.[206]

ddd) Girokonto für Jedermann und allgemeiner Kontrahierungszwang

Als eine weitere Ausprägung des öffentlichen Auftrags ist beispielhaft in § 2 Abs. 4 SpkG RLP die Aufgabe normiert, Girokonten grundsätzlich für Jedermann zu führen. Diese Ausprägung hat sich aus der massiven Zunahme des bargeldlosen Zahlungsverkehrs heraus entwickelt. Gerade im Bereich der Führung eines Girokontos für Kunden mit schlechter Bonität wurden in der Vergangenheit vermehrt Missstände aufgedeckt, wonach derartige Kunden kein Konto eröffnen konnten. Diese Probleme kamen trotz einer freiwilligen Selbstverpflichtung des Bundesverbands deutscher Banken auf.[207]

Teilweise sehen die Sparkassengesetze die Möglichkeit vor, dass die Sparkassen eine Kontoführung ablehnen dürfen, wenn diese unzumutbar wäre,[208] teilweise werden Ablehnungsgründe in den Sparkassenverordnungen genauer aufgeführt. So sind in § 5 Abs. 2 S. 2 des Sparkassengesetzes des Landes Nordrhein-Westfalen folgende Ablehnungsgründe aufgeführt:

---

202 DSGV Faktenpapier Nummer 32, S. 9.

203 Normiert beispielsweise in § 2 Abs. 2 S. 2 SpkG RLP und in § 6 Abs. 1 S. 1 und 2 SpG BW; Weinberger, S. 428.

204 Fischer, Reinfried, S. 67.

205 Weinberger, S. 430.

206 Fischer, Reinfried, S. 67.

207 Girokonto für jedermann; Probleme bestehen weiterhin.

208 Beispielsweise § 2 Abs. 4 SpkG RLP.

„§ 5 Kontrahierungspflichten
(1) Die Sparkassen sind verpflichtet, Spareinlagen in Höhe von mindestens einem Euro entgegenzunehmen.
(2) Die Sparkassen sind verpflichtet, für natürliche Personen aus dem Trägergebiet auf Antrag Girokonten zur Entgegennahme von Einlagen in Euro zu führen. Eine Verpflichtung zur Führung eines Girokontos besteht nicht, wenn
a) der Kontoinhaber Dienstleistungen bei Kreditinstituten missbraucht hat,
b) das Konto ein Jahr lang umsatzlos geführt wurde,
c) das Konto kein Guthaben aufweist und der Kontoinhaber trotz Aufforderung nicht für Guthaben sorgt,
d) aus anderen wichtigen Gründen die Aufnahme oder Fortführung der Geschäftsbeziehung den Sparkassen im Einzelfall nicht zumutbar ist. Die Ablehnung eines Antrags nach Satz 1 ist schriftlich zu begründen."

Sowohl die Voraussetzungen des Sparkassengesetzes NRW als auch das Kriterium der Unzumutbarkeit stellen eine hohe Hürde für das Ablehnen einer beantragten Kontoverbindung dar. Es ist davon auszugehen, dass insbesondere potentielle Kunden mit einem problematischen Hintergrund bei ordnungsgemäßem Verhalten auf der Grundlage der Sparkassengesetze einen Anspruch auf das Führen eines Girokontos bei der Sparkasse an ihrem Wohnort haben.[209]

Neben dem Kriterium der Unzumutbarkeit, das im Einzelfall geprüft werden muss, und derzeit insbesondere bei der Kontoführung für problematische Personen wie Strafgefangene oder für problematische Organisationen wie die NPD oder die DVU eine Rolle spielt, gilt ergänzend und in Bereichen ohne formellen Kontrahierungszwang das Diskriminierungsverbot.[210]

Dieses besagt, dass, wenn es u. U. gerechtfertigt ist, eine Kontoverbindung abzulehnen, die Sparkasse dennoch beispielsweise für einen Strafgefangenen ein Konto eröffnen muss, wenn sie für ein anderes Mitglied dieser Personengruppe bereits ein Konto eröffnet hat. Außerdem darf die Ablehnung im konkreten Einzelfall nicht durch einen anderen Grund gerechtfertigt sein.[211]

Für problematische politische Parteien wie die DVU oder die NPD kann ein Kreditinstitut grundsätzlich aufgrund eines hierdurch möglicherweise negativ berührten Ansehens die Kontoführung verweigern. Für die Sparkassen würde einfachgesetzlich nur dann ein Kontrahierungszwang bestehen, wenn die Partei in ihrem Geschäftsgebiet ihren Sitz hat, ansonsten könnte ggf. das Diskriminierungsverbot greifen.[212]

---

209 Püttner, Sparkassenrecht, S. 122.
210 Püttner, Sparkassenrecht, S. 123 f.
211 Püttner, Sparkassenrecht, S. 123.
212 Püttner, Sparkassenrecht, S. 124, geht davon aus, dass kein Kontrahierungszwang besteht und nicht von einer Diskriminierung gesprochen werden kann. Das VG Gera geht in seinem Urteil vom 05.11.2008 (Az.: 2 K 37/08 Ge) davon aus, dass

Außerdem sehen die Sparkassengesetze vor, dass die Sparkassen dazu verpflichtet sind, Spareinlagen von Jedermann anzunehmen.[213]

Neben diesen spezialgesetzlichen Regelungen wird auch ein allgemeiner Kontrahierungszwang der Sparkassen angenommen. Dieser ergibt sich zwar nicht aus dem kommunalrechtlichen Zulassungsanspruch für öffentliche Einrichtungen, weil sich dieser gegen die Gemeinde richtet und die Sparkassen rechtlich verselbständigt sind, so dass der Gemeinde auch nicht die Möglichkeit zukommt, einen Verschaffungsanspruch durchzusetzen.[214]

Dieser allgemeine Kontrahierungszwang ergibt sich vielmehr nach allgemeinen verwaltungsrechtlichen Regeln aus der Widmung einer Sparkasse zur Benutzung durch die Allgemeinheit und Art. 3 GG. Eine Sparkasse, die grundsätzlich jedem Interessierten ihre Dienstleistungen anbietet, kann deswegen die Diensterbringung für einen Einzelnen nur dann ablehnen, wenn es hierfür einen rechtfertigenden Grund gibt.[215]

eee) Das Wettbewerbsargument

Die Funktion der Sparkassen, den Wettbewerb zu stärken, findet sich beispielsweise in § 2 Abs. 2 S. 1 SpkG RLP. Dort ist normiert, dass die Sparkassen als öffentliche Banken den Wettbewerb im Kreditgewerbe stärken. Diese Funktion wird auch als „Korrektur- und Gewährleistungsfunktion“ bezeichnet.[216]

Das Wettbewerbsargument lässt sich aufteilen in die sog. Wettbewerbskorrekturfunktion[217] und in die sog. Wettbewerbsergänzungsfunktion.[218]

Die Wettbewerbskorrekturfunktion gibt den Sparkassen auf, dass sie einer zu starken Konzentration im Bankengewerbe entgegenwirken sollen.[219] Eine zu hohe Marktkonzentration bürgt die typischen Risiken, die dem Entstehen einer Monopolstellung inne wohnen. Hier sind die Risiken der Preisdiktatur und der Serviceverschlechterung zu nennen. Gerade in ländlichen Gebieten könnte die Serviceverschlechterung damit einhergehen, dass das Geschäftsgebiet nahezu brach liegt und sich das dann allein aktive Kreditinstitut wieder etwas aus seinem Engagement in der Fläche zurückzieht. Dies könnte dazu führen, dass die Kunden größere Wege zu ihrer Bank in Kauf nehmen müssten und zusätzlich weniger attraktive Konditionen vorfänden. Aufgrund des Vorhandenseins der Sparkassen

---

sich, wenn die Sparkasse für andere Parteien Konten führt, ein Anspruch auf Kontoführung aus § 5 Abs. 1 S. 1 PartG ergibt (siehe dort, Rn. 18).

213 Beispielsweise § 2 Abs. 3 SpkG RLP.

214 Püttner, Sparkassenrecht, S. 120.

215 Püttner, Sparkassenrecht, S. 121; gegen die Annahme eines solchen Kontrahierungszwanges: Pautsch, Privatisierung, S. 162.

216 Güde, S. 26.

217 Becker, S. 84.

218 Becker, S. 84.

219 Schimansky/Bunte/Lwowski-*Rümker/Keßeböhmer*, § 124, Rn. 17.

soll gebietsunabhängig die Möglichkeit bestehen, bei der Sparkasse ein modernes Finanzdienstleistungsangebot in Anspruch nehmen zu können. Dies soll sich aus der Ausrichtung der Geschäftspolitik der Sparkassen an der bestmöglichen Aufgabenerfüllung ergeben, die insbesondere die Zurverfügungstellung eines leistungs- und wettbewerbsfähigen Finanzdienstleistungsangebotes beinhaltet. Aufgrund dieses staatlichen Engagements müssten die übrigen Marktteilnehmer in dem jeweiligen Gebiet sich um die örtliche Bevölkerung bemühen, um Kundenbeziehungen aufbauen zu können, was nach den Gesetzen des Marktes ein Angebot ihrer Leistungen zu attraktiven Konditionen beinhaltet.

Die Wettbewerbsergänzungsfunktion geht in dieselbe Richtung, so soll nicht nur die Konzentration des Marktes auf ein Kreditinstitut oder auf wenige Kreditinstitute verhindert werden, sondern es soll gerade der Wettbewerb im sog. Massengeschäft und in eigentlich unattraktiven Geschäftsgebieten angeregt werden.[220]

Insgesamt wird vorgebracht, dass die Existenz der Sparkassen letztlich auch dazu führe, dass die privatrechtlich organisierten Banken bestehen können. Denn es habe sich gezeigt, dass nach 1948 in Ländern, die nicht über ein vergleichbares System verfügten, private Groß- und Regionalbanken verstaatlicht wurden. Dies zeige, dass ein Bankensystem, das ausschließlich an der Gewinnerzielung ausgerichtet ist, typischerweise dazu führe, dass ein wettbewerbsauflösender Konzentrationsprozess entstehe.[221]

Zudem seien von der Wettbewerbsergänzungsfunktion sogenannte Innovations- und Wettbewerbseffekte umfasst. Sie führten im Optimalfall dazu, dass den Kunden immer neue auf die Bedürfnisse der Kunden abgestimmte Bankprodukte angeboten werden.[222]

Die Sparkassen könnten durch ihre im öffentlichen Auftrag niedergelegte Funktion, den Wettbewerb zu stärken, auf das Umfeld der Kreditinstitute durch die Schaffung von Innovationen im Bereich der Bankprodukte einen gewissen Innovationsdruck ausüben. Hierfür bestünde nach *Reinelt* auch eine Notwendigkeit, weil die Entwicklung von neuen Bankprodukten im Bankengewerbe traditionell nicht an oberster Stelle stünde, sondern ein gewisses Beharrungsverhalten erkennbar sei.[223]

Dies erkläre sich daraus, dass die Entwicklung neuer Finanzprodukte keinem Patentschutz unterliegt und dass deswegen die mühevolle, ggf. auch kostenintensive Neuentwicklung von Bankprodukten schnell Nachahmer finde, die sich diese Entwicklungsarbeit sparen.[224]

Nun könnte man überlegen, dass es eines Engagements der Sparkassen dann nicht mehr bedarf, wenn vor Ort ein intaktes Marktgeschehen in der Kreditwirtschaft vorzufinden ist. Davon ist auszugehen, wenn sich mehrere Kreditinstitute am

220 Becker, S. 84.
221 Güde, S. 26 f.
222 Reinelt, S. 121.
223 Reinelt, S. 122.
224 Reinelt, S. 122.

Markt tummeln und miteinander im Wettbewerb stehen. In diesen Fällen, so könnte man weiter überlegen, bedürfe es eines staatlichen Tätigwerdens nicht mehr, denn dem Markt könnte dann zugetraut werden, die kreditwirtschaftliche Versorgung alleine zu regeln.

Dem sei entgegenzuhalten, dass die Notwendigkeit der Bewältigung der Wettbewerbsfunktionen der Sparkassen in der Fläche und damit verbunden die Schaffung der Möglichkeit, für die Bevölkerung auch in entlegenen Gebieten einen Ansprechpartner in Finanzfragen zu finden, nicht ende, sobald ein anderes Kreditinstitut in demselben Gebiet wirtschaftlich aktiv wird. Vielmehr wird vorgebracht,[225] dass die Sparkassen durch ihre Präsenz in solchen Gebieten den Wettbewerb insgesamt am Leben hielten. Eine Monopolbildung in diesem Bereich wäre nicht wünschenswert. Im Übrigen ist es für rein privatwirtschaftliches Handeln typisch, dass auch in scheinbar polypolen Märkten, also in idealtypischen Märkten, in denen viele Anbieter auf viele Nachfrager treffen, eine Tendenz zur Konzentration auf Anbieterseite besteht. Entsprechend ändere sich an der Legitimation des Vorhandenseins der Sparkassen in einem entlegenen Gebiet nach diesem Verständnis nichts, sobald ein Mitbewerber in demselben Gebiet aktiv wird oder der Markt scheinbar auch ohne die Sparkassen nahezu idealtypisch funktioniert. Jeder weitere Mitbewerber würde sein Tätigwerden nämlich nicht an der bestmöglichen Bewältigung der Aufgaben in diesem Gebiet orientieren, sondern regelmäßig an der Gewinnmaxime, die typischerweise der Zweck der wirtschaftlichen Tätigkeit ist.

Aufgrund dieser Ausrichtung sei es zu befürchten, dass auch dort im Extremfall eine Monopolstellung eines Kreditinstitutes entstehen und später die erreichte marktbeherrschende Stellung ausgenutzt würde.

Dies könnte sich in wenig attraktiven Konditionen ausdrücken, was der Region erneut einen Wettbewerbsnachteil bringen würde. Die Kunden könnten zwischen einem unattraktiven Kreditinstitut vor Ort oder einem attraktiveren in räumlicher Ferne wählen. Die Existenz der Sparkassen, die ihre Geschäftspolitik an der bestmöglichen Erfüllung der vom jeweiligen Sparkassengesetz vorgegebenen Aufgaben orientieren und marktübliche Konditionen bieten, führe dazu, dass ein weiteres Kreditinstitut in derselben Region konkurrenzfähige Konditionen anbieten muss, um gegen die Sparkasse bestehen zu können. Dies diene den Interessen der Kunden der Kreditinstitute. Insgesamt soll durch die Etablierung des öffentlich-rechtlichen Bankensystems gewährleistet sein, dass die Bewohner des jeweiligen Geschäftsgebietes in Zeiten wirtschaftlicher Anspannung oder Knappheit nicht ausschließlich solchen Kreditinstituten gegenüberstehen, die ihr Handeln am Gewinnstreben ausrichten.[226]

Aus alledem ergäbe sich auch, dass der öffentliche Auftrag nicht nur die Annäherung der Sparkassen an die Geschäftsbanken duldet, sondern dass gerade die Wettbewerbsergänzungsfunktion als Bestandteil des öffentlichen Auftrages es verlange, dass die Sparkassen ihre Geschäftstätigkeit nicht auf solche Felder beschränken,

225 Auskunft des DSGV.

226 Becker, S. 83; Schlierbach/Püttner, S. 54.

deren sich die übrigen Banken nicht annehmen wollen oder können, sondern ein umfassendes Angebot an Bankdienstleistungen zur Verfügung stellen. Andernfalls könnten sie nicht das gewünschte Gegengewicht zu den privatrechtlich organisierten Banken darstellen.[227]

fff) Verpflichtung auf das Gemeinwohl

Wie in § 2 Abs. 2 S. 7 SpkG RLP, ist in den Sparkassengesetzen überwiegend eine allgemeine Verpflichtung zu finden, dass die Sparkassen mit ihrer Aufgabenerfüllung dem Gemeinwohl dienen. Nach der Gesetzessystematik, wonach die Verpflichtung auf das Gemeinwohl unter § 2 SpkG gefasst ist, ist davon auszugehen, dass es sich bei der Gemeinwohlverpflichtung um ein Element des öffentlichen Auftrages handelt. Nach einer anderen Ansicht sind der öffentliche Auftrag und die Gemeinwohlverpflichtung getrennt zu sehen, der öffentliche Auftrag erkläre demnach, wieso es Sparkassen gibt, die Verpflichtung auf das Gemeinwohl erkläre darüber hinaus, zu welchen Konditionen die Leistungen der Sparkassen erbracht werden.[228]

Exkurs: Gemeinwohl

Die Frage der Rechtfertigung der Sparkassen bildet einen Schwerpunkt dieser Arbeit. Hierbei ist die Suche nach einem öffentlichen Zweck, dem die Sparkassen dienen, von großer Wichtigkeit.

Nachdem an dieser Stelle aufgrund der Vorgaben mancher Sparkassengesetze schon auf das Gemeinwohl einzugehen ist, soll sich bereits an dieser Stelle mit dem Begriff des Gemeinwohls beschäftigt werden. Zudem ist ein gewisser Zusammenhang der Begriffe des Gemeinwohls und des öffentlichen Zwecks nicht zu leugnen.[229]

Eine Definition bereitet große Schwierigkeiten. Es mag als sicher gelten, dass der Begriff des Gemeinwohls einer ständigen Anpassung unterliegen muss. Ebenso dürfte als sicher gelten, dass das Gemeinwohl auf einer hohen Abstraktionsebene auf ein soziales Ganzes abstellt und sich daraus zusammensetzt, was für dieses Ganze gut oder gar das Beste ist.[230] Die Suche nach einer konkreteren Definition gestaltet sich allerdings als schwierig. *Koller*, der sich damit beschäftigt hat, eine Kernbedeutung des Gemeinwohls herauszuschälen, konnte drei mögliche Deutungen des Gemeinwohls finden:[231] Das Gemeinwohl als allseitiger Vorteil, als allseitiges Interesse und das Gemeinwohl als kollektive Nützlichkeit. Um dem Begriff noch etwas näher zu kommen, soll hier auf die Ausführungen von *Anderheiden* in seiner Arbeit über das Gemeinwohl verwiesen werden. Dort wird sehr ausführlich auf die Wurzeln und die verfassungsmäßige Verankerung des Begriffes im Grundgesetz eingegangen.

---

227 Güde, S. 27.
228 Güde, S. 34.
229 Martens, S. 169.
230 Koller, S. 41.
231 Koller, S. 56 ff.

Im Wesentlichen kommt *Anderheiden* zu den folgenden Ergebnissen:

- Der verfassungsmäßige Begriff des Gemeinwohls setze sich aus drei verschiedenen Bestandteilen zusammen:[232]
  - so soll die interaktive Wahrnehmung der Grundrechte ein Bestandteil des Gemeinwohls darstellen,
  - ebenso kollektive Güter, wie etwa Umwelt, Frieden oder Sicherheit,[233]
  - auf einer dritten Ebene sei eine kollektive Identität Bestandteil des Gemeinwohls.
- In der Verfassung soll sich das Gemeinwohl im Republikprinzip wiederfinden.[234]

Anderheiden sieht auf der Ebene der kollektiven Güter zwar die Infrastrukturverantwortung unmittelbar nicht als ein Bestandteil des Gemeinwohls an, mittelbar allerdings doch, wenn ein anerkanntes kollektives Gut damit gestärkt wird. Anerkannt wird etwa das kollektive Gut des funktionierenden Wettbewerbs.[235] Weiterhin dürfe man bei der Tätigkeit der Sparkassen eine Stärkung etwa der kollektiven Güter der Haushaltsentlastung und der Sicherheit erblicken.

In der Rechtsprechung werden „qualifizierte öffentliche Interessen“ dem Gemeinwohl zugeschrieben. Demnach sei nicht jedes öffentliche Interesse auch ein Gemeinwohlinteresse, sofern ihm nicht die nötige Qualifizierung zukommt. Dann können öffentliche Interessen mit privaten Interessen abgewogen werden.[236]

Exkurs Ende

Nach Ansicht des Verfassers ergibt sich auch die Verpflichtung auf das Gemeinwohl aus dem öffentlichen Auftrag. Denn selbstverständlich können die einzelnen Aufgaben auf verschiedene Art und Weise durchgeführt werden. Motivation wirtschaftlichen Handelns ist überwiegend die Gewinnerzielungsabsicht. Das Engagement der Sparkassen soll im Gegensatz dazu qua Gesetz primär am Gemeinwohl orientiert sein. Hier findet sich ein wesentlicher Unterschied zur Aufgabenerfüllung durch die Privatbanken.

Die Bindung an das Gemeinwohl finde sich auch praktisch wieder:

So stelle die Präsenz der Sparkassen einen Wohnort- oder Standortfaktor dar. Nach der Erhebung von *Reinelt* sei das Vorhandensein einer Bank oder Sparkasse vor Ort ein wesentliches Entscheidungskriterium für die Wahl des Wohnortes.[237] Eine Bank oder Sparkasse vor Ort ist nach dieser Untersuchung den Menschen

---

232 Anderheiden, S. 62.

233 Anderheiden, S. 143. Anderheiden gibt die folgende Definition für kollektive Güter: Kollektive Güter sind solche Güter, die nicht für einen Menschen angeboten werden können, ohne für alle oder doch eine große Zahl von Menschen angeboten zu werden; Anderheiden, S. 116.

234 Anderheiden, S. 218 ff.

235 Anderheiden, S. 379.

236 BVerwG v. 16.02.2001, Az.: 4 BN 55/00, Rn. 7.

237 Reinelt, S. 76/77; Sparkassen als „Wirtschaftsfaktor“: Weinberger, S. 427.

wichtiger als beispielsweise die Existenz von Bildungs- und Kultureinrichtungen oder anderen Freizeiteinrichtungen.[238] Wenn sich der Staat also dazu entschließt, auch in entlegenen Gebieten eine Sparkassenzweigstelle zu errichten, stärke er damit automatisch auch die Infrastruktur und damit die Attraktivität des Ortes. Diesen Standortvorteil könne in problematischen Gebieten nur ein aufgabenorientiertes öffentlich-rechtliches Institut schaffen. Denn der Maßstab für die Entscheidung der Errichtung einer Zweigstelle sei hier nicht das Ergebnis einer Prognose der Ertragschancen. Nach dem gesetzlichen Leitbild sei vielmehr entscheidend, ob die Errichtung einer Sparkassenzweigstelle dazu führen wird, dass die Sparkasse ihre gesetzlichen Aufgaben optimal erfüllen kann.[239]

Dennoch wirft die Tätigkeit der Sparkassen regelmäßig Gewinn ab.[240] Diese Gewinne werden dann an den jeweiligen Gewährträger abgeführt. Der Gewährträger hat nun zwei Möglichkeiten: Entweder er vergrößert seinen Haushalt entsprechend oder er nutzt die Einnahmen aus der Tätigkeit der Sparkasse dazu, dass er auf andere Einnahmequellen verzichtet.[241]

Beides ist für den Gewährträger und die Bevölkerung des Gewährträgers von Vorteil. Denn im ersten Fall wird der Gewährträger, also beispielsweise eine Stadt, vermehrt öffentliche Aufträge vergeben, was regelmäßig die regionale Infrastruktur verbessern wird, und darüber hinaus den beauftragten Unternehmen Beschäftigung verschafft.

Im zweiten Fall kann der Träger auf andere Einnahmequellen verzichten, dies wären dann beispielsweise der Verzicht auf Steuererhöhungen oder der Verzicht auf eine Darlehensaufnahme, die den Haushalt auch in Zukunft mit notwendigen Zinszahlungen belasten würde. Selbst eine Gewinnerzielung wirkt sich also jedenfalls mittelbar positiv für den Gewährträger und dessen Bevölkerung aus.

Außerdem schufen die Sparkassen durch ihr Engagement vor Ort Beschäftigungsmöglichkeiten und insbesondere Ausbildungsmöglichkeiten, was gerade in strukturschwachen Gebieten nicht zu vernachlässigen sei. Auch die Schaffung von Teilzeitarbeitsplätzen durch die Sparkassen sei hier gesondert zu nennen, die es Frauen häufig erst ermögliche, nach einer Schwangerschaft wieder in den Beruf einzusteigen.

Zudem engagierten sich die Sparkassen vor Ort, beispielsweise, indem sie Stiftungen für kulturelle oder soziale Zwecke einrichteten oder indem sie entsprechende Wettbewerbe sponserten und sich damit insgesamt für die Verbesserung der Infrastruktur vor Ort einsetzten.[242]

Neben den dargestellten „harten“ Faktoren, die insbesondere auf einer gesetzlichen Aufgabe beruhen, führen die Sparkassen in ihren vom Deutschen Sparkassen- und Giroverband herausgegebenen Strategiepapieren auch „weiche“

---

238 Reinelt, S. 77.
239 Güde, S. 35.
240 Reinelt, S. 104.
241 Reinelt, S. 104.
242 Reinelt, S. 143 ff.

Faktoren für ihre Rechtfertigung ins Feld, die sich aus der Gemeinwohlbindung der Sparkassen ergäben. So orientierten sich die Sparkassen an langfristigen Kundenbeziehungen.[243] Auch dieses Verhalten sei mit der Struktur des öffentlich-rechtlichen Bankensystems verwoben. Insbesondere aufgrund des Regionalprinzips haben die Sparkassen ein großes Interesse daran, dass das Geschäftsgebiet insgesamt floriert. Dies führe auch dazu, dass die Sparkassen ihre Kunden nicht in die Überschuldung führen würden, sondern lieber auf ein „schnelles Geschäft" verzichteten, gerade im Rahmen des Aktivgeschäfts.[244]

Auch eine Aufsplittung der Kunden in sog. „A-" und „B-" Kunden sei bei Sparkassen nicht üblich. Hier unterscheide sich die Politik der Sparkassen wesentlich von der Geschäftspolitik der Großbanken. Ein namhaftes Beispiel war hier die Aufgliederung der Deutschen Bank in die Deutsche Bank, die hochwertige Beratung für „A-" Kunden anbot, und in die Deutsche Bank 24 für das Massengeschäft. Derartiges sei für eine Sparkasse nicht denkbar. Insgesamt agierten die Sparkassen am Markt „fair", d. h. sie verhielten sich verlässlich und berechenbar.[245] Dies äußere sich beispielsweise darin, dass die Sparkassen vertragsgemäß bediente Kredite nicht ohne die Zustimmung des Kunden an Dritte abtreten würden.[246]

Außerdem können die Sparkassen durch die Auferlegung besonderer Beratungspflichten dazu beitragen, Vertrauen in die Kreditwirtschaft zu schaffen.

Diese könnten sich insbesondere daraus ergeben, dass die Sparkassen, da sie nicht an der Gewinnerzielung ausgerichtet sind, eine objektivere Beratung böten. Bei Beachtung dieser Maxime müsste der Berater der Sparkasse, nachdem er dem Kunden verschiedene Möglichkeiten der Geldanlage vorgestellt und seine Vorstellung von einer möglichst optimalen Anlageform herausgearbeitet hat, den Kunden zu derjenigen Anlageform raten, die dessen Interessen am meisten dient, selbst wenn die Sparkasse hierdurch weniger Gewinn erwirtschaften könnte als durch eine andere Form der Geldanlage.[247]

ggg) Schuldnerberatung

Zudem können die Sparkassen zur Vertrauensbildung in die Leistungen des Kreditgewerbes und in das Kreditgewerbe allgemein beitragen, indem sie bei der Schuldnerberatung mitwirken. Diese Verpflichtung findet sich in einigen Sparkassengesetzen.[248]

Hierzu gibt es grundsätzlich zwei Möglichkeiten. Die Sparkassen können entweder bestehende Schuldnerberatungen finanziell unterstützen. Oder sie können selbst ihren Kunden eine möglichst optimale Schuldnerberatung anbieten.

243 DSGV Faktenpapier Nummer 32, S. 2.
244 DSGV Faktenpapier Nummer 32, S. 2.
245 DSGV Faktenpapier Nummer 32, S. 5.
246 DSGV Faktenpapier Nummer 32, S. 5.
247 Reinelt, S. 152.
248 Beispielsweise § 2 Abs. 2 S. 5 SpkG RLP.

Nach *Reinelt* lässt sich die Schuldnerberatung in vier Gruppen aufspalten:[249]

1. Die Schuldner sollen hinsichtlich ihrer Situation finanzwirtschaftlich beraten werden. Hiervon umfasst ist die Analyse des Vermögens des Kunden, wobei insbesondere die Belastungen des Kunden herausgearbeitet werden und der Frage nachgegangen werden sollte, welche Erträge den Belastungen gegenüberstehen. Dann sollte eine Überlegung erfolgen, wie die Außenstände vernünftigerweise zurückgeführt werden können (Sanierungsphase).
2. Außerdem ergibt sich im Rahmen der Beratung von Schuldnern auch die Notwendigkeit einer juristischen Beratung, insbesondere hinsichtlich etwaig bestehender Möglichkeiten, Sozialleistungen in Anspruch zu nehmen, darüber hinaus aber auch hinsichtlich rechtlicher Gestaltungsmöglichkeiten, beispielsweise der Durchführung eines Privatinsolvenzverfahrens. Außerdem besteht regelmäßig Beratungsbedarf über den Ablauf und mögliche Rechtsbehelfe im Zwangsvollstreckungsverfahren.
3. Schuldner haben darüber hinaus häufig einen Beratungsbedarf in psychosozialer Hinsicht. Hier geht es um die Beratung über die Bewältigung von Folgeproblemen, die sich aus dem Schuldenstand ergeben, wie Probleme mit der Erziehung der Kinder, Eheprobleme oder Drogenprobleme.
4. Außerdem besteht regelmäßig Bedarf an einer pädagogisch-präventiven Beratung, die darauf abzielt, Verhaltensänderungen des Schuldners zu erreichen, um einer erneuten Verschuldung vorzubeugen.

Die Sparkassen selbst könnten sich in der finanzwirtschaftlichen Beratung von Schuldnern engagieren und darüber hinaus, was quasi eine Fortsetzung ihrer gesetzlichen Aufgabe ist, den Sparsinn der Bevölkerung anzureizen, in der pädagogisch-präventiven Beratung.[250]

Da die Sparkassen ihre Tätigkeit nicht primär an der Gewinnerzielung ausrichten, sind sie für entsprechende Beratungen in besonderem Maße geeignet. Dies ergibt sich daraus, dass die Beratung der Schuldner keinen Ertrag abwirft und es im Rahmen dieser Beratung zu Interessenkonflikten kommen kann.

bb) Elemente des öffentlichen Auftrages, die nicht ausdrücklich in den Sparkassengesetzen enthalten sind

aaa) Sicherungsfunktion

Daneben wird teilweise in der Literatur[251] eine Sicherungsfunktion als eine weitere Ausprägung des öffentlichen Auftrages genannt. Diese soll sich daraus ergeben, dass teilweise in den Sparkassengesetzen der Länder, beispielsweise in § 2 Abs. 1 S. 1 des hessischen Sparkassengesetzes, die Aufgabe normiert ist, eine sichere Anlage von

249 Reinelt, S. 155.
250 Reinelt, S. 155.
251 Weber, Bernhard, S. 166.

Geldern anzubieten.[252] Diese Verpflichtung soll eine eigene Aufgabe der Sparkassen darstellen und von großer Bedeutung sein. Die besondere Wichtigkeit der Befolgung der Sicherungsfunktion durch die Sparkassen resultiere daher, dass der Sparsinn nur dann gefördert werden kann, wenn die genutzte Anlageform das Ersparte auch wirklich davor schützt, verloren zu gehen.[253] Die Sparkassen bieten auch heute noch Sparkassenbücher an, die im Vergleich tatsächlich als „sicher" zu bewerten sind. Gerade im Zusammenhang mit der Wirtschaftskrise dürfe die Notwendigkeit eines Angebots an vergleichsweise sicheren Geldanlagen nicht unterschätzt werden.

Hierzu hat in der Vergangenheit gerade die besonders hohe Bonität der Sparkassen beigetragen, die sich im Wesentlichen aus der Anstaltslast und der Gewährträgerhaftung ergeben hatte. Die hohe Bonität der Sparkassen drückt sich auch in ihrer Mündelsicherheit aus. Darüber hinaus können die Sparkassen nach *Reinelt*[254] durch die Unterstützung zentralbankpolitischer Maßnahmen und durch besondere Beratungsleistungen zur Vertrauensbildung in die Kreditwirtschaft beitragen.

Hinzu käme noch die oben geschilderte und letztlich auf dem Regionalprinzip beruhende vorsichtige Vergabe von Darlehen, was sich darin ausdrücke, dass die Sparkassen Risiken in der erforderlichen Tiefe abschätzen und zusammen mit den Kunden gangbare Finanzierungsmöglichkeiten erarbeiteten. Auch diese Art der Geschäftspolitik wirke vertrauensbildend.

Es bleibt abzuwarten, wie sich die Bonität der Sparkassen nach Wegfall von Anstaltslast und Gewährträgerhaftung verändert. Insgesamt kann eine konservative Kreditpolitik, die aufgrund der Verbindung der Sparkassen mit ihrem Geschäftsgebiet nahe liegt, dazu führen, dass die Sparkassen auch weiterhin das Vertrauen in die Kreditwirtschaft fördern.

Auch wenn das Prinzip, sichere Geldanlagen für alle Bevölkerungsschichten anzubieten, eng mit der Förderung des Sparsinns der Bevölkerung zusammenhängt, kann es durchaus als eine weitere Ausprägung des öffentlichen Auftrages angesehen werden.

bbb) Umsetzung zentralbankpolitischer Maßnahmen

Zudem haben die Sparkassen die Möglichkeit, zentralbankpolitische Maßnahmen zu unterstützen. Die Zentralbanken, also die Bundesbank und die Europäische Zentralbank, versuchen durch Anpassung der Leitzinssätze auf konjunkturelle Entwicklungen des Währungsraumes Einfluss zu nehmen. Dies geschieht im Falle eines Konjunkturrückgangs häufig dadurch, dass die Leitzinsen gesenkt werden, um die Kreditvergabe zu vergünstigen, sie damit attraktiver zu machen und Investitionen zu

---

252 Der entsprechende Text lautet: „Die Sparkassen haben die Aufgabe, als dem gemeinen Nutzen dienende Wirtschaftsunternehmen ihrer Träger geld- und kreditwirtschaftliche Leistungen zu erbringen, insbesondere Gelegenheit zur sicheren Anlage von Geldern zu geben."

253 Weber, Bernhard, S. 166.

254 Reinelt, S. 149.

fördern. Dieser Effekt stellt sich aber nur dann ein, wenn die Kreditinstitute in der Folge auf eine Leitzinsänderung der Zentralbank mit entsprechenden Änderungen der angebotenen Zinssätze reagieren.

Nur dann schlägt die Leitzinsänderung auch bis zum Nachfrager nach Krediten in dem gewünschten Maße durch. Wenn die Sparkassen die Zinsanpassungen rasch vornähmen, könnten sie dazu beitragen, die Konjunktursteuerung der Zentralbank zu unterstützen.

cc) Öffentlicher Auftrag und Gewinnerzielung

Selbst Vertreter der Sparkassenorganisation bekunden, dass eine Sparkasse nur dann erfolgreich sein kann, wenn sie ähnlich wie ein Wirtschaftsunternehmen geführt werde.[255] In diesem Zusammenhang stellt sich die Frage, wie sich die Gewinnorientierung mit dem öffentlichen Auftrag verbinden lässt.

Betrachtet man die derzeitige Situation, dass die Sparkassen ihre Mitarbeiter – jedenfalls teilweise – leistungsorientiert bezahlen, d. h., dass für einzelne Produkte etwa Wettbewerbe stattfinden, wie dem Verfasser aus eigener Erfahrung als Beschäftigter einer Sparkasse bekannt ist, so wäre es realitätsfern diese Ausprägungen unkommentiert zu lassen und die Sparkassen als Institute zu verstehen, die ihr Vorgehen nicht zumindest auch an dem Ziel der Erhöhung ihres geschäftlichen Erfolges ausrichteten.

Eine Lösung dieser Problematik ist darin zu finden, dass dem öffentlichen Auftrag die Gewinnerzielungsabsicht nicht fremd ist, sondern diese ihm sogar innewohnt. Den Sparkassen kommt nämlich gerade auch aus dem öffentlichen Auftrag heraus die Aufgabe zu, ihre Tätigkeit nach kaufmännischen Grundsätzen zu führen.[256]

Allerdings ist bei einer Analyse des öffentlichen Auftrages der Zweck der Gewinnerzielung den übrigen Zielen untergeordnet. Die Gewinne sind aber nötig, um weiterhin die Sparkassengeschäfte betreiben zu können. So ist es das klassische Geschäftsmodell eines Kreditinstituts, Spareinlagen verzinslich entgegenzunehmen und das angelegte Geld mit einem höheren Zinssatz anderen Kunden als Darlehen zu geben. Hieraus ergeben sich auch für die Sparkassen Maximen ihres Handelns. Zudem müssen sich die Sparkassen den Eigenkapitalsvorschriften des Kreditwesengesetzes stellen.

Aus dem öffentlichen Auftrag heraus treffen sie nämlich sowohl die Verpflichtung, den Sparsinn der Bevölkerung zu fördern, als auch die Verpflichtung, die kreditwirtschaftliche Versorgung in ihrem Geschäftsgebiet sicherzustellen. Um dies kostendeckend zu ermöglichen, bedarf es einer Zinsdifferenz zwischen dem hereingenommenen Geld und dem verliehenen Geld, so dass eine Gewinnmarge entsteht, aus der das Kreditinstitut Erträge erzielt, auch wenn es öffentlich-rechtlich organisiert ist.

---

255 Zügel, S. 54.
256 Becker, S. 84.

Das Erzielen von Gewinnen muss folglich als Erhaltungsziel[257] der öffentlich-rechtlichen Kreditinstitute gelten.[258] Die Gewinnerzielung steht also nicht im Widerspruch zum öffentlichen Auftrag der öffentlich-rechtlichen Kreditinstitute, sondern ist ein weiterer, wenn auch untergeordneter Bestandteil des öffentlichen Auftrags.

Aufgrund dieser Betrachtung des öffentlichen Auftrags werden die verschiedenen Prinzipien des Verbotes rein am Gewinnstreben ausgerichteter staatlicher Tätigkeit mit dem haushaltsrechtlichen Prinzip der Wirtschaftlichkeit und Sparsamkeit der Verwaltungsführung verbunden.[259]

Würde das staatliche Handeln nicht auch an der Absicht ausgerichtet sein, Gewinne zu erzielen, würden die staatlichen Akteure, hier die Sparkassen, den jeweiligen Haushalt ausschließlich belasten und könnten sich nicht selbst tragen,[260] was aufgrund der Haushaltsgrundsätze der Wirtschaftlichkeit und Sparsamkeit zu vermeiden ist.

Darüber hinaus hätte das Vernachlässigen des Gewinnstrebens auch negative Auswirkungen auf den Markt:

Wenn die Sparkassen nicht auch am Gewinnstreben ihre Geschäftstätigkeit ausrichten würden, könnten sie für sie unrentable Konditionen anbieten. Dies hätte zur Folge, dass die Kunden wohl nahezu ausschließlich mit den Sparkassen Geschäftsverbindungen aufnehmen würden. Damit würde der Wettbewerb in dem jeweiligen Gebiet nicht im Sinne einer sozialen Marktwirtschaft gelenkt, sondern er würde sogar zerstört werden.[261]

Auf diese Weise könnten die Sparkassen ihrer Wettbewerbsergänzungsfunktion nicht nachkommen. Um dies zu gewährleisten ist es also sogar erforderlich, dass die Sparkassen mit solchen Konditionen am Markt tätig sind, die es ihnen gestatten, ihre Geschäftstätigkeit finanziell zu tragen. Dieses eingeschränkte Handeln aus einer Gewinnerzielungsabsicht heraus ist nicht nur mit dem öffentlichen Auftrag vereinbar, sondern sogar denknotwendig mit ihm verbunden.

b) Anpassen des öffentlichen Auftrages, Zusammenfassung

Die Untersuchung hat ergeben, dass die Sparkassen dem Grunde und der Rechtslage nach Ziele verfolgen, die auch heute noch sinnvoll erscheinen und ggf. zu einer Rechtfertigung des Systems führen könnten. Hier sei an vorderster Stelle die Struktursicherungsfunktion genannt. Die Präsenz in der Fläche ist ein wesentliches Mittel der Sparkassen, um das Sparen insgesamt zu fördern, den Mittelstand zu unterstützen, Kreditbeziehungen zu Einrichtungen der öffentlichen Hand aufzubauen und insbesondere den Wettbewerb zu stärken. Dass der öffentliche Auftrag einem Wandel unterliegt, ergibt sich bereits aus der Lektüre der Sparkassengesetze.

---

257 Loeser, S. 114.
258 Güde, S. 31 f.
259 Becker, S. 84.
260 Becker, S. 84.
261 Becker, S. 84.

So wurde etwa die Verpflichtung aufgenommen, ein Girokonto für Jedermann zu führen. Die Betrachtung hat ergeben, dass weitere Bereiche denkbar sind, in denen die Sparkassen den Markt im Sinne des Gemeinwohls positiv beeinflussen könnten. Hier seien insbesondere die Mitwirkung an der Schuldnerberatung, die Förderung von Finanzinnovationen und die Unterstützung der Geldpolitik der Zentralbank genannt.

Folglich gibt die Untersuchung schon jetzt einen Anstoß dahin, dass ggf. eine Anpassung des öffentlichen Auftrages erfolgen muss, damit dieser die erforderliche Legitimation des Systems liefern kann.

2. Die Landesbanken und Girozentralen

Nachdem nun die Intention des staatlichen Engagements im Rahmen der Sparkassen dargestellt wurde, soll im Folgenden auf die Intention für die Schaffung der Landesbanken eingegangen werden.

a) Der öffentliche Auftrag

Bei den Sparkassen ist der öffentliche Auftrag in den Sparkassengesetzen der Länder normiert. Dieser gibt den Sparkassen ein Alleinstellungsmerkmal im Kreditgewerbe. Es stellt sich die Frage, wie es sich insofern mit den Landesbanken verhält. Die Landesbanken sind in der Presse primär dadurch in Erscheinung getreten, dass sie sich zu Investmentbanken hin entwickelt haben und in diesem Zusammenhang in bedeutendem Umfang Spekulationsgeschäfte durchführten. Zudem sind die Landesbanken für die Verbraucher in der Regel buchstäblich „weit weg“, so dass der öffentliche Zweck, dem die Landesbanken dienen, in noch größerem Maße als derjenige der Sparkassen einer Hinterfragung bedarf.

Zunächst verbindet die Landesbanken grundsätzlich, dass die einschlägigen Rechtsgrundlagen es gestatten, Bankgeschäfte aller Art zu betreiben und damit auch die Funktion einer universellen Geschäftsbank auszuüben.[262]

b) Verbindung zum öffentlichen Auftrag der Sparkassen und Landesbanken

Der öffentliche Auftrag, dem auch die Landesbanken/Girozentralen unterliegen, lässt sich nicht von demjenigen der Sparkassen auf regionaler Ebene trennen.

Ein Stück weit kann man sogar sagen, dass der öffentliche Auftrag der Landesbanken/Girozentralen auf demjenigen der Sparkassen basiert. Dies drückt sich insbesondere darin aus, dass den Landesbanken/Girozentralen in den sie tragenden Gesetzen die Funktionen der Sparkassenzentralbank und der Girozentrale

262 Püttner, Sparkassenrecht, S. 308.

zugewiesen wird.[263] Die Landesbanken haben diesbezüglich also einen dienenden Zweck für die Sparkassen, indem sie eine überörtliche und vernetzende Funktion für die Sparkassen ausüben.[264]

Sie können aufgrund ihres unbegrenzten Geschäftsgebietes auf Landesebene die Funktion des wettbewerbspolitischen Korrektivs erfüllen. Dies ist den Sparkassen aufgrund ihrer regionalen Struktur nicht möglich.[265]

c) Hausbankfunktion

Die Sparkassen sind die Hausbanken ihrer Träger. Diese Funktion lässt sich auch auf die Landesbanken übertragen. Ihnen kommt regelmäßig die Funktion der Hausbank der Länder zu, insbesondere wickeln die Landesbanken öffentliche Förderprogramme ab.[266] Teilweise wird die Funktion der Staatsbank in den einschlägigen Gesetzen explizit genannt.[267] Hieran ändert die Tatsache auch nichts, dass teilweise in den Bundesländern etwa die Wohnungsbauförderung durch eine eigene Anstalt des öffentlichen Rechts der Landesbank ausgeführt wird. Denn aufgrund der Integration dieser Anstalten in die Landesbanken können die jeweiligen Geschäfte als solche der Landesbanken angesehen werden.[268] Diese Aufgaben sind auch regelmäßig in den Landesbankgesetzen ausdrücklich normiert. So sieht beispielsweise der Staatsvertrag über die Errichtung der Landesbank Hessen-Thüringen in Art. 8 Abs. 4 vor, dass diese für die Länder Hessen und Thüringen treuhänderische Aufgaben und Förderungsaufgaben zu übernehmen hat. In diesem Zusammenhang wird auch bestimmt, dass die Landesbank dazu befugt ist, eigene Anstalten des öffentlichen Rechts zu gründen.

d) Wettbewerbsfunktion

Darüber hinaus kommt den Landesbanken eine eigene Wettbewerbsfunktion im Bankensystem zu. Im Wesentlichen ergänzen die Landesbanken nach dem oben Gesagten die Tätigkeit der Sparkassen, welche gerade dazu dienen soll, dass auch Kunden in wirtschaftlich schwächeren Gebieten die Wahl haben zwischen gewinnorientierten Kreditinstituten und solchen, die nicht gewinnorientiert sind.

Primär nehmen die Landesbanken überörtliche Aufgaben im Aktiv- und Passivgeschäft wahr,[269] was den Sparkassen aufgrund ihrer regionalen Struktur nicht

---

263 Bspw. Art. 8 Abs. 1 und Abs. 2 des Helaba Staatsvertrages; § 2 Abs. 4 LBWG; Schimansky/Bunte/Lwowski-*Rümker/Keßeböhmer,* § 124, Rn. 18; Püttner, Sparkassenrecht, S. 307.

264 Becker, S. 83; Püttner, Sparkassenrecht, S. 307.

265 Becker, S. 85.

266 Schimansky/Bunte/Lwowski-*Rümker/Keßeböhmer,* § 124, Rn. 18.

267 Püttner, Sparkassenrecht, S. 309.

268 Becker, S. 85; Weinberger, S. 430 f.

269 Becker, S. 85.

gelingen könnte. Würde es die Landesbanken nicht geben, so wäre die Gewährleistung des Wettbewerbs auf überörtlicher Ebene nicht möglich. So könnte beispielsweise für Großprojekte keine Wahl zwischen gewinnorientierten Instituten und nicht gewinnorientierten Instituten erfolgen. Dann könnte die den Sparkassen zugewiesene Wettbewerbsfunktion nur lückenhaft ausgeübt werden.

e) Struktursicherungsfunktion

Daneben kommt auch den Landesbanken eine Struktursicherungsfunktion zu. Wie die Sparkassen, die dafür Sorge tragen, dass auf dem Gebiet des Trägers ein leistungs- und wettbewerbsfähiges Finanzierungsangebot vorhanden ist, üben die Landesbanken diese Funktion auf überregionalem Gebiet aus.[270]

f) Weiche Faktoren

Darüber hinaus sind auch die Landesbanken auf ihrem Gebiet ihrem öffentlichen Auftrag gegenüber verpflichtet. Insofern gilt das oben zu den Sparkassen Gesagte entsprechend.

g) Zusammenfassung

Ein öffentliches Interesse zu finden, dem die Landesbanken dienen, stellt sich schon bei einer ersten Untersuchung als schwieriger heraus als bei den Sparkassen. Die Landesbanken bieten für die breite Bevölkerung keinen „greifbaren" Vorteil, insbesondere beteiligen sie sich nicht daran, die Versorgung mit Finanzdienstleistungen in der Fläche zu gewährleisten. Die Bevölkerung hat teilweise keine Vorstellung, was die Landesbanken tun und verwechselt Landesbanken mit Landeszentralbanken.

Die Versorgung in der Fläche scheint bei den Sparkassen allerdings nach dem oben Gesagten die wohl wichtigste Funktion zu sein. Die weiteren positiven Effekte der Sparkassen sind häufig mit der Präsenz in der Fläche verbunden.

Der öffentliche Auftrag der Landesbanken ergibt sich im Wesentlichen aus einer dienenden Funktion für die Sparkassen. Die Landesbanken unterstützen die Sparkassen bei größeren Finanzierungen und wickeln insbesondere den bargeldlosen Zahlungsverkehr ab. Ohne diese Unterstützung ist davon auszugehen, dass die Sparkassen in der Fläche nicht das gesamte Sortiment an Bankdienstleistungen anbieten können. Etwas problematisch erscheint schon jetzt die Betrachtung der Landesbanken als allgemeine Geschäftsbanken.

270 Becker, S. 83.

VI. Argumente gegen das öffentliche Bankensystem

Nach dem Blick in die Geschichte der Sparkassen und Landesbanken und auf die Intention für das Bereitstellen dieses Systems, soll nun eine Darstellung der in der Gegenwart vorgebrachten Argumente gegen diese Institute erfolgen. Neben den kritischen Stimmen zu dem System werden auch eigene Gedanken des Verfassers dargestellt, die gegen das System sprechen.

Die Gegenargumente sollen hier danach unterschieden werden, ob es sich um allgemeine Gegenargumente handelt oder um Argumente, die sich insbesondere aus der Mitwirkung der Institute in der sog. „*subprime*-Krise" oder aus anderen aktuellen Entwicklungen ergeben.

1. Allgemeine Gegenargumente

a) Faktische Annäherung der verschiedenen Bankengruppen, Entfernung von den Grundwerten der Sparkassen

Es klang bereits im bisherigen Lauf der Untersuchung an, dass sich die verschiedenen Bankengruppen in der Praxis immer mehr annähern, so dass es für einen potentiellen Kunden, der unbedarft nach einem Kreditinstitut sucht, schwierig sein dürfte, anhand des Angebots der verschiedenen Kreditinstitute, die systemischen Unterschiede zu erkennen.

Der Kunde wird bei Sparkassen und privatrechtlich organisierten Banken im Wesentlichen dieselben Bankprodukte angeboten bekommen.

Und auch die Sicherheit der angebotenen Geldanlage soll kein Alleinstellungsmerkmal der Sparkassenorganisation mehr sein. Dies drücke sich insbesondere im Wegfall der Gewährträgerhaftung und der Anstaltslast aus.[271] Die Beziehung zwischen dem Gewährträger und der Sparkasse oder der Landesbank wurde durch den später beschriebenen Kompromiss zwischen der Bundesrepublik und der EU-Kommission dem Verhältnis eines Eigentümers angenähert. Daneben ist zu beachten, dass auch die anderen am Markt vertretenen Kreditinstitute ein hohes Maß an Einlagensicherheit bieten.

So haben die privaten Banken selbst Sicherungseinrichtungen geschaffen. Dies geschah in Gestalt des Einlagensicherungsfonds, der bei dem Bundesverband deutscher Banken errichtet wurde.[272] Dieser Fond garantiert, dass die Einlagen von Gläubigern, die keine Bank sind, bis zu einer Grenze von 30 % des Eigenkapitals der letzten Jahresbilanz des betroffenen Kreditinstituts gesichert sind. Hieraus

271 Pautsch, Privatisierung, S. 155.

272 KBI, S. 29.

folgt, dass, wenn eine Bank mit einem Eigenkapital von 100 Mio. € zahlungsunfähig wird, jeder Nichtbankengläubiger seine Einlagen bis zur Höhe von 30 Mio. € zurückerhält.[273]

Damit können die Einlagen, jedenfalls der typischen Kundschaft der Sparkassen, faktisch auch bei den Privatbanken als voll gesichert gelten.[274]

Gleiches gilt für die Kreditgenossenschaften. Auch diese haben zum einen Garantiefonds, zum anderen einen Garantieverbund geschaffen. Der Garantiefonds unterstützt die einzelnen genossenschaftlichen Kreditinstitute dadurch, dass aus ihm Zuschüsse, Bewertungsgarantien oder Darlehen gewährt werden. Der Garantieverbund bietet diesen Kreditinstituten Sicherheit durch Bilanzierungshilfen im Bedarfsfall, etwa Garantien oder Bürgschaften.[275]

Diese Sicherungssysteme dienen unmittelbar der Funktionsfähigkeit der Genossenschaftsbanken, mittelbar aber auch der Sicherheit der Kunden.[276]

Zudem unterliegen sowohl die privatrechtlich organisierten, als auch die öffentlich-rechtlichen Kreditinstitute den Vorschriften des Kreditwesengesetzes. Dieses bildet die Grundlage der Bankaufsicht, die sicherstellen soll, dass keine Missstände entstehen, die die Sicherheit der Einlagen der Bankkunden gefährden könnten.[277]

Die faktische Angleichung des Sicherheitsstandards der Privatbanken und der Sparkassen zeigt sich insbesondere darin, dass die Privatbanken zwischenzeitlich auch den Status „mündelsicher" erhalten haben. D. h., dass mündelsichere Anlagen, die vor 1992 nur bei Sparkassen möglich waren, nun auch bei solchen Privatbanken angelegt werden können, die einem Sicherungssystem angehören.[278]

Außerdem kann man auch die Ausweitung der Geschäftstätigkeit der öffentlich-rechtlichen Kreditinstitute als für den Sicherheitsgedanken negativ ansehen. Dies gilt in besonderem Maße für die Landesbanken an der Spitze des öffentlich-rechtlichen Bankensystems. Diese Kreditinstitute haben sich von ihren ursprünglichen Aufgaben, insbesondere der Tätigkeit der Girozentrale und der Funktion der Hausbank der Länder bzw. der Sparkassen, zunehmend entfernt und ein Geschäftsmodell versucht, dass dem einer Investmentbank ähnelt. In diesem Zusammenhang stehen auch die Krisen der SachsenLB und der BayernLB, die Anstoß für diese Arbeit waren. Dieses Risikopotential kann nicht von dem potentiellen Risiko der Sparkassen getrennt betrachtet werden, denn Retter in der Not waren für die angeschlagenen Spitzeninstitute häufig Vereinigungen mehrerer Sparkassen oder der jeweilige Sparkassen- und Giroverband des Landes. Auch dieser wird von den Sparkassen getragen, so dass sich das von den Landesbanken eingegangene Risiko in der Bilanz einiger Sparkassen, wenn auch nur mittelbar, niederschlagen wird.

---

273 KBI, S. 30.
274 KBI, S. 30.
275 KBI, S. 30.
276 KBI, S. 31.
277 KBI, S. 31.
278 KBI, S. 32.

Man kann durchaus argumentieren, dass die zunehmende Annäherung der verschiedenen Bankengruppen der Legitimation des öffentlich-rechtlichen Bankensystems abträglich ist.

b) Förderung der Vermögensbildung muss nicht durch Sparkassen erfolgen

Wie bereits die Betrachtung der Geschichte des öffentlich-rechtlichen Bankensystems ergeben hat, kann man aufgrund der derzeitigen Bankenstruktur durchaus der Meinung sein, dass die Förderung des Sparens auch auf andere Weise erfolgen kann.

Zunächst könnte man zu der Ansicht gelangen, dass es zwar immer noch ein Bedürfnis dafür gäbe, dass der Einzelne dazu angehalten wird zu sparen. Allerdings fragen die Kritiker, ob es hierzu tatsächlich der Existenz der öffentlich-rechtlichen Kreditinstitute bedarf. Eigentlich sei die Aufgabe, das Sparen zu fördern, die Aufgabe der Familien und der Schulen.[279]

Zudem führe schon allein ein funktionierender Wettbewerb dazu, dass sich die einzelnen Kreditinstitute für die Förderung des Sparens engagierten, so dass ein öffentlich-rechtliches Bankensystem hierfür nicht erforderlich sei.[280]

Im Gegensatz zu dem Beginn der Tätigkeit der Sparkassen, habe die Bedeutung des Sparens insgesamt deutlich zugenommen.[281] Hierauf hätten sich alle am Markt vertretenen Banken und Bankengruppen eingestellt. Dies äußere sich auch und gerade darin, dass die verschiedenen Banken im Vergleich zu dem Beginn der Errichtung der Sparkassen ihr Geschäftsstellennetz erheblich ausgebaut haben.

Zudem sei die Entwicklung zu betrachten, wonach Bankgeschäfte in einem großen Umfang auch mittels neuer Kommunikationsmittel von zu Hause aus erledigt werden könnten.[282]

Neben den Banken böten auch Versicherungen Produkte in ihrem Portfolio an, die dem Sparen dienen, wie etwa kapitalgedeckte Lebens- oder Ausbildungsversicherungen. Daneben treten auch sogenannte Non- und Near-banks am Markt auf. Unter Non-banks versteht man solche Unternehmen, die ein Kerngeschäft betreiben, das nicht den Bankgeschäften zuzurechnen ist.[283] Von Near-banks spricht man, wenn ein Unternehmen kein Kreditinstitut ist, es sich aber dennoch hauptsächlich im Finanzdienstleistungssektor bewegt, etwa Versicherungen.[284] Versicherungen betätigen sich längst auch außerhalb ihres klassischen Geschäftsbereiches, der Absicherung von Risiken, und bieten insbesondere mit kapitalbildenden Lebensversicherungen

279 Donges/Eeckhoff/Möschel/Neumann/Sievert, S. 29, Ziffer 30.
280 Donges/Eeckhoff/Möschel/Neumann/Sievert, S. 29/30, Ziffer 30.
281 KBI, S. 20.
282 Pautsch, Privatisierung, S. 157.
283 Fischer-Abt, S. 137.
284 Fischer-Abt, S. 137.

Produkte an, die zwar auch ein Element der Risikovorsorge beinhalten, aber primär dem Zweck der Geldanlage dienen.[285]

Beispiele für Non-banks sind Kauf- und Versandhäuser, die zwischenzeitlich umfassende Finanzkonzepte anbieten. Ebenso haben beispielsweise einige Autohersteller eigene Kreditinstitute gegründet, die i.d.R. mit Hilfe der Nutzung neuer Kommunikationswege und dem bestehenden Vertriebsnetz es den Kunden ermöglichen, Bankdienstleistungen in Anspruch zu nehmen. Auch dem nach Sicherheit strebenden Kunden wird durch den Staat selbst, etwa durch die Ausgabe von Bundesschatzbriefen, ein attraktives Angebot gemacht.

Wenn man diese Entwicklungen in ihrer Gesamtheit sieht, so bestünde kein Zweifel daran, dass, sollten die Sparkassen nicht mehr am Markt teilnehmen, es den Bürgern weiterhin möglich wäre, Geld zu sparen.[286]

Man könnte nun überlegen, ob die Sparkassen den Sparsinn auf die Weise fördern, dass sie am Markt besonders attraktive Konditionen für Spareinlagen böten. Allerdings sei nicht erkennbar, dass die Sparkassen mit besonders attraktiven Konditionen auftreten würden und auf diese Weise einen besonderen Anreiz zum Sparen setzten.[287] Hierzu wird auch vorgebracht, dass es den Sparkassen aufgrund ihrer Organisation und der Marktgegebenheiten gar nicht möglich wäre, durch besondere Konditionen Anreize zum Sparen zu schaffen. Würden die Sparkassen nämlich im Passivgeschäft, also bei den entgegengenommenen Geldern, beispielsweise durch eine besonders hohe Verzinsung auffallen, würden sich, sofern der attraktive Zins für die Sparkasse nicht zu einer Kostendeckung führen würde, immer mehr Kunden darum bemühen, ihr Geld bei der Sparkasse derart gewinnbringend anzulegen. Damit käme die Sparkasse in betriebswirtschaftliche Schwierigkeiten. Würde die Sparkasse Zinssätze anbieten, die betriebswirtschaftlich zu rechtfertigen und attraktiver wären als diejenigen Konditionen der Wettbewerber, wäre zu erwarten, dass die anderen Kreditinstitute ihre Angebote auch entsprechend anpassen würden.[288]

Auf diese Weise würde entweder das Geschäftsergebnis der Sparkasse bedroht werden, oder der vermeintliche Anreiz zur Sparförderung an die Kunden würde verpuffen.

Zudem nähmen auch die Großbanken kleine Beträge entgegen,[289] so dass auch diesbezüglich keine Notwendigkeit mehr bestünde, die Sparkasse aufzusuchen. Auch sei die Finanzkraft und die Sparbereitschaft der Arbeitnehmer stark gestiegen, so dass diese Bevölkerungsgruppe schon deswegen für Großbanken als potentielle Kunden interessanter geworden sei und sich die Kundenkreise der Sparkassen und der Privatbanken angeglichen hätten.[290]

---

285 Fischer-Abt, S. 137.

286 Fischer-Abt, S. 142.

287 Fischer-Abt, S. 123.

288 Fischer-Abt, S. 124.

289 KBI, S. 26; Pautsch, Privatisierung, S. 156 mit Verweis auf die Feststellungen der Wettbewerbsenquete aus dem Jahr 1968, BT-Drs. V-3500, S. 131.

290 Nipperdey/Schneider, S. 33.

Mann könnte also sagen, dass das tragende Prinzip für die Errichtung der Sparkassen, die Spartätigkeit der ärmeren Bevölkerung zu erhöhen, nicht mehr für eine Rechtfertigung des staatlichen Engagements im Bankenmarkt tauge.

Insgesamt wird vorgebracht, dass das Engagement der Sparkassen, den Kunden das Sparbuch als die selbstverständlichste Form des Sparens nahe zu bringen, letztlich für die Förderung des Sparens sogar kontraproduktiv sei.[291] Dieses Argument erkläre sich daraus, dass das Sparbuch verhältnismäßig gering verzinst wird und teilweise negative reale Zinserträge böte.[292]

Betrachtet man diese Entwicklung, so könnte man tatsächlich vorbringen, dass die Förderung des Sparens durch die Sparkassen, die im Kindesalter mit dem Schulsparen beginnt und auf das Ansparen auf einem Sparkonto hinausläuft, letztlich dazu führen könnte, dass sogar falsche Anreize gesetzt werden. Die Anreize könnten dazu führen, dass der Bürger angehalten wird, sein Erspartes in einer Geldanlageform anzulegen, die vernachlässigenswerte Erträge liefert. Tatsächlich, könnte man anführen, bestehe nur noch ein untergeordnetes Bedürfnis daran, den Sparsinn insgesamt zu fördern, weil das Sparen mittlerweile deutlich im Bewusstsein der meisten Bürger angekommen sei.

Und selbst das Schulsparen und das besondere Angebot an Finanzdienstleistungen für Kinder und Jugendliche, so könnte man argumentieren, führten nicht dazu, dass die staatliche Beteiligung am Wirtschaftsleben durch die Sparkassen erforderlich ist. Denn die Ausprägung des öffentlichen Auftrages, die Erziehung dieser Zielgruppe zu einem verantwortungsbewussten Umgang mit Geld zu fördern, könne auch ohne das Vorhalten der Sparkassen geschehen.

Denn auch die Genossenschaftsbanken und die Kreditbanken halten für junge Kunden besondere Sparangebote vor und dienten somit in ausreichendem Maß dazu, junge Kunden zum Sparen zu erziehen.[293]

Zudem sei die Vermögensverteilung insgesamt flacher geworden und die Bürger hätten die Bedeutung des Sparens scheinbar erkannt. So verfügten neun von zehn westdeutschen Haushalten bereits in den sechziger Jahren über mindestens ein Sparbuch.[294] Im Laufe der siebziger Jahre zahlten sieben von zehn Haushalten in eine Lebensversicherung ein und vier von zehn Haushalten hatten ein Bausparguthaben.[295]

---

291 Donges/Eeckhoff/Möschel/Neumann/Sievert, S. 30, Ziffer 31; Pautsch, Privatisierung, S. 158; Möschel, S. 96; Sinn, S. 73.

292 Donges/Eeckhoff/Möschel/Neumann/Sievert, S. 30, Ziffer 31.

293 Fischer-Abt, S. 117.

294 Fischer-Abt, S. 115, mit dem Verweis auf eine Untersuchung des Statistischen Bundesamts, die im Jahr 1990 veröffentlicht wurde.

295 Fischer-Abt, S. 116, mit dem Verweis auf eine Untersuchung des Statistischen Bundesamts, die im Jahr 1990 veröffentlicht wurde.

Neben der Tatsache, dass sich die Bürger mit dem Sparen offenbar verstärkt beschäftigen, ließe sich hieraus auch ein weiterer Trend feststellen, der dahin ginge, dass die Kunden sich verstärkt für höherwertige Sparformen interessierten.

Folglich könnte ein größeres Bedürfnis darin bestehen, den Bürgern eine Orientierung hinsichtlich der verschiedenen am Markt angebotenen Anlagevarianten zu geben.

Gerade höherwertige Anlageformen würden aber typischerweise von den Kreditbanken angeboten, so dass auch das veränderte Nachfrageverhalten der Sparer gegen die staatliche Aufrechterhaltung der Sparkassen spräche. Zwar passen sich die Sparkassen dem veränderten Nachfrageverhalten an, aber dies geschehe letztlich aus dem Gedanken heraus, an diesem Geschäft auch beteiligt zu sein.

Das führe aber dazu, dass die Sparkassen noch stärker in die Geschäfte der Privatbanken eingreifen. So sei die Verwahrung von Wertpapieren beispielsweise ein typisches Geschäft der Großbanken. Dieser stärkere Eingriff böte zwar dem Kunden die Möglichkeit noch umfangreichere Sparkassenleistungen zu nutzen. Er könne aber nicht für eine Rechtfertigung der Aufrechterhaltung des öffentlich-rechtlichen Bankensystems dienen, sondern bedürfe selbst einer Rechtfertigung.

Die zusätzliche Anpassung erfolge entgegengesetzt zu der ursprünglichen Intention der Gründung der Sparkassen. Damals konnten bestimmte Bedürfnisse der ärmeren Bevölkerungsteile von keinem Anbieter befriedigt werden. Um diesem Missstand entgegenzuwirken wurden die Sparkassen etabliert. Die Entwicklung hin zu „höherwertigeren" Sparformen als dem Sparbuch erfolge aber aus dem Gedanken heraus, den Gewinn der Sparkasse zu erhöhen und Kunden entweder von den Privat- oder den Genossenschaftsbanken abzuwerben oder die Kunden davon abzuhalten, eine Geschäftsbeziehung zu einem anderen Kreditinstitut aufzubauen. Die Sparkasse verhielte sich also gleich wie privatwirtschaftlich organisierte Kreditinstitute. Darüber hinaus erfolge dieses Verhalten auch aus derselben Motivation heraus wie das Handeln der privatrechtlich organisierten Kreditinstitute und entspräche keinem Gemeinwohlanliegen.

Weiterhin sei zu bedenken, dass sich gerade auf dem Markt der Geldanlageformen ein starker Wettbewerb entwickelt habe. In diesem Zusammenhang und verstärkt durch das ansteigende Bildungsniveau habe sich eine kritische Haltung der Kunden gegenüber Kreditinstituten und deren Produkten entwickelt. Dies zeige sich insbesondere darin, dass sich Publikationen und Informationssendungen über interessante Anlageformen wachsender Beliebtheit erfreuten.[296]

Auch dies spräche dafür, dass die Kunden keines Anreizes mehr dahingehend bedürften, überhaupt zu sparen.

296 Fischer-Abt, S. 116.

c) Versorgung in der Fläche bedarf nicht der Existenz des öffentlich-rechtlichen Bankensystems

Die Kritiker des öffentlich-rechtlichen Bankensystems wollen darüber hinaus auch nicht das Argument gelten lassen, das sich aus der sog. Förder- bzw. Gewährleistungsfunktion[297] des öffentlich-rechtlichen Bankensystems ergibt. Demnach wäre ohne das öffentlich-rechtliche Bankensystem, insbesondere ohne die Sparkassen, keine ausreichende flächendeckende Versorgung mit Bankdienstleistungen möglich.

Hiergegen wird vorgebracht, dass allein der Wettbewerb dazu führen könnte bzw. schon dazu geführt habe, dass eine ausreichende Versorgung mit Bankdienstleistungen gewährt wird und es einer entsprechenden Förderung durch das öffentlich-rechtliche Bankensystem nicht bedürfe. Wettbewerb tendiere eher zu einer Überversorgung als zu einer Unterversorgung.[298] Durch den Wettbewerb stehe sowohl Verbrauchern als auch Unternehmen und der öffentlichen Hand ein breites und leistungsfähiges Bankdienstleistungsangebot zur Verfügung.[299] Außerdem fände der Wettbewerb mit den beschriebenen positiven Auswirkungen für die Verbraucher nicht nur in den Ballungsgebieten sondern auch in strukturschwachen Gebieten statt.[300] In den problematischen strukturschwachen Gebieten zeige die tatsächliche Entwicklung, dass die Kunden selbst dort zwischen Genossenschaftsbanken und Sparkassen wählen könnten. Aus der Präsenz der Genossenschaftsbanken in diesen Gebieten schließen die Gegner des öffentlichen Bankensystems zudem, dass offensichtlich auch eine privatwirtschaftliche adäquate Versorgung der Bevölkerung mit Finanzdienstleistungen möglich sei.[301]

Allerdings wird auch durch das *Frankfurter Institut* anerkannt, dass durch den Wettbewerb allein keine Versorgung in der Fläche dergestalt zu erwarten sei, dass flächendeckend ähnliche attraktive Konditionen angeboten werden, sondern vielmehr Unterschiede zu erwarten seien. Dies gelte auch für die unterschiedlichen Formen der Versorgung.[302]

Dennoch könne die Ausdehnung der Zweigstellen auch durch die privatrechtlich organisierten Kreditinstitute nicht einfach ignoriert werden. In diesem Zusammenhang wird darauf hingewiesen, dass im Jahre 1957 die Zweigstellen aller privatrechtlich organisierten Kreditinstitute, also Genossenschafts- und Privatbanken zusammen, einen Anteil von 32 % aller in Deutschland vorhandenen Bankzweigstellen unterhielten. Dieser Anteil hat sich bis zum Jahr 1987 auf 55 % erhöht.[303]

297 Fischer-Abt, S. 130.
298 Donges/Eeckhoff/Möschel/Neumann/Sievert, S. 31, Ziffer 34.
299 Fischer-Abt, S. 132.
300 Fischer, Sparkassenstruktur, S. 567.
301 Fischer-Abt, S. 132; Pautsch, Privatisierung, S. 161 f.
302 Donges/Eeckhoff/Möschel/Neumann/Sievert, S. 31, Ziffer 34.
303 Fischer-Abt, S. 133; ähnlich, unter Verweis auf die Anzahl der Geschäftsstellen der Genossenschaftsbanken, die die Anzahl der Geschäftsstellen der Sparkasse sogar leicht übersteigt: Sinn, S. 71 f.

Zudem wird angeführt, dass die derzeitige Versorgungssituation im Bankbereich ohnehin über das Ziel hinaus schieße, Deutschland gelte als „overbanked". So gäbe es deutlich mehr Bankfilialen in Deutschland als Bäckereien, Tankstellen oder Apotheken. Auch sei die Zahl der von einer Bankfiliale in Deutschland zu betreuenden Kunden deutlich geringer als etwa in Frankreich, Großbritannien oder in Italien.[304]

Bei der Betrachtung dieser Situation sei zudem zu berücksichtigen, dass sich die Kreditinstitute an immer komplexere Wünsche der Kunden anpassen müssten. Deswegen müssten in jeder Zweigstelle entsprechend qualifizierte Mitarbeiter und Arbeitsmittel zur Verfügung gestellt werden. Hierdurch entstehe ein zusätzlicher Kostendruck, der für alle Kreditinstitute wirtschaftlich erfolgreich nur dadurch bewältigt werden könne, dass das Geschäftsstellennetz gestrafft wird.[305] Diese Notwendigkeit habe auch die Sparkassenorganisation begriffen und es werde über die Schließung von einzelnen Zweigstellen in strukturschwachen Regionen nachgedacht.[306]

Zudem wird bereits die Notwendigkeit einer flächendeckenden Versorgung mit Zweigstellen in Frage gestellt. Hierbei wird darauf hingewiesen, dass eine flächendeckende Versorgung überwiegend in der Hinsicht zu erfolgen habe, die Versorgung mit Bargeld sicherzustellen.[307] Dies könne nun aber auch unter Nutzung von neuen Technologien und Kommunikationswegen erfolgen.

Zur Bargeldversorgung genüge die Bereitstellung eines flächendeckenden Netzes an Geldautomaten, übrige Bankdienstleistungen, insbesondere der Zahlungsverkehr könnten auf dem Postwege, über das Internet oder telefonisch erfolgen.[308]

Dieses Gegenargument werde noch dadurch verstärkt, dass weitere elektronische Entwicklungen es den Kunden ermöglichten, jedenfalls bei der Bewältigung alltäglicher Geschäfte, weitgehend auf die Präsenz eines Kundenberaters verzichten zu können.[309] Hierzu führe die Etablierung von sog. elektronischen Bankschaltern, an denen die Kunden Bargeld ein- und auszahlen, Überweisungen vornehmen und Kontoauszüge drucken können. In diesem Zusammenhang sei auch die zwischenzeitlich weite Verbreitung des Internets mit der damit verbundenen Nutzungsmöglichkeit des Internetbankings und des Telefonbankings zu sehen.[310]

Die Etablierung dieser Systeme führe nun zum einen dazu, dass es einer flächendeckenden Versorgung mittels Geschäftsstellen der verschiedenen Kreditinstitute nicht mehr bedarf und darüber hinaus führe diese Entwicklung dazu, dass Privatbanken, die sich bisher in der Fläche nicht engagiert haben, unter Einsatz dieser

---

304 Donges/Eeckhoff/Möschel/Neumann/Sievert, S. 32, Ziffer 34; Scheer, S. 463; Pautsch, Privatisierung, S. 161, die Zahl der Bankstellen sei immer noch „vergleichsweise hoch".

305 Fischer-Abt, S. 134.

306 Fischer-Abt, S. 135.

307 Donges/Eeckhoff/Möschel/Neumann/Sievert, S. 32, Ziffer 34.

308 Donges/Eeckhoff/Möschel/Neumann/Sievert, S. 32, Ziffer 34.

309 Fischer-Abt, S. 139.

310 Fischer-Abt, S. 139.

Mittel leicht auch in strukturschwachen Gebieten aktiv werden können und auf diese Weise erst Recht eine flächendeckende Versorgung der Kunden von Kreditinstituten möglich sei.[311]

Insgesamt sei demnach eine Gewährleistungsfunktion des öffentlich-rechtlichen Bankensystems mit heutigen Marktverhältnissen nicht mehr zu vereinbaren. Dieses Legitimationsdefizit ließe sich auch nicht mit einer „Reservefunktion" ausgleichen, die dem öffentlich-rechtlichen Bankensystem zukommen soll, wonach die Existenz der Sparkassen dazu führe, dass sich die privatrechtlich organisierten Kreditinstitute überhaupt in der Fläche und damit auch in wirtschaftsschwachen Regionen betätigen. Diese Reservefunktion basiere auf der Annahme, dass, wenn die Sparkassen nicht mehr in der Fläche aktiv wären, auch die anderen Kreditinstitute sich aus der Fläche zurückzögen und ihre Tätigkeit auf wirtschaftsstärkere Regionen beschränkten.

Dieses Reserveargument beruhe auf Ungewissheiten über eine künftige Entwicklung, die aufgrund ihrer mangelnden Verifizierung nicht als Rechtfertigung dienen könne.[312] Zudem beruhe diese Reservefunktion wesentlich auf dem Regionalprinzip. Da dieses in einigen Bundesländern nicht mehr stringent gelte, könne auch die Reservefunktion der Sparkasse in ihrem Gewährträgergebiet leiden.[313] Weiterhin sei die Erfüllung dieser Funktion durch die Sparkassen aufgrund von Konsolidierungen und dem damit einhergehenden Zweigstellenabbau immer unwahrscheinlicher und es dürfe nicht vergessen werden, dass auch die privatrechtlich organisierten Kreditinstitute nicht daran gehindert seien, sich in strukturschwachen Gebieten zu engagieren.[314]

d) Sicherstellung der Kreditvergabe

aa) Kreditvergabe an mittelständische Unternehmen

Wie beschrieben, ist eine wesentliche Aufgabe der Sparkassen die Kreditvergabe an mittelständischen Unternehmen in der Fläche. Hierzu sieht § 2 Abs. 2 S. 3 des rheinland-pfälzischen Sparkassengesetzes explizit vor:

> *„Sie [die Sparkassen] tragen zur Verbesserung der Eigenkapitalausstattung insbesondere junger und mittelständischer Unternehmen im Geschäftsgebiet bei."*

Hieraus ergibt sich eine besondere Bindung der Sparkassen an den Mittelstand.

Man könnte nun überlegen, ob diese Bindung nicht etwa darauf aufbaut, dass die Sparkassen dem Mittelstand deswegen so nahe stehen, weil es etwa keine Alternativen gibt oder weil die Sparkassen besondere Konditionen anbieten oder großzügiger Kredite gewähren, sondern vielleicht nur deswegen, weil die Geschäftsverbindungen

---

311 Fischer-Abt, S. 140 f.

312 Donges/Eeckhoff/Möschel/Neumann/Sievert, S. 34, Ziffer 40.

313 Pautsch, Privatisierung, S. 165.

314 Pautsch, Privatisierung, S. 166 f.

über Jahre hinweg bestehen und gewachsen sind. Grund für diese Geschäftsverbindungen wäre in diesem Fall nicht das Handeln der Sparkassen aufgrund des öffentlichen Auftrages, sondern einzig die Tradition.

Die Tradition kann aber eine staatliche wirtschaftliche Betätigung allein wohl nicht rechtfertigen, was noch näher zu untersuchen sein wird.

Neben der Tradition wird vorgebracht, dass das starke Engagement der Sparkassen in diesem Bereich primär auf ihrem Erfolg im Wettbewerb beruhe. Hieraus ließen sich aber keinerlei Schlüsse dahingehend ziehen, dass die Versorgung des Mittelstandes mit Krediten insgesamt ohne das Engagement der Sparkassen gefährdet sei.

Einen wesentlichen Grund für mittelständische Unternehmen, bei den Sparkassen Konten zu unterhalten und auch notwendige Finanzierungen über die Sparkassen abzuwickeln, könnte sich daraus ergeben, dass die Sparkassen dem Mittelstand besonders attraktive Konditionen anbieten. Allerdings sind derart besondere Konditionen am Markt nicht bekannt, vielmehr entsprächen die von den Sparkassen angebotenen Konditionen regelmäßig dem Marktniveau. Auch der Umfang der für einen Kredit notwendigen Sicherheiten unterscheide sich nicht von den Sicherheiten, die von den Mitbewerbern verlangt werden.[315]

Die Entstehung dieser Konditionen sei nicht verwunderlich, da der öffentliche Auftrag der Sparkassen in zweierlei Hinsicht wirkt. Zum einen sollen die Sparkassen die Vermögensbildung und das Sparen fördern, was dadurch unterstützt werden könnte, dass die Sparkassen den Sparern attraktive Konditionen anböten, insbesondere eine vergleichsweise hohe Verzinsung. Zum anderen verpflichtet der öffentliche Auftrag die Sparkassen dazu, die kreditwirtschaftliche Versorgung des Mittelstandes zu erreichen. Dies wiederum könnte dadurch geschehen, dass die Sparkassen attraktive Angebote im Kreditgeschäft anböten, also möglichst niedrige Zinssätze. Zwischen beiden Zielen besteht ein Konflikt. So kann Geld nur dann günstig verliehen werden, wenn das Geld, das hereingenommen wird, niedrig verzinst wird. Umgekehrt führt eine hohe Verzinsung von Spareinlagen dazu, dass auch das Geld, das in Form von Krediten verliehen wird, relativ hoch verzinst werden muss, damit die Sparkasse kostendeckend arbeiten kann.[316]

Teilweise wird in Gänze bestritten, dass die Sparkassen besonders aktiv im Geschäft mit mittelständischen Unternehmen seien.[317]

In diesem Kontext seien weitere Entwicklungen zu beobachten:

Zum einen sei der Begriff des Mittelstands nicht bestimmt genug. Man könnte darunter kleine und mittlere Unternehmen verstehen. Legt man allerdings die Definition des „Institut für Mittelstandsförderung“ in Bonn zugrunde, so handelt es sich bei mittleren Unternehmen um solche, die zwischen 10 und 499 Menschen

---

315 Fischer-Abt, S. 148; Hedrich, S. 233.

316 Fischer-Abt, S. 149; Güde, S. 296 ff.

317 Pautsch, Privatisierung, S. 163 unter Verweis auf Brümmerhoff/Lehmann, S. 140.

beschäftigen.[318] Der öffentliche Auftrag der Sparkassen ist wohl so zu verstehen, dass unter den Begriff „Mittelstand" auch kleine Unternehmen zu fassen sind. Denn eine Auslegung nach Sinn und Zweck der Vorschrift führt dazu, dass gerade junge und vergleichsweise kleine Unternehmen gefördert werden sollen. Gerade diesen würde es sonst schwer fallen, am Markt eine angemessene Finanzierung zu erlangen.

Insofern müssen auch kleine Unternehmen von der intendierten Verbesserung der Kapitalausstattung umfasst sein. Das sind nach der Definition des Instituts für Mittelstandsförderung Unternehmen mit weniger als 10 Beschäftigten.[319]

Nimmt man nun die mittleren und kleineren Unternehmen zusammen, so sind von dem öffentlichen Auftrag 99,7 % der Unternehmen in Deutschland umfasst.[320]

Betrachtet man den öffentlichen Auftrag als ein Engagement der Sparkassen zur Schließung von Lücken in der Versorgung mit Bankdienstleistungen, so müssten derartige Lücken bei 99,7 % aller deutschen Unternehmen bestehen. Tatsächlich zeigt der Markt allerdings, dass die Privatbanken nicht nur für solche Unternehmen Konten führen und Kredite anbieten, sondern dass die Privatbanken gerade um diese Klientel besonders kämpfen. Die Sparkassen erbringen also auf diesem Gebiet eine Leistung, die auch die Privatbanken erbringen können und sie nehmen den Privatbanken potentielle Geschäftsverbindungen weg.[321]

Zudem kann man argumentieren, dass der Staat schon auf andere Weise junge Unternehmen fördert. So werden zinsgünstige Darlehen durch die Kreditanstalt für Wiederaufbau (KfW) vergeben und es gibt darüber hinaus weitere Förderprogramme.

Im Übrigen scheinen auch für diesen Bereich die bereits oben aufgeführten Argumente gegen die Betätigung der Sparkassen stichhaltig zu sein:

Zum einen hat sich der Markt der Kreditinstitute insgesamt gewandelt, was auch dem Mittelstand zu Gute kommt. Dies geschieht etwa in der Form, dass nicht nur für Konsumgüter Finanzierungshilfen durch Kauf- oder Versandhäuser oder durch den Hersteller selbst angeboten werden, sondern dass sich diese Situation für Produktionsgüter ähnlich darstellt.[322]

Denn auch die Hersteller von diesen Gütern, etwa die Autohersteller, gewähren ihren Kunden Finanzierungshilfen, auch und gerade dem Mittelstand.[323] Darüber hinaus bietet der Großhandel entsprechende Finanzierungshilfen an.

Diese Finanzierungshilfen geschehen häufig auf der Grundlage sehr attraktiver Konditionen für den Kunden, die von den Kreditinstituten regelmäßig nicht angeboten werden können.[324]

318 KMU-Definition des IfM Bonn.
319 KMU-Definition des IfM Bonn.
320 KMU-Definition des IfM Bonn.
321 Donges/Eeckhoff/Möschel/Neumann/Sievert, S. 33, Ziffer 38.
322 Fischer-Abt, S. 146.
323 Hedrich, S. 72.
324 Fischer-Abt, S. 147.

Daneben ist eine weitere Marktveränderung zu beachten. Die Großbanken haben in den letzten Jahren verstärkt den Mittelstand in den Fokus ihrer Marketingbewegungen gestellt und bemühen sich verstärkt darum, in diesem Bereich attraktive Angebote im Kreditgeschäft anzubieten, was zunehmend gelingt.[325]

Zudem fallen mittelständische Unternehmen in das klassische Geschäftsfeld der Volks- und Raiffeisenbanken, so dass nicht davon ausgegangen werden könne, dass „der Mittelstand" ohne die Sparkassen akute Probleme hätte, seinen Finanzierungsbedarf zu decken.[326]

Außerdem könne der Mittelstand die neuen Kommunikationsmittel bei der Kontoführung und im Finanzierungsgeschäft nutzen. Gerade das Kreditgeschäft, insbesondere das Ratenkreditgeschäft, ist zwischenzeitlich weitgehend standardisiert. Dies führe dazu, dass ein Ansprechpartner vor Ort, wie ihn die Sparkassen aufgrund ihres dichten Filialnetzes bieten, an Wichtigkeit verloren habe. Hinzu käme, dass die gesamte Geschäftsverbindung aufgrund der neuen Technologien leicht über eine größere Distanz hinweg geführt werden könne.[327]

Auch der häufig aufgeführte Gedanke, dass ohne die Sparkassen, die ihre Tätigkeit am Regionalprinzip ausrichten, die Spargelder aus der Region in andere Regionen abfließen würden, wird als nicht mehr zutreffend angesehen.[328] Dieser Leihkassen-Gedanke sei überholt, da zwischenzeitlich eine enge Vernetzung der regionalen, nationalen und auch der grenzüberschreitenden Märkte geschehen sei, so dass der Leihkassen-Gedanke eine „Vorstellung von gestern" sei.[329]

Häufig wird aufgrund der regionalen Struktur der Sparkassen, ein Vorteil dahingehend erblickt, dass sie einen tieferen Blick in das regionale Wirtschaftsleben hätten. Deswegen stünden sie dem Mittelstand stärker und verlässlicher zur Seite als andere Kreditinstitute. Dies drücke sich darin aus, dass die Sparkassen teilweise großzügiger Kredite an den regionalen Mittelstand vergäben als andere Kreditinstitute und darüber hinaus auch dort Kredite verlängern würden, wo andere Kreditinstitute einer Verlängerung des Kreditengagements nicht zustimmten.

Auch dieses Argument soll für eine Rechtfertigung des Systems aber nicht tragen. Zwar sei die regionale Kenntnis der Bedingungen, Probleme und Zukunftschancen eines Unternehmens tatsächlich von Vorteil. Allerdings hänge die Prüfung der Verlängerung eines Kreditengagements nur begrenzt mit der regionalen Verbundenheit zusammen. Entscheidender sie eine positive Risikoabwägung. Hier hätten aber die Sparkassen die gleichen Maßgaben zu beachten wie ihre Mitbewerber. Ein Kreditengagement, das seine Rechtfertigung nicht aus einer positiven Risikoeinschätzung herleitet, sondern letztlich aus einer regionalen Verbundenheit, sei insgesamt negativ zu bewerten. Dies gelte zum einen für die übrigen Kreditnachfrager, zum

---

325 Fischer-Abt, S. 145.

326 Fischer-Abt, S. 146.

327 KBI, S. 42.

328 Donges/Eeckhoff/Möschel/Neumann/Sievert, S. 32, Ziffer 37.

329 Donges/Eeckhoff/Möschel/Neumann/Sievert, S. 33, Ziffer 37.

anderen sei ggf. eine Kapitalvernichtung zu erwarten. Beides sei volkswirtschaftlich negativ zu bewerten.[330]

Zudem wird vorgebracht, dass die Sparkassen sich im Bereich der Finanzierung des Mittelstandes gar nicht in besonderem Maße engagieren könnten. Denn das Ziel der Förderung des Mittelstandes aus dem öffentlichen Auftrag stünde in einem Interessenkonflikt mit der Vorgabe der maßvollen Gewinnerzielung. Dies ergebe sich daraus, dass gerade Kredite an kleine und mittlere Unternehmen einem höheren Ausfallrisiko unterlägen.[331]

Also ließe sich auch aus der regionalen Partnerschaft der Sparkassen mit den Unternehmen vor Ort kein wesentlicher Vorteil des öffentlich-rechtlichen Bankensystems erblicken, der eine Rechtfertigung tragen könnte.

bb) Kreditvergabe an die öffentliche Hand – Hausbankfunktion

Die Sparkassen sind regelmäßig die Hausbanken der öffentlichen Hand.[332]

Dies zeigt sich in der Praxis darin, dass mehr als 60 % der Kommunalkredite von Mitgliedern der Sparkassenorganisation vergeben werden und dass die Gemeinden fast zwei Drittel ihrer Gelder bei Sparkassen anlegen.[333]

In diesem Zusammenhang lässt sich zudem eine Umschichtung der Kreditgeber der Kommunen weg von den Sparkassen und hin zu den Landesbanken erkennen.[334]

Möglicherweise kann sich hieraus auch weiterhin eine Daseinsberechtigung der Sparkassen ergeben. Denn die Einnahmen der Kommunen aus Steuern, Gebühren und Abgaben reichen regelmäßig nicht aus, den Finanzbedarf zu decken, so dass in diesem Bereich auch weiterhin, und insbesondere im Rahmen der Wirtschaftskrise, Bedarf an einer Kreditversorgung der öffentlichen Haushalte vorhanden sein wird.[335]

Doch allein dieser Gedanke mag als Legitimation für das Bestehen der Sparkassen bzw. der Landesbanken als Hausbanken der Länder kaum genügen. Denn innerhalb der Normierung des öffentlichen Auftrages ist die Leistungserbringung für die öffentliche Hand nur ein Punkt von vielen. Sie nimmt nach der Gesetzesstruktur keine besondere Stellung ein. Wichtiger erscheint die Führung von Girokonten für Jedermann und die Förderung der Vermögensbildung breiter Bevölkerungsschichten.

Darüber hinaus wird von den Kritikern des Systems vorgebracht, dass auch private Kreditinstitute die Hausbankfunktion für Träger öffentlicher Gewalt ausführen könnten.[336]

---

330 Donges/Eeckhoff/Möschel/Neumann/Sievert, S. 34, Ziffer 39.
331 Pautsch, Privatisierung, S. 163 f. mit Verweis auf Brümmerhoff/Lehmann, S. 142.
332 HWS-*Dehe*, S. 215.
333 KBI, S. 50.
334 Fischer-Abt, S. 159.
335 Fischer-Abt, S. 156.
336 Pautsch, Privatisierung, S. 171 f.

Es sei fernliegend, anzunehmen, dass, gäbe es das öffentlich-rechtliche Bankensystem nicht, die öffentliche Hand keine Kredite erhielt. Der große Vorteil für ein Kreditinstitut als Darlehensgeber der öffentlichen Hand läge in der Bonität des Kreditnehmers. Die Kommunen, ebenso wie die Länder und der Bund, sind grundsätzlich nicht insolvenzfähig. Hieraus ergibt sich, dass solche Kredite günstiger verzinst werden können als Kredite an Privatpersonen, es bedarf nämlich keines Risikozuschlags in der Zinsgestaltung.[337] Es verhielte sich also nicht so, dass die Sparkassen, aus ihrer Hausbankstellung heraus den Kommunen günstigere Kredite verschaffen können, die andere Banken nicht anbieten könnten oder wollten. Denn das geringe Bonitätsrisiko der Kommunen drücke sich auch für Privatbanken betriebswirtschaftlich positiv aus. Zum einen dadurch, dass es keines Risikozuschlages bedürfe, zum anderen dadurch, dass die nicht erforderliche oder jedenfalls weniger umfangreiche Bonitätsprüfung zu geringeren Verwaltungskosten führe. Insofern könnten auch Privatbanken den Kommunen durchaus günstige Darlehen gewähren und seien hieran auch interessiert.[338] Dies ergebe sich schon allein aus den Mechanismen eines funktionierenden Marktes.

Sofern man den Wettbewerb ohne das öffentlich-rechtliche Bankensystem für nicht funktionsfähig halte, so die Kritiker, solle die öffentliche Hand auf andere Weise für einen funktionierenden Wettbewerb sorgen.[339]

Weiterhin sei zu beachten, dass, wenn das öffentliche Bankensystem den Gewährträgern besonders günstige Kredite zur Verfügung stelle, die Gewinne des Kreditgebers, also der Sparkasse oder der Landesbank, geringer ausfielen als nötig. Das führe dazu, dass das kommunale Kreditinstitut an den Gewährträger, dem das günstige Darlehen häufig dienen wird, einen geringeren Überschuss überweisen würde. Letztlich zahle der Gewährträger zwar einen niedrigeren Zinssatz, erhalte aber auch weniger Ertrag von „seiner Sparkasse". Der Gewährträger profitiere also am Ende nicht einmal von dem günstigen Darlehen. Versuche die Sparkasse die geringeren Gewinne mit der Gebietskörperschaft nun aber durch eine modifizierte Konditionengestaltung im Privatkundengeschäft wieder auszugleichen, käme sie dem Ziel, das Sparen und die Vermögensbildung zu fördern, nicht hinreichend nach. Zudem bestünde die Gefahr, dass der Steuerzahler letztlich die zinsgünstigen Kredite an die öffentliche Hand finanziere.[340]

Im Übrigen sei es den Sparkassen untersagt, ihrem Gewährträger besonders günstige Konditionen anzubieten.[341]

Als weiteres Argument der Hausbankfunktion könnte auch die besondere Sicherheit des öffentlichen Bankensystems dienen.

---

337 Krähmer, S. 241.
338 KBI, S. 50 ff.
339 Donges/Eeckhoff/Möschel/Neumann/Sievert, S. 35, Ziffer 41.
340 KBI, S. 52.
341 Pautsch, Privatisierung, S. 172; Möschel, S. 97.

Hierzu wurde in einem anderen Zusammenhang bereits ausgeführt, dass spätestens durch den Wegfall von Anstaltslast und Gewährträgerhaftung und durch die Anerkennung privater Banken als mündelsicher, die Sparkassen in diesem Bereich kein Alleinstellungsmerkmal mehr hätten.

Praktisch ergäbe sich diese Änderung schon daraus, dass die Sparkassen, wie der Blick auf deren Geschichte gezeigt hat, immer freier wurden, ihre Geschäftstätigkeit zu gestalten. Diese Veränderung drückt sich tatsächlich in § 2 Abs. 4 des rheinland-pfälzischen Sparkassengesetzes aus. Hiernach können die Sparkassen grundsätzlich alle banküblichen Geschäfte betreiben, sofern das Gesetz nichts anderes sagt. Das früher in den Sparkassengesetzen enthaltene Enumerationsprinzip, wonach den Sparkassen jede Aufgabe einzeln gesetzlich übertragen werden musste, besteht nicht mehr überall.[342] Das Prinzip wurde teilweise in das Verbotsprinzip umgewandelt, wonach die Sparkassen grundsätzlich alle Geschäfte ausführen dürfen, die gesetzlich nicht verboten sind.[343] Aufgrund dieser weitgehenden Befreiung der Sparkassen von Geschäftsbeschränkungen sei auch deren Risiko dem Grunde nach vergleichbar mit dem Geschäftsrisiko eines privatrechtlichen Kreditinstitutes. Zudem wird darauf hingewiesen, dass die Sparkassen im engen Verbund mit den Landesbanken stehen, die keiner Geschäftsbeschränkung unterliegen.[344]

Die Kommunen könnten das Ausfallrisiko für die angelegten Gelder im Übrigen dadurch minimieren, dass sie ihre Geschäfte nicht auf ein Kreditinstitut beschränken, sondern Geschäfte mit verschiedenen Kreditinstituten betrieben. Hierdurch würden die Kommunen auch dem anerkannten Grundsatz der Wettbewerbsneutralität besser entsprechen als bisher. Sofern die Kommunen ihre Geschäfte auf eine Sparkasse beschränken, handelten sie dem Grundsatz der Wettbewerbsneutralität zuwider. Dieses Vorgehen selbst bedürfte einer Rechtfertigung, die die bloße Existenz des öffentlich-rechtlichen Bankensystems nicht liefern kann, dessen Rechtfertigung hier gerade nachgegangen werden soll.

Insgesamt lässt sich festhalten, dass die Kritiker des öffentlich-rechtlichen Bankensystems zwar zugeben, dass es in der Vergangenheit ein Bedürfnis der Schaffung einer Hausbank für die öffentlichen Haushalte gegeben haben mag. Dieses sei aber nur noch von historischer Bedeutung und habe sich aus einer Aufgabenteilung zwischen den einzelnen Kreditinstitutsgruppen ergeben. Hiernach hatten sich die Großbanken insbesondere um die Kreditvergabe für Industrieunternehmen bemüht, die Volks- und Raiffeisenbanken um die Kreditversorgung ihrer Mitglieder und die Sparkassen hatten sich im Rahmen des öffentlichen Auftrages bewegt, der auch die Hausbankfunktion der Kommunen umfasste.

Nachdem diese traditionelle Aufgabenverteilung aber zunehmend verwischt und sowohl die Großbanken als auch die Genossenschaftsbanken Kommunalkredite vergeben, hätten sich die Stadtkämmerer nach dem Wirtschaftlichkeitsprinzip in

342 Pautsch, Privatisierung, S. 157.
343 Lütke-Uhlenbrock, S. 17.
344 KBI, S. 54.

ihrer Entscheidung von welchem Kreditinstitut sie sich Geld leihen primär danach zu richten, welches Kreditinstitut die günstigsten Konditionen für das gewünschte Darlehen bietet.[345]

Insofern bliebe für die klassische Hausbankfunktion der Sparkassen und Landesbanken kein Raum mehr. Vielmehr seien die Sparkassen und Landesbanken ein möglicher Kreditgeber zusammen mit den anderen Kreditinstituten. Eine besondere Funktion käme in diesem Zusammenhang den Sparkassen und Landesbanken nicht mehr zu.

e) Bereitstellen eines Girokontos für Jedermann

Die Kritiker des Bestehens des öffentlich-rechtlichen Bankensystems führen aus, dass auch die Führung von Girokonten für Jedermann das Bestehens des Systems nicht rechtfertige.

Teilweise wird vorgebracht, dass auf diese Kontoführung ohnehin kein Anspruch im Sinne eines Kontrahierungszwangs aufgrund allgemeiner Grundsätze bestehe.[346]

Sofern auf die sparkassenrechtliche Verpflichtung zur Führung eines Girokontos eingegangen wird, wird vorgebracht, dass die Sparkassen die Führung von Girokonten dennoch teilweise ablehnen würden. Diese Ablehnung würde auf die in den Sparkassengesetzen enthaltenen Ausnahmeregelungen gestützt.[347]

Darüber hinaus sei zu beachten, dass auch die Privatbanken in diesem Zusammenhang nicht einzig den Aufbau von rentablen Geschäftsverbindungen bezweckten. Vielmehr wird auf die seit 1996 bestehende freiwillige Selbstverpflichtung des Zentralen Kreditausschusses der Banken verwiesen, ein Girokonto auf Guthabenbasis jedem Kunden zur Verfügung zu stellen.

Diese Entwicklung sei auch nicht weiter erstaunlich, schließlich bestehe auch für die Sparkassen keine Pflicht auf die kostenlose Führung des Girokontos. Mit der Führung eines Girokontos auf Guthabenbasis entstehe für das kontoführende Kreditinstitut aber ein zu vernachlässigendes Risiko, dem regelmäßige Erträge gegenüberstünden.

Folglich könnte man sagen, dass der oft als Argument für das Vorhalten der Sparkassen angeführte Kontrahierungszwang nicht als Rechtfertigung dienen könne, weil er zu lückenhaft sei. Zudem ginge die Verpflichtung faktisch nicht über das hinaus, was die Privatbanken auch anböten, nämlich die Führung eines Guthabenkontos.

f) Stärkung des Wettbewerbs im Kreditgewerbe

In § 2 Abs. 1 des rheinland-pfälzischen Sparkassengesetzes ist normiert, dass die Sparkassen als öffentliche Banken den Wettbewerb im Kreditgewerbe stärken.

345 Fischer-Abt, S. 163 ff.

346 Pautsch, S. 162.

347 KBI, S. 48.

Doch auch hier wird vorgebracht, dass die Kreditwirtschaft einer solchen Stärkung nicht bedürfe. Die vorgebrachten Argumente, weswegen zur Stärkung des Wettbewerbs ein staatliches Engagement nötig sei, würden nämlich nicht mehr greifen.

Hauptargument sei die faktische Annäherung der verschiedenen Bankengruppen. Eine Unterscheidung nach den unterschiedlichen Handlungsmotiven der Institute sei tatsächlich nicht mehr erkennbar.

Dies verwundere auch nicht besonders, schließlich hätten auch die Sparkassen ein großes Interesse daran, Gewinne zu erwirtschaften, etwa um dem Gewährträger einen möglichst großen Jahresüberschuss zu überweisen oder aber um sich ein möglichst großes Eigenkapital verschaffen zu können,[348] woran sich das zulässige Geschäftsvolumen orientiere.

Zudem sei es am Markt nicht erkennbar, dass die Sparkassen in bestimmten Bereichen besonders günstige Konditionen, etwa bei der Kreditvergabe, vergeben würden oder dass etwa das Sparen durch besonders attraktive Zinssätze gefördert werden würde. Im Gegenteil, die Sparkassen böten marktgerechte Zinsen, teilweise sogar schlechtere Konditionen als privatrechtlich organisierte Mitbewerber. Dies zeige das Ergebnis eines Internetvergleichs für Spareinlagen, hiernach sind unter den zehn Anbietern, die die höchste Verzinsung von Spareinlagen anbieten, nur zwei Sparkassen.[349]

Hierzu passe auch eine Aussage des Vorstandsvorsitzenden der Landesgirokasse Stuttgart, wonach die wirklich ertragreichen Sparkassen wie Privatinstitute geführt werden und nicht gemeinnützig.[350]

Insofern kann man zu dem Ergebnis kommen, dass die Sparkassen und Landesbanken den Wettbewerb zumindest nicht aktiv korrigierten. Jedenfalls übten sie keine Korrektur aus, die über das Maß der Korrektur, das ein weiterer Marktteilnehmer ohnehin ausübt, hinausginge.[351]

Die Kritiker sprechen dem öffentlichen Bankensystem aber auch eine passive Korrektur des Marktes ab.

Würden die Sparkassen von privaten Banken aufgekauft, steht die Befürchtung im Raum, dass die privaten Institute, die die Sparkassen aufkaufen, nach weiterer Expansion streben würden und dass sich bestehende kleinere Institute zusammenschließen würden. Diese Entwicklungen könnten dazu führen, dass sich die Marktmacht am Bankensektor auf letztlich wenige Anbieter konzentrieren könnte und dass eine Art Oligopol entsteht, was der Versorgung der Bevölkerung mit Finanzdienstleistungen schaden könnte.[352]

---

348 KBI, S. 74.
349 Sparbuch Vergleich.
350 Zügel, S. 54.
351 Pautsch, Privatisierung, S. 168.
352 DSGV Faktenpapier Nummer 23, S. 13.

Hierbei dürfe aber nicht vergessen werden, dass zur Bekämpfung solcher unbestritten schädlicher Konzentrationen die Kartellgesetze und die Kartellbehörden verantwortlich seien, der Staat also auf andere Weise dieser Situation vorbeugen müsse.[353]

Zudem führe die Argumentation, dass durch das Vorhalten des öffentlich-rechtlichen Bankensystems der Wettbewerb in dieser Branche gestärkt wird, zu unbefriedigenden Ergebnissen und sei deswegen nicht haltbar. Zwar sei zuzugeben, dass durch staatliches wirtschaftliches Engagement aus der Natur der Sache heraus der Wettbewerb intensiviert und belebt wird.[354] Diese Erkenntnis könne aber dazu führen, dass der Staat sich auch in allen anderen Bereichen des Wirtschaftslebens engagieren könnte, weil hierdurch der Wettbewerb gestärkt würde. Auf diese Weise wäre staatliche wirtschaftliche Betätigung nahezu unbegrenzt möglich, was der sozialen Marktwirtschaft widerspräche.[355]

Weiterhin wird gegen dieses Argument angeführt, dass sich auf dem Markt immer mehr ausländische Mitbewerber tummelten, so dass auch weiterhin eher eine Situation vorherrsche, in der eine Vielzahl an Anbietern von Finanzdienstleistungen den Kunden gegenüberstünde. Die Privatisierung des öffentlichen Bankenmarktes könne sogar, so wird vorgebracht, den deutschen Markt für ausländische Kreditinstitute erst öffnen, da sich derzeit ein Neueinstieg eines Kreditinstitutes in einen bestehenden Markt nicht rechnen würde.[356] Zudem wird vorgebracht, dass bei einer Privatisierung der Sparkassen darauf hingewirkt werden könne, dass die Anteile an den Sparkassen in Streubesitz übergehen.[357] So könnte etwa ein Verkaufsangebot zunächst an diejenigen gehen, die mit der Sparkasse eine Geschäftsverbindung unterhalten.[358]

Außerdem sei zu erwarten, dass sich aus dem derzeitigen Kreis der Mitbewerber in der Finanzdienstleistungsbranche auch ein reges Interesse am Erwerb der Anteile an den Sparkassen ergeben würde. Dies könnte bei den zahlreichen Regionalbanken und bei ausländischen Kreditinstituten der Fall sein. Weiterhin sei der Kapitalaufwand zum Kauf der Sparkassen in Deutschland so hoch, dass er nicht durch wenige Großbanken allein aufgebracht werden könnte.[359]

Darüber hinaus könnten sich auch aus dem Verkauf der Sparkassen und Landesbanken leistungsfähigere Einheiten bilden, die dem Wettbewerb förderlich wären.[360]

---

353 Donges/Eeckhoff/Möschel/Neumann/Sievert, S. 37, 38, Ziffer 45; Pautsch, Privatisierung, S. 171; Möschel, S. 98.

354 Fischer-Abt, S. 169.

355 Fischer-Abt, S. 169.

356 Donges/Eeckhoff/Möschel/Neumann/Sievert, S. 37, Ziffer 44.

357 KBI, S. 80 f.

358 KBI, S. 81.

359 KBI, S. 81.

360 KBI, S. 83.

Auch der sog. Gruppenwettbewerb sei nicht unbedingt nötig, um der kreditwirtschaftlichen Versorgung der Bevölkerung zu dienen.[361]

Die Idee des Gruppenwettbewerbs äußert sich praktisch darin, dass die Sparkassen als „S-Finanzgruppe" gemeinsam am Markt in Erscheinung treten, beispielsweise durch gemeinsame Werbung. Gleiches gilt für die Genossenschaftsbanken. Anders gestalte sich aber die Situation bei den Privatbanken. Hier stünden die einzelnen Mitglieder zueinander im Wettbewerb. Die gemeinsame Organisation dieser Institute im Bundesverband deutscher Banken ändere hieran nichts. Lediglich aus der Perspektive der Sparkassen und Landesbanken und weitgehend auch aus der Perspektive der Genossenschaftsbanken könne man von einem wirklichen Gruppenwettbewerb sprechen. Dies resultiere daraus, dass insbesondere bei den Sparkassen und Landesbanken regelmäßig untereinander keine Konkurrenzsituation entstünde, weil sich die Sparkassen nach dem Regionalprinzip auf ein Engagement im Rahmen des Gebietes ihres Gewährträgers betätigten und es daher nur selten zu Überschneidungen käme.[362] Ähnlich zeige sich die regionale Struktur der Genossenschaftsbanken. Aufgrund dieser grundsätzlich fehlenden Konkurrenzsituation innerhalb der gruppenzugehörigen Institute im genossenschaftlichen und im öffentlich-rechtlichen Sektor sei es auch unschwer möglich, bundesweit als Gruppe aufzutreten und gemeinsame Marketingmaßnahmen zu unternehmen.

Da diese Situation bei den Privatbanken nicht zuträfe und sie auch gruppenintern zueinander im Wettbewerb stünden, würden die Privatbanken regelmäßig nicht gemeinsam am Markt auftreten. Insofern wird der Schluss gezogen, dass ein wirklicher Gruppenwettbewerb nicht besteht.[363]

Darüber hinaus wird vorgebracht, dass die Sparkassen und Landesbanken selbst Probleme mit ihrer Wettbewerbsfähigkeit bekommen könnten, sofern sie in öffentlicher Hand blieben.[364] Dies sei insbesondere dadurch zu befürchten, dass es dem öffentlich-rechtlichen Bankensystem schwer fallen dürfte, das erforderliche Eigenkapital aufzubringen.[365]

Denn im Gegensatz zu den Großbanken sind die Sparkassen nicht mit einem Kapitalstock ausgestattet. Darüber hinaus bleibe den Sparkassen beispielsweise die Möglichkeit, durch die Ausgabe neuer Aktien Kapital zu gewinnen, verschlossen. Auch sei die Ausgabe von Genussscheinen für die Sparkassen schwieriger, weil sie die Attraktivität der Papiere nicht durch Options- oder Wandelrechte erhöhen könnten, sondern nur über eine erhöhte Verzinsung.[366]

Zudem sei zu befürchten, dass die selbstfinanzierte Eigenkapitalbildung für die Sparkassen schwieriger werden könnte, weil es eine Umschichtung der Einlagen,

361 KBI, S. 87 f.
362 Fischer-Abt, S. 171.
363 KBI, S. 88.
364 KBI, S. 91 ff.
365 KBI, S. 91.
366 KBI, S. 91.

weg von dem klassischen Zinsgeschäft, hin zum Provisionsgeschäft gebe und der Fokus der Geschäftstätigkeit der Sparkassen auf dem klassischen Zinsgeschäft liege.[367]

Diese Wichtigkeit der Eigenkapitalbeschaffung dürfte sich durch den Wegfall von Anstaltslast und Gewährträgerhaftung noch erhöhen.

g) Gewinnabführung an die Träger kann nicht als Rechtfertigung dienen

Man könnte weiterhin der Ansicht sein, dass die Sparkassen und Landesbanken durch die Abführung ihrer Gewinne an ihre Träger einem öffentlichen Interesse dienen.

So sieht beispielsweise das Sparkassengesetz des Landes Rheinland-Pfalz in § 20 Abs. 1 vor, dass die Gewinne der Sparkassen zwar zu einem Drittel den Rücklagen des Instituts zuzuführen sind. Der darüber hinausgehende Betrag kann aber, sofern er *nicht zur weiteren Stärkung der Rücklagen benötigt wird*, in angemessenem Umfang auf das Stammkapital an die Träger ausgeschüttet werden. Die Ausschüttung hat für *gemeinnützige Zwecke* zu erfolgen.

Sofern also die Sparkassen Gewinne erwirtschaften, die dann von ihren Trägern für gemeinnützige Zwecke verwendet werden, liegt ein öffentlicher Zweck dieses Handelns scheinbar auf der Hand.

Hierzu ist zunächst auszuführen, dass ein wirtschaftliches Engagement des Staates, das einzig der Gewinnerzielung dient, nicht als die Verfolgung eines öffentlichen Zwecks angesehen werden kann, wie an anderer Stelle noch ausgeführt werden wird. Dies insbesondere, weil diese Art der Finanzierung des Staates gegen die Grundsätze des Steuerstaates verstößt.

Außerdem wird diesbezüglich kritisiert, dass es bei den Sparkassen häufig im Gegensatz zu den privatrechtlich organisierten Kreditinstituten keinen Zwang gibt, Gewinne auszuschütten.[368]

Dies führe nämlich dazu, dass die Sparkassen über bessere Expansionsmöglichkeiten verfügten, als ihre privatrechtlich organisierten Mitbewerber.[369] Außerdem seien die Sparkassen durch diesen fehlenden Zwang zur Gewinnausschüttung am Markt besonders begünstigt. Sie müssten sich nämlich nicht dem Spannungsverhältnis stellen, das daraus resultiert, dass ein Kreditinstitut zum einen den Anforderungen des Marktes gerecht werden muss um wirtschaftlich erfolgreich zu sein und zum anderen auch die Interessen der Anteilseigner befriedigen muss, also eine möglichst hohe Gewinnausschüttung erreichen muss.[370]

367 KBI, S. 92.
368 Fischer-Abt, S. 179 f.
369 Fischer-Abt, S. 180.
370 Fischer-Abt, S. 181.

Umgekehrt wird aber auch kritisiert, dass die Sparkassengesetze der Länder Hessen[371] und Rheinland-Pfalz[372] und kürzlich auch in Schleswig-Holstein geändert wurden und es nun zulassen, dass die Sparkassen Stammkapital bilden. Dies könne dazu führen, dass die Sparkassen feste Anteile des Jahresüberschusses auf die Stammkapitalanteile der Träger ausschütten müssten und damit stärker unter dem Druck stünden, den Gewinn zu maximieren.[373]

2. Gegenargumente, die sich aus den Geschehnissen der jüngeren Vergangenheit ergeben, insbesondere die Geschehnisse um die SachsenLB

Gerade die Geschehnisse um die SachsenLB haben zu der eingangs angesprochenen Forderung der Süddeutschen Zeitung geführt, ein öffentlich-rechtliches Bankensystem ganz abzuschaffen.

Die SachsenLB hatte sich eine faktische Tochtergesellschaft in Dublin geschaffen, die dem Streben nach Gewinnmaximierung Rechnung tragen sollte. Sie hatte sich etwas aus dem bisherigen Kerngeschäft zurückgezogen und investierte über die irische Tochter in Wertpapieren, um wirtschaftlich erfolgreich zu sein. Das Profil der Bank änderte sich weg von einer Strukturförderungsbank in eine Investmentbank.

In diesem Zusammenhang engagierte sich die SachsenLB auch darin, verbriefte Wertpapiere, die aus in den USA vergebenen Darlehen im *subprime*-Bereich stammten, zu erwerben. Wie genau dieses Geschäftsmodell funktionierte wird im Rahmen der Behandlung der US-Immobilienkrise näher erläutert werden.

Relevant ist in diesem Zusammenhang, dass dieses Engagement wirtschaftlich nicht erfolgreich war und einen großen Abschreibungsbedarf nach sich zog. Dieser wirtschaftliche Misserfolg führte dazu, dass die SachsenLB sich Liquiditätsproblemen ausgesetzt sah und in diesem Zusammenhang letztlich durch einen Notverkauf gerettet werden musste.[374] Für die aus diesen Geschäften entstandenen Verbindlichkeiten hätte ggf. der Freistaat Sachsen als Gewährträger der Landesbank haften müssen. Dies ergibt sich daraus, dass diese Verbindlichkeiten der sogenannten „grandfathering"-Regelung unterliegen, wonach Anstaltslast und Gewährträgerhaftung in bestimmten Fällen bis 2015 anwendbar sind.[375]

Nun diente das Engagement der irischen Tochtergesellschaft der SachsenLB in diesem Geschäftsmodell einzig dem Ziel, den eigenen Gewinn und damit den

371 Zunächst nach § 3 Abs. 4 des hessischen Sparkassengesetzes vorgesehen, zwischenzeitlich wurde das Gesetz erneut geändert, möglich ist nun nach § 1 Abs. 4 des hessischen Sparkassengesetzes die Bildung von öffentlich-rechtlichen Trägeranteilen, auf die allerdings auch eine Ausschüttung möglich ist.

372 § 3 Abs. 3 SpkG RLP.

373 Sparkassen in Not: Die Folgen für sie und ihre Stadt.

374 Bafin erzwingt SachsenLB-Verkauf.

375 Milliardenspritze für SachsenLB.

Gewinn der SachsenLB zu steigern. Weitere Ziele, wie etwa die Förderung einer bestimmten Gruppe durch das Betreiben dieser Geschäfte sind nicht ersichtlich.

An diesem Handeln entzündete sich die bereits eingangs dargestellte Diskussion und es wurden Stimmen laut, die bekundeten, dass es nicht einzusehen sei, dass der Steuerzahler für misslungene Risikogeschäfte einzustehen hat. Es widerspräche dem Wesen des öffentlich-rechtlichen Bankensystems, wenn sich die Beteiligten vornehmlich Risikogeschäften bedienten, um Gewinne für den Staat zu erwirtschaften.[376]

Neben der grundsätzlichen Kritik an dem System, stellt sich die Frage, ob sich die Realität der öffentlich-rechtlichen Kreditinstitute nicht zu weit von den eigentlichen Motiven für deren Gründung entfernt hat. Denn das Ziel war ursprünglich, wie schon eine Betrachtung der Geschichte des Systems ergeben hat, die Förderung von Gemeinwohlanliegen. Das Aufrechterhalten eines Systems, das zumindest auf der Ebene der Landesbanken seinen Geschäftsbereich darauf fokussiert, Gewinne durch Spekulationsgeschäfte zu erzielen, wird dem wohl nicht gerecht. Man könnte allerdings überlegen, dass auch diese Tätigkeit, jedenfalls solange sie erfolgreich ist, dem Gemeinwohl mittelbar zuträglich ist. Dies könnte durch die Erwirtschaftung von Überschüssen erfolgen, die dann an den staatlichen Gewährträger ausgezahlt werden.

Allerdings sollte, wie bereits oben festgestellt, das öffentliche Bankensystem der Stabilität des Finanzmarktes dienen. Die Teilnahme am Spekulationsgeschäft im eigenen Interesse führt aber gerade dazu, dass die Landesbanken aktiv auf den Markt einwirken mit dem Ziel, Gewinne zu erwirtschaften. Hierdurch wird der Markt nicht beruhigt oder stabilisiert, sondern tendenziell eher beschleunigt. Diese Beteiligung am Markt fördert die Entstehung von „Spekulationsblasen", die in der Folge negative Marktbewegungen nachsichziehen und volkswirtschaftlich eine Vernichtung von Vermögen bewirken können.

Um die Neuausrichtung der Landesbanken hin zu Investmentbanken besser zu verstehen, sollte eine Ursachenforschung betrieben werden.

Ein wesentlicher Aspekt, der die Landesbanken zu einer Neuausrichtung getrieben hat, ist wohl der Wegfall von Anstaltslast und Gewährträgerhaftung.[377] Die Sparkassen und Landesbanken verfügten in der Vergangenheit über eine Art „geliehene Bonität" des grundsätzlich nicht insolvenzfähigen Gewährträgers.[378] Dies führte dazu, dass die Landesbanken und Sparkassen sich zu vergleichsweise günstigen Konditionen mit Eigenkapital versorgen konnten. Denn das positive Rating des öffentlichen Gewährträgers wirkte sich unmittelbar auf die Konditionen des öffentlich-rechtlichen Kreditinstituts aus.

Der Wegfall dieser Haftung des Trägers des jeweiligen Instituts führte nun dazu, dass sich die Sparkassen und Landesbanken im Wesentlichen wie jede andere Bank

---

376 Spekulanten aus Verzweiflung.
377 Fischer, S. 539.
378 Fischer, S. 539.

am Kapitalmarkt refinanzieren müssen. Insbesondere die Konditionen der Refinanzierung gleichen sich nach dem Verlust der „geliehenen Bonität" derer der Geschäftsbanken an. Diese Entwicklung führt nun dazu, dass die Marge zwischen dem Zinsertrag aus der Verleihung des Geldes und dem Zinsaufwand, der durch die Refinanzierung entsteht, kleiner wird.

Um weiterhin ein positives Ergebnis zu erzielen, suchten die Sparkassen und Landesbanken nach neuen Geschäftsfeldern. Diese wurden teilweise in einer stärkeren Mitwirkung am Kapitalmarkt gefunden. Die Kreditinstitute entwickelten sich in diesem Zusammenhang von Marktteilnehmern, die geschäftlich Risiken übernahmen („risk takern"), zu Akteuren, die Risiken nur noch vermittelten bzw. verkauften („risk tradern").[379]

Es kann allerdings durchaus davon gesprochen werden, dass diese Neuausrichtung den falschen Motiven folgte. Wie gezeigt, diente sie allein dazu, Gewinne zu maximieren. Um aber eine Rechtfertigung für die Sparkassen und Landesbanken zu finden, ist es unumgänglich, dass sie sich zuvorderst von Gemeinwohlmotiven leiten lassen, worauf noch umfassend einzugehen ist. Dieser Gedanke darf nicht vergessen werden und scheint in der jüngeren Entwicklung keine herausragende Rolle mehr zu spielen, was erneut gegen die Aufrechterhaltung des Systems sprechen könnte.

In diesem Zusammenhang ist auch die Entscheidung des Sächsischen Verfassungsgerichtshofes vom 28.08.2009 zu sehen.[380] In diesem Organstreitverfahren, das die Frage zum Gegenstand hatte, ob die Vergabe einer Garantie an die SachsenLB den Sächsischen Landtag in seinen Rechten verletzt hat, führt das Gericht aus, dass die genannten Risikogeschäfte nicht mehr vom öffentlichen Auftrag der Bank umfasst waren und damit sogar die in dem Errichtungsgesetz enthaltene Funktion der SachsenLB als Geschäftsbank überschritten wurde. Nach Ansicht des Gerichts sei auch die Geschäftsbankfunktion vom öffentlichen Auftrag geprägt, so dass die Landesbank solche Geschäfte nicht tätigen durfte, die mit dem öffentlichen Auftrag in keinerlei Zusammenhang stehen.[381]

Insgesamt hätten sich die Landesbanken massiv über die Bindungen des öffentlichen Auftrages hinweggesetzt, der ohnehin auslegungsoffen formuliert sei.[382]

3. Bewertung, Zusammenfassung

Die vorgebrachte Kritik des öffentlich-rechtlichen Bankensystems ist beachtlich und jedenfalls auf den ersten Blick nicht von der Hand zu weisen.

Im Wesentlichen lässt sich die Kritik auf eine Veränderung der tatsächlichen Umstände auf dem Bankenmarkt zurückführen:

---

379 Fischer, S. 539.

380 SächsVerfGH v. 28.08.2009, Az.: Vf. 41-I-08.

381 SächsVerfGH v. 28.08.2009, Az.: Vf. 41-I-08, Rn. 177 ff.

382 Henneke, DVBl, S. 476.

So gibt es tatsächlich eine Vielzahl von Anbietern von Geldanlageformen, die es früher nicht gab, so dass es u. U. wirklich keiner besonderen Förderung des Sparens durch die Sparkassen mehr bedarf. In einem engen Zusammenhang zu dieser Überlegung steht auch das Argument, wonach sich die Privatbanken, insbesondere aber die Genossenschaftsbanken, in der Fläche engagieren und so auch in vermeintlich strukturschwachen Gebieten stets ein Kreditinstitut in Reichweite sei. Dem wird nachzugehen sein. Insbesondere zu der Frage des „Reservearguments". Darüber, ob die kreditwirtschaftliche Versorgung ohne die Sparkassen sich verschlechtern würde oder nicht, besteht Streit zwischen den Mitgliedern der verschiedenen Lager. Hierüber können nur Prognosen abgegeben werden. Im Rahmen dieser Untersuchung wird hierzu das Bankensystem in Großbritannien betrachtet. Dort gibt es keine Sparkassen nach deutschem Muster mehr, so dass anhand dieses Beispiels Rückschlüsse gezogen werden können, wie sich der Wegfall insbesondere der Sparkassen auswirken könnte.

Zudem ergeben sich schon aus der Darstellung der Gegenargumente grundsätzliche Fragen zur staatlichen Wirtschaftstätigkeit. Kann etwa die Idee, dass durch die staatliche Tätigkeit ein weiterer Wettbewerbsteilnehmer hinzutritt und dadurch der Wettbewerb belebt wird, das staatliche Engagement rechtfertigen? Oder kann die Tatsache, dass ein öffentliches Unternehmen an dessen Träger Gewinn abführt, dessen Engagement rechtfertigen?

Wie bereits eingangs erwähnt, stellt sich die Frage der Rechtfertigung insbesondere bei der Betrachtung der Landesbanken. Das Beispiel der SachsenLB zeigt eindrucksvoll die Veränderung der Tätigkeiten der Mitglieder des öffentlich-rechtlichen Bankensystems:

In diesem Fall hat sich ein öffentlich-rechtliches Kreditinstitut weitgehend von seinen Aufgaben aus dem öffentlichen Auftrag entfernt und ohne jeglichen Gemeinwohlbezug im Ausland im Eigeninteresse Spekulationsgeschäfte durchgeführt, was die Frage der Rechtfertigung des Systems insgesamt in der Gegenwart geradezu aufdrängt.

VII. Vergleich der Intention mit der Praxis der Gegenwart

Nachdem nun die wesentlichen Gegenargumente gegen das öffentliche Bankensystem aufgeführt worden und die derzeitige Intention für das Aufrechterhalten des Systems gezeigt wurde, soll in einem ersten Schritt versucht werden, die ausgetauschten Argumente, insbesondere diejenigen des Deutschen Sparkassen- und Giroverbandes, daraufhin zu überprüfen, ob diese in der Realität überhaupt noch zutreffend sind.

1. Förderung der Vermögensbildung breiter Bevölkerungsschichten

Hinsichtlich der Förderung der Vermögensbildung, die durch die Sparkassen aufgrund der Sparkassengesetze erfolgen soll, ist zu untersuchen, welche Alleinstellungsmerkmale die Sparkassen in diesem Bereich inne haben. Denn das bloße Anbieten von Sparkonten für alle Bevölkerungskreise allein schafft keine besondere Stellung der Sparkassen.

Dies ergibt sich daraus, dass alle am Markt tätigen Institute es dem Kundenkreis ermöglichen, Spareinlagen entgegenzunehmen.

Es müssen also besondere Anreize von den Sparkassen geschaffen werden. Angesprochen wurde bereits das Schulsparen. Im Schulsparen sind die Sparkassen tatsächlich besonders engagiert. Dies geschieht teilweise durch einen gesetzlichen Auftrag, wie ihn beispielsweise das rheinland-pfälzische Sparkassengesetz in § 2 Abs. 2 S. 3 vorsieht, wonach die Sparkassen die Erziehung junger Menschen zu eigenverantwortlichem wirtschaftlichem Verhalten fördern. Das Schulsparen beruht überwiegend auf Verwaltungsvorschriften für die Schulen. So ist beispielsweise in Baden-Württemberg das Schulsparen in der „Verwaltungsvorschrift des Kultusministeriums über Werbung, Wettbewerbe und Erhebungen in Schulen“ geregelt. Nach Ziffer 6.3 dieser Vorschrift kann die Durchführung des Schulsparens gestattet werden; jedoch darf jeweils nur ein Geldinstitut an der Schule tätig werden.

Zweck der Begrenzung des Schulsparens auf ein Kreditinstitut ist das Vermeiden von Wettbewerb in der Schule. Typischerweise ist das ausführende Kreditinstitut eine Sparkasse. Diese sendet Mitarbeiter in die Schule, die Spareinlagen der Kinder entgegennehmen und den Kindern als Belohnung für das Sparen ein kleines Geschenk ausgeben. Auf diese Weise lernen die Kinder schon in frühen Jahren den Spargedanken kennen. Insofern kann der Beitrag der Sparkassen hier durchaus als wichtig und sinnvoll eingestuft werden.

Allerdings kann nicht davon ausgegangen werden, dass das Schulsparen ohne die Sparkassen nicht stattfinden würde. Vielmehr haben die übrigen Kreditinstitute häufig ein großes Interesse, auch am Schulsparen teilzunehmen und wehren sich teilweise sogar gegen die Bevorzugung der Sparkassen. Diese Motivation der übrigen Banken resultiert daraus, dass derjenige, der bereits im Rahmen des Schulsparens ein Sparkonto bei einem Kreditinstitut unterhält, dazu neigt, auch später die Geschäftsbeziehung zu diesem Kreditinstitut aufrecht zu erhalten.

Ein weiterer Anreiz zum Sparen ist der Weltspartag, der auf eine Initiative im Rahmen des Internationalen Sparkassenkongresses von 1924 zurückgeht. Allerdings beteiligen sich hieran auch die anderen Kreditinstitute, so dass auch dieser Anreiz kein Alleinstellungsmerkmal der Sparkassenorganisation ist. Zudem sank in den vergangenen Jahren die Wichtigkeit des Weltspartags, insbesondere aufgrund der starken Stellung des Onlinebankings. Die Kunden der Kreditinstitute sparen lieber bequem von zu Hause aus.

Auf den ersten Blick erscheint auch nicht durch eine besondere Präsenz der Sparkassen eine Förderung des Sparens zu erfolgen:

So verfügten alle Sparkassen in Deutschland im Jahre 2007 über 13.624 Zweigstellen.[383]

Im Vergleich dazu unterhielten die Kreditgenossenschaften im Jahr 2006 12.477 Zweigstellen,[384] die Kreditbanken unterhielten 11.286 Zweigstellen[385].

Sowohl die Kreditbanken als auch die Gruppe der Genossenschaftsbanken haben also ein Zweigstellennetz, das in etwa der Größe des Zweigstellennetzes der Sparkassen entspricht. Jedenfalls die Genossenschaftsbanken sind auch in der Fläche vertreten.

Dennoch wirken die Sparkassen insbesondere dadurch auf die Förderung der Vermögensbildung hin, dass sie auch in der Peripherie vertreten sind und so teilweise der einzige regionale Ansprechpartner für Finanzfragen sind. Aufgrund dieser Erkenntnis lässt sich durchaus ein Bogen zu den Anfängen der Sparkassen spannen, als es breiten Teilen der Bevölkerung nicht möglich war, bei einer Bank Spareinlagen zu unterhalten.

2. Sicherungsfunktion

Ob die Sparkassen eine besondere Sicherungsfunktion auf dem Finanzmarkt inne haben, bedarf einer gründlichen Erörterung. Der Vergleich der ursprünglichen Intention mit der Gegenwart erfordert in diesem Zusammenhang nämlich eine erste Beschäftigung mit der Wirtschaftskrise in den Jahren 2008 und 2009. Zunächst handelte es sich um eine Immobilienkrise. In den USA wurden relativ leichtfertig Kredite vergeben, auch an Darlehensnehmer mit zweitklassiger Bonität. Die Banken finanzierten sich über Wertpapiere gegen. Diese konnten aufgrund von Kreditausfällen, die zusätzlich durch steigende Hypothekenzinsen ausgelöst wurden, nicht mehr zurückgezahlt werden, was einen hohen Abschreibungsbedarf nach sich zog.

---

383 BVB, S. 3.
384 BVB, S. 4.
385 BVB, S. 2.

In diesem Zusammenhang wurden einige der Hypothekenbanken zahlungsunfähig. Auch die Investmentbank Lehman Brothers war von der Krise betroffen und wurde insolvent.

Betrachtet man diese Entwicklung, so erscheint es für eine sichere Anlageform zu diesem Zeitpunkt mehr denn je ein Bedürfnis zu geben. Fraglich ist, ob die Sparkassen eine solche besondere Sicherheit bieten. Im Zusammenhang mit der Wirtschaftskrise ist aber zu beachten, dass die Landesbanken aufgrund der Umstellung ihrer Geschäftsmodelle hin zu Investmentbanken auch von der Krise betroffen waren.

An dieser Stelle bleibt festzustellen, dass die regionale Organisation und Bindung der Sparkassen und das hierauf beruhende Interesse an dem wirtschaftlichen Erfolg des Geschäftsgebietes eine nachhaltigere Geschäftspolitik jedenfalls nahe legt und von den Sparkassen nach eigenen Angaben auch befolgt wird.[386] Diese Angaben des DSGV werden allerdings auch durch ein Gutachten des Sachverständigenrates zur Begutachtung der gesamtwirtschaftlichen Entwicklung bestätigt, der von der Bundesregierung beauftragt wurde. In dem Gutachten heißt es hierzu:

> *„Die öffentlich-rechtliche und die genossenschaftliche Säule haben bis auf die jeweiligen Zentralinstitute – Landesbanken und Deka-Bank im Sparkassenbereich beziehungsweise DZ Bank und die deutlich kleinere WGZ Bank als genossenschaftliche Zentralbanken – eine dezidiert dezentrale, auf das Breitengeschäft zielende Ausrichtung, die sich in der aktuellen Krise als Risiko abschirmend und damit stabilisierend erwiesen hat."*[387]

Wenn man sich mit der Sicherungsfunktion insbesondere der Sparkassen beschäftigt, so ist es unausweichlich, auf den später genauer erörterten Kompromiss hinsichtlich des Beihilfestreits aufgrund EU-Rechts einzugehen, der letztlich dazu führte, dass sowohl die für Sparkassen typische Anstaltslast als auch die Gewährträgerhaftung weggefallen sind. Insofern besteht de jure kein erheblicher Unterschied mehr zwischen dem Grad der Sicherheit von Anlagen, die bei Sparkassen unterhalten werden, und dem Grad der Sicherheit von Anlagen, die bei privaten Instituten unterhalten werden. Dieser ergibt sich nämlich in beiden Fällen primär über die Schaffung von Sicherungssystemen, die im Falle einer Zahlungsunfähigkeit eines Instituts einspringen. Bei den Sparkassen und Landesbanken geschieht diese Sicherung durch den regionalen Sparkassen-Stützungsfond, der wiederum dem Haftungsverbund der Sparkassen-Finanzgruppe angehört und sowohl den Bestand der jeweiligen Sparkasse als auch betragsunabhängig zu 100 % die Gelder der Einleger sichert.[388] Davor war der grundsätzlich nicht insolvenzfähige Gewährträger aufgrund der Anstaltslast dazu verpflichtet, die Sparkasse oder Landesbank finanziell so auszustatten, dass sie ihre Verbindlichkeiten erfüllen kann. Sofern eine Sparkasse dies trotzdem nicht konnte, bestand aufgrund der Gewährträgerhaftung ein direkter Anspruch gegen den Gewährträger, die Verbindlichkeit zu erfüllen.

---

386 DSGV Faktenpapier Nummer 32, S. 9.

387 Gutachten des Sachverständigenrats, Ziffer 242.

388 DSGV Faktenpapier Nummer 18, S. 3 und DSGV Faktenpapier Nummer 19, S. 6.

Dafür, dass die Sparkassen tatsächlich ihren Kunden und dem Bankensystem insgesamt ein hohes Maß an Sicherheit geben können, spricht, dass die Sparkassengruppe insgesamt zwei Ratings externer Ratingagenturen eingeholt hat, die die Bonität der Sparkassengruppe insgesamt sehr positiv bewerten. So wurde für langfristige Verbindlichkeiten von der Ratingagentur DBRS das Rating A (high) und für kurzfristige Verbindlichkeiten das Rating R1 (middle) erteilt.[389] Hierbei wurde bereits der Wegfall von Anstaltslast und Gewährträgerhaftung berücksichtigt. Die Stufe A (high) ist als sehr gut zu werten, die Stufe R1 (middle) stellt die zweitbeste Bewertung dar. Für kurzfristige Verbindlichkeiten sieht die Ratingnotenskala des Instituts Noten von AAA (beste Bewertung) bis zu D (schlechteste Bewertung) vor, jeweils mit den möglichen Zusätzen „high", ohne Zusatz und „low". Auch die Ratingagentur Moody's erteilte den Sparkassen insgesamt das Rating A1,[390] dort ist die Bestnote AAA, die schlechteste Note dort ist C.[391] Zusätze sind hier die arabischen Ziffern 1, 2 und 3.

Zudem spricht für eine besondere Sicherungsfunktion der Sparkassen, dass seit ihrem Bestehen noch keine einzige Sparkasse insolvent wurde und auch noch kein Einleger einen Verlust erlitt oder entschädigt werden musste.[392]

3. Kreditversorgung

Auch in der Kreditversorgung stellt sich die Frage, inwiefern Sparkassen hier tatsächlich allen Unternehmen in besonderem Maße Kredite zur Verfügung stellen. Ein besonderer Finanzierungsbedarf besteht wohl insbesondere im Rahmen der Unterstützung von Existenzgründern. Hier haben die Sparkassen besondere Programme für Existenzgründer geschaffen, in deren Rahmen sie auch eine umfangreiche Beratung der Existenzgründer anbieten. Allerdings ist in diesem Zusammenhang anzuerkennen, dass auch die anderen Banken Unterstützungen für Existenzgründer bieten. Dass die Sparkassen in diesem Bereich allerdings eine signifikante Stellung haben, zeigt eine Zahl besonders deutlich: Existenzgründungsdarlehen werden häufig von der Hausbank weitergeleitet, die Mittel kommen aber beispielsweise von der Deutschen Ausgleichsbank. Die Hausbank erhält für die Bearbeitung dieser Darlehen einen Betrag, der die Kosten der Bearbeitung nicht deckt, so dass dieses als wichtig einzustufende Geschäft insbesondere für gewinnorientierte Banken uninteressant ist. Hieraus erklärt sich, dass im Jahr 2000 etwa die Hälfte solcher Darlehen der Deutschen Augleichsbank von den Sparkassen weitergeleitet wurden und nur etwa 11 % dieser Darlehen durch die Privatbanken.[393]

389 DSGV Faktenpapier Nummer 31, S. 2 ff.
390 Sparkassengruppe erhält A1 Rating.
391 DSGV Faktenpapier Nummer 31, S. 4.
392 DSGV Faktenpapier Nummer 18, S. 3; DSGV Faktenpapier Nummer 31, S. 2.
393 Gärtner, S. 89.

Darüber hinaus sind die Sparkassen typischerweise Hausbanken ihrer Träger. Dies ergibt sich allerdings primär aufgrund gewachsener Traditionen. Wegen der guten Bonität der Gebietskörperschaften ist davon auszugehen, dass es für sie unproblematisch möglich wäre, Kredite auch auf anderem Wege zu erhalten. Hieraus lässt sich also kein Alleinstellungsmerkmal der Sparkassen ableiten.

Weiterhin zeigt sich das besondere Engagement der Sparkassen in der Kreditvergabe gerade in der Wirtschaftskrise, die im Jahr 2008 begann und sich bis ins Jahr 2009 zog. Im Zuge dieser Krise wurden Stimmen laut, die sich darüber beklagten, dass die Banken ihre Kreditvergabe eingeschränkt hätten. Die Statistik der Bundesbank bestätigt diesen Eindruck teilweise, so haben im ersten Halbjahr 2009 die Auslandbanken ihre Kreditvergabe ohne Kredite an Finanzinstitutionen um 5,8 % reduziert, die Privatbanken um 1,5 % und die Landesbanken um 1,4 %. Entgegen diesem Trend haben die Sparkassen ihre Kreditvergabe sogar um 1,1 % ausgeweitet; die Genossenschaftsbanken um 1,5 %.[394]

Folglich nehmen die Sparkassen ihre Aufgabe, die Kreditversorgung sicherzustellen, durchaus ernst und entsprechen den Erwartungen selbst in Zeiten einer Krise.

4. Girokonto für Jedermann

Das Girokonto für Jedermann ist teilweise bei den Sparkassen in den Sparkassengesetzen als Aufgabe der jeweiligen Sparkassen festgesetzt.[395] Teilweise findet sich allerdings auch gar keine Regelung hierüber in den Sparkassengesetzen.

Es besteht allerdings eine freiwillige Selbstverpflichtung der Banken insgesamt, ein Guthabenkonto für Jedermann zu errichten. Diese Selbstverpflichtung beruht auf einer Empfehlung des Zentralen Kreditausschusses (ZKA). An sie sind aber nicht nur die Sparkassen gebunden, sondern auch alle anderen deutschen Kreditinstitute. Allerdings erscheinen in den Medien relativ häufig Fälle, bei denen die Führung eines solchen Guthabenkontos abgelehnt wurde. Insofern erscheint eine Rechtspflicht aus den Sparkassengesetzen durchaus sinnvoll und möglicherweise auch von einer solchen Wichtigkeit, dass sie ein wesentliches Rechtfertigungselement der Sparkassen darstellen könnte.

Dies wäre abzulehnen, wenn sich aus dieser Empfehlung des Zentralen Kreditausschusses echte Ansprüche für den Einzelnen ergäben, die Eröffnung eines Girokontos verlangen zu können. Denn in diesem Fall wäre auch ohne die Existenz der Sparkassen die Möglichkeit einer Girokontoführung grundsätzlich gewährleistet.

Diese Problematik war im Jahre 2005 Gegenstand eines Rechtsstreits. Dort hatte das Landgericht Bremen einen Anspruch gegen eine freie Sparkasse auf Eröffnung eines Girokontos angenommen, weil die im Jahre 1995 von dem ZKA ausgesprochene Empfehlung, ein Girokonto für Jedermann zu eröffnen, als ein abstraktes Schuldversprechen nach §§ 780, 328 BGB zu Gunsten Dritter zu werten sei und

394 Sparkassen und Genossen stützen die Wirtschaft.
395 § 2 Abs. 4 SpkG RLP, § 2 Abs. 4 SpkG Hessen.

entsprechend einen Anspruch auf die Eröffnung eines Girokontos gewähren würde.[396] Dieses Urteil wurde mit Erfolg angefochten.

Nach Ansicht des Verfassers erfolgte die Ablehnung eines Anspruchs eines jeden gegen die Sparkasse aus der ZKA-Empfehlung an die Kreditinstitute zu Recht. Denn die ZKA-Empfehlung erfolgte vor dem Hintergrund, einen gesetzlichen Kontrahierungszwang abzuwenden und ihn „durch eine an die Freiwilligkeit der einzelnen Mitgliedsstaaten appellierende Empfehlung“ zu umgehen.

Aus dem Wortlaut „Empfehlung“ ergibt sich nach Ansicht des Verfassers eindeutig, dass darin nicht der Wille enthalten ist, ein rechtsverbindliches Angebot abzugeben.[397]

Schon hieran scheitert die Betrachtung der ZKA-Empfehlung als Anspruchsgrundlage. Und auch die Auslegung von Hinweisen einzelner Kreditinstitute auf die ZKA-Empfehlung, etwa auf der Internetpräsenz, wird regelmäßig zu dem Ergebnis führen, dass hierin kein Rechtsbindungswille für die Abgabe eines verbindlichen Angebots zu sehen ist.[398]

Folglich lässt sich weder auf die ZKA-Empfehlung „Girokonto für Jedermann“ noch auf die Bezugnahme einzelner Kreditinstitute auf diese Empfehlung ein Anspruch stützen, die Eröffnung eines Girokontos verlangen zu können.

Bei dem hier vorzunehmenden Vergleich der Intentionen der Sparkassen mit der Praxis fällt eine Erhebung des Deutschen Sparkassen- und Giroverbandes besonders auf. Im Rahmen der Umstellung von Transferleistungen musste eine softwaretechnische Änderung verarbeitet werden, damit die Leistungen weiter fließen konnten. In diesem Zusammenhang wurde erörtert, welche Kreditinstitute wie viele der Konten für die Klientel derer, die Transferleistungen empfangen, führt. Typischerweise sind Empfänger von Transferleistungen, also insbesondere von Arbeitslosengeld I oder II, solche Kunden, die auf ein Girokonto für Jedermann angewiesen sind. Man kam zu dem Ergebnis, dass etwa 80 % dieser Konten von Sparkassen geführt werden.[399]

Losgelöst von einer gesetzlichen ausdrücklichen Pflicht engagieren sich die Sparkassen also tatsächlich besonders auf diesem Gebiet.

5. Orientierung am Gemeinwohl

Die Verpflichtung der Sparkassen auf das Gemeinwohl drückt sich in der Praxis wahrnehmbar in vielerlei Hinsicht aus. So wirken die Sparkassen über die Vergabe von Darlehen aktiv an der Wirtschafts- und Strukturförderung ihrer Region mit.

Dies geschieht auf verschiedene Weisen. So engagieren sich die Sparkassen in der Wirtschafts- und Strukturförderung, hierfür hat die gesamte Sparkassengruppe im Jahr 2002 insgesamt einen Betrag von 586 Mio. € aufgewendet. Einen Anteil von

---

396 LG Bremen, WM 2005, S. 2137.
397 So auch Segna, S. 277.
398 Siehe ausführlich und mit weiteren Nachweisen: Segna, S. 277 ff.
399 Auskunft des DSGV.

69 % an der gesamten Wirtschafts- und Strukturförderung der Sparkassen nimmt die Beteiligung an Erschließungs- und Entwicklungsgesellschaften ein.[400] Diese Gesellschaften beschäftigen sich mit der Erschließung, Planung, Entwicklung und Finanzierung von problematischen Flächen auf dem Gebiet des Gewährträgers. Hierbei werden beispielsweise kontaminierte Flächen wieder bewohnbar gemacht. Diese Aufgabe ist insbesondere deswegen sinnvoll, weil die Kommunen häufig finanziell nicht in der Lage sind, solche Flächen allein in Bauland zu verwandeln und diese Flächen deswegen die weitere Entwicklung im Gebiet einer Kommune durch das Brachliegen dieser Flächen behindert wird.[401] In Deutschland beteiligt sich jede vierte Sparkasse an derlei Unternehmungen, die die Entstehung von Gewerbeflächen beabsichtigen.[402] Denn die Sparkassen, die durch das Regionalprinzip auf besondere Weise mit der Region verbunden sind, haben ein eigenes Interesse daran, dass Gewerbeflächen entstehen. Denn neue Gewerbetreibende bedeuten für die vor Ort tätige Sparkasse auch, dass es in der Region neue Kunden gibt.

Zudem investieren die Sparkassen mit einem Anteil von 26 % der gesamten Wirtschafts- und Strukturförderung in die Entstehung von Gewerbeparks und mit einem Anteil von 4 % in Technologie- und Innovationscenter.[403]

Gewerbeparks dienen der Ansiedlung von Gewerbetreibenden; Technologie- und Innovationscenter dienen der punktuellen Ansiedlung von technologieorientierten jungen Unternehmen, von Existenzgründern und von Gewerbe- und Industrieunternehmen allgemein. Diese Center sollen insbesondere die Entstehung regionaler Netzwerke fördern, die nach neueren Erkenntnissen Erfolgsfaktor und Innovationsmotor sind.[404]

Außerdem beteiligen sich die Sparkassen an Wirtschaftsförderungsgesellschaften. Dies geschieht durch eine Beteiligung an sogenannten Public-Private-Partnerships, die durch die Kommunen gegründet werden und eine Beteiligung Privater zulassen. Zu diesem Modell gelangte man aufgrund der Überzeugung, dass eine statische Wirtschaftsförderung in der Vergangenheit eine zu geringe Affinität zu den Akteuren und eine zu geringe Kenntnis von lokalen Netzwerken aufwies. Durch die Etablierung dieser Kooperationen ist es möglich, dass sich Personen mit der Wirtschaftsförderung befassen, die über ein hohes Maß an Praxisorientierung verfügen. Die Sparkassen wendeten im Jahr 2002 einen Betrag von insgesamt 5,86 Mio. € auf. Hierbei handelt es sich nicht um Investitionen, sondern ausschließlich um Zahlungen ohne Ertragsorientierung.[405]

Daneben betreiben die Sparkassen in ihrem Geschäftsgebiet die Regionalförderung. Ein Beispiel hierfür ist das Engagement in der Wirtschaftsregion Rhein-Nahe.

---

400 Gärtner, S. 82.
401 Gärtner, S. 81 f.
402 Gärtner, S. 82.
403 Gärtner, S. 82 f.
404 Gärtner, S. 83.
405 Gärtner, S. 85.

Hier hat die Sparkasse Rhein-Nahe die Erstellung eines Strukturgutachtens in Auftrag gegeben. Das Gutachten kam zu dem Ergebnis, dass die Region weitgehend unbekannt war. Aufgrund dieses Ergebnisses wurde eine Regionalinitiative gegründet, die sich dieses Problems annahm. Mitglieder sind die Kommunen der Region, aber auch Wirtschaftsakteure und Verbände. Die Sparkasse Rhein-Nahe war der wesentliche Initiator dieses Projekts.[406]

Außerdem fördern die Sparkassen Existenzgründer in einem besonderen Maße durch die Vermittlung von Geldern der Deutschen Ausgleichsbank, wie bereits oben beschrieben. Die Sparkassen engagieren sich auch mittels Beteiligungsgesellschaften für Existenzgründer. Auf diesem Weg wird dem Existenzgründer kein Fremdgeld als Darlehen gewährt, was gerade bei Existenzgründern mit einem vergleichsweise hohen Risiko einhergeht, sondern die Sparkassen gewähren über die Beteiligungsgesellschaften Eigenkapital und sind im Gegenzug an dem Unternehmen beteiligt und damit auch an den Gewinnen und Verlusten des neuen Unternehmens.[407]

Neben diesen Aufgaben engagieren sich die Sparkassen für die Gesellschaft allgemein, primär im Bereich Kultur, aber auch in sozialen Bereichen, im Sport, in der Forschung und für die Umwelt.[408]

6. Präsenz in der Fläche

Die Sparkassen sind in besonderem Maße in der Fläche präsent. Von 37.872 Geschäftsstellen der Banken in Deutschland zum Ende des Jahres 2007[409] sind 13.669 Geschäftsstellen der Sparkassenorganisation[410]. Damit haben die Sparkassen unter allen Kreditinstituten das dichteste Filialnetz. Dies gibt ihnen im Vergleich zu den Geschäftsbanken eine Sonderstellung, lediglich die Genossenschaftsbanken verfügen über eine ähnliche Struktur. Trotz der Zunahme des Online-Bankings besteht weiterhin ein Bedürfnis an der räumlichen Nähe zu einem Kreditinstitut. Insbesondere Geschäftskunden sind auf ein dichtes Filialnetz für die Bargeldver- und -entsorgung angewiesen.

Allerdings kann aus der Zahl der Zweigstellen der Sparkassen in Deutschland nur bedingt geschlossen werden, dass die Sparkassen einen besonderen Nutzen für die Gesellschaft schaffen. Denn der deutsche Markt gilt als „overbanked" und als „overbranched"[411], was sich daraus ergibt, dass sich auf dem deutschen Bankenmarkt 2.500 selbständige Kreditinstitute tummeln. Diese Zahl ist insbesondere vor dem Hintergrund beeindruckend, wenn man die deutsche Situation mit der Situation in anderen Ländern vergleicht, die in Europa hinsichtlich der Anzahl der in dem

406 Gärtner, S. 87 f.
407 Gärtner, S. 89.
408 Gärtner, S. 91.
409 Anzahl der Banken und ihrer Zweigstellen in den einzelnen Bankengruppen.
410 Sparkassen Finanzgruppe in Zahlen 2005.
411 Gärtner, S. 34.

Land vertretenen Institute auf Deutschland folgen. Demnach ist die Zahl der in Deutschland vertretenen Institute so groß, wie die Summe aller Banken in den drei auf Deutschland folgenden Ländern Frankreich, Italien und Österreich.[412]

Allerdings lassen sich allein aus dieser Zahl keine detaillierten Rückschlüsse auf die Situation der Kreditversorgung in der Fläche ziehen. Hierzu bedarf es einer Untersuchung wie stark die einzelnen Bankengruppen in der Fläche vertreten sind. Denn es ist unbestritten, dass in den Ballungsräumen in Deutschland eine gute Versorgung mit Bankdienstleistungen besteht. Interessant ist, wie es um die Versorgung in der Peripherie bestellt ist.

Eine Untersuchung aus dem Jahr 1999 zeigt die Verteilung der Zweigstellen auf die verschiedenen Räume in Deutschland, die nach der Ministerkonferenz für Raumordnung in vier Gruppen unterteilt werden.

Siehe hierzu diese Grafik:[413]

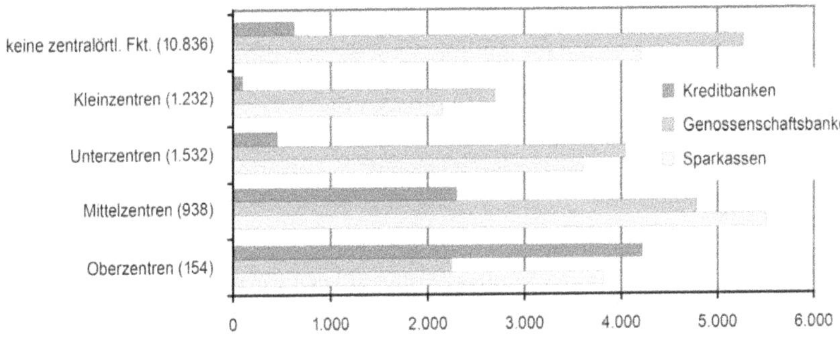

Demnach steht in solchen Räumen, denen eine zentralörtliche Funktion zukommt, grundsätzlich eine ausreichende Anzahl von Geschäftsstellen der Bankengruppen zur Verfügung. Allerdings fällt die Anzahl der Zweigstellen der Kreditbanken in den Unterzentren und in den Kleinzentren deutlich hinter die Anzahl der Zweigstellen der Genossenschaftsbanken und der Sparkassen zurück. Selbst in den 1.232 Kleinzentren der Bundesrepublik waren die Sparkassen im Jahr 1999 mit 2.140 Geschäftsstellen vertreten. In den Klein-, Unter-, Mittel-, und Oberzentren kann dadurch durchweg von einer guten Versorgung mit Geschäftsstellen ausgegangen werden.[414] Problematischer zeigt sich die Situation in Gebieten, die keine zentralörtliche Funktion inne haben, wobei sich hier die Frage stellt, inwiefern die Errichtung einer Zweigstelle überhaupt erforderlich ist. Hier und in den Kleinzentren findet eine Versorgung mit Bankdienstleistungen durch die Großbanken aufgrund ihrer

412 Kohlhausen, S. 30.
413 Gärtner, S. 94.
414 Gärtner, S. 98.

geringen Präsenz faktisch gar nicht statt.[415] Die Sparkassen unterhielten im Jahr 1999 in den 10.868 Gemeinden, denen keine zentralörtliche Funktion zukommt, dennoch 4.196 Zweigstellen. In diesen Bereichen unterhielten die Genossenschaftsbanken 5.252 Zweigstellen, also etwas mehr als die Sparkassen.[416]

In den Klein- und Unterzentren und in den Gebieten ohne zentralörtliche Funktion findet der in Deutschland typische Wettbewerb durch drei verschiedene Institutsgruppen nicht statt.[417] Obwohl die Genossenschaftsbanken in der Fläche noch stärker präsent sind als die Sparkassen, kann man davon ausgehen, dass die Aufgabe, die flächendeckende Versorgung mit Bankdienstleistungen weitgehend sicherzustellen, durch die Sparkassen erfüllt wird.[418]

Vor diesem Hintergrund ist darauf hinzuweisen, dass die Erreichung des Ziels der flächendeckenden Versorgung aus betriebswirtschaftlicher Sicht immer schwieriger wird. Deswegen wurden auch durch verschiedene Sparkassen Schließungen einzelner, insbesondere kleiner, Zweigstellen angekündigt.[419] Hier zeigt sich allerdings der wesentliche Unterschied zwischen privatrechtlich organisierten Kreditinstituten und den Sparkassen: Die Sparkassen sind im Gegensatz zu ihren Mitbewerbern ihrem Gewährträger verpflichtet, so dass die Bevölkerung sich auf politischer Ebene gegen zu starke Einschnitte in die kreditwirtschaftliche Versorgung in ihrem Gebiet zur Wehr setzen kann.

Ein Beispiel für ein solch erfolgreiches zur Wehr Setzen fand in Kassel statt. Dort fusionierten die unter Kostendruck geratenen Sparkassen der Stadt und des Landkreises. Trotz der Fusion entwickelte sich das Ergebnis der Sparkasse negativ und man dachte über die Schließung von 50 der insgesamt 135 Zweigstellen nach. Sowohl die Bevölkerung als auch die Belegschaft haben hiergegen protestiert und immerhin erreicht, dass am Ende lediglich 30 Zweigstellen geschlossen wurden. In diesem Zusammenhang hat sich bewährt, dass Standortschließungen der Zustimmung der Verwaltungsräte und – je nach Lage – auch der Zustimmung des Trägers bedürfen. Auf diese Weise wurden Standortschließungen teilweise vertraglich ausgeschlossen.[420]

Insgesamt lässt sich festhalten, dass die Sparkassen flächendeckend eine angemessene Versorgung mit kreditwirtschaftlichen Leistungen für den Mittelstand, das Handwerk und auch für den wirtschaftlich schwächeren Teil der Bevölkerung anbieten, was zu sehr positiven Effekten für die wirtschaftliche Entwicklung bestimmter Teilräume Deutschlands führt.[421]

---

415 Gärtner, S. 94.
416 Gärtner, S. 94.
417 Gärtner, S. 94.
418 Gärtner, S. 94.
419 Gärtner, S. 94.
420 Gärtner, S. 95 f.
421 Henneke, DVBl., S. 477.

7. Das Wettbewerbsargument

Teilweise sind die Sparkassen in ländlichen Gebieten das einzige nahe Kreditinstitut, teilweise stehen sie dort in Konkurrenz zu den Genossenschaftsbanken. Betrachtet man die rückläufige Entwicklung der Bankzweigstellen, so besteht nach wie vor eine Notwendigkeit dafür, dass die Sparkassen sich derart in der Fläche organisieren und auch dafür, dass der Kunde auch in ländlichen Gebieten die Möglichkeit hat, zwischen zumindest zwei Kreditinstituten zu wählen.

Darüber hinaus ist festzustellen, dass die Genossenschaftsbanken zwar über mehr Zweigstellen in solchen Gebieten ohne zentralörtliche Funktion verfügen als die Sparkassen, allerdings sind die Genossenschaftsbanken längst nicht in allen Regionen vertreten.[422] Zudem besteht die als realistisch einzuschätzende Gefahr, dass, sollten sich die Sparkassen aus der Fläche zurückziehen, dort ein verbleibendes Kreditinstitut, das nicht dem Gewährträger gegenüber verpflichtet ist, sondern entweder seinen Mitgliedern gegenüber oder den Inhabern bzw. Aktionären, eine Monopolstellung entwickeln könnte. Dies geht typischerweise mit einer schlechteren Versorgung in problematischen Gebieten einher. Insgesamt lässt sich sagen, dass die durchaus als breit angelegt zu begreifende Wirtschaftsstruktur in Deutschland teilweise auch darauf beruht, dass die Sparkassen aufgrund ihrer dezentralen Ausrichtung gerade die Peripherie stärken.[423]

Da die Realisierung des Reservearguments auf Prognosen beruht, wird in diesem Zusammenhang auf die Betrachtung der Marktsituation in Großbritannien verwiesen, die zeigt, wie sich ein Markt ohne Sparkassen entwickeln kann.

8. Weiche Faktoren

Neben den oben beschriebenen „greifbaren" Unterschieden zeichnen sich die Sparkassen nach eigenen Angaben durch ein besonders hohes Maß an „Fairness" in ihrer Geschäftspolitik und gegenüber ihren Kunden aus. Teilweise ist diese Aussage greifbar, so sind beispielsweise die Kunden der Sparkassen nur unterdurchschnittlich oft darauf angewiesen die Arbeit einer Schuldnerberatungsstelle in Anspruch zu nehmen.[424] Dennoch unterstützen die Sparkassen die Tätigkeit der Schuldnerberatungen, häufig als einzige Kreditinstitutsgruppe.[425] Außerdem ergäbe sich aufgrund der regionalen Verbundenheit der Sparkassen ein besonderes Interesse an langfristigen Kundenbindungen, was dazu führe, dass die Sparkassen eine klare und transparente Konditionenpolitik verfolgen und insbesondere auf sogenannte Lockangebote verzichten würden.[426] Auch würden sie Kapital im Wege von Beteiligungen langfristig zur Verfügung stellen und im Gegensatz zu der Tätigkeit von

---

422 Gärtner, S. 95.
423 Güde, S. 27.
424 DSGV Faktenpapier Nummer 32, S. 7.
425 DSGV Faktenpapier Nummer 32, S. 7.
426 DSGV Faktenpapier Nummer 32, S. 6.

Finanzinvestoren nicht schon bei der Investition den späteren gewinnbringenden Verkauf der Beteiligung im Auge haben.[427] Zudem würden vertragsmäßig bediente Kredite bei den Sparkassen nicht an Dritte abgetreten werden.[428]

9. Die Aufgaben der Landesbanken in der Praxis

Die Landesbanken unterstützen im Verbund die Tätigkeit der Sparkassen. Dies geschieht insbesondere in Bereichen, die die Sparkassen aufgrund ihrer Größe nicht allein betreiben können. So wickeln die Landesbanken für die Sparkassen diejenigen Geschäfte ab, die über die Grenzen der Region oder über die Grenzen Deutschlands hinaus gehen. Hierzu gehören etwa der Zahlungsverkehr und das Auslandsgeschäft.[429] Gerade das Auslandsgeschäft hat in den letzten Jahren deutlich zugenommen und auch die Sparkassen mussten Lösungen entwickeln, um insbesondere die mittelständische Kundschaft etwa bei dem Aufbau von Stützpunkten für die Produktion oder den Vertrieb oder bei der Erschließung neuer Märkte zu begleiten. Hierbei bedienen sich die Sparkassen der Hilfe der Landesbanken,[430] die nicht an das Regionalprinzip gebunden sind.

Zudem betreiben die Landesbanken für die Sparkassen das Wertpapierkommissions- und Emissionsgeschäft, was den Sparkassen hilft, weil so die Wertpapiergeschäfte der Sparkasse an einer Stelle gebündelt werden und damit Kosteneinsparungen realisiert werden können.[431]

Diese Bereiche lassen sich zusammenfassen, indem man die Landesbanken als Sparkassenzentralbanken ansieht.[432] In dieser Funktion verwalten die Landesbanken auch die Einlagen der in ihrer Region ansässigen Sparkassen und sie vergeben Liquiditätskredite an die Sparkassen.[433]

Außerdem werden teilweise große Kredite von den Landesbanken und den Sparkassen gemeinsam ausgereicht. Dies bringt für die Sparkassen den Vorteil, dass sie im Rahmen ihrer Kundenbeziehungen auch solche Darlehensanfragen erfüllen können, die sie allein, etwa aufgrund der Eigenkapitalvorschriften des KWG, nicht erfüllen könnten.[434]

Außerdem nehmen die Landesbanken, analog zu den Sparkassen, die Funktion der Hausbank ihrer Gewährträger, also der Länder, ein. In diesem Zusammenhang

---

427 DSGV Faktenpapier Nummer 32, S. 9.
428 DSGV Faktenpapier Nummer 32, S. 5.
429 Haasis, S. 5.
430 Haasis, S. 8.
431 Haasis, S. 5.
432 Haasis – 50 Jahre LRP, S. 25.
433 Becker, S. 43.
434 Becker, S. 45.

wirken sie auch bei der Durchführung von Förderprogrammen mit,[435] teilweise sogar als Bewilligungsinstanzen.[436]

Die Landesbanken vergeben als Kommunalbanken Kredite an die Gebietskörperschaften im Land, sofern deren Kreditbedarf nicht von den Sparkassen gedeckt werden kann.[437]

Allerdings haben die Landesbanken ihre Geschäftsmodelle über diese überwiegend „dienende" Funktion hinaus ausgeweitet und nehmen auch, was durch die Errichtungsgesetze regelmäßig gestattet ist, die Funktion einer Universalbank bzw. einer Geschäftsbank wahr. In diesem Zusammenhang betreiben sie Bankgeschäfte mit institutionellen Anlegern, mit Großunternehmen und, wie bereits aufgezeigt, mit Gebietskörperschaften. Außerdem wickeln sie das Emissionsgeschäft insbesondere im Bereich der Emission von Kommunalobligationen, Pfandbriefen und ähnlichen Schuldverschreibungen ab. Daneben beteiligen sich die Landesbanken in relativ großem Stil an Nichtbanken, insbesondere an Unternehmen aus Handel, Dienstleistung und Industrie.[438]

Diese Beteiligungen dienen neben der Stabilisierung von Geschäftsverbindungen und der Risikostreuung auch der kontinuierlichen Einnahmeerzielung, womit sich ein Bogen spannen lässt zu den Geschehnissen, die den Anstoß zu dieser Arbeit lieferten. Denn die Landesbanken engagierten sich in erheblicher Weise an den internationalen Finanzmärkten und führten dort Spekulationsgeschäfte durch, um Gewinne zu erwirtschaften. Hier sei noch einmal auf die Spekulationen der irischen Tochter der SachsenLB mit Sammelschuldverschreibungen im Zusammenhang mit den subprime-Krediten hingewiesen.

Gerade bei denjenigen Instituten, die von der internationalen Finanzkrise besonders betroffen waren, zeigt sich, dass der Anteil des Geschäftes mit Nichtbanken besonders gering war. So betrug er bei der SachsenLB nur etwa ein Viertel der Bilanzsumme, wohingegen die Geschäfte mit Nichtbanken bei den von der Krise weniger stark betroffenen Instituten deutlich höher lag, etwa bei der Helaba bei 46,2 %.[439] Insofern ist eine Tendenz erkennbar, wonach sich das Geschäftsmodell der Landesbanken stärker an dasjenige der Großbanken anlehnt. Diese Annäherung wird hinsichtlich der Rechtfertigung der öffentlichen Trägerschaft kritisch gesehen.[440] Im Bereich der Vergabe von Krediten an Nichtbanken, also insbesondere an Unternehmen und Privatkunden, sei zudem zu berücksichtigen, dass gerade Landesbanken, die nicht mit den Sparkassen vertikal zusammenarbeiten, derlei Kredite überwiegend an Unternehmen außerhalb ihres „Kerngebietes" vergeben.

---

435 Becker, S. 50.

436 Beispielsweise nahm die Landesbank Rheinland-Pfalz über die Landestreuhandstelle den Vertrieb der Förderprogramme des Landes wahr und fungierte als Zahlstelle; vgl. Geschäftsbericht der LRP für das Jahr 2007, S. 29.

437 Becker, S. 51.

438 Becker, S. 52 f.

439 Gutachten des Sachverständigenrates, Ziffer 214.

440 Gutachten des Sachverständigenrates, Ziffer 214.

Dies erkläre sich daraus, dass diese Landesbanken mit den Sparkassen in ihrer Region nicht in Konkurrenz treten wollten. Sofern doch Kredite innerhalb des eigenen Geschäftsgebietes in diesen Fällen vergeben würden, erfolge dies an sehr große Unternehmen. Auch diese Entwicklung wird in Bezug auf den öffentlichen Auftrag und die darin enthaltene Verpflichtung der Landesbanken, an der Entwicklung des Bundeslandes mitzuwirken, kritisch gesehen.[441]

10. Zusammenfassung

Bei einem Vergleich der theoretischen Argumentation pro Sparkassen und Landesbanken und der tatsächlichen Situation hat sich ergeben, dass die Förderung der Vermögensbildung praktisch relevant hauptsächlich dadurch in besonderem Maße durch die Sparkassen erreicht wird, dass sie breit in der Fläche vertreten sind. Hinsichtlich der Sicherungsfunktion wurde festgestellt, dass die Sparkassen zwar – trotz Wegfalls von Anstaltslast und Gewährträgerhaftung – über gute Ratings verfügen, insgesamt aber hauptsächlich dadurch der Kreditbranche Sicherheit geben, dass sie regional aufgestellt sind.

Hiermit hängt auch ein besonderes Engagement im Bereich der Sicherstellung der Kreditversorgung zusammen, denn aufgrund der regionalen Organisation verfügen die Sparkassen über besondere Kenntnisse in Bezug auf ihr Geschäftsgebiet, so dass etwa Existenzgründer in besonderem Maße von den Sparkassen unterstützt werden. Zudem haben sie aufgrund ihrer regionalen Organisation ein eigenes Interesse daran, dass „ihr" Geschäftsgebiet sich positiv entwickelt.

Hinsichtlich der Verpflichtung der Führung eines Girokontos für Jedermann hat sich gezeigt, dass die Sparkassen hier als einzige Kreditinstitute teilweise über eine gesetzliche Verpflichtung verfügen, ein solches Konto zu unterhalten. Bemerkenswert sind hier die Feststellungen des Anteils der Girokonten von Transferleistungsempfängern, die bei den Sparkassen unterhalten werden. Auch die abstrakte Verpflichtung der Sparkassen auf das Gemeinwohl konnte praktisch nachgewiesen werden, allerdings hängt auch diese eng zusammen mit der regionalen Struktur der Sparkassen. Insgesamt konnte festgestellt werden, dass die Präsenz in der Fläche und damit die Sicherstellung der flächendeckenden Versorgung das wesentliche praktisch relevante Merkmal der Sparkassen im Verhältnis zu den anderen Kreditinstituten darstellt. Hierauf beruht letztlich auch das Wettbewerbsargument und die – durchaus feststellbare – Erfüllung sog. weicher Faktoren, die eng mit der Verpflichtung auf das Gemeinwohl zusammenhängen.

Die Landesbanken üben zum einen Aufgaben aus, die denjenigen einer klassischen Geschäftsbank entsprechen. Zum anderen unterstützen die Landesbanken die Geschäftstätigkeit der Sparkassen, die ohne die Landesbanken derzeit nicht in der Lage wären, etwa Wertpapiergeschäfte oder die Vergabe von Großkrediten allein zu bewerkstelligen.

---

441 Gutachten des Sachverständigenrates, Ziffer 215.

VIII. Vergleich: Das Bankensystem in Großbritannien

1. Überblick

Um einen Eindruck zu bekommen, wie sich die Bankenlandschaft ohne ein öffentliches Bankensystem entwickeln kann, erscheint ein Einblick in die britische Bankenlandschaft sinnvoll. Dort existieren derzeit ausschließlich private Institute. Eine bedeutende Darstellung des britischen Bankenmarktes erfolgte im Jahr 2000 durch den sogenannten „Cruickshank report". Dieser Bericht wurde auf der Grundlage einer durch das Finanzministerium in Auftrag gegebenen Untersuchung erstellt unter Federführung von Don Cruickshank, dessen Name der Report trägt.[442] Demnach verfügten die führenden vier privaten Institute über eine beherrschende Marktstellung. So hatten sie bei privaten Girokonten insgesamt einen Marktanteil von 68 %[443], bei Girokonten an kleine bis mittlere Unternehmen (small to medium sized enterprises [SMEs])[444] einen Marktanteil von sogar 83 %[445], was zu verschiedenen Problemen für die Kunden der Banken führte. Die Sparkassen, die sogenannten „mutual savings banks", spielen auf dem britischen Bankenmarkt keine große Rolle.[446] Ein Pendant zu dem deutschen öffentlich-rechtlichen Bankensystem, das seine Tätigkeit nicht an der Gewinnerzielung orientiert, gibt es in England nicht. Das Gros der sog. „municipal banks", die ursprünglich den Sparkassen ähnelten, ging in der TSB-Gruppe auf, welche von der Lloyds Bank übernommen wurde, um das Institut Lloyds TSB zu gründen, ein Institut, das den „big four" zugerechnet wird.[447] Mit den Trustee Savings Banks (TSB) bestanden die wohl größten Gemeinsamkeiten der Sparkassen. Diese Institute wurden zur selben Zeit wie die Sparkassen gegründet und beschäftigten sich primär mit der privaten Vermögensbildung.[448] Sie gehörten allerdings nie dem öffentlichen Sektor an. Betrieben wurden sie ursprünglich von öffentlichen Stiftungstreuhändern. Im Jahre 1976 wurde ihre mögliche Geschäftstätigkeit ausgeweitet, im Jahr 1985 erfolgte die aufsichtsrechtliche Gleichstellung der TSBs, womit der Boden für die Umwandlung der Banken in Aktiengesellschaften bereitet war, die in der Übernahme der TSB-Gruppe durch Lloyds mündete.[449] Auch die Girobank, die von den Postfilialen entwickelt wurde, wurde von einem vormals in kommunaler Trägerschaft stehenden Institut, das zwischenzeitlich in eine plc

442 Le Fanu, S. 150.
443 Cruickshank, S. 106.
444 Cruickshank, S. 141.
445 Cruickshank, S. 149.
446 Mullineux/Terberger, S. 9; Ellinger/Lomnicka, S. 23.
447 Mullineux/Terberger, S. 14.
448 Klein, Mikko, S. 72.
449 Klein, Mikko, S. 72.

umgewandelt wurde, aufgekauft und richtet seine Tätigkeit nun am Gewinnstreben aus. Daneben wurde der Großteil der Bausparkassen privatisiert. Diese Privatisierungen hinterließen eine Lücke, die durch neue Genossenschaftsbanken, sogenannte Credit Unions, bis heute nicht geschlossen werden konnte.[450]

So nutzen die „big four" ihre starke Marktposition, um es etwa den Kunden zu erschweren, die Bankverbindung zu wechseln, indem sie ihren Kunden beim Wechsel hohe Gebühren in Rechnung stellen.[451]

2. Probleme in der Versorgung der Bevölkerung mit Bankdienstleistungen in Großbritannien

Ein besonderes Augenmerk soll im Rahmen dieser Untersuchung allerdings auf der Versorgung der Bevölkerung mit Bankdienstleistungen in der Fläche liegen.

Denn der britische Bankenmarkt gilt hinsichtlich der Profitabilität als ein Vorbild in Europa. Es fragt sich, wie weit sich eine erfolgreiche Renditeorientierung der Privatbanken mit dem Ziel einer flächendeckenden Versorgung der Bevölkerung mit Bankdienstleistungen verträgt.

Ein Mittel, dieses hohe Maß an Profitabilität zu erreichen, war die Schließung unrentabler Geschäftsstellen der Banken. Dies geschah in besonderem Maße in ländlichen Gegenden, was in den späten 90er Jahren zu einem Aufschrei in der Bevölkerung führte.[452] Auf diesen Druck hin verlangsamten die Banken ihren Rückzugsprozess. Die Problematik spitzte sich zu, als staatliche Sozialleistungen auf Bankkonten überwiesen wurden, so dass dem Grunde nach jeder Bürger ein Girokonto benötigte. Im Jahr 2000 hatte allerdings ein Anteil von 15–23 % der Bevölkerung kein eigenes Girokonto. Die Regierung forderte daraufhin die Banken auf, „basic bank accounts" entweder über Postämter oder über eigene Zweigstellen anzubieten. Allerdings erfolgte bereits zuvor im Zusammenhang mit der Schließung vieler Bankzweigstellen auch die Schließung zahlreicher Postämter unter dem Druck, eine höhere Profitabilität zu erreichen.[453]

Insgesamt gibt es in Großbritannien sowohl eine geographische Unterversorgung der Bevölkerung mit Bankdienstleistungen, als auch eine Unterversorgung einkommensschwacher Bevölkerungsschichten.[454] So vergeben die Großbanken keine Darlehen an einkommensschwache Personen in abgelegenen Landstrichen. Ebenso fällt es den Bewohnern sehr schwer, ihre Besitztümer zu versichern, wenn überhaupt geschieht dies zu deutlich erhöhten Prämien.[455] Derartig problematische Landstriche werden als „red-line areas" bezeichnet und sind für die Banken an der

450 Mullineux/Terberger, S. 15.
451 Gärtner, S. 127 f.
452 Mullineux/Terberger, S. 12.
453 Mullineux/Terberger, S. 12.
454 Gärtner, S. 128; Mullineux/Terberger, S. 12.
455 Mullineux/Terberger, S. 12.

Postleitzahl zu erkennen.[456] Aus dieser Problematik ergibt sich, dass ein Anteil von etwa 23 % der Bevölkerung keinen Zugang zu Krediten hat.[457]

Diese Personen werden als „unbanked“ bezeichnet und finden sich überdurchschnittlich häufig in ärmeren Bevölkerungsgruppen, wie Rentnern, Alleinerziehenden, Arbeitslosen und ethnischen Minderheiten.[458] Diese Bevölkerungsgruppen müssen, sofern sie doch Bankdienstleistungen in Anspruch nehmen möchten, erheblich höhere Gebühren zahlen, weil sie beispielsweise Kredite nur zu überhöhten Konditionen von sog. „loan sharks“ erhalten können.[459] Sofern sie Zahlungsverkehrsleistungen in Anspruch nehmen möchten, müssen sie auch hier hohe Gebühren für Barüberweisungen bezahlen und auch im Bereich des Sparens sind sie benachteiligt, denn sie können das Ersparte nur zu Hause horten und müssen auf eine Verzinsung verzichten.[460] Insgesamt ist zu erkennen, dass im britischen Bankenmarkt das Prinzip der Quersubventionierung weit ausgeprägt ist. So begaben sich die britischen Banken in einen Wettbewerb, wonach sie zunächst gebührenfreie Girokonten ab einem bestimmten positiven Saldo anboten, der später auf Null gesenkt wurde. Diese Konten wurden zunächst nicht verzinst, später wurden positive Salden sogar verzinst. In diesem Zusammenhang subventionierten Kunden, die wenige Zahlungen tätigten und hohe Kontostände unterhielten („old ladies“), die Gebührenfreiheit solcher Kunden, die relativ geringe Salden auf ihren Girokonten unterhielten und viele Zahlungen über die Konten abwickelten („young professionals“).[461] Zudem wurden, um dieses Geschäftsmodell zu finanzieren, hohe Strafgebühren eingeführt für Kunden, die ihre Kreditkartenrechnung verspätet beglichen oder ihren Dispositionskredit überschritten.[462] Dieses Prinzip findet sich auch bei einer Betrachtung der Kreditversorgung in problematischen Bereichen (den „red-line areas“) wieder: Hier gibt es keinen Zugang zu Krediten der großen Banken. Die Kreditversorgung erfolgt dort über „loan sharks“ und sogenannten „doorstep lenders“, die Kredite buchstäblich an der Türstufe anbieten, zu besonders hohen Zinsen. Auch gewähren die Kreditkartenunternehmen in diesen Bereichen Kredite. Sie machen es ihren Kunden vergleichsweise leicht, Außenstände, etwa durch die einfache Vergabe mehrerer Kreditkarten, anzuhäufen und berechnen diesen Kunden dann ausufernde Gebühren und Strafzinsen für den Fall einer verspäteten Rückzahlung. Diese Methode gestattet es den Unternehmen, an wohlhabendere Gruppen Kreditkarten zu besonders günstigen Konditionen anzubieten.[463]

Die Unterversorgung mit Bankdienstleistungen betrifft neben Privaten auch Existenzgründer, insbesondere aus sogenannten „ethnic minority businesses“, was

456 Mullineux/Terberger, S. 12.
457 Gärtner, S. 128.
458 Gärtner, S. 128.
459 Mullineux/Terberger, S. 13.
460 Gärtner, S. 129.
461 Mullineux/Terberger, S. 11.
462 Mullineux/Terberger, S. 12.
463 Mullineux/Terberger, S. 13.

besonders bedauernswert ist, weil diese Gruppe als ein Stabilisator lokaler Ökonomie angesehen wird.[464] Gründe für diese Unterversorgung liegen darin, dass diese Unternehmensgründungen als besonders risikoreich gelten, weil den Krediten nur unzureichende Sicherheiten gegenüber gestellt werden können. Sie gelten auch deswegen als besonders risikoreich, weil die Banken über die Märkte, auf denen sich diese Existenzgründer bewegen, keine ausreichende Kenntnis besitzen. Sie wissen deswegen nicht von erfolgreichen Existenzgründungen. Außerdem ist die Betreuung dieser Kreditengagements vor dem Hintergrund, dass die Banken ihre Geschäftsstellen dort weitgehend zurückgezogen haben, zu aufwändig.[465]

3. Versuche, den Problemen entgegenzutreten

Die britische Regierung hat die Probleme erkannt und versucht teilweise mit ordnungspolitischen Maßnahmen die Missstände abzumildern. Daneben unterstützt die Regierung sogenannte „Community Development Financial Institutions" (CDFIs). Hierbei handelt es sich um Akteure im Finanzwesen, deren Ziel es ist, bestehende Lücken in der Versorgung mit Bankdienstleistungen zu schließen.[466] Zwar fallen diese Institute seit 2002 unter die Bankenaufsicht, allerdings arbeiten sie weniger organisiert und damit auch weniger professionell als die eigentlichen Banken.[467] Vor diesem Hintergrund ist es ihnen regelmäßig nicht möglich, ein breites Spektrum an Finanzdienstleistungen anzubieten. So engagieren sich beispielsweise die „Credit Unions", als bekannteste Vertreter der CDFIs, hauptsächlich in der Vergabe von Krediten als alternative Kreditgeber zu den gewerblichen „moneylenders" in strukturschwachen Gebieten. Die Mitglieder der Credit Unions weisen regelmäßig ein gemeinsames Merkmal auf, etwa den selben Wohnort oder den selben Arbeitgeber.[468]

Die CDFIs entwickelten alternative Konzepte, um die Rückzahlung risikobehafteter Darlehen zu ermöglichen, etwa eine etappenweise Auszahlung der Darlehenssumme oder die Gründung eines gemeinsamen Haftungsverbunds unter mehreren Existenzgründern, wonach alle zu einem kleinen Teil für Ausfälle der anderen haften. Die Haftungsverbünde führen nebenbei dazu, dass ein regionales Netzwerk entsteht, in dem sich die Existenzgründer austauschen können.[469] Die CDFIs werden zwischenzeitlich durch die privaten Banken unterstützt.

Insgesamt erscheint die Gründung und Unterstützung der CDFIs sinnvoll und nützlich, um Lücken in der Versorgung mit Finanzdienstleistungen zu schließen. Allerdings bieten diese Unternehmungen längst nicht alle Bankgeschäfte an und es zeichnet sich ab, dass es bei einer stärkeren Nutzung zu Kapazitätsproblemen

---

464 Gärtner, S. 129.
465 Gärtner, S. 129.
466 Mullineux/Terberger, S. 15.
467 Gärtner, S. 131.
468 Gärtner, S. 130.
469 Gärtner, S. 131.

kommen wird, die etwa durch engere Kooperationen mit den Privatbanken gelöst werden könnten.[470]

Abschließend seien noch die im Cruickshank-Report gegebenen Empfehlungen aufgeführt, den britischen Bankenmarkt zu reformieren:[471]

- Die Transparenz der Bankaufsicht soll erhöht werden.
- Die Anreize der Kontrollorgane sollten besser verstanden werden, insbesondere sollte ihnen die notwendige Unabhängigkeit zugestanden werden.
- Eine effektive Wettbewerbsaufsicht soll gewährleistet werden.
- Regulierungsfehler sollen beseitigt werden.

4. Bewertung, Zusammenfassung

Die Betrachtung des englischen Bankenmarktes zeigt, dass ein Bankenmarkt, der einzig von Kreditinstituten bedient wird, die ihr Handeln am Gewinnstreben ausrichten, große Versorgungsprobleme nach sich ziehen kann. Letztlich erscheint eine Versorgung der Bevölkerung auch in entlegenen Gebieten mit Bankdienstleistungen nicht ausreichend profitabel zu sein. Auffällig sind insbesondere die Gegenbewegungen auf dem englischen Bankenmarkt. Zunächst wurden die mutual banks privatisiert, was erhebliche Einschnitte in der Versorgung mit Finanzdienstleistungen zur Folge hatte. Dann wurde versucht, durch die Unterstützung neuer gemeinnütziger Organisationen, den CDFIs, Versorgungslücken zu schließen. Allerdings sind die CDFIs aufgrund ihrer Organisation nicht in der Lage, ein Portfolio an Finanzdienstleistungen anzubieten, das der Breite des Angebotes einer Geschäftsbank entspricht. Sofern die Entwicklungen der CDFIs in die Richtung einer Verbreiterung des Angebotes gehen sollten, werden sich diese Institute neuen Problemen stellen müssen, insbesondere, wie sie ihre Tätigkeit auch in Zukunft kostendeckend gestalten können. Nach Ansicht des Verfassers erscheint die Tätigkeit dieser CDFIs kein hinreichendes Äquivalent zu einer flächendeckenden Versorgung durch „echte" Banken, die sämtliche Bankdienstleistungen anbieten, zu sein. Denkbar wäre eine Entwicklung der einzelnen Institute hin zu Universalkreditinstituten. Allerdings ist zu erwarten, dass diese nur dann kostendeckend arbeiten können, wenn sie staatliche Hilfe empfangen würden. Dass die Geschäftsbanken ohne Zwang die CDFIs umfassend unterstützen, ohne dass diese Unterstützung sich für sie rechnet, beispielsweise durch eine Zurverfügungstellung der Back-Office-Kapazitäten, erscheint nicht wahrscheinlich.

Insgesamt verstärkt sich durch die Betrachtung des Marktgeschehens nach Ansicht des Verfasser in Großbritannien das von den Vertretern der Sparkassen ins Feld geführte Reserveargument, wonach die Sparkassen durch ihre Existenz in der Fläche dazu beitragen, dass auch die Geschäftsbanken sich in der Fläche engagieren. Denn

470 Gärtner, S. 130.
471 Cruickshank, Executive Summary, S. X.

offenbar neigen die Geschäftsbanken dazu, sofern kein Korrektiv vorhanden ist, ihre Geschäftstätigkeit auf die lukrativeren Zentren zu beschränken. Die Betrachtung zeigt auch, dass eine Versorgung der Fläche einzig mit Genossenschaftsbanken jedenfalls in Großbritannien nicht dazu geführt hat, dass dort ein vollwertiges Angebot an Finanzdienstleistungen zur Verfügung steht.

IX. Die US-Immobilienkrise

Um auf die eingangs dargestellte Forderung aus der Süddeutschen Zeitung vor dem Hintergrund der Geschäfte der SachsenLB eingehen zu können, das öffentlich-rechtliche Bankensystem abzuschaffen, ist es geboten, die US-Immobilienkrise und deren Ursachen kurz darzustellen. Diese hat zur Schieflage des Instituts maßgeblich beigetragen.

Der Immobilienkrise lag ein neues Geschäftsmodell für die Vergabe und für die Refinanzierung von Immobilienkrediten zu Grunde.

In den USA sind in den Jahren 2000 bis 2004 die Zinsen für Hypothekendarlehen um 4 Prozentpunkte gesunken. Insbesondere im Jahr 2003 senkte die US-Notenbank den Leitzins nach dem Platzen der Internetspekulationsblase und den Anschlägen vom 11. September 2002 auf einen historischen Tiefstand von etwa 1 %.[472] Dadurch war es für potentielle Immobilienerwerber günstiger, kreditfinanzierte Häuser zu erwerben. In Verbindung mit einer Erhöhung der verfügbaren Einkommen und einer Ausweitung der Beschäftigung führte dies zu einem Anstieg der Immobilienpreise in den Jahren 2000 bis 2007 von 76 %.[473] Das niedrige Zinsniveau führte außerdem dazu, dass die Zinserträge auf dem Anleihemarkt gesunken sind und dass institutionelle Anleger auf der Suche nach vergleichsweise hochverzinslichen Anleihen waren. Gefunden wurden diese in verschiedenen Anlageformen, beispielsweise in sogenannten „Mortgage Backed Securities“ (MBS).[474] In diesen Papieren war eine Vielzahl von kleinen Darlehen verbrieft.[475]

Diese und vergleichbare Papiere entstanden letztlich daraus, dass die Banken die vergebenen Kredite, um sie nicht nach den Basel II Grundsätzen entsprechend des Risikos mit Eigenkapital unterlegen zu müssen, an eigens dafür gegründete Gesellschaften, sogenannte Special Purpose Vehicles (SPV),[476] oder an klassische Investmentbanken verkauften.[477] Die Banken erzielen durch den unmittelbaren Verkauf der Kredite einen sofortigen Gewinn. Außerdem erhalten sie von den SPVs regelmäßig für die weitere Betreuung der Darlehen Gebühren, sie erzielen also weitere Gewinne. Häufig garantieren die Banken ihren SPVs bei sich ergebenden Liquiditätsproblemen für sie einzutreten. Die SPVs geben nun, um den Ankauf der Kredite zu finanzieren, kurzfristige Wertpapiere aus, sogenannte „Commercial Papers“.[478]

---

472 Bloss/Ernst/Häcker/Eil, S. 15.

473 Jäger/Vogtländer, S. 4.

474 Jäger/Vogtländer, S. 5; Eine genaue Übersicht über die verschiedenen geschaffenen Produkte, die sich ähneln, findet sich bei Bloss/Ernst/Häcker/Heil, S. 67 ff.

475 Lutter, S. 786.

476 Bloss/Ernst/Häcker/Eil, S. 17.

477 Lutter, S. 786.

478 Bloss/Ernst/Häcker/Eil, S. 110; Lutter, S. 786.

In beträchtlichem Maße wurden sogenannte „subprime-Darlehen“ auf diese Weise verbrieft. Diese Bezeichnung stammt aus einer Unterteilung von Hypothekenkrediten auf dem US-amerikanischen Markt. Je nach Bonität der Schuldner handelt es sich im Fall der höchsten Rückzahlungswahrscheinlichkeit um ein Prime-Darlehen, wenn die Kreditaufnahme weniger als 85 % des Beleihungswertes der zu finanzierenden Immobilie ausmacht und die monatliche Belastung einen Anteil von 55 % des verfügbaren Einkommens des Kreditnehmers nicht übersteigt.[479] Wenn die Kunden beispielsweise geforderte Dokumente, wie etwa Nachweise über die Kreditvergangenheit oder Einkommensnachweise, nicht vollständig vorlegen können, handelt es sich um ein sogenanntes „Alt-A-Darlehen“. Werden die oben genannten Kriterien insgesamt nicht erfüllt, unterliegt das Darlehen der schlechtesten Klassifizierung, es handelt sich dann um ein subprime-Darlehen.

Um eine Anleihe bilden zu können, mussten mindestens 500 Hypothekenkredite verbunden werden.[480] Die Kreditgeber versicherten nun das Ausfallrisiko der Kredite über bestimmte Garantieverträge, den sogenannten „Credit Default Swaps“ (CDS).

Die Kredite wurden dann in den Sammelschuldverschreibungen gebündelt und von den Kreditinstituten an die eigens dafür installierten SPVs und an solche Anleger verkauft, die auf der Suche nach Wertpapieren mit einer hohen Verzinsung waren. Die Sammelschuldverschreibungen erschienen hier aufgrund ihrer vergleichsweise hohen Verzinsung attraktiv. Dies war möglich, weil ein Kreditnehmer bei einer Immobilienfinanzierung einen höheren Zinssatz schuldet als Unternehmen bei der Ausgabe von Unternehmensanleihen oder der Staat bei der Ausgabe von Staatsanleihen.[481]

Anleihen, die subprime-Darlehen enthielten, waren besonders begehrt. Denn die Kreditnehmer dieser Darlehen mussten für ihre negativere Bonität einen Augleich in Form eines erhöhten Zinssatzes zahlen, der den bei prime-Darlehen üblichen Zinssatz überstieg. Dennoch galten diese Wertpapiere als besonders sicher, da das Ausfallrisiko abgesichert war und für den Rückzahlungsanspruch zudem die Immobilie haftete.

Da die ausgebenden Banken nun aber kein eigenes Kapital zur Verfügung stellten, sondern sich durch den Verkauf der Darlehen sogleich refinanzierten und auch die aus dem Darlehen erwirtschafteten Zinsen an die Erwerber der Schuldverschreibungen weiterleiteten, konnten diese Banken einzig dadurch Geld verdienen, dass sie Provisionen für die Abschlüsse von Kreditverträgen erhielten, was so auch geschah.[482]

Um also möglichst keine Rückstellungen für etwaige Kreditausfälle bilden und die ausgegebenen Darlehen möglichst nicht mit Eigenkapital unterlegen zu müssen, waren die Banken bemüht, möglichst viele Hypothekendarlehen verkaufen zu

---

479 Jäger/Vogtländer, S. 6.
480 Die Welt leidet unter mehr als der Finanzkrise.
481 Lutter, S. 786.
482 Seitz, S. 1; Bloss/Ernst/Häcker/Eil, S. 45.

können, damit sie schnell eine neue Sammelschuldverschreibung bilden konnten, die dann verkauft werden konnte.[483]

Entsprechend änderte sich die Vergabepraxis für Kredite. Die Bonitätsprüfungen wurden vernachlässigt, auch Kreditnehmer, die über kein eigenes Einkommen verfügten, wurden als kreditwürdig angesehen. Zudem wurden den Kreditnehmern zahlreiche Hilfen gewährt, um ein Darlehen aufnehmen zu können. So wurden die Immobilien mit bis zu 125 % des Wertes finanziert und es wurde den Kreditnehmern etwa gestattet, nicht sofort die volle Zinslast jeden Monat zahlen zu müssen, sondern nur einen Teil davon. Um dies zu ermöglichen, wurde die Gesamtdarlehenssumme um den gestundeten Zinszahlungsanspruch erhöht.[484]

Dadurch gelangten hohe Beträge an Kapital in den Immobilienmarkt der USA, was dazu führte, dass die Immobilienpreise immer weiter stiegen, weil sich immer mehr Menschen dazu in der Lage glaubten, eine Immobilie zu finanzieren. Allerdings veränderte sich das allgemeine Zinsniveau und die Niedrigzinsphase fand ein Ende.

Nun kamen für die Kreditnehmer mehrere negative Aspekte zusammen. Zunächst verfügten die Kreditnehmer der subprime-Kredite ohnehin über eine vergleichsweise schlechte Bonität, weshalb die Rückzahlung des Darlehens schon dem Grunde nach schwierig war. Außerdem erhöhte sich ihre monatliche Belastung aufgrund der Vertragsgestaltung der Darlehensverträge, wonach nur anfänglich ein Teil des Zinses gestundet und auf den Gesamtdarlehensbetrag geschrieben wurde. Zudem mussten sie nun den erhöhten Darlehensbetrag zurückzahlen. Weiterhin stieg die monatliche Belastung aufgrund der allgemeinen Erhöhung der Zinssätze, denn für viele Darlehensnehmer liefen gerade in diesem Zeitraum die Zinsbindungen aus, was zu einer Mehrbelastung von etwa 3 Prozentpunkten p.a. führte.[485]

In diesem Zusammenhang kam es vermehrt dazu, dass die Kreditnehmer die Kredite nicht mehr vereinbarungsgemäß zurückzahlen konnten. Deswegen waren viele Kreditnehmer dazu gezwungen, ihre kreditfinanzierten Häuser zu verkaufen. Diese Verkäufe führten dazu, dass der Immobilienmarkt zusammenbrach und die Preise fielen. Auf diese Weise konnten die Kreditnehmer häufig trotz des Verkaufs der Immobilien die Kredite nicht mehr tilgen. Auch die Versicherungen, die für diesen Fall einspringen sollten, sahen sich hierzu nicht in der Lage.

Dies alles schlug sich im Wert der Sammelschuldverschreibungen nieder, die teilweise praktisch abgeschrieben werden mussten, weil die zu Grunde liegenden Darlehen nicht mehr zurückgezahlt werden konnten, sich jedenfalls dieses Risiko erheblich erhöhte. Besonders Investmentbanken, die aufgrund der hohen Gewinnerwartungen verbunden mit dem geringen erwarteten Risiko stark in derlei Papieren investierten, mussten erhebliche Abschreibungen vornehmen. In diesem Zusammenhang wurde auch die Investmentbank Lehman Brothers insolvent.

---

483 Seitz, S. 1; Die Welt leidet unter mehr als der Finanzkrise.

484 Seitz, S. 1.

485 Jäger/Vogtländer, S. 7.

Die Banken wurden aufgrund ihrer doppelten Stellung stark von der subprime-Krise erfasst. Zum einen verkauften die Banken ihre Darlehen an ihre SPVs und garantierten teilweise für die Rückzahlung der verkauften Darlehen.[486] Auf diese Weise mussten die Banken für ausfallende Darlehen einstehen. Zwar waren die Risiken bilanziell ausgegliedert, tatsächlich kamen sie aber wieder auf die Banken zurück. Zum anderen haben sich die Banken selbst darin engagiert im eigenen Interesse in den subprime-Titeln zu investieren. Durch die problematische Rückzahlung und den Zusammenbruch des US-Immobilienmarktes ist der Wert dieser Papiere teilweise immer weiter verfallen, was erneut zu Abschreibungen führte.[487]

Allerdings beschränkten sich die Auswirkungen nicht auf die USA, sondern die Sammelschuldverschreibungen wurden weltweit gehandelt, wodurch auch bei einigen deutschen Banken erhebliche Abschreibungen vorgenommen werden mussten. Letztlich kam die SachsenLB durch ein starkes Engagement ihrer irischen Tochter „Ormond Quay" in diesen Papieren in eine starke finanzielle Schieflage.[488] Die irische Tochter verfügte über ein Vermögen von 13 Mrd. € und war in einer Höhe von 3,5 Mrd. € an subprime-Papieren beteiligt.[489] Aufgrund dieses Engagements und der befürchteten Abschreibungen auf diese Wertpapiere zogen Investoren ihr Kapital ab und Ormond Quay kam in Liquiditätsnöte. Der Deutsche Sparkassenverband stellte der SachsenLB in diesem Zusammenhang eine Kreditlinie in Höhe von 17,3 Mrd. € zur Verfügung und letztlich kaufte die Landesbank Baden-Württemberg die SachsenLB. Im Rahmen der Verkaufsverhandlungen wurde das potentielle finanzielle Risiko mit einer Summe von bis zu 43 Mrd. € geschätzt. Um den Verkauf der SachsenLB an die LBBW dennoch durchführen zu können, musste das Land Sachsen umfangreiche Bürgschaften stellen.[490]

---

486 Bloss/Ernst/Häcker/Eil, S. 11.
487 Bloss/Ernst/Häcker/Eil, S. 11.
488 Lutter, S. 786.
489 Bloss/Ernst/Häcker/Eil, S. 119.
490 Bloss/Ernst/Häcker/Eil, S. 119.

X. Rechtfertigung des öffentlich-rechtlichen Bankensystems

Nachdem umfassend auf die aktuelle Situation des Systems eingegangen und die Immobilienkrise und ihre Auswirkungen beschrieben wurde, soll nun auf dieser Grundlage die Frage beantwortet werden, ob es für das öffentlich-rechtliche Bankensystem nach wie vor eine Rechtfertigung gibt.

1. Notwendigkeit einer Rechtfertigung des Systems

Zunächst ist der Frage nachzugehen, ob und warum es für ein System wie dasjenige der öffentlich-rechtlichen Kreditinstitute, das unbestritten einen großen Zuspruch in der Bevölkerung erfährt und grundsätzlich auch wirtschaftlich erfolgreich arbeitet, überhaupt einer Rechtfertigung bedarf.

a) Privatautonomie des Staates

Man könnte sich die Frage stellen, ob der Staat nicht wie ein Privater am Markt handeln darf. Schließlich ist es dem Staat auch im Rahmen der Beschaffungsverwaltung nicht verboten, privatrechtliche Verträge zu schließen und damit am Markt wie ein Privater aufzutreten. Dieser Ansatz liefe darauf hinaus, dass der Staat ebenso die Privatautonomie für sich in Anspruch nehmen könnte wie ein Privater. Diese könnte sich aus Art. 2 Abs. 1 GG auch für den Staat ergeben, wenn er Träger von Grundrechten sein könnte.

Hierbei könnte die aus der Zivilprozessordnung folgende Stellung der öffentlich-rechtlichen Körperschaften und Anstalten als Parteien im Prozess, bzw. die Rechtsfähigkeit einzelner staatlicher Institutionen, ein Indiz sein, dass dem Staat eine eigene Rechtssubjektivität zukommt. Allerdings besteht ein wesentlicher Unterschied zu einem Privaten. Denn dieser kann selbst bestimmen ob und wenn ja zu welchem Zweck er handelt. Für den Staat gilt dies nicht. Denn selbst wenn er in Privatrechtsform auftritt, gibt das Öffentliche Recht ihm den Zweck und die Möglichkeiten seines Handelns vor.[491]

Dieser Umstand ergibt sich primär aus Art. 20 Abs. 2 des Grundgesetzes. Manche gelangen zu einer Privatautonomie des Staates, indem sie sich auf Art. 19 Abs. 3 GG stützen, wonach Grundrechte u. U. auch auf inländische juristische Personen anwendbar sind. Es ergäbe sich aus der Entstehungsgeschichte dieser Vorschrift, dass hiervon auch juristische Personen des Öffentlichen Rechts umfasst sein sollen.[492] Entsprechend erklärt diese Ansicht Art. 2 Abs. 1 GG, bzw. die Gewerbefreiheit aus

491 Weber, Bernhard, S. 37.
492 Bettermann, NJW, S. 1324 unter Bezugnahme auf den Parlamentarischen Rat.

Art. 12 GG, für anwendbar und kommt auf diesem Weg zu einer Privatautonomie oder zumindest zur Gewerbefreiheit des Staates.[493]

Dieser Schluss überzeugt allerdings nicht. Richtigerweise kommt den Individuen eine Privatautonomie zu, die sie letztlich dazu befähigt, überhaupt einen Staatsvertrag zu schließen.[494] Der Verfassungsstaat wird hingegen grundsätzlich dadurch legitimiert, dass er dem Gemeinwohl dient.[495] Die Grundrechte selbst zeigen dann, inwiefern die dem Einzelnen grundsätzlich zukommende unbeschränkte Freiheit beschränkbar ist und welche Freiheiten einen besonderen Schutz genießen.[496] Durch die Grundrechte kann dem Staat aber keine Privatautonomie vermittelt werden.[497] Ausnahmsweise gelten die Grundrechte auch für bestimmte öffentlich-rechtliche Körperschaften oder Anstalten, etwa für Rundfunkanstalten die Rundfunkfreiheit oder für Universitäten die Freiheit der Lehre und der Forschung. Allerdings folgt dies ausnahmsweise daraus, dass diesen Gebilden vom Staat solche Aufgaben übertragen wurden, die gerade einem durch bestimmte Grundrechte geschützten Lebensbereich zuzuordnen sind.[498] Die gegenteilige Ansicht verkehrt diesen Grundsatz, indem sie davon ausgeht, dass grundsätzlich auch juristischen Personen des Öffentlichen Rechts Grundrechtsschutz zukäme, wenn sie der Staatsgewalt ausgesetzt sind.[499]

Hieraus kann kein Rückschluss auf die Privatautonomie des Staates gezogen werden. Die Betrachtung der Grundrechte führt zu einem gegenteiligen Ergebnis. So sollen die Grundrechte nach dem klassischen Verständnis den Einzelnen vor dem Staat schützen. Könnte der Staat aber privatautonom den Zweck seines Handeln selbst bestimmen, würde aus dieser umfassenden Kompetenz die Freiheit des Einzelnen stark leiden und die Grundrechte könnten ihrer klassischen Aufgabe nicht gerecht werden.[500]

Insofern ist festzuhalten, dass der Staat nur so weit handeln kann, wie seine Kompetenzen reichen,[501] der Staat verfügt nicht über eine Privatautonomie. Dieses Ergebnis wird auch von dem „Sasbach-Beschluss" des Bundesverfassungsgerichts bestätigt, wonach die öffentliche Hand keine Grundrechtsfähigkeit besitzt.[502] Das Hauptargument dieser Entscheidung ist, dass der Staat nicht gleichzeitig Berechtigter und Verpflichteter der Grundrechte sein kann.[503] Auch aus den sogenannten Justizgrundrechten ergibt sich nichts anderes. Sie sind zwar nach allgemeiner Ansicht auch auf juristische Personen des Öffentlichen Rechts anwendbar. Allerdings

---

493 Bettermann, S. 1 ff.; Bettermann, NJW, S. 1324 ff.
494 Weber, Bernhard, S. 37.
495 Mann, S. 820; Isensee, § 71, Rn. 2.
496 Weber, Bernhard, S. 39.
497 Weber, Bernhard, S. 39.
498 BVerfG DVBl. 1982, S. 940, 941 m. w. N.
499 Bettermann, NJW, S. 1327.
500 Weber, Bernhard, S. 41.
501 Maunz/Schmidt-Bleibtreu/Klein/Bethge-*Bethge*, § 90, Rn. 144.
502 BVerfGE 61, 82.
503 Ronellenfitsch, § 98, Rn. 41.

handelt es sich hierbei nicht um Grundrechte im eigentlichen Sinn, sondern um objektive Verfahrensgrundsätze, die der Parteifähigkeit folgen und der Waffengleichheit im Prozess geschuldet sind.[504]

b) Wirtschaftspolitische Neutralität des Grundgesetzes

Es lässt sich aber sagen, dass das Grundgesetz selbst keine Entscheidung darüber trifft, ob die wirtschaftliche Betätigung des Staates grundsätzlich zulässig oder unzulässig sein soll.[505] Eine Vorschrift, die den Wertungen des § 65 BHO oder den Nachfolgebestimmungen des § 67 DGO entspricht, findet man im Grundgesetz nicht.[506]

Hieraus den Schluss zu ziehen, dass das Grundgesetz tatsächlich keinerlei Schranken für staatliche wirtschaftliche Tätigkeiten gibt, wäre verfehlt.

Zwar gibt es im Grundgesetz keinen Abschnitt, der den Art. 151–165 der Weimarer Reichsverfassung entspricht und das „Wirtschaftsleben" regelt. Zudem führt eine Gesamtschau verschiedener Bestimmungen des Grundgesetzes (etwa Art. 87e, 87f, 110 Abs. 1, 135 Abs. 6 und 143a GG) dazu, dass es die Wirtschaftstätigkeit der öffentlichen Hand anerkennt und dieser nicht grundsätzlich entgegensteht.[507]

Aber das Grundgesetz gibt indirekte Vorgaben, die sich aus einzelnen Vorschriften ergeben, insbesondere aus den Grundrechten.

So beinhaltet Art. 12 Abs. 1 GG die Berufsfreiheit, eine Konkretisierung der allgemeinen Handlungsfreiheit. Außerdem ist die Koalitionsfreiheit in Art. 9 Abs. 1 des Grundgesetzes geschützt. Weiterhin schützt Art. 14 Abs. 1 GG das durch das wirtschaftliche Handeln Erworbene und, i.V.m. Art. 12 Abs. 1 GG, den eingerichteten und ausgeübten Gewerbebetrieb. Das Grundgesetz schützt also auch die gewerbliche Tätigkeit.

Neben dem umfassenden Schutz der Freiheiten der Grundrechtsträger ist im Grundgesetz aber auch die Gemeinwohlorientierung der gewährten Freiheiten niedergelegt. Dies lässt sich Art. 14 Abs. 1 Satz 2, 14 Abs. 2, 15, 20 Abs. 1 und 18 Abs. 1 Satz 1 des Grundgesetzes entnehmen.[508]

Insgesamt lässt sich also sagen, dass die Verfassung dem Gesetzgeber umfangreiche Entscheidungsbefugnisse für eine Wirtschaftsordnung zukommen lässt.[509] Dies ergibt sich auch daraus, dass das Grundgesetz für sich in Anspruch nimmt, dauerhaft zu gelten. Entscheidungen über eine bestimmte Wirtschaftsordnung bedürfen aber eines dynamischen Einschreitens des Gesetzgebers auf bestimmte Fragen. Hier sei etwa die sogenannte „Abwrackprämie" als Beispiel für staatliches Einschreiten zur Belebung der Wirtschaft erwähnt.

---

504 Weber, Bernhard, S. 40; Burmeister, S. 95.
505 Zurheide, S. 17; Mann, S. 819 und S. 820.
506 Ronellenfitsch, § 98, Rn. 34.
507 Mann, S. 820.
508 Langer, S. 90.
509 BVerfGE 4, 7 (17); 7, 377 (400).

Würde das Grundgesetz aber ein genaues Leitbild vorgeben, so bedürfte dieses Leitbild häufig einer Korrektur, was sich mit dem Anspruch auf dauerhafte Geltung des Grundgesetzes nicht vereinbaren ließe.[510]

Zu beachten sind allerdings die oben aufgeführten Wertentscheidungen des Grundgesetzes. Diese gehen allerdings nicht so weit, dass sich aus dem Grundgesetz eine bestimmte Wirtschaftsordnung ergibt.

Staatliches Engagement, um dessen Rechtfertigung geht es in dieser Untersuchung, hat sich aber an den Wertmaßstäben des Grundgesetzes auszurichten. Aus diesen Wertmaßstäben ergibt sich allgemein, dass staatliche Wirtschaftstätigkeit nicht schon dem Grunde nach verboten ist, umgekehrt aber auch nicht unbeschränkt ausgeweitet werden kann.[511] Eine Stütze dafür, dass trotz der grundsätzlich, insbesondere vom Bundesverfassungsgericht,[512] angenommenen Neutralität des Grundgesetzes dem Staat auf wirtschaftlichem Gebiet vom Grundgesetz sogar eine aktive Gestaltungsrolle aufgegeben wird, findet sich etwa im Sozialstaatsprinzip und in der sich aus Art. 109 Abs. 2 GG ergebenden Pflicht der globalen Wirtschaftssteuerung.[513] Nun darf der Begriff der wirtschaftspolitischen Neutralität nicht überstrapaziert werden, denn der Gesetzgeber darf nur eine solche Wirtschaftspolitik verfolgen, die den sozialstaatlichen Auftrag, die bundesstaatliche Kompetenzverteilung sowie insbesondere die grundrechtlichen Gewährleistungen und rechtsstaatlichen Verfassungsgrundsätze beachtet.[514]

c) Verfassungsrechtliches Subsidiaritätsprinzip des Grundgesetzes

Teilweise wird ein verfassungsrechtliches Subsidiaritätsprinzip angenommen, dergestalt, dass in der Bundesrepublik Deutschland die privatwirtschaftliche Betätigung Vorrang vor der öffentlichen wirtschaftlichen Betätigung haben soll.[515] Hiergegen spricht allerdings zunächst ein historisches Argument, nämlich, dass ein ausdrücklich normiertes Subsidiaritätsgebot zu Gunsten der Privatwirtschaft bei der Verfassungsschöpfung mehrfach beraten und letztendlich nicht in die Verfassung aufgenommen wurde.[516]

Weiterhin spricht ein systematisches Argument gegen ein solches Subsidiaritätsprinzip, so enthält das Grundgesetz in Art. 23 Abs. 1 S. 1 ein Subsidiaritätsprinzip,

---

510 Langer, S. 91.

511 Langer, S. 93.

512 BVerfGE 4, 7 (17 ff.); 50, 290 (336 ff.).

513 Claussen, Bernd, S. 103; Ehlers, Verwaltung in Privatrechtsform, S. 89; Stern/Burmeister, S. 115 ff.

514 Badura, Wirtschaftsverfassung und Wirtschaftsverwaltung, Rn. 16.

515 Küchenhoff, S. 435; Oppermann, S. 570 ff.

516 Schmidt-Jortzig/Schink, S. 8, unter Bezugnahme auf Theodor Maunz, der im Verfassungskonvent auf Herrenchiemsee kooperativer Delegierter Badens war; so auch: Stober, Allg. WirtschaftsverwaltungsR, § 12 Abs. 1 S. 2.

das das Verhältnis der Bundesrepublik Deutschland zur Europäischen Union regelt. Hieraus lässt sich der Schluss ziehen, dass, wenn das Grundgesetz Subsidiarität hinsichtlich eines bestimmten Verhältnisses anordnen möchte, dies ausdrücklich geschieht.[517]

Zudem spricht gegen ein solches ungeschriebenes Subsidiaritätsprinzip auf Verfassungsebene die Rechtsanwendung und -auslegung des Bundesverfassungsgerichts, das aus Gründen der Rechtssicherheit Rückgriffe auf überpositives Recht vermeidet.[518]

Insofern kann ein verfassungsrechtliches Subsidiaritätsprinzip, das einfachgesetzlich tatsächlich in den Gemeindeordnungen kodifiziert ist, nur durch einen Rückgriff auf die Grundrechte und andere Verfassungsprinzipien hergeleitet werden.[519]

d) Beschränkung des öffentlichen Wirtschaftshandelns aus Grundrechten

So ergeben sich Schranken der wirtschaftlichen Betätigung des Staates bereits aus Art. 12 Abs. 1 und Art. 14 Abs. 1 des Grundgesetzes. Die Berufsfreiheit aus Art. 12 Abs. 1 GG schützt grundsätzlich jede Tätigkeit, die zur Schaffung oder zur Erhaltung einer Lebendgrundlage dient oder beiträgt und auf Dauer angelegt ist.[520] Sie schützt neben natürlichen Personen über Art. 19 Abs. 3 GG grundsätzlich auch juristische Personen. Geschützt sind die Berufswahl und die Berufsausübung. Nun kann eine private Bank ihre Tätigkeit nicht frei ausüben, sondern sie muss das Verhalten der Sparkassen und Landesbanken, ihrer Mitbewerber, bei ihrem Handeln berücksichtigen. Andernfalls liefe sie Gefahr, Kunden zu verlieren oder weniger Kunden zu gewinnen.

Entsprechend scheint für die privatrechtlichen Banken bei der Ausübung ihrer gewerblichen Tätigkeit der Schutzbereich der Berufsfreiheit eröffnet zu sein. Diesem Ergebnis steht aber entgegen, dass die Berufsfreiheit nach der Rechtsprechung des Bundesverfassungsgerichts nicht vor Konkurrenz schützt.[521] Die Verwaltungsgerichte weiten diesen Grundsatz auch auf staatliche Konkurrenz aus.[522] Der Schutzbereich soll aber doch eröffnet sein, wenn ein staatlicher Verdrängungswettbewerb stattfindet, die Konkurrenz ausgezehrt wird oder zu befürchten ist, dass ein staatliches Monopol entsteht.[523] Es bestehen Bedenken hinsichtlich der Ausdehnung des Grundsatzes, dass die Berufsfreiheit nicht vor Konkurrenz schützt, auf die

---

517 Stober, Allg. WirtschaftsverwR., § 12 Abs. 1 S. 1 und 2.
518 Zurheide, S. 18.
519 Ronellenfitsch, § 98, Rn. 33; Zurheide, S. 32.
520 BVerfGE 7, 377 (397); 54, 301 (313).
521 BVerfGE 34, 252 (256).
522 BVerwG, 39, 329 (336); NJW 1995, S. 2938; VGH BW, DÖV 1995, S. 120 f.
523 BVerwG, NJW 1995, S. 2938; VGH BW, DÖV 1995, S. 120 f.; Hess. VGH, DÖV 1996, S. 477.

öffentliche Wirtschaftstätigkeit. Denn dieser Grundsatz resultiert daher, dass zwei private Konkurrenten das gleiche Grundrecht für sich in Anspruch nehmen können und kein privater Konkurrent unmittelbar grundrechtsgebunden ist.[524] Deswegen ist private Konkurrenz grundrechtsneutral.[525]

Nach dem oben gefundenen Ergebnis, kann sich der Staat aber nicht auf die Berufsfreiheit berufen, so dass das Grundrecht einseitig auf der Seite des Privaten kämpft.[526] Dies ergibt sich im Falle der Berufsfreiheit auch daraus, dass der Staat, anders als ein Privater, mit der wirtschaftlichen Tätigkeit nicht seinen Lebensunterhalt verdienen muss. Denn der Staat hat die Möglichkeit, Steuern zu erheben. Folglich lässt sich der Schutzbereich der Berufsfreiheit nicht auf den Staat ausdehnen.[527] Sinnvoller erscheint es zudem, diese Problematik nicht auf der Ebene der Schutzbereichseröffnung zu untersuchen, sondern auf der Ebene des Eingriffs bzw. auf der Ebene der Rechtfertigung. Denn nach dem klassischen Eingriffsverständnis soll ein solcher nur dann vorliegen, wenn der Staat in ein Grundrecht gezielt eingreift. Die Sparkassen greifen mit ihrer Tätigkeit allerdings nicht zielgerichtet in das Handeln der privaten Mitbewerber ein, so dass man nach dem klassischen Verständnis nicht von dem Vorliegen eines Eingriffs ausgehen kann.[528] Allerdings kann nach dem neueren Eingriffsverständnis auch eine faktische Beeinträchtigung durch die öffentliche Hand einen Eingriff darstellen.[529] Im Falle der Berufsfreiheit wird allgemein eine relevante faktische Beeinträchtigung erst angenommen, wenn sie mit einigem Gewicht Auswirkungen auf die Berufsfreiheit hat und mit der Berufsausübung in einem engen Zusammenhang steht, ihre Wirkung also mit der einer Berufsausübungsregelung vergleichbar ist.[530] Für den hier relevanten Fall staatlicher Konkurrenz wird zutreffend ausgeführt, dass diese auch dann einen Eingriff darstellt, sobald sie die Wettbewerbssituation erheblich oder spürbar beeinträchtigt.[531] In diesem Zusammenhang soll dem Merkmal, dass hoheitliches Handeln nur dann einen Eingriff darstellt wenn eine berufsregelnde Tendenz vorliegt, keine Bedeutung zukommen. Denn Art. 12 Abs. 1 GG schütze den Erwerb und die hierfür erforderlichen Handlungen umfassend, so dass es nicht darauf ankäme, ob das staatliche Handeln auch in den Schutzbereich eingreifen will oder nicht.[532] Die Anforderung, dass der Eingriff einiges Gewicht haben muss, wird auch als Bagatellvorbehalt beschrieben, weil Fälle, in denen von einer Beeinträchtigung durch

---

524 Suerbaum, S. 48.
525 Weber, Bernhard, S. 116.
526 Mann, Die öffentlich-rechtliche Gesellschaft, S. 94.
527 Ruthig/Storr, Rn. 690; Suerbaum, S. 48.
528 Ronellenfitsch, § 98, Rn. 35; Bettermann, S. 15 ff.
529 BVerGE 71, 181 (191 ff.); 46, 120 (137); 61, 291 (308); 81, 108 (121 f.); 82, 209 (223 f.); grundlegend hierzu Gallwas, insbesondere S. 63 ff.
530 BVerfGE 70, 191 (214); Dreier-*Joachim Wieland*, Art. 12, Rn. 85 (m. w. N.); Schink, S. 138.
531 Suerbaum, S. 50; Ruthig/Storr, Rn. 691.
532 Hösch, Öffentlicher Zweck, S. 397.

staatliches Handeln nicht die Rede sein kann, auch nicht unter den modernen Eingriffsbegriff fallen sollen.[533]

Eine solche faktische Beeinträchtigung, die über den Bagatellvorbehalt hinausgeht, könnte hier vorliegen. Denn wenn sich der Staat im Wettbewerb betätigt, hat sich der private Mitbewerber hierauf einzustellen. Er muss beispielsweise seine Konditionen anpassen oder auf andere Art und Weise um seine Kunden kämpfen. Andernfalls liefe er Gefahr, dass sich sein Kundenkreis verkleinert und damit sein Einkommen sinkt. Zudem wird der Marktzutritt erschwert.[534] Insofern kann eine staatliche wirtschaftliche Betätigung die Eingriffsschwelle überschreiten.

Ein Eingriff durch Konkurrenz wird etwa dann angenommen, wenn eine Nebenfolge des staatlichen Handelns eintritt, die zwar nicht bezweckt, aber doch in Kauf genommen und vorhersehbar war.[535] Die staatliche Tätigkeit soll jedenfalls dann die Eingriffsschwelle überschreiten, wenn Kommunen wirtschaftlich agieren und dieses Handeln ihr Aufgabenfeld überschreitet und die Tätigkeit zu spürbaren Beeinträchtigungen privater Konkurrenten führt.[536]

Denn wenn der Staat eine Monopolstellung inne hat, kann ein Privater auf diesem Gebiet nicht mehr tätig werden. Dieses objektive Tätigkeitshindernis würde die Eingriffsschwelle überschreiten und könnte, unter Berücksichtigung einer Untersuchung der Verhältnismäßigkeit, nur durch ein überragend wichtiges Gemeinschaftsgut gerechtfertigt werden. Dieses hohe Rechtfertigungserfordernis besteht selbst wenn man der neuen Prüfung der Rechtfertigung eines Eingriffs in die Berufsfreiheit des Bundesverfassungsgerichts folgt, die nicht mehr der sog. Dreistufentheorie entspricht. Dies ergibt sich daraus, dass eine staatliche Monopolstellung ein objektives Tätigkeitshindernis darstellte und damit einen besonders starken Eingriff.[537]

Ebenso bedarf eine sukzessiv entstehende Monopolstellung des Staates oder eine staatliche Vernichtungskonkurrenz, die einer Monopolstellung ähnelt, einer Rechtfertigung. Diese muss so weit reichen, als würde der Staat ein hoheitliches Berufsverbot erlassen.[538] Nicht gezielt betroffenen privaten Konkurrenten gegenüber bedarf das staatliche Engagement zur Rechtfertigung tragender vernünftiger Erwägungen des Gemeinwohls.[539]

Im Falle der Tätigkeit der Sparkassen ist nicht von einer gesteigerten Beeinträchtigung der privaten Konkurrenten auszugehen, da die Sparkassen weder eine

---

533 Stamer, S. 185.

534 Hösch, Öffentlicher Zweck, S. 399.

535 Sachs-*Mann,* Art. 12, Rn. 75.

536 Sachs-*Mann,* Art. 12, Rn. 75; Mann, Die öffentlich-rechtliche Gesellschaft, S. 93 ff.

537 Ronellenfitsch, § 98, Rn. 36; BVerwGE 39, 334 (337); offenbar a. A.: Dreier-*Joachim Wieland,* Art. 12, Rn. 80, der die Entscheidung, ob ein Verwaltungsmonopol geschaffen wird oder nicht als eine politische Entscheidung betrachtet, die keiner entsprechenden Rechtfertigung bedarf.

538 Ronellenfitsch, § 98, Rn. 36.

539 Ronellenfitsch, § 98, Rn. 36; Mann, Die öffentlich-rechtliche Gesellschaft, S. 95; BVerfGE 17, 306 (313).

Monopolstellung inne haben, noch eine solche anstreben. Auch führen die Sparkassen keinen Verdrängungswettbewerb durch. Allerdings besteht aufgrund des flächendeckenden Engagements der Sparkassen und aufgrund ihrer starken Marktpräsenz die Notwendigkeit für die privaten Banken, dass sie bei ihrer Tätigkeit das Handeln der Sparkassen berücksichtigen müssen. Insofern wird nach Ansicht des Verfassers durch die Tätigkeit der Sparkassen die Eingriffsschwelle überschritten und es ist eine Rechtfertigung durch vernünftige Erwägungen des Gemeinwohls erforderlich.

Der Grundrechtsschutz aus Art. 14 Abs. 1 GG vermittelt in diesem Zusammenhang regelmäßig keinen über den aus Art. 12 Abs. 1 GG hinausgehenden Schutz.[540] Durch Art. 12 Abs. 1 GG wird der Bestand und die Substanz des eingerichteten und ausgeübten Gewerbebetriebs geschützt. Damit umfasst Art. 14 Abs. 1 GG keinen Erwerbsschutz[541] mit Ausnahme der Möglichkeit, überhaupt Eigentum erwerben zu können. Vom Schutz des Art. 14 Abs. 1 GG ist auch der Kundenstamm umfasst.[542] Allerdings dürfte durch die Tätigkeit der Sparkassen jedenfalls die Eingriffsschwelle nicht überwunden werden, da zwar auch hier grundsätzlich faktische und mittelbare Beeinträchtigungen einen Eingriff darstellen können, allerdings nur dann, wenn die Verfügung, die Verwertung oder die Nutzung einer geschützten Eigentumsposition in einem erheblichen Umfang hierdurch behindert würde, etwa beim Erreichen einer staatlichen Monopolstellung.[543] Dies dürfte im Fall der privaten Banken nicht anzunehmen sein, weil sie trotz der Tätigkeit der Sparkassen weiterhin ihr Unternehmen betreiben können und auch mit ihrem Kundenstamm in Kontakt treten dürfen.

Selbst wenn man hier zu einem anderen Ergebnis käme, dürfte auch dieser dann anzunehmende leichte Eingriff durch vernünftige Erwägungen des Gemeinwohls gerechtfertigt sein, so dass sich auch in diesem Fall keine höheren Anforderungen an die Rechtfertigung ergeben.

Auch ein Eingriff in die Allgemeine Handlungsfreiheit aus Art. 2 Abs. 1 GG, die auch die wirtschaftliche Betätigung umfasst,[544] führt nicht zu höheren Rechtfertigungserfordernissen. Dies ergibt sich schon daraus, dass die Allgemeine Handlungsfreiheit der weiten Schranke der verfassungsmäßigen Ordnung unterliegt, so dass der Staat einen großen Gestaltungsspielraum hat.

Aus den Gleichheitssätzen ergibt sich hinsichtlich des Legitimationserfordernisses staatlicher wirtschaftlicher Betätigung nichts Neues, denn Art. 3 des Grundgesetzes vermittelt keinen generellen Anspruch auf Chancengleichheit.[545] In diesem Zusammenhang kommt es lediglich darauf an, dass der Staat nicht willkürlich

540 Ronellenfitsch, § 98, Rn. 37.
541 BVerfGE 17, 232 (248); 28, 119 (142); Jarass/Pieroth, Art. 14, Rn. 10.
542 Ronellenfitsch, § 98, Rn. 37; BGHZ 23, 157 (163); BVerwGE 62, 224.
543 Jarass/Pieroth, Art. 14, Rn. 30; BVerwGE 39, 329 (337); BVerwG NJW 1995, 2938 (2939).
544 BVerfGE 60, 329 (339).
545 BVerfGE 39, 329 (337).

handelt, die wirtschaftliche Betätigung des Staates muss also aus einem öffentlichen Zweck heraus erfolgen.[546]

e) Beschränkung öffentlicher Wirtschaftstätigkeit aus dem Rechtsstaatsprinzip

Fraglich ist, inwiefern sich aus dem Rechtsstaatsprinzip für die wirtschaftliche Tätigkeit des Staates weitere Legitimationsanforderungen ergeben.

Das Rechtsstaatsprinzip als eines der wesentlichen Strukturprinzipien unserer Verfassung[547] betont in seiner Grundaussage den Gegensatz eines Gerechtigkeitsstaats zu einem Unrechtsstaat bzw. zu einem totalen Staat, dessen Tätigkeit keine prinzipielle Grenze kennt.[548] Aufgrund dieser weiten Bedeutung enthält es eine Vielzahl von konkretisierten Prinzipien, wozu auch die materielle Bindung jeder staatlichen Tätigkeit an das Gemeinwohl zu zählen ist.[549]

Hieraus erklärt sich, dass sich das Rechtsstaatsprinzip im Grundgesetz nicht in einer einzigen konkreten Norm wiederfindet. Vielmehr deuten mehrere Normen des Grundgesetzes darauf hin, dass das Rechtsstaatsprinzip als eine Art „leitendes Prinzip“[550] oder als „fundamentaler Grundsatz“[551] der Verfassung zu Grunde liegt. Die Verfassung nimmt dieses Prinzip beispielsweise in Art. 28 Abs. 1 Satz 1 GG auf, indem sie anordnet, dass sich die verfassungsmäßige Ordnung in den Ländern an den rechtsstaatlichen Grundsätzen des Grundgesetzes orientieren muss.[552] Darüber hinaus sind die in den Art. 20 Abs. 2 und 3 GG festgeschriebenen Prinzipien der Gewaltenteilung und der Bindung der Legislative an die verfassungsmäßige Ordnung wesentliche Ausprägungen des Rechtsstaatsprinzips. Ebenso die Bindung der Exekutive und der Judikative an Gesetz und Recht.[553] Auch die in Art. 1 Abs. 3 GG kodifizierte Bindung aller staatlicher Gewalt an die Grundrechte beinhaltet ein Element des Rechtsstaatsprinzips. Konkretisierungen des Rechtsstaatsprinzips finden sich darüber hinaus in den Art. 1 Abs. 1 und 2, Art. 19 Abs. 2 und Abs. 4 GG sowie in den Art. 101 und 103 GG.[554]

Die Ansicht, dass die Bindung aller staatlichen Gewalt an das Gemeinwohl sich im Rechtsstaatsprinzip wiederfindet, lässt sich darauf zurückführen, dass in einem Verfassungsstaat das Gemeinwohl schon der Verfassung als allgemeiner

---

546 Ronellenfitsch, § 98, Rn. 38.
547 Claussen, Bernd, S. 104; Stern, S. 552.
548 Bettermann, S. 23; Püttner, S. 128.
549 Isensee, § 71, Rn. 11; Ronellenfitsch, § 98, Rn. 40, Püttner, S. 128; Hidien, Konkretisierung der öffentlichen Zweckbindung, S. 65.
550 BVerfGE 6, 55 (72).
551 BVerfGE 22, 387 (426).
552 Claussen, Bernd, S. 104.
553 Zippelius/Würtenberger, S. 106 und S. 108 ff.
554 Claussen, Bernd, S. 105.

Legitimationsgrund der Staatlichkeit vorausgeht.[555] Auf dieses Ergebnis weist auch eine Betrachtung der Grundaussage des Rechtsstaatsprinzips: Wenn man den Unterschied eines Rechtsstaats zu einem Unrechtsstaat ausmachen möchte, kann man diesen darin finden, dass das Handeln des Rechtsstaats Grenzen unterliegt. Im Gegensatz dazu unterliegt das Handeln eines totalitären Staats keinerlei Grenzen, insbesondere gibt es keine subjektiven Rechte der Bürger.[556]

Allerdings könnte es sich bei dem Rechtsstaatsprinzip auch nur um einen Orientierungssatz für jede staatliche Tätigkeit handeln und nicht um eine justiziable rechtliche Schranke der Staatstätigkeit.

Dafür, dass es sich dabei nur um einen Orientierungssatz handele, könnte man ins Feld führen, dass der Umfang der Staatsaufgaben im Grundgesetz nicht abschließend beschrieben wurde. Denn die Handlungsfähigkeit des Staats sollte auch vor dem Hintergrund sich stetig wandelnder Verhältnisse gesichert sein.[557]

Allerdings ergibt sich gerade aus dieser Überlegung, dass es jenseits des geschriebenen Rechts eine äußerste Grenze staatlicher Betätigung geben muss.[558] Bei der Betrachtung der Kernaussage des Rechtsstaatsprinzips drängt sich die Erkenntnis auf, dass es einer solchen Grenze bedarf, um einer ständigen Aufgabenerweiterung des Staats wirksam begegnen zu können.[559]

Aus dem Rechtsstaatsprinzip ergibt sich somit, dass der Staat nicht grenzenlos seine Aufgaben erweitern kann.[560]

Für staatliche Wirtschaftstätigkeit ergibt sich aus diesen Gedanken, dass sie einem öffentlichen Zweck dienen muss. Da der Kern des Rechtsstaatsprinzips alles staatliche Handeln an das Gemeinwohl bindet, muss sich jedes staatliche Handeln an dessen Förderung messen lassen.[561]

Der vermeintlich weite Spielraum der hier befürworteten Gemeinwohlgrenze lässt sich insbesondere dadurch konkretisieren, dass man deren Definition an die Definition des Wohles der Allgemeinheit aus Art. 14 Abs. 3 des Grundgesetzes anlehnt und die Grundsätze der Art. 1 und 20 GG, insbesondere das Demokratie- und das Sozialstaatsprinzip, für die Interpretation der Gemeinwohlgrenze zu Grunde legt.[562]

---

555 Zurheide, S. 36; Isensee, § 71, Rn. 2; Tettinger/Erbguth/Mann, § 9, Rn. 298.

556 Püttner, S. 128.

557 Krüger, S. 759, 760, 775.

558 Püttner, S. 129.

559 Püttner, S. 129.

560 Claussen, Bernd, S. 106.

561 Ronellenfitsch, § 98, Rn. 39; Claussen, Bernd, S. 106; a. A. Hidien, S. 136, der sogar für die erwerbswirtschaftliche Betätigung des Staates davon ausgeht, dass die Verfassung keinerlei Vorgaben gibt, schließlich aber aufgrund einfachen Rechts zu dem Ergebnis gelangt, dass ein rein erwerbswirtschaftlich motiviertes Handeln nicht gestattet ist.

562 Püttner, S. 129.

Konkret für die wirtschaftliche Betätigung des Staates bedeutet das, dass sich der Staat nicht beliebig am Wirtschaftsleben beteiligen kann, sondern dass die Tätigkeit eines staatlichen Unternehmens durch Erfordernisse des Gemeinwohls gerechtfertigt sein muss.

Allerdings ist dem Staat in diesem Zusammenhang ein weiter Entscheidungsspielraum für die Art der Gemeinwohlerfüllung durch die eigene wirtschaftliche Tätigkeit zuzubilligen. Hierbei darf aber nicht übersehen werden, dass der wirtschaftlichen Tätigkeit ein Unternehmenszweck zu Grunde liegen muss, der sich aus den Staatsaufgaben ergibt.[563]

Ob die wirtschaftliche Betätigung des Staates legitim ist, bestimmt sich anhand einer Güterabwägung,[564] wozu insbesondere die Betrachtung des Verhältnismäßigkeitsprinzips führt. In diese Abwägung sind deswegen Erwägungen der Verhältnismäßigkeit und der Subsidiarität einzustellen.[565]

f) Das Gemeinwohl als Ausfluss des Republikprinzips

Wie es sich schon bei einer ersten Betrachtung des Begriffs des Gemeinwohls ergeben hat, kommt *Anderheiden* zu dem Ergebnis, dass sich das Gemeinwohl in der Verfassung im Republikprinzip wiederfindet. Ein Niederschlag des Gemeinwohls, insbesondere seiner Ausprägung im Sinne kollektiver Güter, lehnt *Anderheiden* im Sozialstaatsprinzip ab. Dies ergäbe sich daraus, dass das Sozialstaatsprinzip zu eng sei, um die Fülle des Gemeinwohlbegriffs zu erfassen.[566]

Auch eine Verortung des Gemeinwohls im Rechtsstaatsprinzip wird abgelehnt. Würde man dem Rechtsstaatsprinzip zusprechen, dass es alle Elemente des Gemeinwohls beträfe, so enthielt das Rechtsstaatsprinzip widersprüchliche Aussagen:

Zum einen verlangt es durch das enthaltene Bestimmtheitsgebot, dass gesetzliche Normen alle wesentlichen verfassungsmäßigen Vorgaben umfassen. Zum anderen würde durch die Bindung des Prinzips an das Gemeinwohl im Sinne eines Untermaßprinzips von dem Rechtsstaatsprinzip die Verpflichtung ausgehen, das Gemeinwohl in seiner Tiefe und Weite zu berücksichtigen. Diese Weite dürfte sich aber niemals erschöpfend in einzelnen Normen niederschlagen, so dass dem Bestimmtheitsgebot nicht entsprochen werden könnte.[567]

Anderheiden findet die Verankerung des Gemeinwohls in der Verfassung im Republikprinzip, indem er ihm eine normative Bedeutung zuweist, die über die Aussage, dass die Republik keine Monarchie ist, hinausgeht.[568]

---

563 Püttner, S. 130.
564 Ronellenfitsch, § 98, Rn. 39.
565 Ronellenfitsch, § 98, Rn. 39.
566 Anderheiden, S. 221.
567 Anderheiden, S. 225.
568 Anderheiden, S. 271.

Zu diesem Ergebnis kommt er überzeugend aufgrund einer im Wesentlichen historischen und systematischen Auslegung des Republikprinzips.[569]

Wenn man dieser Auffassung folgt, so ergibt sich für die hier entscheidende Frage nach dem Verständnis des Verfassers lediglich eine Bestätigung, dass dem Gemeinwohl Verfassungsrang zukommt. Insofern hat der Staat der Realisierung des Gemeinwohls zu dienen. Hinsichtlich der Frage der Rechtfertigung staatlichen Wirtschaftshandelns führt das dazu, dass einem Handeln, das auch aus Gemeinwohlerwägungen heraus motiviert ist, bei der Prüfung der Verhältnismäßigkeit eines Grundrechtseingriffs besondere Bedeutung zukommt.

g) Einfluss des Sozialstaatsprinzips

Für das staatliche Vorhalten eines Bankensystems, das das Ziel verfolgt, alle Bürger der Bundesrepublik mit der Möglichkeit zu versehen, Bankdienstleistungen in Anspruch zu nehmen, lässt sich auch das Sozialstaatsprinzip, das sich in Art. 20 Abs. 1 GG niederschlägt, anführen.

Zwar ist anerkannt, dass das Sozialstaatsprinzip mehr darstellt als eine unverbindliche Aussage überwiegend politischer Natur, es soll sich stattdessen um einen verbindlichen Rechtssatz handeln.[570]

Dennoch ist einzuräumen, dass die genaue Konkretisierung des Sozialstaatsprinzips und damit dessen genaue Aussage für die Rechtspraxis vage ist, insbesondere vor dem Hintergrund des stetigen gesellschaftlichen und wirtschaftlichen Wandels.[571] Anerkannt scheint zu sein, dass das Sozialstaatsprinzip dem Gesetzgeber aufgibt, Chancengleichheit weitgehend zu realisieren.[572] Chancengleichheit ist hier nicht im Sinne einer rechtlichen Gleichheit zu verstehen, sondern vielmehr vor dem Hintergrund der „sozialen Frage" als faktische Chancengleichheit, die sich möglicherweise treffender in dem Begriff der Chancengerechtigkeit wiederfindet.[573]

Die Schaffung eines Bankensystems, das es allen Bevölkerungsschichten ermöglicht, eine Kontoverbindung zu unterhalten, und die Sparförderung vermögen einen Beitrag dazu zu leisten, Chancengleichheit zu erreichen. Insbesondere der Umstand, dass gerade das Sparen dazu geeignet ist, soziale Unterschiede auszugleichen und Menschen durch das Sparen auch finanzielle Schieflagen überwinden können, und auch die Wichtigkeit einer Bankverbindung in der Gegenwart unterstreichen die Richtigkeit dieses Ansatzes.

Insofern streitet verfassungsrechtlich das Sozialstaatsprinzip für das staatliche Vorhalten der Sparkassen und Landesbanken. Das Gewicht des Sozialstaatsprinzips sollte in diesem Zusammenhang allerdings nicht überschätzt werden, schließlich

569 Anderheiden, S. 234 ff.
570 Epping/Hillgruber-*Huster/Rux*, Art. 20, Rn. 196; BVerfGE 1, 97, 105.
571 Epping/Hillgruber-*Huster/Rux*, Art. 20, Rn. 197.
572 Epping/Hillgruber-*Huster/Rux*, Art. 20, Rn. 199.
573 Maunz/Dürig-*Herzog/Grzeszick*, Art. 20, Rn. 37 ff.

wird sich aus dem vage formulierten Sozialstaatsprinzip heraus sicherlich keine gesetzliche Pflicht auf das Vorhalten des Systems konstruieren lassen.

h) Beschränkung öffentlicher Wirtschaftstätigkeit durch das Verhältnismäßigkeitsprinzip

Auch eine hier für vorzugswürdig gehaltene Bejahung eines Grundrechtseingriffs durch staatliches Wirtschaftshandeln allein führt nicht weiter hinsichtlich der Beantwortung der Frage, wie eine Legitimation staatlichen Handelns geschehen kann.[574]

Denn ein Grundrechtseingriff allein macht das staatliche Handeln nicht rechtswidrig. Vielmehr kann der Staat durch sein Handeln – teilweise ist dies in den einzelnen Grundrechten durch die Nennung eines Gesetzesvorbehalts ausdrücklich normiert – auch in Grundrechte eingreifen.

Hierzu ist aber eine Legitimation erforderlich. Eine formelle Hürde stellt häufig der genannte Gesetzesvorbehalt dar. Darüber hinaus – und das dürfte hier wesentlich sein – unterliegen Grundrechtseingriffe dem Verhältnismäßigkeitsgrundsatz.[575]

Auf diese Weise ergibt sich die Anwendung des Übermaßverbotes auf die wirtschaftliche Betätigung der öffentlichen Hand.[576] Zur Anwendung des Übermaßverbotes gelangt man aber auch, wenn man seinen Ursprung nicht in den Grundrechten, sondern etwa im Rechtsstaatsprinzip oder im Willkürverbot des Art. 3 GG sieht.[577]

Hiernach muss das staatliche Handeln einem förderungswürdigen Zweck dienen und das Handeln muss geeignet sein, diesen Zweck zu erreichen. Dabei ist darauf zu achten, dass das Handeln einen möglichst geringen Eingriff mit sich bringt und man muss auf der Grundlage einer Abwägung zu dem Ergebnis kommen können, dass die Vorteile des staatlichen Eingriffs die damit verbundenen Nachteile überwiegen. Die Belastung des Bürgers darf also nicht außer Verhältnis zum beabsichtigten Erfolg des Handelns stehen.[578]

Der Grundsatz der Verhältnismäßigkeit betrifft alles staatliche Handeln. Am eingängigsten ist die Anwendung des Verhältnismäßigkeitsgrundsatzes natürlich dann, wenn ein Fall der klassischen Eingriffsverwaltung vorliegt. In diesem Fall tritt der Staat mit den allein ihm zugewiesenen Mitteln dem Individuum gegenüber und nutzt die staatliche Machtfülle, die diejenige des Individuums übersteigt.

Allerdings bedarf auch eine staatliche Leistung einer Rechtfertigung. Dies zeigt das Entstehen der Konkurrentenklage, die in dem Fall anerkannt ist, in dem ein Mitbewerber sich gegen die Gewährung staatlicher Subventionen zu Gunsten eines

---

574 Weber, Bernhard, S. 138; Kluth, S. 73.
575 Kluth, S. 73.
576 Schmidt/Vollmöller-*Vollmöller*, § 5, Rn. 28.; Ruthig/Storr, Rn. 694; Kluth, S. 73.
577 Hoffmann-Becking, S. 448.
578 Weber, Bernhard, S. 138; Hoffmann-Becking, S. 448.

anderen Mitbewerbers wendet. Hieraus ergibt sich, dass der Grundsatz der Verhältnismäßigkeit auch für die Leistungsverwaltung Anwendung findet.[579]

Zunächst bedarf es der Benennung eines relevanten Zweckes. Bei den Sparkassen findet sich dieser innerhalb der Sparkassengesetze schon in der Definition des öffentlichen Auftrages.

Die Überprüfung der Geeignetheit kann dann anhand des definierten Zweckes erfolgen. Hierbei ist zu beachten, dass es in diesem Zusammenhang hilfreich ist, wenn der Zweck möglichst genau beschrieben wird. Ansonsten ist die weitere Anwendung des Verhältnismäßigkeitsgrundsatzes in trennscharfer, nachvollziehbarer Weise schwierig.

Dem Kriterium der Erforderlichkeit kommt bei der Betrachtung des Engagements öffentlicher Unternehmen, hier dem der Sparkassen, eine besondere Bedeutung zu. Denn um die gewünschten Zwecke zu erreichen, kommen neben dem staatlichen Engagement regelmäßig auch andere Mittel in Betracht.

Neben der Erfüllung der gesetzten Zwecke durch den Staat selbst, sind etwa die folgenden Alternativen denkbar:

- die besondere Inpflichtnahme bestimmter Unternehmen mit Erlaubnisvorbehalt
- die Vergabe von Subventionen oder anderer finanzieller Hilfen an die Betroffenen[580]
- die Vergabe öffentlicher Aufträge[581]

Man könnte sich nun bei jedem staatlichen Engagement die Frage stellen, ob nicht auf andere weniger einschneidende Weise der verfolgte Zweck erreicht werden kann.

Im Bereich des öffentlich-rechtlichen Bankensystems könnte man sich überlegen, ob man nicht beispielsweise Kreditinstitute subventioniert, die sich in strukturschwachen Gebieten engagieren, anstelle ein eigenes öffentlich-rechtliches Bankensystem vorzuhalten.

Die Anwendung dieses Mittels ist aber schon deswegen eingeschränkt, weil es hierzu in allen problematischen Gebieten Kreditinstitute geben muss. Trotz der Verbreitung der Genossenschaftsbanken ist nicht davon auszugehen, dass das überall der Fall ist. Zudem würde auch eine Subvention in den Wettbewerb eingreifen und den unterstützten Instituten einen Wettbewerbsvorteil verschaffen. Dieser könnte weitere Kreditinstitute davon abhalten, sich in diesen Gebieten zu engagieren. Auch eine Subventionierung wäre also nicht grundrechtsneutral und würde möglicherweise eine Monopolbildung verstärken.

Im Übrigen würde dieses Mittel den Haushalt belasten, wohingegen das Vorhalten staatlicher Kreditinstitute durch erzielte Gewinne den Haushalt sogar entlasten kann.

---

579 Weber, Bernhard, S. 140.

580 Kluth, S. 75.

581 Weber, Bernhard, S. 143 mit weiteren Nachweisen.

Insofern ist die Subventionierung jedenfalls nicht zwangsläufig als ein gleich wirksames milderes Mittel im Vergleich zum Vorhalten eines eigenen Bankensystems anzusehen.

Weiterhin könnte man überlegen, Banken per Gesetz dazu zu verpflichten, ihr Engagement über die Ballungsräume hinaus auszuweiten. Eine Inpflichtnahme privater Unternehmen findet beispielsweise im Linienverkehr[582] nach dem PBefG statt. Dort trifft auch private Unternehmen eine Betriebspflicht nach § 21 PBefG sowie ein Kontrahierungszwang nach § 22 PBefG. Die staatliche Inpflichtnahme ist also dem Regelsystem der Bundesrepublik Deutschland nicht fremd.

Auf diese Weise erbringt der Staat selbst keine Leistungen, sondern er verpflichtet ein Unternehmen lediglich dazu, bestimmte Leistungen zu erbringen. Das Privatunternehmen bleibt aber Privatunternehmen, dessen Gewerbefreiheit wird nur partiell eingeschränkt.[583]

Bei dieser Betrachtung könnte man sich nun überlegen, dass die staatliche Inpflichtnahme eines privaten Unternehmens das gleiche Maß an Zweckerreichung schaffe und darüber hinaus als milderes Mittel anzusehen wäre.

Gegen diese Ansicht lässt sich aber Folgendes anführen:

Zunächst sind auch hier die negative Wirkung auf den Haushalt zu nennen. Durch die Inpflichtnahme eines privaten Unternehmens würden dem Haushalt keine zusätzlichen Mittel zufließen.

Auch weitere Ziele, die mit dem staatlichen Handeln verbunden sein können, etwa dasjenige der Arbeitsplatzsicherung oder das Ziel einer weitergehenden Strukturverbesserung, können mit einer staatlichen Inpflichtnahme nur teilweise realisiert werden.[584]

Zudem ist auch die staatliche Inpflichtnahme nicht als grundrechtsneutral zu werten, denn die Entscheidungsfreiheit des verpflichteten Unternehmens würde hierdurch eingeschränkt.

Insgesamt ergibt sich aus diesen Erwägungen, dass es bei der Prüfung des Erforderlichkeitskriteriums schwierig ist, ein Mittel als eindeutig milder zu bewerten. Deswegen ist dem Staat in diesem Zusammenhang ein weiter Beurteilungs- und Prognosespielraum zuzubilligen.[585]

Diese Grenze kann erst dann mit hinreichender Sicherheit als überschritten angesehen werden, wenn die Betätigung am Markt durch ein eigenes öffentliches Unternehmen als „offensichtlich fehlsam" oder als willkürlich anzusehen ist.[586]

Dies wird allerdings aufgrund der dargelegten Schwierigkeiten bei dem Vergleich der Handlungsalternativen nur sehr selten der Fall sein. Jedenfalls kann dieser Betrachtung kein Grundsatz entnommen werden, wonach eine Subventionierung oder

582 Weber, Bernhard, S. 144.
583 Weber, Bernhard, S. 145.
584 Weber, Bernhard, S. 145.
585 Weber, Bernhard, S. 145; Ruthig/Storr, Rn. 692.
586 Weber, Bernhard, S. 145; BVerfGE 13, 97, 114; 25, 1, 20; Ruthig/Storr, Rn. 692.

eine Inpflichtnahme Privater weniger einschneidend wäre als ein eigenes staatliches Handeln.

Es ist durchaus denkbar, dass ein staatliches Engagement durch die Errichtung eines staatlichen Unternehmens im Einzelfall sogar weniger stark die Freiheit der übrigen Marktteilnehmer einschränkt, als ein Vorgehen mittels gezielter Subventionen oder Inpflichtnahmen.[587]

Darüber hinaus muss das staatliche Handeln nach dem Verhältnismäßigkeitsgrundsatz verhältnismäßig im engeren Sinne sein.

Im Rahmen des Verhältnismäßigkeitsprinzips hat eine umfassende Abwägung zwischen dem Nutzen des verfolgten Zweckes zu erfolgen mit den Nachteilen, die den Betroffenen durch die Maßnahme entstehen. Je stärker die Einschränkung der privaten Mitbewerber ist, desto höher muss das Gewicht der verfolgten Gemeinwohlziele sein.[588]

Nach einer Ansicht[589] können auf diese Weise aufgrund der Vielschichtigkeit der Zwecke staatlichen Handelns, der damit verbundenen Unwägbarkeiten und des dem Gesetzgeber zuzubilligenden Prognose- und Beurteilungsspielraums, Beschränkungen staatlichen wirtschaftlichen Handelns nur in Ausnahmefällen angenommen werden.

Andere Ansichten[590] sehen die Wirkungen der Anwendung des Verhältnismäßigkeitsprinzips auf das wirtschaftliche Handeln des Staates als deutlich weiter an und meinen, dass das Verhältnismäßigkeitsprinzip ähnlich wirke wie ein verfassungsrechtliches Subsidiaritätsprinzip.

Nach Ansicht des Verfassers ist das Verhältnismäßigkeitsprinzip eine maßgebliche Schranke staatlichen Wirtschaftshandelns. Das Zubilligen eines umfassenden Prognose- und Beurteilungsspielraums ändert, entgegen der erstgenannten Ansicht, hieran nichts.

Es sind zwei Dinge zu unterscheiden: Selbstverständlich müssen die Auswirkungen staatlichen Handelns prognostiziert werden. Dies rührt schon denknotwendig daher, dass zu dem Zeitpunkt, in dem der Staat eine Entscheidung treffen muss, die Auswirkungen auf andere Marktteilnehmer nicht feststehen. Diesbezüglich bedarf es einer Einschätzung. Um dieser Problematik entgegenzutreten und dem Staat die nötige Handlungsfreiheit zu gewähren, erscheint die Zubilligung eines weiten Prognose- und Beurteilungsspielraums richtig.

Allerdings bedeutet das nicht, dass dieser Spielraum es dem Staat gestatte, jegliches Handeln zu rechtfertigen. Vielmehr muss die Prognose sich an nachvollziehbaren Erwägungen orientieren. Der eingeräumte Prognose- und Beurteilungsspielraum ist allerdings nur ein Hilfsmittel, um die Grundlagen für die Anwendung des Verhältnismäßigkeitsgrundsatzes zu schaffen.

---

587 Weber, Bernhard, S. 145.
588 Ruthig/Storr, Rn. 694.
589 Weber, Bernhard, S. 146.
590 Ossenbühl, S. 122; Hoffmann-Becking, S. 449.

Der Spielraum bezieht sich nämlich nur auf die tatsächlichen Auswirkungen staatlicher Wirtschaftstätigkeit, nicht hingegen darauf, wie diese Auswirkungen in rechtlicher Hinsicht zu bewerten sind.

Darüber hinaus hilft der staatliche Beurteilungs- und Prognosespielraum nur bei der erstmaligen Entscheidung über die Legitimität staatlichen Handelns. Wenn das staatliche Handeln aber stattfindet, so ergeben sich die nachteiligen Auswirkungen von selbst. Unabhängig davon, ob sich diese Auswirkungen dann mit demjenigen decken, was der Staat prognostiziert hat, muss das staatliche Engagement sich fortwährend einer Abwägung stellen. Dies kann nach Ansicht des Verfassers zur Folge haben, dass ein ursprünglich als zulässig angesehenes wirtschaftliches Engagement der öffentlichen Hand nachträglich am Verhältnismäßigkeitsgrundsatz scheitern kann und damit nicht mehr legitimiert wäre.

Spätestens in diesem Fall gibt es nämlich keine Unwägbarkeiten mehr und dem Prognose- und Beurteilungsspielraum kommt nur noch eine untergeordnete Rolle zu.

Eine gewisse Nähe der Überprüfung staatlicher Wirtschaftstätigkeit anhand des Übermaßverbots zum Subsidiaritätsprinzip ist allerdings anzuerkennen. Denn die Annahme eines ungeschriebenen verfassungsmäßigen Subsidiaritätsprinzips würde dazu führen, dass die staatliche Wirtschaftsbetätigung nur dann möglich wäre, wenn nicht ein Privater die Tätigkeit ebenso gut ausüben könnte. Bei der Prüfung der Erforderlichkeit der staatlichen Wirtschaftstätigkeit stellt man sich die Frage, ob es ein gleich geeignetes, weniger einschneidendes Mittel gibt. Vorher ist ein legitimer Gemeinwohlzweck zu definieren, dem die staatliche Wirtschaftstätigkeit dient. Dieser dürfte schon nicht vorliegen, wenn ein Privater die beabsichtigte Tätigkeit bereits ausübt. Im Rahmen der Erforderlichkeit ist regelmäßig zu erörtern, ob nicht auch Private den öffentlichen Zweck genauso gut erledigen können, ggf. mit einer staatlichen Unterstützung, wie oben ausgeführt. Insofern kann sich aus dem Verhältnismäßigkeitsprinzip tatsächlich der Grundsatz ergeben, dass der Staat nur dann eingreifen kann, wenn Private den Zweck nicht auch ohne staatliches Handeln erreichen könnten.[591]

i) Beschränkung öffentlicher Wirtschaftstätigkeit in formeller Hinsicht durch den Gesetzesvorbehalt

Zunächst könnte man annehmen, dass der allgemeine Gesetzesvorbehalt, der die Exekutive aus Art. 20 Abs. 3 GG an das Gesetz bindet, auch für die wirtschaftliche

591 Ähnlich, mit einer Auseinandersetzung mit verschiedenen Ansichten: Hoffmann-Becking, S. 451, der sich mit der dargestellten Ansicht Isensees dafür entscheidet, dass anhand des Subsidiaritätsprinzips als Rechtsgrundsatz die Frage zu beurteilen ist, ob der zu verfolgende Zweck rechtmäßig ist und anhand des Verhältnismäßigkeitsgrundsatzes dann das Maß der möglichen Einschränkung zu beurteilen ist. Damit seien Subsidiaritätsprinzip und der Verhältnismäßigkeitsgrundsatz Komplementärnormen.

Betätigung des Staates gilt. In formeller Hinsicht bedarf staatliches Handeln regelmäßig einer gesetzlichen Grundlage. Allerdings muss hierbei beachtet werden, dass es hier nicht um die Eingriffs- sondern vielmehr um die Leistungsverwaltung des Staates geht, für die der allgemeine Gesetzesvorbehalt nach der Rechtsprechung des Bundesverfassungsgerichts nicht gilt.[592] Die Frage der Notwendigkeit einer gesetzlichen Grundlage für staatliches Handeln auf dem Gebiet der Leistungsverwaltung ist allerdings umstritten. Diese Diskussionen führten auch dazu, dass durch das Bundesverfassungsgericht die Wesentlichkeitstheorie[593] aufgestellt wurde, wonach der Gesetzgeber grundsätzlich und insbesondere in grundrechtsnahen Bereichen wesentliche Entscheidungen nicht der Exekutive überlassen darf, sondern selbst in Form eines Gesetzes treffen muss.

Im Hinblick auf das hier zu untersuchende Thema, die Rechtfertigung des öffentlich-rechtlichen Bankensystems, stellt dieses Erfordernis allerdings keine relevante Hürde dar, da alle Sparkassen auf der Grundlage von Sparkassengesetzen errichtet werden und auch die Landesbanken auf der Grundlage eigener Gesetze errichtet worden sind. Bei den Landesbanken können die relevanten gesetzlichen Grundlagen auch Staatsverträge zwischen verschiedenen Bundesländern sein, etwa der Staatsvertrag über die Errichtung der gemeinsamen Landesbank der Länder Hessen und Thüringen.

Aus diesem Grund soll der Gesetzesvorbehalt nicht tiefer untersucht werden.

j) Pflicht des Staates zum Handeln aus dem Untermaßverbot?

Bei der Behandlung der Frage, ob und wann staatliche Wirtschaftstätigkeit erfolgen kann, kam dem Übermaßverbot entscheidende Bedeutung zu.

Neben dem Übermaßverbot soll aber auch das Untermaßverbot zur Sprache kommen, u. U. wirkt dieses nämlich im Sinne einer Rechtfertigung für staatliches Wirtschaftshandeln. Das Übermaßverbot, das staatliche Eingriffe auf ein vertretbares Maß einschränkt, genügt nämlich häufig nicht, um die Grundrechtsverwirklichung zu sichern. Auf der anderen Seite der Maßgaben an den Staat steht das sog. Untermaßverbot, das entgegengesetzt als ein Auftrag an den Staat anzusehen ist, eine Betätigung der Grundrechte durch die Grundrechtsträger zu ermöglichen.[594] Hierdurch entsteht eine aktive Einstands- und Leistungsverpflichtung des Staates dahingehend, die Verwirklichung der Grundrechte zu ermöglichen.[595]

Die Rechtfertigung dieses Prinzips ergibt sich daraus, dass die grundrechtlichen Sicherungen dann nicht wirksam sind, wenn der Grundrechtsträger schon keine

592 BVerfGE 8, 155 (167); 12, 205 (246 ff.).

593 BVerfGE 33, S. 1 ff.; S. 125 (158 f., 163); S. 303 (338); BVerfGE 40, S. 237 (248 ff.); 41, S. 251 ff.; 58, S. 257 ff.

594 Langer, S. 72 m. w. N.

595 Langer, S. 72; Dietlein, S. 57; Stern, S. 697 ff.

Gelegenheit dazu hat, sich der Grundrechte zu betätigen.[596] Um diese Gelegenheit zu schaffen, soll das Sozialstaatsprinzip nicht ausreichen.[597]

Würde man einen solchen staatlichen Auftrag nicht anerkennen, wäre der Grundrechtsschutz nicht vollumfänglich gewährleistet. Es würde dann bereits aus der Verfassung eine Art „Lücke" im Grundrechtsschutz in Kauf genommen werden.

Dies erklärt sich daraus, dass, wenn man die Grundrechte ausschließlich als Abwehrrechte und damit als einen dem Einzelnen zukommenden Freiraum sieht, die Gefahr besteht, dass der Einzelne seinen Freiraum u. U. nicht ausüben kann; der grundrechtlich geschützte Freiraum wäre mithin wertlos. Also muss durch den Staat die Möglichkeit der Betätigung des grundrechtlich geschützten Freiraums ermöglicht werden und diese Möglichkeit der Betätigung bedarf darüber hinaus einer gewissen Sicherung.[598]

Dieser Auftrag lässt sich auf das Schutzprinzip des Art. 1 Abs. 3 GG zurückführen.[599]

Dass die Fähigkeit des Einzelnen, sich seiner Grundrechtspositionen zu bedienen, nicht einzig von seiner persönlichen Durchsetzungskraft abhängen kann, ergibt sich zudem aus der sozialen Verantwortung des Staatswesens aus Art. 20 Abs. 1 GG und aus dem Gleichheitsgedanken aus Art. 3 Abs. 1 GG. Zudem kann man diesen Ansatz durch die sich nach *Anderheiden* im Republikprinzip findende,[600] und damit mit Verfassungsrang ausgestattete, Verpflichtung auf das Gemeinwohl bestätigen.

Dass das Untermaßverbot für die vorliegende Untersuchung zu beachten ist, zeigt sich schon daran, dass dessen soziale Komponente auch zur Begründung des Arbeitsvermittlungsmonopols der Bundesanstalt für Arbeit herangezogen worden ist.[601]

In diesem Zusammenhang wird vertreten, dass den Grundrechten als objektive Wertmaßstäbe für den Einzelnen gegenüber dem Staat eine Art Anspruchscharakter zukommt.[602] Dies führt etwa zur Annahme einer mittelbaren Drittwirkung der Grundrechte, die sich aus dem traditionellen Grundrechtsverständnis allein nicht rechtfertigen ließe.

Doch auch die Annahme der mittelbaren Drittwirkung von Grundrechten führt nicht immer zu einem wirksamen Grundrechtsschutz.[603]

Für die hier relevante Frage der Rechtfertigung des öffentlich-rechtlichen Bankensystems lassen sich Parallelen zu anderen Betätigungen der öffentlichen Hand aufzeigen. So ähnelt insbesondere die Frage der Zulässigkeit von staatlichem

596 Langer, S. 73; Gallwas, Rn. 167, 358, 361 ff.
597 Scheuner, S. 506.
598 Langer, S. 73.
599 Scholz, S. 78 ff.
600 Anderheiden, S. 271.
601 Pitschas, S. 417.
602 Langer, S. 75.
603 Langer, S. 75.

Engagement bei den Rundfunkanstalten oder den Universitäten der hier zu untersuchenden Frage.

In beiden Fällen dient das staatliche Engagement wesentlich der Verwirklichung einzelner Grundrechte, im Falle der öffentlich-rechtlichen Rundfunkanstalten ist dies die Informationsfreiheit aus Art. 5 Abs. 1 GG, im Falle der Universitäten ist dies die Wahrnehmung der Wissenschafts- und Lehrfreiheit aus Art. 5 Abs. 3 GG.[604]

Gäbe es diese Institutionen nicht, wäre die Grundrechtsausübung des Einzelnen stark eingeschränkt. In beiden Fällen führt das Untermaßverbot dazu, dass den Staat eine gewisse Verpflichtung trifft, die Betätigung der Grundrechtsträger in beiden Situationen zu gewährleisten.

In beiden Fällen betätigt sich der Staat im Rahmen der Verbesserung der Infrastruktur und der Daseinsvorsorge. Auch hier zeigt sich eine Parallele zu dem Vorhalten des öffentlich-rechtlichen Bankensystems. Dieses dient auch der Verbesserung der Infrastruktur.

Allerdings zeigt sich auch ein Unterschied, so gibt es kein Grundrecht, dem das Vorhalten einer Bank unmittelbar dient. Ein Grundrecht auf die Möglichkeit, Geld vor Ort ansparen zu können, gibt es genauso wenig, wie ein Grundrecht auf ein Girokonto für Jedermann. Allerdings sind diese Fragen von besonderer Wichtigkeit für den Einzelnen und, wenn man das Sparen als die Möglichkeit ansieht, auch in wirtschaftlich schwierigen Situationen ohne staatliche Hilfe auszukommen, sind diese Fragen letztlich auch von besonderer Wichtigkeit für den Staat insgesamt.

Da aber insbesondere ein Girokonto faktisch notwendig ist, um einen Beruf wahrnehmen zu können und darüber hinaus eine Teilnahme am bargeldlosen Zahlungsverkehr ohne ein Girokonto kaum möglich erscheint, scheinen die Grundrechte der Berufsfreiheit und der allgemeinen Handlungsfreiheit jedenfalls berührt zu werden.

Auch wenn man hier wohl nicht zu einem direkten Anspruch aus Grundrechten auf die Führung eines Girokontos kommen wird, bedürfen auch diese Gedanken einer Berücksichtigung bei der Beantwortung der Frage nach der Rechtfertigung des Systems.

k) Beschränkung öffentlicher Wirtschaftstätigkeit aus Unionsrecht

Neben nationalen Vorgaben, insbesondere aus dem Grundgesetz über die Möglichkeit staatlichen wirtschaftlichen Engagements, ist darüber hinaus auch das Unionsrecht daraufhin zu untersuchen, ob und ggf. wie es eine öffentliche Wirtschaftstätigkeit beschränkt.

---

604 Langer, S. 79.

aa) Relevante Vorgaben des EU-Arbeitsweisevertrages

Betrachtet man die Wurzeln der europäischen Integration, die bis hin zur Europäischen Union reichen, so ist die europäische Idee primär von wirtschaftlichen Erwägungen geprägt. Dies zeigt sich darin, dass die Europäische Gemeinschaft, die Gemeinschaft für Kohle und Stahl und die Europäische Atomgemeinschaft, bei denen wirtschaftliche Zwecke im Vordergrund stehen, Teile der Europäischen Union waren.[605] Bis zum Inkrafttreten der durch den Vertrag von Lissabon eingeführten Änderungen bestanden die Europäischen Gemeinschaften und die Europäische Union parallel, die Europäische Union handelte allerdings mangels eigener Rechtspersönlichkeit durch die Europäischen Gemeinschaften. Durch den Vertrag von Lissabon wurde die Europäische Union zur Rechtsnachfolgerin der Europäischen Gemeinschaften. Sie verfügt nun über eine eigene Rechtspersönlichkeit.[606]

Entsprechend gibt der EU-Arbeitsweisevertrag (AEUV), anders als das Grundgesetz, dem Grunde nach ein bestimmtes Wirtschaftssystem vor, nach den Art. 119 Abs. 1 und Art. 120 des AEUV ist dies eine offene Marktwirtschaft mit freiem Wettbewerb.[607] Art. 119 Abs. 1 AEUV ist die Nachfolgeregelung von Art. 4 ex-EGV, lediglich mit mandatsbedingten redaktionellen Änderungen. Gleiches gilt für Art. 120 AEUV als Nachfolgebestimmung von Art. 98 ex-EGV.[608] Bei einer unbefangenen Lesart könnte man aufgrund dieser Aussage zu dem Ergebnis kommen, dass ein staatliches wirtschaftliches Engagement von dem EU-Arbeitsweisevertrag nicht gewünscht sei. Hierfür sprechen auch die durch den AEUV gewährten Grundfreiheiten. So garantiert er den freien Warenverkehr, den freien Personenverkehr, den freien Dienstleistungsverkehr, den freien Kapitalverkehr und den freien Zahlungsverkehr.

Außerdem ist in den Art. 107 bis 109 des AEUV das europäische Beihilferecht normiert. Nach Art. 107 Abs. 1 AEUV sind staatliche Beihilfen grundsätzlich verboten. Die grundsätzliche Freiheit des grenzüberschreitenden Marktes ist zu wahren.

Den Vorgaben des AEUV haben sich auch die öffentlichen Unternehmen zu stellen, so ordnet Art. 106 Abs. 1 AEUV an, dass die Mitgliedsstaaten hinsichtlich ihrer öffentlichen Unternehmen keine Maßnahmen treffen oder beibehalten werden, die den Verträgen und insbesondere den Artikeln 18 und 101 bis 109 widersprechen. Die Vorschrift ist die Nachfolgevorschrift des Art. 86 ex-EGV, die im hier relevanten Bereich lediglich redaktionell geändert wurde.[609] Damit werden private und öffentliche Unternehmen grundsätzlich gleichgestellt.[610]

---

605 Eckert, S. 221.

606 EuGH, Pressemitteilung v. 30.11.2009, S. 3.

607 Eckert, S. 221 (zu Art. 4 Abs. 1 und 98 EGV); Geiger/Khan/Kotzur, Art. 119 AEUV, Rn. 7.

608 Fischer, Der Vertrag von Lissabon, Kommentierung zu Art. 119 und zu Art. 120 AEUV.

609 Fischer, Der Vertrag von Lissabon, Kommentierung zu Art. 106 AEUV.

610 Hasselmann, S. 156 (zu Art. 86 EGV); Geiger/Khan/Kotzur, Art. 106 AEUV, Rn. 12.

Von dem grundsätzlichen Einbezug öffentlicher Unternehmen unter die Vorschriften des AEUV über den gemeinsamen Markt, sieht der AEUV allerdings auch gewisse Erleichterungen für diese Unternehmen vor.

So erfahren in Art. 345 AEUV – die Nachfolgevorschrift des ex-Art. 295 EGV, lediglich mit redaktionellen Änderungen versehen[611] – die Eigentumsordnungen der Mitgliedsstaaten einen Schutz. Diese Einschränkung des EU-Arbeitsweisevertrages führt dazu, dass auch Eigentum des Staates an Unternehmen zulässig bleibt, dass der AEUV also die öffentliche Trägerschaft eines Unternehmens gestattet. Dies gilt nun insbesondere für die hier im Fokus stehenden öffentlichen Unternehmen.[612]

Aufgrund dieser Aussage wird der EU-Arbeitsweisevertrag so verstanden, dass er das Eigentum sowohl in privater als auch in öffentlicher Hand gestattet. Hieraus spricht man ihm einen neutralen Charakter gegenüber der Eigentumsordnung zu und erkennt hierin auch einen Schutz der öffentlichen Unternehmen.[613]

Doch Art. 345 AEUV ist nicht die einzige Vorschrift des Vertrages, aus der sich ein Schutz öffentlicher Unternehmen entnehmen lässt. Daneben enthält der EU-Arbeitsweisevertrag in Art. 14 und in Art. 106 Abs. 2 Vorschriften, die ein Bekenntnis zu Diensten im allgemeinen wirtschaftlichen Interesse enthalten. Art. 14 AEUV ist die Nachfolgeregelung zu Art. 16 ex-EGV, die im Wesentlichen redaktionelle Änderungen erfahren hat. Im letzten Teil des Satzes 1 wird der Begriff „Bedingungen" näher erläutert, demnach wurde klargestellt, dass es sich im Wesentlichen um solche wirtschaftlicher und finanzieller Art handelt.[614] Außerdem wurde klargestellt, dass die Zuständigkeit der Mitgliedsstaaten, nichtwirtschaftliche Dienste von allgemeinem Interesse zur Verfügung zu stellen, in Auftrag zu geben oder zu organisieren, durch die Bestimmungen der Verträge nicht berührt wird.[615] Art. 106 AEUV ist die Nachfolgeregelung zu Art. 86 EGV und wurde lediglich redaktionell geändert.[616] Unter den Diensten im allgemeinen wirtschaftlichen Interesse sind in Deutschland typischerweise Angelegenheiten im Rahmen der Daseinsvorsorge zu verstehen.[617]

Dass den Regelungen des Gemeinschaftsrechts für die Tätigkeit öffentlicher Unternehmen allgemein und für die Tätigkeit öffentlich-rechtlicher Kreditinstitute im Besonderen eine große Bedeutung zukommt, zeigt sich gerade in der zurückliegenden Diskussion über den Wegfall von Anstaltslast und Gewährträgerhaftung.

---

611 Fischer, Der Vertrag von Lissabon, Kommentierung zu Art. 345 AEUV.

612 Eckert, S. 223; Badura, Wirtschaftsverfassung und Wirtschaftsverwaltung, Rn. 85 (beide zu Art. 295 EGV).

613 Eckert, S. 223; Badura, Wirtschaftsverfassung und Wirtschaftsverwaltung, Rn. 85 (beide zu Art. 295 EGV).

614 Fischer, Der Vertrag von Lissabon, Kommentierung zu Art. 14 AEUV.

615 Fischer, Der Vertrag von Lissabon, Kommentierung zu Art. 14 AEUV.

616 Fischer, Der Vertrag von Lissabon, Kommentierung zu Art. 106 AEUV.

617 Eckert, S. 223; Stober, Allg. WirtschaftsverwaltungsR, S. 44; Badura, Wirtschaftsverfassung und Wirtschaftsverwaltung, Rn. 86 (alle zu Art. 16 und 86 Abs. 2 EGV); Geiger/Khan/Kotzur, Art. 106 AEUV, Rn. 9.

Der Streit entzündete sich auf der Grundlage der Beihilfevorschriften des EG-Vertrages.[618]

Der Streit wurde durch einen Kompromiss gelöst, der im Wesentlichen den zeitlich gestaffelten Wegfall der Gewährträgerhaftung und die Veränderung der Anstaltslast vorsieht.

bb) Die unionsrechtliche Definition des Unternehmens im Wettbewerbsrecht

Damit die Sparkassen und Landesbanken überhaupt unter die Vorschrift des Art. 106 AEUV fallen, ist zunächst zu untersuchen, wann ein öffentliches Unternehmen im Sinne dieser Vorschrift vorliegt.

Ein Unternehmen im Sinne dieser Vorschrift liegt dann vor, wenn eine wirtschaftliche Einheit besteht, die eine wirtschaftliche Tätigkeit ausübt, unabhängig davon, wie sie rechtlich organisiert ist, finanziert wird und ob sie mit Gewinnerzielungsabsicht handelt.[619] „Wirtschaftliche Tätigkeit" ist weit zu verstehen und umfasst *„jede Tätigkeit, die darin besteht, Güter oder Dienstleistungen auf einem bestimmten Markt anzubieten"*[620]. Jedenfalls wenn Dienstleistungen gegen Entgelt angeboten werden, liegt demnach ein Unternehmen im Sinne des AEUV vor.[621] Eine Ausnahme hierzu sind staatliche Tätigkeiten, die nach ihrer Art, nach ihrem Gegenstand und nach den für sie geltenden Regeln üblicherweise als Ausübung hoheitlicher Befugnisse anzusehen sind. Auf solche Tätigkeiten sind die Wettbewerbsregeln des AEUV nicht anwendbar.[622] Eine weitere Ausnahme wird für solche öffentlich-rechtlichen Unternehmen gemacht, die sich auf dem Gebiet der sozialen Sicherheit bewegen. Hierunter fallen beispielsweise gesetzliche Krankenkassen- oder

618 Schmidt/Vollmöller-*Kahl/Diederichsen*, § 7, Rn. 8.

619 Badura, Wirtschaftsverfassung und Wirtschaftsverwaltung, Rn. 249; Schwarze-*Voet van Vormizeele*, Art. 86 EGV, Rn. 15; Callies/Ruffert-*Christian Jung*, Art. 86 EGV, Rn. 11; Streinz-*Koenig/Kühling*, Art. 86 EGV, Rn. 6 (jeweils zu Art. 86 EGV); ständige Rechtsprechung des EuGH: EuGH, Rs. C-41/90, Höfner und Elsner, Slg. 1991, I-1979, Rn. 21 (zu Art. 90 und 86 EWG-Vertrag); EuGH verb. Rs. C-159 und C-160/91, Poucet et Pistre, Slg. 1993, I-637, Rn. 17 (zu Art. 85 und 86 EWG-Vertrag); Geiger/Khan/Kotzur, Art. 106 AEUV, Rn. 1, 12.

620 Streinz-*Koenig/Kühling*, Art. 86 EGV, Rn. 7; EuGH Rs. C-309/99, *Wouters*, Slg. 2002, I – 1577, Rn. 47.

621 Streinz-*Koenig/Kühling*, Art. 86 EGV, Rn. 7 (zu Art. 86 EGV); EuGH Rs. C-309/99, *Wouters*, Slg. 2002, I – 1577, Rn. 47 (zu Art. 85 und 86 EGV).

622 Badura, Wirtschaftsverfassung und Wirtschaftsverwaltung, Rn. 249 (zu Art. 86 EGV); EuGH Urteil vom 23.04. 1991 – Rs. C-41/90 (zu Art. 90 und 86 EWG-Vertrag); Urteil vom 19.01.1994 – Rs. C-364/92 (zu Art. 86 und 90 EWG Vertrag); Urteil vom 18.03.1997 – Rs. C-343/95 (zu Art. 86 EGV), Streinz-*Koenig/Kühling*, Art. 86 EGV, Rn. 8 mit weiteren Nachw. (zu Art. 86 EGV); Geiger/Khan/Kotzur, Art. 106 AEUV, Rn. 4.

Rentenversicherungssysteme.[623] Diese fallen nicht unter den Unternehmensbegriff des Unionsrechts, weil sie ausschließlich soziale Zwecke verfolgen und deswegen keine wirtschaftliche Tätigkeit ausüben.[624] Die Leistungen dieser Institute erfolgt auf der Basis der Solidarität und sie werden aufgrund gesetzlicher Anordnung erbracht, unabhängig davon, wie hoch die Beitragszahlung des Mitgliedes ist, an das geleistet wird.

Öffentlich im Sinne dieser Vorschrift ist ein Unternehmen dann, wenn der Staat mittelbar oder unmittelbar auf deren Führung und Entscheidung Einfluss nehmen kann.[625]

Die Sparkassen und Landesbanken lassen sich unzweifelhaft unter die Definition des öffentlichen Unternehmens im Sinne des AEUV fassen:

Sie erbringen kreditwirtschaftliche Dienstleistungen gegen Entgelt und der Staat, also die hinter der Sparkasse stehende Gebietskörperschaft, übt über den Verwaltungsrat bestimmenden Einfluss aus.

Die Ausnahme für öffentliche Unternehmen, die hoheitliche Tätigkeiten ausüben, greift hinsichtlich der Sparkassen und Landesbanken nicht. Zwar gelten für sie teilweise besondere Regeln, nämlich die Sparkassengesetze oder die Gesetze, die die Landesbanken betreffen. Allerdings üben die Landesbanken und die Sparkassen keine hoheitlichen Befugnisse aus. Tatsächlich verhalten sie sich am Markt weitgehend wie privatwirtschaftlich organisierte Kreditinstitute, indem sie weit überwiegend privatrechtliche Verträge über ihre Dienstleistungserbringung schließen. Diese unterscheiden sich, wenn überhaupt, nur unwesentlich von den Verträgen, die privatwirtschaftlich organisierte Kreditinstitute schließen.

Nach Art. 106 Abs. 2 AEUV sind solche öffentlichen Unternehmen teilweise von der Anwendbarkeit der Wettbewerbsregeln der Verträge ausgenommen, die Dienstleistungen erbringen, die im allgemeinen wirtschaftlichen Interesse liegen oder den Charakter eines Finanzmonopols aufweisen.[626] In diesen Fällen sind Wettbewerbsbeschränkungen so weit zulässig, wie die ausgeführte Aufgabe nur auf diese

---

623 Badura, Wirtschaftsverfassung und Wirtschaftsverwaltung, Rn. 249 (zu Art. 86 EGV); Geiger/Khan/Kotzur, Art. 106 AEUV, Rn. 4; EuGH 1993, I-637 – Verb. Rs. C-159/91 und C-160/91) – Poucet (zu Art. 90 EWG-Vertrag).

624 Badura, Wirtschaftsverfassung und Wirtschaftsverwaltung, Rn. 249 (zu Art. 86 EGV); EuGH Urteil vom 17.02.1993 – Verb. Rs. C-159/91 und C-160/91 – Poucet (zu Art. 90 EWG-Vertrag); Urteil vom 22.01.2002 – Rs. C-218/00 (zu Art. 85, 86 und 90 EGV); Urteil vom 16.03.2004 – Rs. C-264/01 (zu Art. 81, 82 und 86 EGV); Geiger/Khan/Kotzur, Art. 106 AEUV, Rn. 4.

625 Schwarze-*Voet van Vormizeele*, Art. 86 EGV, Rn. 15; Callies/Ruffert-*Christian Jung*, Art. 86 EGV, Rn. 13; Streinz-*Koenig/Kühling*, Art. 86 EGV, Rn. 15 (zu Art. 86 EGV); Geiger/Khan/Kotzur, Art. 106 AEUV, Rn. 4.

626 Badura, Wirtschaftsverfassung und Wirtschaftsverwaltung, Rn. 250 (zu Art. 86 EGV); EuGH Urteil vom 19.05.1993 – Rs. C-320/91 (zu Art. 85, 86 und 90 EWG-Vertrag); Urteil vom 23.10.1997 – Rs. C-159/94 (zu Art. 90 Abs. 2 EGV); Geiger/Khan/Kotzur, Art. 106 AEUV, Rn. 19.

Art und Weise wirtschaftlich adäquat ausgeübt werden kann und die Entwicklung des Handelsverkehrs nicht derart beeinträchtigt wird, dass die Interessen der Gemeinschaft negativ betroffen sind.

Der Begriff der Dienstleistungen ist in diesem Zusammenhang weit zu verstehen. Er umfasst auch Warendienstleistungen und letztlich jede marktbezogene Tätigkeit eines Unternehmens.[627]

Diese Dienstleistungen sollen dann von allgemeinem wirtschaftlichem Interesse sein, wenn eine marktbezogene Tätigkeit im Allgemeininteresse erbracht wird und die Tätigkeit dadurch von den Mitgliedsstaaten mit Gemeinwohlverpflichtungen besonderer Art verbunden wäre.[628] Aus dem Erfordernis des allgemeinen Interesses ergibt sich, dass solche Unternehmen, die im Privatinteresse agieren, nicht unter diese Definition fallen. Nötig ist allerdings kein Gemeinschaftsinteresse, sondern es genügt auch eine Dienstleistung im Interesse einer Gemeinde eines Mitgliedsstaates oder eines Bevölkerungsteils.[629] Insbesondere soll die Sicherstellung einer flächendeckenden Versorgung ein relevantes Gemeinwohlziel sein.[630]

Man könnte sich nun überlegen, ob insbesondere die Sparkassen unter diese Ausnahme fallen. Immerhin könnte man sagen, dass die kreditwirtschaftliche Versorgung in der Fläche im allgemeinen wirtschaftlichen Interesse liegt. Dieser Ansicht wurde auch in der Erklärung Nummer 37 der Schlussakte der Konferenz in Amsterdam „zu den öffentlich-rechtlichen Kreditinstituten in Deutschland" hinsichtlich der Funktion der flächendeckenden Versorgung der öffentlich-rechtlichen Banken vertreten.

Demnach sind die Sparkassen und Landesbanken teilweise von der Anwendung der Wettbewerbsregeln des AEUV ausgenommen, sofern deren Anwendung die Erfüllung der den Sparkassen oder Landesbanken übertragenen besonderen Aufgaben tatsächlich oder rechtlich verhindert. Da der Regelungsinhalt diesbezüglich durch die Neufassung der Verträge sich nicht verändert hat, dürfte diese Aussage auch für die Regelungen des AEUV gelten.[631] Die Wettbewerbsregeln werden in Gänze nur als ultima ratio durch Art. 106 Abs. 2 AEUV zurückgedrängt,[632] wenn nämlich ein Konflikt zwischen der Aufgabenerfüllung und den Wettbewerbsregeln besteht,

627 Streinz-*Koenig/Kühling*, Art. 86 EGV, Rn. 44 (zu Art. 86 EGV) mit Verweis auf die Anwendung dieser Definition durch die Kommission insbesondere in der Daseinsvorsorgemitteilung vom 20.09.2000, Abl. 2001 C 17/4, Anhang II; Geiger/Khan/Kotzur, Art. 106 AEUV, Rn. 13.

628 Streinz-*Koenig/Kühling*, Art. 86 EGV, Rn. 45 (zu Art. 86 EGV) mit Verweis auf die Anwendung dieser Definition durch die Kommission in ABl. 1996 C 281/3, *Leistungen der Daseinsvorsorge in Europa* und in der Daseinsvorsorgemitteilung vom 20.09.2000; Geiger/Khan/Kotzur, Art. 106 AEUV, Rn. 13.

629 Streinz-*Koenig/Kühling*, Art. 86 EGV, Rn. 45 (zu Art. 86 EGV).

630 Streinz-*Koenig/Kühling*, Art. 86 EGV, Rn. 46 (zu Art. 86 EGV).

631 Geiger/Khan/Kotzur, Art. 106 AEUV, Rn. 16.

632 Callies/Ruffert-*Christian Jung*, Art. 86 EGV, Rn. 47 (zu Art. 86 EGV).

dergestalt, dass unter Anwendung der Wettbewerbsregeln die Leistungserbringung unmöglich im Sinne von unzumutbar würde.[633]

cc) Der auf Gemeinschaftsrecht beruhende Streit über die Sparkassen und Landesbanken; das Beihilferecht des EU-Arbeitsweisevertrages

So erklärt sich auch der Streit über die Fortführung der Sparkassen und Landesbanken in Deutschland. Sie erbringen nämlich, wie bereits mehrfach dargestellt, am Markt Finanzdienstleistungen und treten mit den privaten Konkurrenten in den Wettbewerb. Dennoch, soviel lässt sich schon sagen, führen die Sparkassen und Landesbanken ihre Geschäfte unter der Maßgabe einer gewissen Gemeinwohlorientierung, namentlich unter der Maßgabe des in den Sparkassengesetzen niedergeschriebenen öffentlichen Auftrages.

Die Sparkassen und Landesbanken hatten aber gegenüber den anderen am Markt agierenden Kreditinstituten zwei wesentliche Vorteile, weswegen ein Verstoß gegen die Wettbewerbsregeln des AEUV bzw. damals des EGV denkbar war.

Aufgrund ihrer Zuordnung zu der sie tragenden Gebietskörperschaft, etwa die Stadt bei einer Stadtsparkasse oder der Landkreis bei einer Kreissparkasse, verfügten sie über bestimmte Privilegien.

Zum einen traf die jeweilige Kommune die sogenannte Anstaltslast.

Diese stellt sich als die Verpflichtung des Amtsträgers dar, *„die wirtschaftliche Basis der Anstalt zu sichern, die Anstalt für die gesamte Dauer ihres Bestehens funktionsfähig zu halten und finanzielle Engpässe in Form von Unterbilanzen durch finanzielle Leistungen oder auf andere, geeignete Weise zu verhindern bzw. zu beseitigen.“*[634] Die Anstaltslast stellt also insbesondere die finanzielle, aber auch die organisatorische Verantwortung und damit bis zur ordnungsgemäßen Auflösung der Anstalt eine Funktionsgarantie des Muttergemeinschaftswesens für die ihm gesetzlich zugeordnete und von ihm geschaffene Anstalt dar.[635]

Die Rechtsgrundlage der allgemein anerkannten Anstaltslast bestand teilweise in den Sparkassengesetzen. Wo eine solche Regelung fehlte, ergab sie sich für die Sparkassen und Landesbanken als Rechtsgrundsatz jedenfalls aufgrund der Organisationsgewalt des Anstaltsträgers und damit aus Gewohnheitsrecht.[636]

Diese führte zu einem subjektiven Recht der Sparkassen und Landesbanken, von ihrem Träger die Ausstattung mit denjenigen Mitteln verlangen zu können,

---

633 Callies/Ruffert-*Christian Jung*, Art. 86 EGV, Rn. 45 ff. (zu Art. 86 EGV); Geiger/Khan/Kotzur, Art. 106 AEUV, Rn. 19.

634 Bericht der Bundesregierung über die Untersuchung der Wettbewerbsverschiebungen im Kreditgewerbe; BT-DS V/3500.

635 Badura, Wirtschaftsverfassung und Wirtschaftsverwaltung, Rn. 252; Kemmler, S. 100.

636 Skowronek, S. 59; Badura, Wirtschaftsverfassung und Wirtschaftsverwaltung, Rn. 252; Kemmler, S. 100.

die notwendig ist, um eine Zahlungsunfähigkeit zu verhindern.[637] Allerdings folgte hieraus kein Recht auf Bestandsschutz des öffentlich-rechtlichen Kreditinstituts.[638]

Dies war deswegen ein Vorteil gegenüber den anderen Kreditinstituten am Markt, weil die Kommunen aufgrund ihrer Steuerhoheit nicht insolvenzfähig sind. Da die Sparkassen im Innenverhältnis also einen Anspruch gegen ihren Träger hatten, etwaige Liquiditätsengpässe auszugleichen, schlug die positive Bonität des Trägers auf die Sparkassen durch. Dies führte dazu, dass die Sparkassen äußerst günstige Konditionen auf dem Kreditmarkt erzielen konnten. Diese Konditionen orientieren sich am Markt nämlich u. a. an der Bonität des Schuldners.

Zudem kam den Sparkassen die sogenannte Gewährträgerhaftung zu Gute.

Gewährträgerhaftung bedeutet *die Pflicht des Gewährträgers, für Verbindlichkeiten der Sparkasse einzutreten.*[639] Sie ist damit mit einer Ausfallbürgschaft zu vergleichen.[640]

Im Gegensatz zur Anstaltslast, die das Innenverhältnis zwischen dem Gewährträger und dem öffentlich-rechtlichen Kreditinstitut betrifft, stellt die Gewährträgerhaftung eine Außenhaftung dar.[641] Sie vermittelt nämlich dem Gläubiger einen eigenen Anspruch gegen den Gewährträger des Kreditinstituts.[642]

Selbst wenn die Sparkasse insolvent werden würde, was aufgrund der Anstaltslast sehr unwahrscheinlich erschien, hatten die Gläubiger der Sparkasse oder der Landesbank noch die Möglichkeit, dass die Verbindlichkeiten der Sparkasse oder der Landesbank erfüllt werden würden.

Denn der Gewährträger der Sparkasse oder der Landesbank, also die das öffentlich-rechtliche Kreditinstitut tragende Gebietskörperschaft, haftet Dritten gegenüber für die Verbindlichkeiten „ihrer“ Anstalt unbeschränkt.

Tatsächlich kam es nie zu einem Fall der Inanspruchnahme der Gewährträgerhaftung,[643] was sich daraus erklärt, dass der Gewährträger aus der Anstaltslast ohnehin verpflichtet war, die Anstalt vor einer Zahlungsunfähigkeit zu bewahren. Wenn der Gewährträger dieser Verpflichtung nachkam, wurde die Sparkasse oder Landesbank nicht zahlungsunfähig, so dass die Voraussetzungen für das Entstehen des Direktanspruchs des Dritten gegen den Gewährträger aus der Gewährträgerhaftung nicht bestanden.

Insgesamt hatten also die Anstaltslast und die Gewährträgerhaftung zu einer gegenüber anderen Kreditinstituten deutlich verbesserten Bonität geführt, was Gegenstand von Kritik aus europarechtlicher Sicht war.

637 Skowronek, S. 59.
638 Skowronek, S. 59; Kemmler, S. 100.
639 Skowronek, S. 63; Kemmler, S. 100.
640 Kemmler, S. 100.
641 Skowronek, S. 63; Kemmler, S. 100; Badura, Wirtschaftsverfassung und Wirtschaftsverwaltung, Rn. 252.
642 Skowronek, S. 63; Kemmler, S. 100.
643 DSGV, Faktenpapier Nr. 18 aus 2005, Nr. 3; DSGV, Faktenpapier Nr. 31 aus 2007, S. 2.

Denn der EG-Vertrag sah in den Art. 87 ff. ein grundsätzliches Verbot staatlicher Beihilfen vor. Durch den Vertrag von Lissabon hat sich materiell hieran nichts geändert, die entsprechenden Regelungen finden sich nun in den Art. 107 ff. AEUV.[644]

Die Sparkassen und Landesbanken erbringen allerdings nach dem obigen Ergebnis Dienstleistungen im allgemeinen wirtschaftlichen Interesse nach Art. 106 Abs. 2 AEUV, so dass insbesondere das Beihilferecht des EU-Arbeitsweisevertrages nur eingeschränkt anwendbar ist.

Dennoch stellt sich die Frage, ob Anstaltslast und Gewährträgerhaftung Beihilfen im Sinne des Art. 107 AEUV sind. Der Beihilfebegriff des Art. 107 Abs. 1 AEUV ist weit auszulegen, so sind hierunter nicht nur positive Leistungen zu verstehen, sondern auch solche Maßnahmen, die Leistungssubventionen gleichstehen, weil sie in unterschiedlicher Form Belastungen verhindern, die ein Unternehmen üblicherweise zu tragen hat.[645]

Deswegen sind unter den Beihilfebegriff auch die Gewährung staatlicher Darlehen oder Bürgschaften zu fassen, ebenso die Überlassung von Grundstücken oder die Nichtdurchsetzung von Forderungen durch die öffentliche Hand.[646]

Die Unterstützung muss staatlich erfolgen, hierzu genügt die Erbringung der Leistung aus staatlichen Mitteln, auch aus Mitteln der Gebietskörperschaften.[647] Sie darf nur selektiv bestimmte Unternehmen oder Produktionszweige betreffen.[648] Außerdem liegt eine Beihilfe im Sinne des Beihilferechts der Union nur dann vor, wenn durch sie der Wettbewerb verfälscht wird oder wenn eine solche Wettbewerbsverfälschung droht. Neben der Wettbewerbsverfälschung bedarf es der Beeinträchtigung des Handels zwischen den Mitgliedsstaaten und der Zurechenbarkeit.[649]

Faktisch verbesserten sowohl die Anstaltslast als auch die Gewährträgerhaftung aber die Stellung der öffentlich-rechtlichen Kreditinstitute am Markt, denn hierdurch erlangten die öffentlich-rechtlichen Kreditinstitute eine besonders gute Bonität. Da die Finanzierungskonditionen von der Bonität eines Schuldners abhängen, waren diese bei den öffentlich-rechtlichen Kreditinstituten deutlich niedriger als bei ihren privaten Wettbewerbern.

Aus dieser Erkenntnis ergab sich ein Konflikt zwischen dem grundsätzlichen Verbot staatlicher Beihilfen und dem auch von der Kommission erkannten öffentlichem Zweck, dem die Sparkassen und Landesbanken dienen sollen.

---

644 Fischer, Der Vertrag von Lissabon, Kommentierung zu Art. 107 ff. AEUV.

645 Boysen/Neukirchen, S. 36; Hasselmann, S. 7 (jeweils zu Art. 87 EGV); Geiger/Khan/Kotzur, Art. 107 AEUV, Rn. 7 ff.

646 Boysen/Neukirchen, S. 36 (zu Art. 87 EGV), Geiger/Khan/Kotzur, Art. 107 AEUV, Rn. 10 m. w. Nachw.

647 Streinz-*Koenig/Kühling*, Art. 87 EGV, Rn. 43 (zu Art. 87 EGV), Geiger/Khan/Kotzur, Art. 107 AEUV, Rn. 12.

648 Streinz-*Koenig/Kühling*, Art. 87 EGV, Rn. 47 (zu Art. 87 EGV); Geiger/Khan/Kotzur, Art. 107 AEUV, Rn. 14.

649 Boysen/Neukirchen, S. 37; Streinz-*Koenig/Kühling*, Art. 87 EGV, Rn. 55, 58 (jeweils zu Art. 87 EGV); Geiger/Khan/Kotzur, Art. 107 AEUV, Rn. 16.

Jedenfalls sollten durch das staatliche Engagement die Wettbewerbsbedingungen nicht über dasjenige Maß hinaus beeinträchtigt werden, wie es zur Erfüllung der besonderen Aufgaben erforderlich ist.[650]

Am 17. Juli 2001 kam es dann in Brüssel zu einer „Verständigung über Anstaltslast und Gewährträgerhaftung"[651] zwischen dem Wettbewerbskommissar der EG und den deutschen Vertretern.

Diese Verständigung sah vor, dass die Gewährträgerhaftung abgeschafft und die Anstaltslast modifiziert werden soll. Die erforderlichen Gesetzesänderungen sollten bis zum 31.12.2002 postuliert werden. Außerdem wurden Übergangsfristen vereinbart, so konnten die Regelungen bis zum 18.07.2005 wirksam werden, die Gewährträgerhaftung für wirksam eingegangene Verbindlichkeiten kann bis zum 31.12.2015 gelten.[652]

Nachdem am 28.02.2002 abschließende Vereinbarungen über die Umsetzung der Verständigung getroffen worden sind,[653] wurde die Verständigung in den Sparkassengesetzen der Länder und den Gesetzen über die Landesbanken aufgenommen.[654] Damit ist davon auszugehen, dass die Sparkassen und Landesbanken derzeit mit dem Unionsrecht vereinbar sind.

dd) Direkte Beihilfen im Zusammenhang mit der Wirtschaftskrise

Im Zusammenhang mit der Darstellung des Unionsrechts soll noch darauf eingegangen werden, dass einigen Landesbanken direkte staatliche Hilfen zugeflossen sind. Diese Zuflüsse mussten sich an den Vorgaben des EG-Vertrages bzw. des AEUV messen lassen. Die zur Rettung der HSH Nordbank gewährten Beihilfen, eine Kapitalzufuhr von 3 Mrd. € sowie ein Risikoschirm von 10 Mrd. € wurden zwischenzeitlich durch die EU-Kommission genehmigt, weil sie *„zur Behebung einer beträchtlichen Störung im Wirtschaftsleben eines Mitgliedsstaats"* erfolgten.[655]

Für die weiter vergebenen Finanzhilfen stehen entsprechende Verfahren noch aus.[656]

650 Erklärung Nr. 37 zur Schlussakte des Vertrages von Amsterdam vom 02.10.1997 (ABl. Nr. C 340); Geiger/Khan/Kotzur, Art. 107 AEUV, Rn. 22.
651 Abgedruckt in: Sächsische LT.-Drucks. 3/558.
652 Badura, Wirtschaftsverfassung und Wirtschaftsverwaltung, Rn. 252; Kemmler, S. 101.
653 Kemmler, S. 101 f.; Badura, Wirtschaftsverfassung und Wirtschaftsverwaltung, Rn. 252.
654 Badura, Wirtschaftsverfassung und Wirtschaftsverwaltung, Rn. 252 mit Beispielen für die gesetzliche Umsetzung in den einzelnen Bundesländern.
655 Staatliche Beihilfen: Grünes Licht der Kommission für die Rettung der HSH Nordbank.
656 Henneke, DVBl, S. 475.

ee) Zusammenfassung Unionsrecht

Für die hier zu untersuchende Frage nach der Rechtfertigung des öffentlich-rechtlichen Bankensystems gibt das Unionsrecht also keine weiteren Vorgaben im Sinne eines öffentlichen Zwecks, dem das öffentlich-rechtliche Kreditinstitut dienen muss. Aufgrund der genannten Verständigung sind die Sparkassen als gemeinschaftsrechtskonform anzusehen.

l) Zusammenfassung Rechtfertigungserfordernisse

Die Untersuchung der verfassungsmäßigen Vorgaben hinsichtlich einer Rechtfertigung hat die folgenden Ergebnisse geliefert:

Der Staat kann nicht wie ein Privater autonom handeln, was sich insbesondere daraus ergibt, dass der Staat nicht Träger von Grundrechten ist. Der These, dass das Grundgesetz keine bestimmte Wirtschaftsordnung vorschreibt, wird zugestimmt. Die Verfassung enthält auch kein ungeschriebenes Subsidiaritätsprinzip. Allerdings führt die Berücksichtigung der geschriebenen verfassungsmäßigen Vorgaben hinsichtlich staatlicher Wirtschaftstätigkeit zu einem ähnlichen Ergebnis.

Hierbei ist insbesondere das Grundrecht der Berufsfreiheit zu beachten. Aber auch das Eigentum und die allgemeine Handlungsfreiheit sind hier relevant. Aufgrund der Annahme eines (nur) faktischen Eingriffs durch staatliche Wirtschaftstätigkeit darf das sich hieraus ergebende Rechtfertigungserfordernis staatlicher Wirtschaftstätigkeit nicht überspannt werden.

Zudem ist das Rechtsstaatsprinzip zu beachten, hierbei vor allem die Grundaussage, wonach ein Rechtsstaat den Bürgern dient.

Aufgrund der Maßgeblichkeit der Grundrechte und des Rechtsstaatsprinzips muss jedes staatliche Wirtschaftshandeln einer Prüfung anhand des Verhältnismäßigkeitsprinzips standhalten.

Zu beachten ist weiterhin die staatliche Pflicht, nicht nur die Grundrechtspositionen des Bürgers zu achten, sondern ihm auch ein gewisses Maß an der Betätigung seiner Grundrechte zu ermöglichen – das sogenannte Untermaßprinzip.

Nach dem gefundenen Kompromiss im Sparkassenstreit geben sich aus Unionsrecht keine weiteren Erfordernisse hinsichtlich der Legitimität staatlichen Wirtschaftshandelns.

2. Zulässiger Zweck des Handelns; Rechtfertigung

Es stellt sich nun zunächst die Frage, welche Zwecke überhaupt als öffentliche Zwecke anzusehen sind und dem Grunde nach eine Rechtfertigung tragen können.

a) Anwendbarkeit der Vorschriften der Gemeindeordnungen auf die Sparkassen

Sucht man allgemein nach möglichen Zwecken öffentlicher Anstalten, so besteht weitgehend Einigkeit darüber, dass der Staat, bzw. eine Anstalt des öffentlichen Rechts, aufgrund der im Rechtsstaatsprinzip enthaltenen Bindung des Staates an das Gemeinwohl, nur zur Verwirklichung „öffentlicher Zwecke“ handelt.[657] Der hiernach erforderliche öffentliche Zweck, der wirtschaftliches Handeln rechtfertigen muss, hat sich einfachgesetzlich in den Gemeindeordnungen niedergeschlagen. Die ausdrückliche Normierung eines öffentlichen Zwecks in den Gemeindeordnungen ist folglich lediglich als eine einfachgesetzliche Ausprägung der Vorgaben der Verfassung zu verstehen.[658] Hinsichtlich der Betrachtung der Landesbanken und Sparkassen ist allerdings zu beachten, dass die Gemeindeordnungen, trotz der regionalen Struktur der öffentlich-rechtlichen Kreditinstitute nicht direkt anwendbar sind, weil sowohl für die Landesbanken als auch für die Sparkassen eigene Staatsverträge oder Gesetze gelten. Der öffentliche Zweck, dem jedes öffentliche Wirtschaftsunternehmen zu folgen hat, schlägt sich bei den Sparkassen und Landesbanken in dem gesetzlich normierten öffentlichen Auftrag nieder. Insofern soll zunächst überprüft werden, wie der verfassungsmäßig gebotene öffentliche Zweck ausgestaltet sein kann.

b) Versuche den öffentlichen Zweck zu fassen; Rechtsprechung des Bundes-verfassungsgerichts

Zunächst ist festzustellen, dass der die staatliche Wirtschaftstätigkeit legitimierende öffentliche Zweck nicht allein daraus zu entnehmen ist, dass der Staat sich der jeweiligen Aufgabe annimmt, ansonsten wäre das Erfordernis eines die Staatstätigkeit legitimierenden öffentlichen Zwecks bedeutungslos.[659] Vielmehr bedarf es weiterer Kriterien, die irgendeinen Zweck zum öffentlichen Zweck werden lassen.

Was nun unter einem öffentlichen Zweck zu verstehen ist, ist – soweit erkennbar – nicht mit der gebotenen Klarheit niedergelegt. Der öffentliche Zweck gibt lediglich als eine Art formale Kategorie vor, dass bestimmte Motive keinen öffentlichen Zweck darstellen können,[660] so entspricht es der herrschenden Ansicht, dass das Handeln lediglich aus einem Gewinnstreben heraus sich nicht unter den Begriff „öffentlicher Zweck“ subsumieren lässt, worauf noch weiter einzugehen sein wird.

Der öffentliche Zweck ist vielmehr die allgemeine Antwort auf die sich aus der Verfassung ergebende Notwendigkeit, die staatliche Wirtschaftstätigkeit zu rechtfertigen. Diese Notwendigkeit einer Rechtfertigung führt dazu, dass der Staat

657 Ehlers, S. 216.
658 Ruthig/Storr, Rn. 669.
659 Martens, S. 119.
660 Becker, S. 80.

diejenigen Gemeinwohlzwecke, die mit seiner Tätigkeit verbunden sind, offen legen muss.[661]

In diesen Zusammenhang fällt häufig der auch in den Sparkassengesetzen ausdrücklich niedergelegte öffentliche Auftrag der Sparkassen und Landesbanken. Dieser besagt im Verhältnis zu dem zur Rechtfertigung staatlichen Wirtschafthandelns erforderlichen öffentlichen Zweck, dass diese Kreditinstitute dazu beauftragt sind, öffentliche Zwecke zu verfolgen.[662]

Es lässt sich also erkennen, dass die bloße Normierung des öffentlichen Auftrages der Sparkassen und Landesbanken nicht abschließend als Legitimationsgrundlage dienen kann, sondern es sich vielmehr die Frage stellt, ob die Sparkassen und Landesbanken tatsächlich einem öffentlichen Zweck dienen. Dieser muss sich nicht zwingend mit den Vorgaben des öffentlichen Auftrages der Sparkassen und Landesbanken decken, es wird aber häufig der Fall sein.

Der Begriff „öffentlicher Zweck" wurde bis heute nicht hinreichend konkret gefasst. *Hidien* gelangt auf der Grundlage einer umfassenden Untersuchung zu dem Ergebnis, dass jedenfalls die rein erwerbswirtschaftliche Zielsetzung kein die staatliche Wirtschaftstätigkeit rechtfertigender öffentlicher Zweck sei. Vielmehr müsse eine Versorgung mit gesellschaftlich erwünschten Gütern erfolgen und der Privatsektor in diesem Zusammenhang entweder völlig versagt haben oder lediglich eine unzureichende Erfüllung schaffen.[663] Wieder zeigt sich eine Parallele zu dem Subsidiaritätsprinzip.

In der Literatur lässt sich die Definition finden, dass ein öffentlicher Zweck dann vorliegen soll, wenn ein öffentliches Unternehmen Lieferungen und Leistungen zur Verfügung stellt, die im Aufgabenbereich des Trägers liegen und diese Lieferungen oder Leistungen eine Versorgung zum Ziel haben, die im öffentlichen Interesse geboten ist.[664]

Zudem vertreten Einige die Auffassung, dass im Bereich der wirtschaftlichen Betätigung der Kommunen der Gemeinde eine Einschätzungsprärogative zukäme, die weder gerichtlich noch durch die Rechtsaufsicht überprüfbar sei.[665]

Vor dem Hintergrund, dass es hier letztlich weiterhin um eine Frage der Rechtfertigung eines faktischen Grundrechtseingriffs geht und den Anforderungen des Rechtsstaatsprinzips entsprochen werden muss, erscheint dieser weite Bereich möglicher öffentlicher Zwecke nicht überzeugend. Es spricht in diesem Zusammenhang doch mehr dafür, dass der Staat sich nur dann ausnahmsweise betätigen darf, wenn es hierfür, wie *Hidien* überzeugend ausführt, ein konkretes Bedürfnis gibt, das sich aus einem Versagen des Marktes, in dem sich der Staat betätigen will, ableitet. Entsprechend kann der Staat sich nur dann am Markt wirtschaftlich betätigen,

---

661 Becker, S. 80.

662 Becker, S. 81.

663 Hidien, Konkretisierung der öffentlichen Zweckbindung, S. 172.

664 Schneider/Busch, S. 328.

665 Ehlers, S. 1089.

wenn es hierfür ein zu befriedigendes Bedürfnis gibt, dem die Privatwirtschaft nicht genügen kann.[666]

Für die wirtschaftliche Betätigung des Staates bedarf es also eines Marktversagens, dergestalt, dass der Markt entweder gar keine oder eine nur unzureichende Versorgung schafft. Dieses Marktversagen muss im Bereich solcher Leistungen vorliegen, auf deren Erbringung die Bürger angewiesen sind, um ihr Leben grundrechtsgerecht gestalten zu können.[667]

Wo es an einem solchen Marktversagen fehlt, soll es keinen öffentlichen Zweck geben, auf den der Staat seine wirtschaftliche Tätigkeit stützen kann.[668]

Bei der Aufführung der hierzu vertretenen Ansichten ist zu bedenken, dass sie sich auf die kommunale wirtschaftliche Betätigung beziehen. Für die hier relevante Frage der Rechtfertigung der wirtschaftlichen Tätigkeit der öffentlich-rechtlichen Banken ergibt sich allerdings nichts anderes, weil die in Rede stehenden Grundrechte dieselben sind.

Auch das Bundesverfassungsgericht hat sich in einigen Urteilen des Themas angenommen.

Hierin billigt das Bundesverfassungsgericht dem Gesetzgeber eine weite Ermessensfreiheit zu. So hat es die Zulässigkeit einer staatlichen Monopolstellung dann bejaht, wenn mit der Übernahme einer Tätigkeit durch den Staat „legitime öffentliche Aufgaben und Zwecke“[669] verfolgt werden bzw. überwiegende Gründe des Gemeinwohls das staatliche Handeln rechtfertigen oder fordern.[670] Im Ergebnis bedarf es also einer Abwägung des durch die staatliche Wahrnehmung der Aufgabe erfüllten Zwecks mit den Beeinträchtigungen der Konkurrenz. Bei dieser Abwägung soll es zulässig sein, zu berücksichtigen, inwieweit die Handlungskompetenz des Staates für diese Organisationsform historisch gewachsen ist und quasi kraft Rechtstradition als Legitimation dienen kann.[671]

Weitgehende Einigkeit besteht darüber, dass es dem Staat nicht gestattet sein soll, rein erwerbswirtschaftliche Ziele zu verfolgen.[672] Dies ergibt sich aus der Grundrechtsrelevanz staatlichen Wettbewerbshandelns. Denn grundsätzlich ist der Staat nicht grundrechtsberechtigt. Ausnahmsweise kann dies zwar der Fall sein, aber nur dann, wenn kein Konflikt mit den eigentlich Grundrechtsberechtigten entsteht.[673] Im Falle der kommunalen Wirtschaftstätigkeit sind aber nach dem oben Gesagten die

666 Hösch, Öffentlicher Zweck, S. 400.
667 Hösch, Öffentlicher Zweck, S. 400; Hidien, Konkretisierung der öffentlichen Zweckbindung, S. 155 ff.
668 Hösch, Öffentlicher Zweck, S. 400; Heintzen, S. 81 ff. für Gebäudereinigung.
669 BVerfGE 10, 89 (102); 10, 354 (363); 15, 235 (241).
670 BVerfGE 7, S. 377 (405); 21, S. 245 (249).
671 Stern/Burmeister, S. 125 f.
672 Ehlers, S. 216; Stober, Allgem. Wirtschaftsverwaltungsrecht, S. 191 ff.; A. A. Cremer, S. 922.
673 Stober, Allgem. Wirtschaftsverwaltungsrecht, S. 192.

Grundrechte der Mitbewerber zu beachten, so dass es eines öffentlichen Zweckes, der auf Gemeinwohlbelange abzielt, bedarf.

Ein Handeln einzig aus der Motivation heraus, Gewinne zu erzielen, soll kein relevanter Zweck sein.[674] Diese Motivation kann bestenfalls Nebenzweck neben einem anerkannten Gemeinwohlzweck sein.[675] Ein öffentliches Unternehmen müsse auch unmittelbar dem Gemeinwohl dienen, so dass auch eine Verwendung der erzielten Gewinne für Gemeinwohlzwecke nicht ausreiche.[676] Eine andere Ansicht widerspräche den Grundsätzen des Steuerstaates: Die Verfassungsväter haben für den Staat als Einnahmequelle die Erhebung von Steuern und Abgaben vorgesehen, weil sie davon ausgingen, dass der Staat auf diese Einnahmen angewiesen wäre, da keine anderen Einnahmequellen in vergleichbarer Höhe bestünden.[677] Der Staat soll über das Steueraufkommen am wirtschaftlichen Erfolg im Staatsgebiet partizipieren und nicht selbst Gewerbe betreiben. Sobald der Staat sich allerdings selbst als Unternehmer gerierte und dies als zulässig angesehen würde, bestünde für die durch die Verfassung eingeräumte Abgaben- und Steuerhoheit keine Rechtfertigung mehr. Entsprechend sei ein Handeln, das der Motivation der Gewinnerzielung entspringt, dem Abgabenstaat fremd.[678] Dies ergibt sich auch daraus, dass das Grundgesetz die Verteilung der Steuern zwischen Bund, Ländern und Gemeinden bis ins Detail vorgibt und eine entsprechende Regelung für Einnahmen, die aus staatlichem Wirtschaftshandeln generiert werden, fehlt. Eine solche Regelung wäre aber notwendig, wenn die Verfassung davon ausgehen würde, dass der Staat auch aus eigenem Handeln zu einem maßgeblichen Teil seine Einnahmen erzielen würde.[679]

Diese Ansicht wird teilweise in Frage gestellt. Sie überzeuge nach der Ansicht von *Cremer* nicht, es lasse sich keine Aussage des Grundgesetzes finden, wonach eine staatliche Tätigkeit, die rein erwerbswirtschaftlichen Zwecken dient, verboten sei.[680] Vielmehr zeige gerade die Befugnis zur Steuererhebung, dass das Grundgesetz sehr wohl staatlichen Finanzausstattungsinteressen ein Gewicht gebe und damit Grundrechtseingriffe gerechtfertigt werden könnten. Denn die Steuererhebung sei als ein Eingriff in die allgemeine Handlungsfreiheit aus Art. 2 Abs. 1 GG zu werten.[681] Folglich könne aus verfassungsrechtlicher Sicht auch ein Handeln, das einzig der Gewinnerzielung dient, wenn der resultierende Gewinn staatlichen Aufgaben

---

674 So auch Voßkuhle, S. 419 für die Frage, ob fiskalische Interessen eine Beschränkung der Dienstleistungsfreiheit rechtfertigen können; Steiner-*Seewald*, I, Rn. 286.

675 Isensee, § 73, Rn. 73.

676 BVerfGE 61, 82 (100, 107); 93, 319 (342).

677 Stober, Allgem. Wirtschaftsverwaltungsrecht, S. 193; Stober, S. 586.

678 BVerfGE 93, 121 (134); 93, 319 (342 ff.); 78, 249 (266 f.); 82, 159 (178); Stober, Allgem. Wirtschaftsverwaltungsrecht, S. 192 f. m. w. N.; Isensee, § 73, Rn. 73 m. w. N.; Ronellenfitsch, § 98, Rn. 42; Sodan, S. 370; Tettinger/Erbguth/Mann, § 9, Rn. 298 m. w. N.

679 Stober, S. 587.

680 Cremer, S. 924; Britz, S. 381.

681 Cremer, S. 929.

zukäme, ein die staatliche Wirtschaftstätigkeit rechtfertigender öffentlicher Zweck sein.[682] Teilweise[683] wird ergänzend vorgebracht, dass das staatliche Steuerprivileg den Ausschluss staatlicher Wirtschaftstätigkeit nicht trage und im Übrigen ein Handeln, das isoliert der Gewinnerzielung dient, nur selten vorliege, weil der Staat auch Güter auf dem Markt anbietet, für die er dann eine Gegenleistung erhält.

Nach Ansicht des Verfassers überzeugen diese Ansichten nicht. Zunächst ist die Wertentscheidung des Grundgesetzes, wonach die Einnahmen des Staates sich grundsätzlich aus Steuern und Abgaben ergeben, zu beachten. Selbstverständlich geht die Steuererhebung mit einem Grundrechtseingriff einher. Allerdings wird vom Grundgesetz anerkannt, dass der Staat ein Mittel benötigt, um seine Kosten zu decken und das Grundgesetz hat sich für eine Kostendeckung durch die Erhebung von Steuern entschieden. Der Grundrechtseingriff durch Steuererhebung rechtfertigt sich gerade daraus, dass dem Staat grundsätzlich keine weiteren Einnahmequellen zustehen. Entsprechend kann aus der zulässigen Steuererhebung nicht der Rückschluss gezogen werden, dass das staatliche Interesse, Einnahmen zu generieren, auch andere Grundrechtseingriffe tragen könne.

Zudem ergibt sich aus einer Grundrechtsprüfung, dass rein erwerbswirtschaftliche Interessen dem Staat nicht als Legitimation für einen Grundrechtseingriff dienen können: Denn wenn ein Privater sich am Markt betätigt und erfolgreich ist, profitiert der Staat von diesem Handeln, indem er den wirtschaftlichen Erfolg des Handelnden besteuert. Dieser Eingriff rechtfertigt sich dadurch, dass der Staat, um seine Ziele zu erfüllen, ein gewisses Einnahmenaufkommen benötigt und dass die Steuererhebung hierzu das wichtigste Mittel des Staates darstellt. Wenn der Staat nun aber zudem mit dem Privaten in Konkurrenz tritt, begeht er hierdurch einen weiteren Grundrechtseingriff. Dieser bedarf nun einer weiteren Rechtfertigung. Die Rechtfertigung, Einnahmen für die Aufgabenerfüllung zu erzielen, vermag hier nicht mehr zu greifen, weil der Staat für diesen Zweck bereits Steuern erhebt. Das wirtschaftliche Handeln muss folglich einem anderen öffentlichen Zweck dienen, als der Einnahmenerzielung. Zudem kämpft für den Staat nach dem oben Gesagten auch nicht die Gewerbefreiheit, denn die Interessenlage des Staates und des wirtschaftlich Handelnden sind verschieden. Der Private ist darauf angewiesen, dass er sich wirtschaftlich betätigen darf, um seinen Lebensunterhalt sichern zu können. Der Staat hingegen bedarf dieser Einnahmequelle nicht. Er verfügt über das Steuerprivileg und kann entsprechend auch ohne wirtschaftliche Tätigkeit die wirtschaftlichen Voraussetzungen für seinen Fortbestand schaffen. Deswegen bedarf das wirtschaftliche Handeln des Staates einer anderen Rechtfertigung als derjenigen der Gewinnerzielungsabsicht.

Folglich ist der herrschenden Meinung zuzustimmen, wonach staatliche Wirtschaftstätigkeit einem öffentlichen Zweck dienen muss, der nicht allein in der Gewinnerzielung liegen kann.

---

682 Britz, S. 382; Cremer, S. 922.

683 Ruthig/Storr, S. 330.

Zuzugeben ist allerdings, dass eine öffentliche Wirtschaftstätigkeit regelmäßig auch zu einer Einnahmenerzielung des Staates führt. Allerdings ist diese Gewinnerzielung nur ein Nebeneffekt des Handelns, das primär einem anderen öffentlichen Zweck dient. Der Ansicht von *Ruthig/Storr* ist zwar zuzugeben, dass staatliches Handeln regelmäßig auch einen weiteren Nutzen als die Gewinnerzielung für die Gesellschaft bringt. Allerdings muss hierbei bedacht werden, dass nur aus diesem weiteren Nutzen die Rechtfertigung des staatlichen Handelns geschehen kann, insbesondere muss dieser weitere Nutzen einer Verhältnismäßigkeitsprüfung standhalten, die Gewinnerzielung hat hierbei außen vor zu bleiben.

c) Erkenntnisse aus dem Gemeinwohl

Es wurde bereits kurz auf die Gemeinwohlverpflichtung der Sparkassen eingegangen. Möglicherweise ergibt sich aus einer konkreteren Betrachtung des Gemeinwohls eine Einschränkung möglicher öffentlicher Zwecke.

Oben wurde das Gemeinwohl als allseitiger Vorteil, als allseitiges Interesse und als kollektive Nützlichkeit verstanden.

Es setze sich aus der interaktiven Wahrnehmung der Grundrechte, aus kollektiven Gütern und aus einer kollektiven Identität zusammen.

Diese Definitionen lassen einen großen Raum für das, was man unter Gemeinwohl verstehen kann. Auch die Ansicht der Rechtsprechung, wonach das Gemeinwohl dann vorliegt, wenn ein gesteigertes öffentliches Interesse[684] vorliegt oder das Gemeinwohl dasjenige ist, was nach einer Abwägung zwischen Einzelinteressen und öffentlichen Interessen übrig bleibt,[685] lässt gewisse Lücken.

Nach den Vorgaben der Verfassung diesbezüglich wird man mit der Rechtsprechung des Bundesverfassungsgerichts[686] und der Darstellung bei *Kirste*[687] davon ausgehen müssen, dass dem Gesetzgeber ein großer Spielraum dahingehend zukommt, was er als einen Gemeinwohlbelang ansieht.

Aus der Formulierung des öffentlichen Auftrages in den Sparkassengesetzen kann man schließen, dass die Landesgesetzgeber die im öffentlichen Auftrag enthaltenen Bestandteile als Elemente des Gemeinwohls ansehen.

Die Prüfung des Bundesverfassungsgerichts und auch die Prüfung im Rahmen dieser Untersuchung muss sich darauf beschränken, festzustellen, ob die Einordnung der Elemente des öffentlichen Auftrages als Gemeinwohlbelange „sachgerecht und vernünftig“[688] ist.

684 BVerfGE 31, 229 (243).
685 BVerwG v. 16.02.2001, Az.: 4 BN 55/00, Rn. 7.
686 BVerfGE 24, 367 (403 f.).
687 Kirste, S. 335 ff.
688 BVerfGE 81, 156 (191 ff.); 41, 360 (370).

d) Mögliche Zwecke staatlichen Wirtschaftshandelns

Insgesamt sollen die folgenden Zwecke grundsätzlich geeignet sein, eine staatliche Wirtschaftstätigkeit zu rechtfertigen:[689]

- Ver- und Entsorgung im weitesten Sinne
- Wettbewerbspolitik und Monopolkontrolle
- Sozialpolitische Zielsetzungen im engeren Sinne
- Wahrnehmung gesteigerter Staatsinteressen
- Unterstützung staatlicher Konjunkturpolitik
- Strukturpolitische Zielsetzungen
- Eigenbedarfsdeckungszweck
- Unterstützung der Verwaltung
- Verbraucherschutz
- Wirtschaftsförderung, Regionalförderung
- Politische Intervention

Teilweise gibt es darüber hinaus staatliche Unternehmen, die faktisch nur der Verwirklichung erwerbswirtschaftlicher Ziele dienen, beispielsweise staatliche Brauereien. Hierzu lässt sich sagen, dass bei der Gründung dieser Unternehmen neben den erwerbswirtschaftlichen weitere auch nach dieser Ansicht als öffentliche Zwecke zu bezeichnende Motivationen bestanden haben. Teilweise sind diese Zwecke aber mit der Zeit verdrängt worden. Die Rechtfertigung dieser Tätigkeiten ist allerdings nach der hier vertretenen Ansicht problematisch. Überwiegend wird ein solches staatliches Handeln als unzulässig betrachtet. Diese Überlegung führt wieder zurück zu dem Thema dieser Arbeit: Arbeitet das öffentlich-rechtliche Bankensystem nur noch oder weit überwiegend zur Erfüllung erwerbswirtschaftlicher Zwecke?

Bereits im Rahmen der Darstellung der Intention des Bereitstellens der Sparkassen wurde aber ausgeführt, dass die Gewinnerzielung ein Bestandteil des öffentlichen Auftrages sei, wenn auch nicht Hauptzweck.

Diese Aussage ist auch bei der abstrakten Betrachtung öffentlicher Zwecke weiterhin zutreffend. So ist anerkannt, dass das staatliche Handeln, so lange es primär der Erfüllung eines öffentlichen Zwecks dient, auch dazu führen kann, dass der Staat mit seinem Handeln Gewinne erzielt.[690] Gerade im Bereich der öffentlichen Banken zeigt sich, dass die Zentralbanken, deren Aufgaben die Erhaltung und der Aufbau der Währungsreserven sowie die Sicherung der Geldwertstabilität und die Versorgung der Bürger und der Unternehmen mit Geld sind, im Rahmen ihrer Zweckerfüllung auch Gewinne erzielen, was auch nach der hier vertretenen Ansicht unproblematisch ist, so lange die Gewinnerzielung allenfalls Nebenzweck staatlichen Handelns ist.[691]

689 Weber, Bernhard, S. 27 ff. und Püttner, S. 53 ff. und S. 130.
690 Schmidt-Aßmann/Röhl, 1. Kapitel, Rn. 120; Ossenbühl, S. 107; Ehlers, S. 1091; Moraing, S. 252.
691 Lutter, S. 789.

Zudem ist zu beachten, dass der öffentliche Zweck, zu dessen Erreichung der Staat ein öffentliches Unternehmen betreibt, den Staat davor schützen soll, sich wahllos ungewissen Unternehmerrisiken auszusetzen.[692]

In diesem Zusammenhang wird häufig über staatliches Handeln zur Daseinsvorsorge gesprochen. Die Definition des Begriffes der Daseinsvorsorge bereitet gewisse Schwierigkeiten, insbesondere weil dieser Begriff nicht statischer Natur ist, sondern sich in dem Begriff und in seinem Gebrauch im rechtlichen, politischen und gesellschaftlichen Kontext teilweise der Zeitgeist widerspiegelt.[693]

Der Begriff, der letztlich auf die Schrift „Die Verwaltung als Leistungsträger" aus dem Jahr 1938 von *Ernst Forsthoff* zurückgeht, wird heute definiert als die Aufgabe des Gemeinwesens, die die Versorgung mit essentiellen Dienstleistungen und Gütern der Bevölkerung und der Wirtschaft gewährleistet. Die Daseinsvorsorge umfasst damit die Versorgungssicherheit und die Sicherstellung der Qualität und des gleichberechtigten Zugangs der angebotenen Leistungen sowie deren flächendeckende Erbringung.[694] In ihr ist also ein Leistungsauftrag an die Verwaltung enthalten, das wirtschaftliche, soziale und kulturelle Wohl der Einwohner zu fördern. In den Gemeinden geschieht dies regelmäßig durch die Schaffung öffentlicher Einrichtungen.[695]

Heute gelten also solche Leistungen des Gemeinwesens als Leistungen der Daseinsvorsorge, die essentiell sind bzw. solche, die das soziale, wirtschaftliche oder das kulturelle Wohl der Einwohner fördern. Hier zeigt sich der Wandel des Begriffes, *Forsthoff* rechnete neben der Gewährleistung eines *„angemessenen Verhältnisses von Lohn und Preis"* und der *„Lenkung des Bedarfs, der Erzeugung und des Umsatzes"* die Darbringung solcher Leistungen der Daseinsvorsorge zu, *„auf welche der in die modernen massentümlichen Lebensformen verwiesene Mensch lebensnotwendig angewiesen ist"*.[696] *Forsthoff* kam zu diesem Ergebnis, in dem er darauf verwies, dass der moderne Mensch aufgrund moderner technischer Mittel eine weiträumige Lebensweise führen kann. Aufgrund dieser Möglichkeit verzichtet der moderne Mensch auf einen eigenen beherrschten Lebensraum, woraus eine soziale Bedürftigkeit entsteht. Der moderne Mensch ist nicht mehr in der Lage, autark zu leben.[697] Beispielsweise verfügt er nicht über das Wasser, das er zum leben braucht und das der Landbewohner noch besaß, und er ist existentiell auf eine öffentliche Wasserversorgung angewiesen. Die Versorgung mit derartigen Gütern sei Sache der modernen Verwaltung.[698]

Auf die Lebensnotwendigkeit dieser Leistungen wird heute nicht mehr abgestellt. Allerdings erkannte auch *Forsthoff* bereits im Jahre 1938, in dem die Schrift

692 Storr, S. 117; Backhaus, S. 168.
693 Papier, S. 686.
694 Kolb, S. 98.
695 Schmidt-Aßmann-*Schmidt-Aßmann/Röhl,* 1. Kapitel, Rn. 104.
696 Forsthoff, S. 7.
697 Forsthoff, S. 5.
698 Forsthoff, S. 7.

erschienen ist, eine Vorsorgebedürftigkeit hinsichtlich der *„Bereitstellung der Verkehrsmittel jeder Art*, der *Post, Telephonie und Telegraphie*" an.[699] In der Einleitung zu seiner Schrift *„Rechtsfragen der leistenden Verwaltung*" trägt *Forsthoff* diesem Gedanken Rechnung, indem er ausführt, dass eine Beschränkung des Begriffs der Daseinsvorsorge auf Leistungen der Vitalsphäre nicht angebracht ist sondern sich die Reichweite des Begriffs durch die allgemeinen Lebensumstände bestimmt.[700] Solche Leistungen seien der Daseinsvorsorge zuzurechnen, die *„für die Allgemeinheit und den einzelnen als Glied dieser Allgemeinheit bestimmt sind."*[701]

Heute werden dem Bereich der Daseinsvorsorge typischerweise etwa die Versorgung mit Energie, Telekommunikation oder mit Verkehrsleistungen zugerechnet.[702] Gerade in diesen Bereichen wird eine besondere Verantwortung des Staates gegenüber der Bevölkerung anerkannt, dergestalt, dass in diesen Bereichen insbesondere eine flächendeckende Versorgung zu einem angemessenen Preisniveau erfolgen soll. Denn gerade in diesen Bereichen besteht die Gefahr, dass ein „cherry picking" erfolgen würde, sofern eine Versorgung durch ein privatwirtschaftliches Unternehmen geschieht. Das heißt, dass es zu befürchten ist, dass private Unternehmen die Erbringung ihrer Leistungen in diesen Bereichen räumlich auf solche Gebiete beschränken würden, in denen sie sich erhofften, Gewinne erzielen zu können. Dies wiederum hätte zur Folge, dass die anderen Gebiete von dieser Versorgung ausgeschlossen wären.[703] Dies soll allerdings gerade in diesen wesentlichen Bereichen der Versorgung nicht hingenommen werden.

Nun handelt es sich bei der Daseinsvorsorge nicht um einen eigenen Zweck, der staatliche Wirtschaftstätigkeit rechtfertigen kann. Die Rechtfertigung des staatlichen Wirtschaftshandelns ergibt sich vielmehr aus dem durch die Daseinsvorsorge verfolgten Ziel. Wenn es etwa allgemein als zulässig angesehen wird, dass eine Gemeinde Büchereien oder Einrichtungen des öffentlichen Personennahverkehrs zur Verfügung stellt und sich hiermit wirtschaftlich betätigt, so sind dies zwar typische Felder der Daseinsvorsorge, allerdings findet sich die Rechtfertigung dieses Handelns der Gemeinde nicht darin, dass es sich hier um Tätigkeiten der Daseinsvorsorge handelt, sondern daraus, dass das Handeln aus der Motivation der Daseinsvorsorge selbst einem legitimen öffentlichen Zweck dient. Dieser öffentliche Zweck findet sich im Bereich der Daseinsvorsorge darin, dass der Staat, wenn er sich im Bereich der Daseinsvorsorge betätigt, das soziale, wirtschaftliche oder kulturelle Wohl der Einwohner fördert.

Die Etablierung des Begriffes der Daseinsvorsorge erscheint aus der Perspektive dieser Arbeit als eine pauschale Anerkennung, dass staatliches Handeln in den von

---

699 Forsthoff, S. 7.
700 Forsthoff, leistende Verwaltung, S. 12.
701 Forsthoff, leistende Verwaltung, S. 13.
702 Steiner-*Arndt/Fetzer*, VI, Rn. 292.
703 Steiner-*Arndt/Fetzer*, VI, Rn. 292.

der Daseinsvorsorge umfassten Bereichen grundsätzlich als gerechtfertigt angesehen werden kann. Sobald also anerkannt ist, dass eine bestimmte Tätigkeit der Daseinsvorsorge zuzurechnen ist, spricht eine starke Tendenz dafür, dass dieses staatliche Handeln dem Erreichen eines legitimen öffentlichen Zwecks dient und entsprechend gerechtfertigt ist. Dies erklärt sich aus einer besonderen Verantwortung des Staates gegenüber den Bürgern in den von der Daseinsvorsorge umfassten Bereichen.

Es wurde schon gezeigt, dass staatliches Handeln insbesondere dann gerechtfertigt sein soll, wenn es um die Versorgung der Bevölkerung mit essentiellen Gütern geht und privatwirtschaftliche Unternehmen diese Versorgung nicht bereitstellen können. Insoweit scheint Daseinsvorsorge dann angezeigt zu sein, wenn ein Marktversagen bereits vorherrscht oder zu befürchten ist. Diese These ist allerdings nicht unumstritten, so wird etwa vorgebracht, dass auf ein Marktversagen auf andere Weise reagiert werden kann, etwa durch privatrechtliche Vereinbarungen.[704]

Als Beispiel zur Stützung dieser These wird die Sanierung von Slum-Gebieten genannt. In diesen Fällen fehlt es einem sanierungsfähigen Unternehmen am Willen, die Sanierung durchzuführen, weil in diesen Gebieten die Wahrscheinlichkeit gering ist, dass das sanierende Unternehmen in diesen Gebieten solvente Mieter finden wird, so dass die Sanierungskosten sich rentieren würden. Sofern man die Versorgung mit angemessenem Wohnraum als Ziel der Daseinsvorsorge ansieht, wäre diese Situation ein typisches Anwendungsfeld staatlicher Wirtschaftstätigkeit durch die Schaffung von solchem notwendigen Wohnraum. Als Lösung dieser Misere wird allerdings nicht das Handeln durch den Staat vorgeschlagen. Weil diese Sanierung auch anderen Unternehmen zu Gute käme, die später in diesen Gebieten Güter und Dienstleistungen vermarkten wollen, seien privatrechtliche Vereinbarungen sinnvoll, wonach sich die Unternehmen, die später von der durchgeführten Sanierung profitieren, an den Kosten der Sanierung beteiligen sollen. Folglich gäbe es auch in diesen Fällen keine Notwendigkeit für staatliches wirtschaftliches Handeln.[705]

Diese Idee vermag als allgemeine Lösung aber nicht hinreichend zu überzeugen. Es ist nicht davon auszugehen, dass private Unternehmen aus der Motivation heraus, Gewinne erzielen zu wollen, dazu bereit sind, entsprechende Investitionen zu tätigen, bzw. entsprechende Vereinbarungen zu schließen. Denn hierzu bedürfte es einer langfristigen Planung unter Inkaufnahme von anfänglichen Verlusten, denen keine Einnahmen gegenüberstehen. Es mag privatwirtschaftliche Unternehmen geben, die entsprechende Strategien verfolgen, sofern es solche Unternehmen allerdings nicht gibt, würde in diesem Beispiel der erforderliche Wohnraum nicht zur Verfügung gestellt.

Dann wäre es in den der Daseinsvorsorge zuzurechnenden Bereichen der Versorgung mit essentiellen Gütern nur noch möglich, den Unternehmen gesetzliche

704 Fuest/Kroker/Schatz, S. 28.
705 Fuest/Kroker/Schatz, S. 28.

Pflichten zur Versorgung aufzuerlegen. Dies dürfte allerdings einen größeren Eingriff bedeuten, als selbst mit öffentlichen Unternehmen die Versorgung zu erreichen.

Insofern muss nach Ansicht des Verfassers auch und gerade staatliches Handeln als Reaktion auf ein Marktversagen der Daseinsvorsorge zugerechnet werden, jedenfalls solange es um die Versorgung mit solchen Gütern und Dienstleistungen geht, die essentiell sind, um einen angemessenen Lebensstandard zu erreichen.

e) In concreto: Rechtsprechung zu dem öffentlichen Auftrag der Sparkassen

Neben der abstrakten Betrachtung der Herkunft und der Erfordernisse einer Rechtfertigung für staatliches Wirtschaftshandeln hat sich die Rechtsprechung bisher auch konkret damit auseinander gesetzt, was den öffentlichen Auftrag der Sparkassen ausmacht.

Nach dem OVG Lüneburg[706] unterscheiden sich die Sparkassen von ihren privatrechtlich organisierten Mitbewerbern dadurch, dass sie öffentliche Aufgaben für ihr Gemeinwesen in dessen Wirkungskreis wahrnehmen.

Der Bundesgerichtshof[707] fasst die öffentliche Aufgabe der Sparkassen etwas konkreter, in dem er diese von den gesetzlichen Verpflichtungen der Sparkassen ableitet, die kreditwirtschaftliche Versorgung von den Kommunen und Arbeitnehmern zu sichern und insbesondere die Vermögensbildung und das Sparen zu fördern.

Auch das Bundesverwaltungsgericht[708] hat in einer Entscheidung aus den frühen siebziger Jahren trotz bereits damals eingetretener Veränderungen im Bankenmarkt und der tatsächlichen Geschäftspraxis der Sparkassen und Landesbanken nach wie vor bejaht, dass es Aufgabe der Sparkassen sei, durch das Anbieten der Möglichkeit zum Sparen den Sparsinn zu fördern sowie unter besonderer Berücksichtigung der wirtschaftlich schwächeren Bevölkerungskreise und des Mittelstandes die Kreditversorgung zu gewährleisten.

f) Zusammenfassung der Vorgaben an den öffentlichen Zweck staatlichen Wirtschaftshandelns

Für die weitere Prüfung, ob tatsächlich ein die staatliche Wirtschaftstätigkeit tragender öffentlicher Zweck vorliegt, ergeben sich folgende Eckpunkte:

- Staatliches Handeln, das primär der Gewinnerzielung dient, ist unzulässig.
- Eine staatliche Versorgung mit gesellschaftlich erwünschten Gütern soll möglich sein, wenn der Privatsektor in diesem Zusammenhang entweder völlig versagt hat oder lediglich eine unzureichende Versorgung schafft. Staatliches

706 OVG Lüneburg, NVwZ-RR 1989, S. 11 (12).
707 BGH WM 1983, S. 466 (467).
708 BVerwG DVBl. 1972, S. 780 (781).

Wirtschaftshandeln in diesem Bereich ist regelmäßig der Daseinsvorsorge zuzuordnen.
- Die Einstufung einer Versorgung mit erwünschten Gütern als im Interesse des Gemeinwohls liegend lässt sich nur dahingehend überprüfen, ob sie sachgerecht und vernünftig ist.

g) Anwendung des vorher Gesagten auf die Sparkassen und Landesbanken, Rechtfertigung?

Ziel dieses Abschnittes war es, zu untersuchen, ob das öffentlich-rechtliche Bankensystem weiterhin gerechtfertigt ist. Nach dem bisher Erarbeiteten ist die verfassungsmäßige Vorgabe für ein wirtschaftliches Engagement des Staates, dass das Handeln einem öffentlichen Zweck dient, was sich insbesondere aus dem Bezug der Tätigkeit zu den Grundrechten der Mitbewerber und dem Rechtsstaatsprinzip ergibt.

Nun genügt aber nicht irgendein durch den Gesetzgeber festgesetzter Zweck. Anderenfalls wäre die Untersuchung hier schon am Ende, denn die Sparkassengesetze der Länder sehen für die Sparkassen allesamt ein Handeln auf der Grundlage des öffentlichen Auftrages vor. Dieser von dem Gesetzgeber vorgesehene öffentliche Auftrag ist nun abzuwägen mit den nachteiligen Auswirkungen für die Allgemeinheit und insbesondere für die Konkurrenten der Sparkassen.

aa) Zusammenfassung der tatsächlichen Situation der Sparkassen, Vorliegen gewichtiger Zwecke des Gemeinwohls

Zunächst ist festzustellen, ob sich die Realität des Handelns der Sparkassen überhaupt mit dem gesetzlich normierten öffentlichen Auftrag deckt. Im Wesentlichen erfolgte diese Überprüfung bereits oben und soll an dieser Stelle noch einmal zusammengefasst werden.

Denn unbefangen betrachtet, dürfte es einem Kunden nur schwer möglich sein, einen wesentlichen Unterschied zwischen den privatrechtlich organisierten Kreditinstituten und den Sparkassen auszumachen. Diese Aussage gilt insbesondere für einen Vergleich zwischen den Sparkassen und den Genossenschaftsbanken.

Alle Bankengruppen werben für die von Ihnen angebotenen Dienstleistungen und stehen miteinander im Wettbewerb. Die Sparkasse bietet diejenigen Dienstleistungen an, die ein privates Kreditinstitut anbietet und umgekehrt. Diese Betrachtung war Anstoß dieser Untersuchung, denn wenn diese Wahrnehmung stimmen würde, würde das staatliche Handeln letztlich nur der Gewinnerzielung dienen. Dies allein rechtfertigt allerdings noch nicht das wirtschaftliche Engagement des Staates. Auch wenn einzelne Stimmen eine Rechtfertigung staatlichen Handelns aus einer gewachsenen Rechtstradition heraus befürworten, so kann dies nach Ansicht des Verfassers nicht genügen. Dies ergibt sich aufgrund der Grundrechtsrelevanz staatlichen Handelns und des Rechtsstaatsprinzips, das eine Legitimation staatlichen Handelns erfordert. Insofern kann sich die Legitimation nicht aus dem bloßen

Bestehen des öffentlich-rechtlichen Bankensystems über Jahre hinweg ergeben, sondern die Legitimationsfrage ist weiter zu stellen.

Eine andere Ansicht würde dazu führen, dass jedes öffentliche Unternehmen, wenn es zu irgendeinem Zeitpunkt einmal auf der Grundlage einer ausreichenden Legitimation errichtet wurde, ohne Einschränkung auch in Zukunft tätig sein könnte, selbst wenn der die Rechtfertigung tragende Zweck über die Jahre verloren gegangen wäre.

Zuzugeben ist aber, dass sich der Zweck der öffentlichen Wirtschaftstätigkeit über die Jahre verändern und an die tatsächliche Entwicklung anpassen kann.

Betrachtet man die Sparkassen, so kann sich eine tragfähige Rechtfertigung ihrer Tätigkeit auch nur aus einer solchen Anpassung ergeben. Denn die im Rahmen der historischen Betrachtung des Systems gefundenen Gründe, die für die Einrichtung des Systems sprachen, sind nicht mehr hinreichend, weil es die damals vorhandenen Nöte in dieser Ausprägung nicht mehr gibt. So gibt es, wie den Kritikern des Systems zuzugeben ist, tatsächlich die Möglichkeit in nahezu jedem Fleck Deutschlands Bankgeschäfte zu erledigen. Dies ergibt sich insbesondere aus dem Vorhandensein der Genossenschaftsbanken, die ähnlich weit verbreitet sind wie die Sparkassen.

Außerdem ist es aufgrund der Verbreitung des Internets tatsächlich möglich, eine Geschäftsverbindung zu einer Bank aufzunehmen, die sich in einer größeren räumlichen Entfernung befindet.

Der Blick muss also tiefer gehen und kann sich nicht darauf beschränken, ob die historischen Argumente immer noch greifen, sondern darüber hinaus die Frage beantworten, ob nicht möglicherweise neue tragende Gründe hinzutraten, die das staatliche Engagement hinreichend rechtfertigen.

aaa) Versorgung in der Fläche und das Wettbewerbsargument

Ein wesentlicher Punkt des in den Sparkassengesetzen normierten öffentlichen Auftrages ist die Sicherstellung der kreditwirtschaftlichen Versorgung in der Fläche. Wie eben gesagt, ist davon auszugehen, dass die Versorgung in der Fläche derzeit weitgehend auch durch andere Institute erfolgen könnte. Allerdings muss die besondere Wichtigkeit einer Bankverbindung in der Gegenwart betrachtet werden. So erscheint in Zeiten des bargeldlosen Zahlungsverkehrs ohne ein eigenes Girokonto eine Teilnahme am Wirtschaftsleben selbst zum Bezug staatlicher Transferleistungen nicht mehr möglich. Dies führt dazu, dass es von großer Wichtigkeit ist, den Bürgern die Möglichkeit zu geben, zu vertretbaren Konditionen am bargeldlosen Zahlungsverkehr teilnehmen zu können. Die Existenz der Genossenschaftsbanken vermag nach Ansicht des Verfassers die Verfolgung eines öffentlichen Zwecks durch die Sparkassen nicht in Frage zu stellen. Denn die Genossenschaftsbanken sind ihren Mitgliedern gegenüber verpflichtet und nicht, wie die Sparkassen, gegenüber der Allgemeinheit. In diesem Zusammenhang kommt dem Wettbewerbsargument eine besondere Bedeutung zu. Denn es besteht tatsächlich die Gefahr, insbesondere wenn man die Entwicklung der Bankenlandschaft in Großbritannien betrachtet, dass, wenn die Sparkassen ihr Engagement einschränken, die Versorgung insgesamt problematischer wird. Insofern ist der Gedanke, dass sich die Umstände verändert haben und eine flächendeckende Versorgung auch ohne die Sparkassen vorgehalten werden kann, nicht hinreichend stichhaltig. Vielmehr ist zu erwarten, dass die Sparkassen die flächendeckende Versorgung garantieren und die Mitbewerber das Vorhalten von Geschäftsstellen teilweise diesem Angebot der Sparkassen angepasst haben.

Die Wettbewerbsfunktion und die Garantie, eine flächendeckende Versorgung vorzuhalten, vermögen ein gewichtiges öffentliches Interesse für das Vorhalten des öffentlich-rechtlichen Bankensystems sein. Es ist davon auszugehen, dass eine flächendeckende Versorgung in der derzeitigen Qualität ohne die Sparkassen nicht stattfände. Die Einstufung dieses Interesses als ein qualifiziertes Interesse und damit als Gemeinwohlinteresse kann insbesondere vor dem Hintergrund der steigenden Wichtigkeit einer Bankverbindung als vernünftig und sachgerecht beurteilt werden. Die flächendeckende Versorgung mit Bankdienstleistungen vermag nach Ansicht des Verfassers zudem als ein Anliegen im Bereich der Daseinsvorsorge verstanden werden. Nach dem oben Gesagten soll zur Daseinsvorsorge die Versorgung der Bevölkerung mit essentiellen Gütern und Dienstleistungen gehören.

Bei der Beobachtung wie stark der bare Zahlungsverkehr abgenommen hat, insbesondere für Lohn- und Gehaltszahlungen, fällt auf, dass die Möglichkeit eine Kontoverbindung zu unterhalten von essentieller Bedeutung ist. Insbesondere um erforderliche Zahlungen abwickeln und Geldeingänge, seien es Transferleistungen oder das Gehalt, empfangen zu können. Ohne das Unterhalten einer Girokontoverbindung, das eine Teilnahme am bargeldlosen Zahlungsverkehr ermöglicht, erscheint eine Teilnahme am Wirtschaftsleben nicht mehr denkbar. Gerade durch die Verbreitung des Internets mit den hierdurch entstehenden neuen Möglichkeiten etwa durch Online-Shopping überall national oder sogar international online einkaufen zu können, wird die Bedeutung der bargeldlosen Abwicklung von Zahlungen noch einmal unterstrichen. Nachdem die Notwendigkeit eines Girokontos zu den Anfängen der Sparkassen nicht galt, haben die Gesetzgeber durch die Aufnahme dieser Verpflichtung in den Sparkassengesetzen eine Transformation des öffentlichen Auftrages in die Gegenwart vorgenommen.

Zudem ist anzuerkennen, dass etwa die Möglichkeit, Gelder auf (Spar-)Konten sicher zu verwahren, ein erhebliches Plus an Sicherheit schafft, weswegen es einer flächendeckenden Versorgung mit Geldaus- und -einzahlungseinrichtungen bedarf und der Verweis auf die Möglichkeit durch die Nutzung neuer Medien auch über weite Distanzen hinweg zu einer Bank eine Geschäftsverbindung zu unterhalten, nicht trägt.

Diese Überlegungen zeigen, dass es sich bei der Versorgung mit Bankdienstleistungen um einen Bereich handelt, der tatsächlich von essentieller Wichtigkeit ist, vergleichbar mit der Versorgung der Bevölkerung mit Gas und Wärme oder mit dem öffentlichen Personennahverkehr.

Die flächendeckende Versorgung der Bevölkerung mit Bankdienstleistungen ist folglich staatliches Handeln zur Daseinsvorsorge. Sie stellt ein wesentliches Rechtfertigungselement der staatlichen Wirtschaftstätigkeit durch die Sparkassen dar.

bbb) Sicherungsfunktion

Trotz des Wegfalls von Anstaltslast und Gewährträgerhaftung vermögen die Sparkassen und Landesbanken durch ihr arbeitsteiliges Vorgehen und der gegenseitigen Einstandspflicht und ihrer zurückhaltenden Geschäftspolitik dem Kreditgewerbe Sicherheit zu geben. Insbesondere die Tatsachen, dass bisher kein Institut der Sparkassenorganisation die Hilfe eines Stützungsfonds benötigt hat oder es zu einem Fall der Inanspruchnahme des Direktanspruchs gegen den Gewährträger kam, beweisen, dass die Sparkassen dazu in der Lage sind, dem Kreditgewerbe Sicherheit zu geben. Gleichzeitig ist allerdings anzuerkennen, dass diese Funktion durch den Wegfall von Anstaltslast und Gewährträgerhaftung an Bedeutung verloren hat.

Vor dem Hintergrund der Wirtschaftskrise und der Gefahr, dass durch das Fehlverhalten der Banken das Vertrauen in die Finanzwirtschaft sinkt, was zu einem Abzug von Einlagen führen kann, ist das Ziel der Sicherung des Systems als ein besonders hohes öffentliches Interesse einzustufen.

Dass die Privatbanken allerdings nur eine unzureichende Einlagensicherheit bieten können, ist nicht feststellbar. Insofern vermag die Sicherungsfunktion zwar ein legitimer Zweck sein, sie allein dürfte die Rechtfertigung des Systems aber nicht tragen.

Hier handelt es sich aber nicht um ein Element der Daseinsvorsorge, sondern um ein weiteres Gemeinwohlinteresse, dem die Sparkassen dienen. Letztlich geht es hier um die Stärkung von Vertrauen in die Bankenlandschaft, ohne das das System nicht funktionieren könnte.

ccc) Kreditversorgung

Die Sparkassen treten im Rahmen der Kreditversorgung insbesondere dadurch auf, dass sie die Hausbank ihres Gewährträgers sind und dass sie den Mittelstand mit Krediten unterstützen.

Nach Ansicht des Verfassers vermag die Hausbankfunktion nicht mehr als ein gemeinnütziger Zweck zu gelten. Denn die Versorgung der Gebietskörperschaften mit Finanzdienstleistungen, insbesondere mit Krediten, erscheint aufgrund der hohen Bonität der öffentlichen Gebietskörperschaften unproblematisch. Dies zeigt sich in der Praxis darin, dass, wenn eine Finanzierung ansteht, eine große Zahl an Kreditinstituten diese anbieten.

Allerdings vermag nach Ansicht des Verfassers die Sicherstellung der Kreditversorgung des Mittelstandes ein legitimer Grund für die Tätigkeit der Sparkassen und Landesbanken zu sein. Denn gerade in der Wirtschaftskrise, als die Banken untereinander die Kreditgewährung drosselten, haben die Sparkassen ihre Kreditvergabe sogar erhöht. Zudem ergibt sich aus dem Regionalprinzip, dass die Sparkassen die Unternehmen und die Rahmenbedingungen für Unternehmen gut kennen und vor Ort auch Existenzgründer umfassend betreuen können. Dies geschieht aufgrund der Organisation der Sparkassen auch in strukturschwachen Gebieten.

Auch die Sicherstellung einer flächendeckenden Kreditversorgung mag für die Entwicklung eines ganzen Wirtschaftsraumes als essentiell gelten, so dass die obigen

Ausführungen zur flächendeckenden Versorgung allgemein auch für die flächendeckende Versorgung mit Krediten gelten und entsprechend auch diese Tätigkeit der Sparkassen als eine Tätigkeit im Rahmen der Daseinsvorsorge zu qualifizieren ist.

ddd) Das Girokonto für Jedermann

Entgegen der Darstellung der privatrechtlich organisierten Banken, wird hier der gesetzlich festgelegte Anspruch jedes Einzelnen, bei der örtlichen Sparkasse ein Girokonto errichten zu können, als ein hohes öffentliches Interesse angesehen, dem das Vorhalten der Sparkassen dient.

Denn gerade in den wirklich problematischen Fällen von Empfängern staatlicher Transferleistungen zeigt die Praxis, dass diese Personengruppe weit überwiegend ein Girokonto bei einer Sparkasse unterhält. Das Girokonto ist in der Gegenwart unumgänglich, um am Wirtschaftsverkehr teilzunehmen, so dass die gesetzliche Pflicht der Sparkassen, ein solches für Jedermann zu eröffnen, dem Grunde nach das Vorhalten der Sparkassen rechtfertigen kann. Es zeigt sich, dass die gebotene Versorgung der Privatbanken in diesem Bereich nicht hinreichend ist, insbesondere da kein einklagbarer Anspruch auf eine Kontoeröffnung besteht. Ein solcher ergibt sich nach dem oben Gesagten auch nicht aus der freiwilligen Selbstverpflichtung der privaten Banken.

Auch das Anbieten eines flächendeckenden Girokontos für Jedermann ist eine wesentliche Ausprägung des Sparkassenhandelns auf dem Gebiet der Daseinsvorsorge. Auch hierauf kann sich die Rechtfertigung staatlichen Wirtschaftshandelns stützen.

eee) Förderung der Vermögensbildung

Das Element des öffentlichen Auftrages, die Vermögensbildung breiter Bevölkerungsteile zu fördern, kann grundsätzlich als ein besonderes öffentliches Interesse angesehen werden. Denn das Sparen führt dazu, ein selbstbestimmtes Leben führen zu können. Zudem führt es dazu, Vermögensunterschiede auszugleichen und entlastet letztlich den Haushalt, weil durch Sparen die Gefahr sinkt, Sozialleistungen in Anspruch nehmen zu müssen. Allerdings gibt es grundsätzlich eine Vielzahl an Angeboten von diversen Unternehmen, die den Bürgern Geldanlageformen anbieten und hierfür werben. Die Sparkassen fallen in diesem Umfeld nicht besonders positiv auf, lediglich das Schulsparen erscheint eine gewisse Alleinstellung des Systems zu schaffen. Doch auch hier ist davon auszugehen, dass sich das Schulsparen ebenso durch privatrechtlich organisierte Institute anbieten ließe, allein schon wegen der damit verbundenen Möglichkeit, bereits frühzeitig Kundenbindung zu betreiben. Grundsätzlich können die privaten Geldinstitute die Vermögensbildung hinreichend allein fördern.

Die Förderung der Vermögensbildung erscheint allerdings dann als ein förderungswürdiges öffentliches Interesse, wenn man sie im Zusammenhang mit der flächendeckenden Versorgung durch die Sparkassenorganisation ansieht. Denn die Sparkassen schaffen auf diese Weise auch in ländlichen Gebieten für die ortansässige

Bevölkerung einen direkten Zugang zu Finanzdienstleistungen und insbesondere zu Sparprodukten. Zudem bieten im Wesentlichen die Sparkassen auch in ländlichen Gebieten die Möglichkeit, Geld sicher auf ein Konto einzuzahlen. Um regelmäßig Geld sparen zu können, bedarf es auch einer Möglichkeit in räumlicher Nähe, Geld einzuzahlen bzw. Geld abzuheben. Das theoretische Angebot, etwa über das Internet auch mit Banken, die weit entfernt liegen, Geschäfte zu machen, ist nur möglich, wenn es auch eine Ein- und Auszahlungsstelle in räumlicher Nähe gibt, so dass der bargeldlose Zahlungsverkehr überhaupt genutzt werden kann.

fff) Bindung an das Gemeinwohl

Teilweise sehen die Sparkassengesetze ausdrücklich eine Bindung der Sparkassen an das Gemeinwohl vor. Allerdings ergibt sich aus dem öffentlichen Auftrag schon allgemein, dass die Sparkassen ihre Tätigkeit am Gemeinwohl auszurichten haben. Insofern genügt die abstrakte Bindung der Sparkassen an das Gemeinwohl nicht als selbständiges Rechtfertigungselement. Vielmehr obliegt es dem Gesetzgeber, das Gemeinwohl zu konkretisieren. Ein abstrakter Verweis auf das Gemeinwohl kann staatliche Wirtschaftstätigkeit nicht rechtfertigen.

ggg) Bewertung

Insgesamt lassen sich also für die Sparkassen verschiedene Elemente des öffentlichen Auftrages darstellen, die deren staatliches Aufrechterhalten rechtfertigen können. Es hat sich gezeigt, dass das wichtigste Rechtfertigungselement die Sicherstellung der flächendeckenden Versorgung mit Bankdienstleistungen ist. In diesem Bereich sind insbesondere das flächendeckende Anbieten einer Girokontoverbindung mit Geldein- und Auszahlungsmöglichkeit, damit verbunden auch das Anbieten einer wettbewerbsfähigen Möglichkeit, Geld anzusparen sowie die Sicherstellung der Kreditversorgung zu marktüblichen Konditionen von besonderer Bedeutung. Der Blick nach Großbritannien hat gezeigt, dass ohne das Vorhalten eines staatlichen Bankensystems gerade in diesen Bereichen Missstände auftreten, die für die regionale Wirtschaftsentwicklung von großem Nachteil sind. Hiergegen mag man einwenden, dass die Genossenschaftsbanken flächenmäßig eine starke Präsenz haben, die, wenn man allein die Anzahl der Filialen betrachtet, sogar über diejenige der Sparkassen hinausgeht. Allerdings ist bei einem Rückzug der Sparkassen nicht zu erwarten, dass es in ländlichen Gebieten einen echten Wettbewerb geben würde. Es ist nicht unwahrscheinlich, dass sich in diesem Fall die privatrechtlich organisierten Banken aus der Peripherie zurückzögen bzw. ihre starke Marktstellung ausnützen würden, was im Bereich der Bankdienstleistungen, auf die mittlerweile fast jeder angewiesen ist, sehr problematisch wäre. Die Sparkassen stellen nicht nur die Versorgung in der Fläche sicher, sondern sie stellen darüber hinaus sicher, dass die Bankdienstleistungen zu einem angemessenen Preis angeboten werden und schaffen selbst in entlegenen Gebieten einen gewissen Innovationsdruck.

Dennoch erscheint es nach Ansicht des Verfassers angezeigt, den öffentlichen Auftrag noch klarer zu fassen und in ihm weitere Aufgaben der Sparkassen festzuschreiben. Zunächst sollten die Sparkassengesetze insgesamt vorsehen, dass die Gewinnerzielung nicht Hauptzweck der Geschäftstätigkeit ist, wenngleich dieses Problem in größerem Maße bei den Landesbanken vorliegt. Weiterhin erscheint es wünschenswert und denkbar, dass die Sparkassen aus den Sparkassengesetzen heraus zur Erbringung von besonderen Beratungsleistungen verpflichtet werden. Die Festsetzung der Verpflichtung, eine unabhängige, nicht an der Gewinnerzielungsabsicht ausgerichtete Beratung in Finanzdienstleistungsfragen anzubieten, könnte in diese Richtung führen. Aufgrund der Vielzahl von möglichen Anlage- und Darlehensformen gibt es nach Ansicht des Verfassers ein Bedürfnis an einer solchen Beratung. Außerdem wäre es sinnvoll, den Sparkassen die Aufgabe der Schuldnerberatung aufzugeben. Dies hätte den Vorteil, dass die Kompetenz der Sparkassen optimal genutzt werden könnte und zudem eine flächendeckende Versorgung an Beratungsstellen für Schuldner vorhanden wäre.

Die Erbringung von Beratungsleistungen führt insgesamt dazu, dass sich verschiedene Informationsgrade ausgleichen. Dies dürfte als ein Gemeinwohlbelang zu qualifizieren sein. Auch *Anderheiden* erkennt an, dass Rechtsgeschäfte, die unter Informationsasymmetrien abgeschlossen werden, nicht nur dem weniger Informierten, sondern regelmäßig der Allgemeinheit schaden.[709]

Zudem erscheint es wünschenswert, dass die Sparkassen Änderungen der Leitzinssätze der Zentralbanken zügig umsetzen und damit dafür sorgten, dass die Entscheidungen der Zentralbank, die regelmäßig konjunkturpolitische oder geldpolitische Ziele verfolgen, sich zügig auf dem Bankenmarkt niederschlagen.

Auch die Verpflichtung, ein Girokonto für Jedermann vorzuhalten, sollte flächendeckend in allen Sparkassengesetzen enthalten sein. Dies wird nach dem oben Gesagten als ein wesentliches Element der Daseinsvorsorge angesehen und schafft eine starke Legitimation für das Handeln der Sparkassen. Daneben erscheint auch eine gesetzliche Gestattung, Beteiligungen zur Verbesserung der Eigenkapitalausstattung bei jungen, innovativen Unternehmen zu halten, wünschenswert. Aus der Finanzkrise lässt sich der Schluss ziehen, dass ein gesetzlich verankertes Abtretungsverbot jedenfalls für solche Darlehensforderungen, die ordnungsgemäß bedient werden, Ruhe und Verlässlichkeit in das Finanzsystem insgesamt bringen und damit das Vertrauen in das System insgesamt stärken könnte. Insofern erscheint auch die Aufnahme eines solchen Abtretungsverbotes in die Sparkassengesetze sinnvoll und sie würde der Sicherungsfunktion der Sparkassen weiter verstärken und damit deren Legitimation. Dies dürfte die Handlungsfähigkeit der Sparkassen auch nicht zu sehr einschränken, da nach eigenen Angaben bereits jetzt ordnungsgemäß bediente Darlehen nicht abgetreten werden.

Nach dem oben Festgestellten erscheint es auch sinnvoll in allen Sparkassengesetzen die Verpflichtung zur Entwicklung von Finanzinnovationen aufzunehmen. Dies würde dazu führen, dass auch die „Massenkundschaft" flächendeckend in den

---

709 Anderheiden, S. 426.

Genuss von attraktiven Finanzprodukten kommt. Hierdurch könnten die Sparkassen tatsächlich dafür Sorge tragen, dass sie eine echte Förderung des Sparsinns böten.

bb) Zusammenfassung der tatsächlichen Situation der Landesbanken, Vorliegen gewichtiger Zwecke des Gemeinwohls

aaa) Eigene Verfolgung von Gemeinwohlzielen, Nähe zu dem öffentlichen Auftrag der Sparkassen

Für die Landesbanken erscheint die Situation etwas diffuser, was primär daran liegt, dass sie in einem viel geringeren Maße unmittelbar gegenüber den Bürgern in Erscheinung treten. Wie sich oben gezeigt hat, ist der wesentliche schützenswerte Zweck der Sparkassen, dass sie die Versorgung der Bevölkerung bis hinein in die Fläche übernehmen und sicher stellen. Die Landesbanken erbringen eine vergleichbare Leistung jedenfalls nicht direkt, teilweise scheuen sie sogar die Erbringung von Bankleistungen in ihrem Bundesland, weil sie nicht mit den Sparkassen konkurrieren möchten. Insofern betätigen sie sich auch nicht direkt im Bereich der Daseinsvorsorge.

Sie beschäftigen sich, sofern sie als Universalbanken auftreten, primär mit Kunden wie Gebietskörperschaften oder Unternehmen. Diese Geschäfte erreichen regelmäßig ein Volumen, das die Möglichkeiten einzelner Sparkassen übersteigt. In den Bereichen von industriellen Kunden und von Gebietskörperschaften besteht allerdings keine Versorgungsproblematik, denn um diese Kunden bemühen sich auch alle anderen Bankengruppen. Insofern ist in diesem Bereich auch bei einem Rückzug der Großbanken aus strukturschwachen Gebieten kein Versorgungsengpass zu erwarten, hier liegt kein Marktversagen vor und ein solches ist auch nicht zu befürchten. Es ist nicht erkennbar, inwiefern diese Tätigkeit einem besonderen öffentlichen Interesse dient. Vielmehr beschränken die Landesbanken durch ihre Tätigkeit gerade in diesem Geschäftsbereich vergleichsweise stark die Geschäftstätigkeit der Großbanken. Zudem weisen gerade die von der Finanzkrise besonders negativ betroffenen Landesbanken eine vergleichsweise geringe realwirtschaftliche Verankerung auf. Sie betätigten sich besonders stark im internationalen Geschäft mit Banken. Ein öffentliches Interesse für dieses Engagement ist nicht erkennbar.

Die Spekulationsgeschäfte der Landesbanken sind noch aus einem anderen Grund negativ zu bewerten. Es mag zwar sein, dass das Engagement der Landesbanken an den internationalen Finanzmärkten ein klassisches Geschäftsfeld der Landesbanken ist.[710] Allerdings stellt sich im Rahmen der rechtlichen Bewertung dieser Geschäfte der Landesbanken nicht die Frage, in welchem Zusammenhang die Landesbanken ihr Geld verloren haben, sondern vielmehr aus welchen Motiven heraus die Landesbanken gehandelt haben und inwiefern diese Geschäfte im öffentlichen Interesse lagen.

---

710 Hassis, 50 Jahre LRP, S. 26.

Die Landesbanken arbeiteten hier als Investmentbanken im eigenen Interesse. Sie engagierten sich nicht auf den internationalen Finanzmärkten um eine dienende Funktion etwa für Sparkassen oder für eigene Kunden zu erfüllen, sondern sie versuchten durch die Anlage eigenen Geldes einen möglichst hohen Ertrag zu erwirtschaften. Allerdings kann nach der hier vertretenen Ansicht die Gewinnerzielung als einziges Ziel kein staatliches Handeln rechtfertigen.

Die Landesbanken können die Rechtfertigung ihres Handelns nur aus der Unterstützung und Ergänzung der Tätigkeit der Sparkassen ableiten. So ist zuzugeben, dass die Sparkassen aufgrund ihrer regionalen Organisation Kreditengagements nur bis zu einer gewissen Größe schultern können und dass die Landesbanken es den Sparkassen hier ermöglichen, eine Finanzierung, ggf. im Verbund, zu verwirklichen. Dies erscheint sinnvoll und wichtig. Denn nach Ansicht des Verfassers bedarf es auch in Unterzentren eines vollwertigen Finanzdienstleistungsangebots, was auch das Anbieten großvolumiger Finanzierungen umfasst. Vor diesem Hintergrund erscheint auch die Unterstützung der Sparkassen durch die Abwicklung des Zahlungsverkehrs und des Wertpapiergeschäfts sinnvoll und wichtig. Ansonsten könnten die Sparkassen keine vollwertige Versorgung mit Bankdienstleistungen bieten, weil die Einheiten hierfür zu klein wären. Dass eine solche Teilversorgung in der Fläche nicht wünschenswert ist, zeigte insbesondere der Blick nach Großbritannien.

Auch die Teilnahme bzw. die Ausführung staatlicher Förderprogramme dient einem öffentlichen Zweck.

bbb) Bewertung

Nicht das komplette geschäftliche Engagement der Landesbanken erscheint derzeit einem öffentlichen Zweck und damit dem Gemeinwohl zu dienen. Insgesamt lässt sich sagen, dass die Rechtfertigung für das Vorhalten der staatlichen Landesbanken sich hauptsächlich daraus ergibt, dass die Landesbanken die Sparkassen unterstützen, deren Tätigkeit viel mehr öffentlichen Zwecken dient. Nach Ansicht des Verfassers ist diese Rechtfertigung auch weitgehend tragfähig, denn eine flächendeckende Versorgung mit allen Bankdienstleistungen, was hier als das wichtigste Element des öffentlichen Auftrages angesehen wird, kann kostendeckend und aus organisatorischen Gründen von den Sparkassen allein nicht angeboten werden. Deswegen erscheint die Arbeit der Landesbanken, insbesondere die Abnahme einzelner Aufgaben wie das Wertpapiergeschäft oder das Auslandsgeschäft, sinnvoll und wünschenswert.

Problematischer erscheint die eigene Geschäftstätigkeit der Landesbanken. Schon die Versorgung der Länder und der kommunalen Gebietskörperschaften scheint keinem öffentlichen Interesse zu dienen, weil in dieser Hinsicht nicht mit Finanzierungsproblemen zu rechnen ist. Hier besteht also kein Marktversagen und es besteht nicht einmal eine konkrete Befürchtung, dass es in diesen Bereichen zu ernsthaften Versorgungsproblemen ohne das Engagement der Landesbanken käme. Diese Tätigkeit wird schon bei den Sparkassen als problematisch angesehen. Sehr problematisch erscheint darüber hinaus die eigene Geldanlage in Wertpapieren. Es mag einer Bank insgesamt zugebilligt werden, dass die hereingenommenen Gelder gewinnbringend angelegt werden müssen, damit der den Einlegern geschuldete Zins erwirtschaftet werden kann. Allerdings haben hier die Landesbanken, da sie im regelmäßigen Geschäftsverkehr mit den Sparkassen stehen, auch die Möglichkeit, Erträge dadurch zu erwirtschaften, dass sie die Gelder an die Sparkassen ausleihen. Denn dem Grunde nach halten die Landesbanken für die Sparkassen Liquiditätsreserven und bieten ihnen die Möglichkeit an, Gelder anzulegen, etwa Termingelder.

Die Geldanlage in Wertpapieren, wozu im Fall der SachsenLB eine irische Tochtergesellschaft gegründet wurde, die mit dieser Anlagepraxis der Landesbank und damit auch dem Land selbst über Jahre hinweg erhebliche Gewinne einbrachte, letztlich allerdings erhebliche Verluste, dient keinem öffentlichen Zweck.

Denn, auch wenn die erwirtschafteten Erträge dem Gewährträger zu Gute kommen, so ist hierin nach dem oben gefundenen Ergebnis nicht die Erfüllung eines öffentlichen Zwecks zu sehen. Nun muss aber anerkannt werden, dass es ein Kerngeschäft der Kreditinstitute ist, die hereingenommenen Gelder am Kapitalmarkt gewinnbringend anzulegen. Letztlich funktioniert die Kreditwirtschaft so, dass Gelder hereingenommen werden (Passivgeschäft), auf der anderen Seite die Gelder aber auch wieder angelegt werden (Aktivgeschäft). Das klassische Aktivgeschäft ist die Vergabe von Darlehen. Allerdings bedarf es neben diesem klassischen Aktivgeschäft auch Ergänzungen. So legen die Banken und Sparkassen ihrerseits das Geld wieder bei anderen Banken an und unterhalten Guthaben bei den Zentralbanken. Eine weitere Möglichkeit, Gelder gewinnbringend anzulegen, ist der Kauf von Wertpapieren, wie es die Landesbanken öffentlichkeitswirksam im Rahmen der US-Immobilienfinanzierung getan haben. Damit eine Bank arbeiten kann, kann dieses Geschäft nicht gänzlich verboten werden, was dem ersten Anschein nach die gebotene Reaktion auf die öffentlich gewordenen Missstände wäre.

Nach Ansicht des Verfassers ist dem Rechnung zu tragen. Die Errichtungsgesetze der Landesbanken sollten dem jeweiligen Institut allerdings klare Vorgaben machen, in welche Richtung das Handeln der Landesbanken gehen darf. Im Wesentlichen sollte sich die Geschäftstätigkeit der Landesbanken auf die Unterstützung der Sparkassen beschränken und damit auf klassische Bankgeschäfte. Die Landesbanken sollten nicht dazu ermächtigt werden, Geschäfte wie ein privates Kreditinstitut zu erledigen. Für Geschäfte, die der reinen Gewinnmaximierung dienen, fehlt es an der verfassungsmäßigen Legitimation.

Entsprechend bedarf es der Aufnahme einer Beschränkung in den jeweiligen Errichtungsgesetzen, in denen der öffentliche Auftrag beschrieben wird.

Die Satzung der Landesbank Hessen-Thüringen vermag hier nach Ansicht des Verfassers als Beispiel dienen. Hierin ist in § 5 aufgeführt:

> *(6) Die Bank kann Bankgeschäfte aller Art und weitere im kreditwirtschaftlichen Bereich übliche Dienstleistungen und Geschäfte betreiben, soweit die Bankgeschäfte und weitere Dienstleistungen und Geschäfte unmittelbar oder mittelbar der Zweckerfüllung der Bank dienen.*
>
> (...)

(9) Unter Berücksichtigung des öffentlichen Auftrags der Bank ist die Erzielung von Gewinn nicht Hauptzweck des Geschäftsbetriebes.

Diese Regelung erscheint als eine angemessene Beschränkung der Geschäftstätigkeit der Landesbank. Auf der einen Seite wird es ihr grundsätzlich gestattet, Bankgeschäfte aller Art zu betreiben, allerdings geht diese Befugnis nur so weit, wie es der Erfüllung des öffentlichen Zwecks der Bank dient. Einem Ausufern der Geschäftstätigkeit wird dadurch vorgebeugt, dass die Erzielung von Gewinn niemals Hauptzweck der Tätigkeit sein darf. Die Fälle der Anlage von Geldern in den Sammelschuldverschreibungen über die US-Kredite sind ausschließlich zu dem Zweck geschehen, die Ertragslage der jeweiligen Landesbank zu verbessern, was nach dieser Vorschrift nicht möglich gewesen wäre.

Dennoch verbleibt der Landesbank genügend Spielraum, die hereingenommenen Gelder so anzulegen, wie es ein vernünftiges Wirtschaften erfordert.

Insgesamt sollte sich die Tätigkeit der Landesbanken stärker darauf konzentrieren, den Sparkassen als Zentralbank zu dienen, weil hierfür tatsächlich ein öffentlicher Zweck besteht, der das Handeln der Landesbanken rechtfertigen kann. Letztlich das flächendeckende Angebot aller Finanzdienstleistungen durch die Sparkassen. In diesem Zusammenhang wird diskutiert, dass es im Bereich der Landesbanken zu Konsolidierungen kommen sollte und dass die veränderten Landesbanken sich möglicherweise nur noch als Dienstleister für die Sparkassen betätigen sollen.[711] Die Beschränkung der Geschäftstätigkeit deckt sich auch mit dem hier gefundenen Ergebnis, wohingegen aus der Sicht der Rechtfertigung der Landesbanken keine Notwendigkeit für eine Konsolidierung besteht.

cc) Abschließende Bewertung, Verhältnismäßigkeit im engeren Sinne

Dem Grunde nach dient die Tätigkeit der sogenannten Sparkassen-Finanzgruppe legitimen öffentlichen Zwecken. Insbesondere bei den Landesbanken bedarf es zwar nach Ansicht des Verfassers einer Konkretisierung des öffentlichen Zwecks und hierdurch einer Einschränkung der erlaubten Geschäftstätigkeit. Sobald diese allerdings erfolgt ist, bestehen auch daran, dass die Landesbanken einem legitimen öffentlichen Zweck dienen, keine Bedenken mehr.

Die Tätigkeit der Sparkassenorganisation erscheint auch geeignet, insbesondere eine flächendeckende Versorgung mit Finanzdienstleistungen zu erbringen und die kreditwirtschaftliche Versorgung in der Fläche zu sichern. Damit trägt die Sparkassenorganisation zu einer gleichmäßigen wirtschaftlichen Entwicklung im Bundesgebiet bei und verhindert die Verödung ganzer Landstriche. Insgesamt hilft das Engagement also, die Ressourcen des gesamten Bundesgebietes zu nutzen.

Weiterhin fragt es sich, ob es kein milderes Mittel für die Zweckerreichung gibt.

---

711 Henneke, DVBl, S. 476.

Denkbar wäre etwa eine Inpflichtnahme von privaten Banken, insbesondere von Genossenschaftsbanken, auch in der Fläche dauerhaft eine Versorgung anzubieten. Damit müsste dann aber auch stärker in die Geschäftstätigkeit der Banken eingegriffen werden, denn es bedürfte auch einer Versicherung, dass die Banken nicht nach britischem Vorbild dazu übergehen, gerade in der Fläche, wo wenige Anbieter von Finanzdienstleistungen auf viele Nachfrager treffen, ihre sich hieraus ergebende Marktmacht auszunutzen.

Der hierfür erforderliche Eingriff würde nach Ansicht des Verfassers die Einschränkungen, die die Privatbanken derzeit durch die Tätigkeit der Sparkassen und Landesbanken erleiden müssen, überwiegen. Denn gegenwärtig können die Banken dort eine Zweigstelle eröffnen, wo sie es für erforderlich und betriebswirtschaftlich für sinnvoll halten. Sie können auch mit den Sparkassen und Landesbanken grundsätzlich mit allen ihnen zustehenden Mitteln in den Wettbewerb um die Kundengunst treten und haben hier sogar dadurch, dass ihnen im Gegensatz zu den Sparkassen keine besonderen Aufgaben per Gesetz zukommen, einen Wettbewerbsvorteil. Zudem hat die Sparkassenorganisation schon in der Vergangenheit den Vorteil der besonders hohen Bonität, den sie aufgrund von Anstaltslast und Gewährträgerhaftung inne hatte, nicht am Markt dazu ausgenutzt, besonders attraktive Konditionen anzubieten. Aufgrund des Wegfalls der beiden Institute besteht in diesem Zusammenhang kein Wettbewerbsungleichgewicht mehr.

Auch die Etablierung gemeinnütziger Einrichtungen nach dem Vorbild der britischen CDFIs erscheint zwar als ein milderes Mittel, dieses wäre allerdings nicht gleich geeignet. Denn es bedarf auch in der Fläche eines Angebots an allen Bankdienstleistungen und nicht nur von Teilbereichen, um die Voraussetzung einer ausgeglichenen Wirtschaftsstruktur zu schaffen.

Das Engagement der Sparkassen-Finanzgruppe erscheint mit den vorgeschlagenen Änderungen auch verhältnismäßig im engeren Sinne zu sein. Für die Sparkassen sprechen insbesondere die nachhaltige flächendeckende Versorgung mit Finanzdienstleistungen, welche auch dazu führt, dass auch Einkommensschwache die Möglichkeit haben, ein Girokonto zu unterhalten. Außerdem wird hierdurch das Sparen gefördert und der Mittelstand findet auch und gerade in strukturschwachen Gebieten einen Finanzierungspartner, was zu einer ausgeglichenen Wirtschaftsstruktur beiträgt. Dies ist auch deswegen im Allgemeininteresse, weil anerkanntermaßen der Mittelstand in einem besonders hohen Maße für die Schaffung von Arbeitsplätzen verantwortlich ist. Einen verfassungsmäßigen Niederschlag finden die von den Sparkassen verfolgten Zwecke im Sozialstaatsprinzip, im Republikprinzip und jedenfalls teilweise im Untermaßverbot. Die flächendeckende Versorgung mit Finanzdienstleistungen ist nach dieser Ansicht auch ein Anliegen der Daseinsvorsorge.

Gegen das Engagement sprechen die durch die Konkurrenz der Sparkassen betroffenen Grundrechte der privatrechtlich organisierten Mitbewerber und das grundsätzliche Legitimationserfordernis staatlicher Wirtschaftstätigkeit, das sich neben den verletzten Grundrechten aus dem Rechtsstaatsprinzip und aus dem Verhältnismäßigkeitsprinzip ergibt. Da schon festgestellt wurde, dass die Tätigkeit der

Sparkassen und grundsätzlich auch die Tätigkeit der sie unterstützenden Landesbanken der Erfüllung von Zielen entsprechen, die im Allgemeininteresse liegen, sind nun einzig die Grundrechte der Mitbewerber noch relevant und das hiermit zusammenhängende Verhältnismäßigkeitsprinzip.

Hier ist insbesondere auszuführen, dass weder die Sparkassen noch die Landesbanken in einen Verdrängungswettbewerb mit den privaten Instituten eintreten. Vielmehr verhalten sie sich marktkonform, so dass den Privatbanken sämtliche Mittel des Marktes zur Verfügung stehen, den Sparkassen und Landesbanken Marktanteile abzunehmen. Etwaige Ausreißer gerade auf Landesbankebene, etwa das Engagement in Spekulationsgeschäften, müssen nach Ansicht des Verfassers durch die vorgeschlagenen Gesetzesänderungen eingedämmt werden. Nach der hier vertretenen Ansicht waren diese Geschäfte rechtswidrig. Die dennoch bestehende Einschränkung der Kreditinstitute, die daraus entsteht, dass sie sich weiteren Wettbewerbern stellen müssen, muss nach Ansicht des Verfassers hinter den höher zu bewertenden Interessen, insbesondere der Gewährleistung einer flächendeckenden Versorgung mit Finanzdienstleistungen, zurückstehen. Denn durch die Präsenz in der Fläche stärken die Sparkassen die Infrastruktur in ihrem Geschäftsgebiet. Darüber hinaus sorgen sie dafür, dass auch sozial Schwache am Wirtschaftsleben teilnehmen können. Außerdem sorgen sie dafür, dass der Mittelstand an jedem Fleck Deutschlands einen Finanzierungspartner finden kann. Daneben tragen die Sparkassen, wie gezeigt, auf vielfältige weitere Weise dazu bei, dass sich ihr Geschäftsgebiet wirtschaftlich, aber auch sozial und kulturell, positiv entwickelt. In diesem Zusammenhang stehen auch die vorgeschlagenen Änderungen der Sparkassengesetze, die die Legitimation des Systems noch erhöhen würden.

Folglich erscheint das Vorhalten der Sparkassen-Finanzgruppe auch in Zukunft, insbesondere unter Berücksichtigung der vorgeschlagenen Änderungen in der Gesetzgebung, gerechtfertigt.

XI. Aufsicht über die Sparkassen und Landesbanken

Anstoß der Arbeit gaben die Geschehnisse um die SachsenLB. Die Bank entwickelte sich stark hin zu einer Investmentbank, um große Renditen erwirtschaften zu können. Hierzu tätigte die Bank spekulative Geschäfte im eigenen Namen. Nach dem oben Gesagten gehört jedenfalls diese Art der Geschäftsausübung nicht zu der vorgesehenen Tätigkeit eines öffentlich-rechtlichen Kreditinstitutes, so dass, wie dargelegt, die Rechtfertigung des staatlichen Unterhaltens eines Kreditinstitutes, das sich auf diese Weise am Markt betätigt, problematisch ist.

Deswegen soll nun weiterhin untersucht werden, welche Möglichkeiten der Aufsicht es gibt, um entsprechende Tätigkeiten zu erkennen und ggf. zu verhindern.

In diesem Zusammenhang soll zunächst kurz die allgemeine Bankaufsicht, der jedes Kreditinstitut in Deutschland unterliegt, dargestellt und auf Möglichkeiten hin überprüft werden, Spekulationen der Kreditinstitute zu beschränken. Im nachfolgenden Schritt soll dann untersucht werden, ob die besondere staatliche Aufsicht über die öffentlich-rechtlichen Kreditinstitute möglicherweise adäquate Mittel bietet, um der besonderen Stellung dieser Bankengruppe gerecht zu werden und um in diesem Bereich Spekulationen vorzubeugen.

1. Bisherige Aufsichtstruktur für alle Kreditinstitute

Die allgemeine Bankenaufsicht, die für alle Kreditinstitute gleichermaßen gilt, findet ihre Rechtsgrundlage im Kreditwesengesetz.

Diese Bankenaufsicht lässt sich folgendermaßen definieren:

> *„Bankenaufsicht ist die von einer staatlichen Stelle ausgeübte Tätigkeit, die darauf gerichtet ist, die in ihrer Geschäftsführung selbständigen Kreditinstitute laufend zu beobachten und ggf. auf sie einzuwirken, um die Einhaltung der dem Zweck der Beaufsichtigung dienenden Rechtsvorschriften und Regelungen zu gewährleisten.“*[712]

Die Aufsicht über das Kreditwesen übt nach § 6 Abs. 1 KWG die Bundesanstalt für Finanzdienstleistungsaufsicht (BaFin) mit Sitz in Bonn und Frankfurt am Main aus. Zunächst gilt es, die Ziele der Bankenaufsicht durch die BaFin herauszuarbeiten, anschließend ist der Frage nachzugehen, welche Möglichkeiten des Einschreitens bestehen und in welchem Fall derartige Schritte gerechtfertigt sind. Mit diesen Ergebnissen soll die Frage beantwortet werden können, inwieweit gegen öffentlich-rechtliche Kreditinstitute, die sich von den im öffentlichen Auftrag niedergelegten Zielen entfernen und im eigenen Interesse Spekulationsgeschäfte betreiben, vorgegangen werden kann.

---

712 Bähre, S. 185.

a) Die Ziele der Bankenaufsicht durch das KWG

Bei der Suche nach den Zielen der staatlichen Bankenaufsicht gibt § 6 Abs. 2 KWG erste Anhaltspunkte.[713] Die Vorschrift findet sich in dem Untertitel „Bundesanstalt für Finanzdienstleistungsaufsicht". In § 6 KWG sind allgemein die Aufgaben der BaFin niedergelegt.

In dessen Absatz 2 heißt es:

> *„Die Bundesanstalt hat Missständen im Kredit- und Finanzdienstleistungswesen entgegenzuwirken, welche die Sicherheit der den Instituten anvertrauten Vermögenswerte gefährden, die ordnungsgemäße Durchführung der Bankgeschäfte oder Finanzdienstleistungen beeinträchtigen oder erhebliche Nachteile für die Gesamtwirtschaft herbeiführen können."*

Hiernach lassen sich generelle Aufsichtsziele nennen.[714] Einerseits soll die Sicherheit der den Instituten anvertrauten Vermögenswerte geschützt werden, woraus sich das Ziel des Gläubigerschutzes ableiten lässt.[715] Andererseits lässt sich aus der zu schützenden ordnungsgemäßen Durchführung der Bankgeschäfte oder Finanzdienstleistungen und der Verhütung von erheblichen Nachteilen für die Gesamtwirtschaft das weitere Ziel der Sicherung der Funktionsfähigkeit des Kreditgewerbes entnehmen.[716] Daneben findet sich in § 6 Abs. 2 KWG der ausdrückliche Auftrag an die BaFin, Missständen im Kreditgewerbe entgegenzuwirken. Ein Missstand ist jede erhebliche, nachhaltige, negative Abweichung vom Standard.[717] Grundlage für das Eingreifen können in diesem Zusammenhang insbesondere wegen der Formulierung „die ordnungsgemäße Durchführung der Bankgeschäfte" ein Verstoß gegen förmliche Gesetze und Rechtsverordnungen, aber auch von internationalen Standards sein.[718]

Auch erhebliche, nachhaltige Verstöße gegen Vorschriften des KWG können einen Missstand darstellen.[719] Diesen kann aber schon nach der Spezialvorschrift des § 6 Abs. 3 KWG begegnet werden.

An diesem Beispiel zeigt sich bereits die Struktur der Aufsicht nach dem KWG, so bilden die § 6 Abs. 2 und Abs. 3 KWG allgemeine Generalklauseln, nach denen es der BaFin gestattet ist, aufsichtsrechtlich einzugreifen. Darüber hinaus gibt das KWG in den folgenden Vorschriften weitere konkretere Vorgaben an die einzelnen Kreditinstitute, die jeweils häufig eigene Eingriffsbefugnisse in sich tragen und

---

713 Niethammer, S. 32.

714 Niethammer, S. 32.

715 Niethammer, S. 33 (hierzu und zur Frage einer sich hieraus ergebenden drittbezogenen Amtspflicht, siehe weiter unten); Schneider, Uwe H.; S. 102.

716 Niethammer, S. 33; für das geschützte Rechtsgut Gesamtwirtschaft; Boos/Fischer/Schulte-Mattler-Fülbier, § 6 KWG, Rn. 34.

717 Boos/Fischer/Schulte-Mattler-Fülbier, § 6 KWG, Rn. 35; Beck/Samm/Kokemoor, § 6 KWG Rn. 49.

718 Boos/Fischer/Schulte-Mattler-*Fülbier*, § 6 KWG, Rn. 35.

719 Boos/Fischer/Schulte-Mattler-*Fülbier*, § 6 KWG, Rn. 36; a. A. Beck/Samm-*Kokemoor*, § 6 KWG, Rn. 49.

damit unabhängig von den Generalklauseln Anwendung finden. Neben den konkreten Vorschriften und Eingriffsbefugnissen des KWG kann die BaFin aber auch in bestimmten Fällen von Verletzungen anderer Rechtsvorschriften als derer des KWG einschreiten. Ein Missstand kann etwa auch dann vorliegen, wenn Verstöße von erheblichem Gewicht gegen Handels- und Gesellschaftsrecht vorliegen und wenn der jeweilige Verstoß unter kreditwirtschaftlichen Aspekten für den Kern der Institutsaufsicht relevant ist.[720] Allerdings kann hieraus nicht geschlossen werden, dass es die Aufgabe der BaFin wäre, die Einhaltung der allgemeinen Gesetze zu überwachen. Dass dies nicht der Fall ist, zeigt sich insbesondere an einem Vergleich der Zielvorgaben des KWG, in denen die Überwachung der allgemeinen Gesetze nicht genannt sind, mit den Zielvorgaben der Versicherungsaufsicht, die im VAG geregelt sind, wo die Überwachung der Einhaltung der allgemeinen Gesetze ausdrücklich erwähnt ist.[721]

Neben der Verletzung von Vorschriften des Kreditwesengesetzes kann sich ein Missstand auch dadurch ergeben, dass ein gravierender Verstoß gegen Spezialgesetze vorliegt. Allerdings verhält es sich mit den Spezialgesetzen ähnlich wie mit den speziellen Vorschriften des KWG; regelmäßig geben sie der BaFin eigene Eingriffsmöglichkeiten[722] wie sie beispielsweise in § 3 BSpKG, § 5 InvG, § 4 WpHG und in § 16 Nr. 2 GwG zu finden sind.

In den Spezialvorschriften des KWG finden sich insbesondere Vorschriften über die Liquiditäts- und Eigenkapitalausstattung der Kreditinstitute. In § 10 Abs. 1 KWG ist beispielsweise die Pflicht normiert, dass die Kreditinstitute im Interesse der Erfüllung der Verpflichtung gegenüber ihren Gläubigern angemessene Eigenmittel haben müssen.

Auch hierin zeigt sich das Ziel der Bankenaufsicht, bzw. zunächst der Gesetzeszweck des Kreditwesengesetzes, für die Sicherheit der Einlagen der Kunden zu sorgen, also insbesondere für die Sicherheit von Rückzahlungsansprüchen.

Gerade das ausreichende Unterhalten von Eigenkapital ist in diesem Zusammenhang besonders wichtig. Denn dem Eigenkapital kommt bei einem Kreditinstitut zunächst eine Garantiefunktion zu.

Diese erklärt sich damit, dass das Eigenkapital derjenige Puffer in einer Bilanz ist, der Verluste aus dem Geschäftsbetrieb auffängt und damit die Sicherheit der Forderungen der Kunden des Kreditinstituts gewährleistet.[723]

Darüber hinaus kommt dem Eigenkapital eines Kreditinstitutes auch deswegen eine besondere Bedeutung zu, weil in dem Fall, in dem das Kreditinstitut in der Rechtsform einer GmbH oder einer AG tätig ist, die Haftung auf das Eigenkapital begrenzt ist. Hierunter wird die Haftungsfunktion des Eigenkapitals verstanden.[724]

720 Beck/Samm-*Kokemoor*, § 6 KWG Rn. 34.
721 Boos/Fischer/Schulte-Mattler-*Fülbier*, § 6 KWG, Rn. 38.
722 Boos/Fischer/Schulte-Mattler-*Fülbier*, § 6 KWG, Rn. 39.
723 Claussen, § 1, Rn. 118.
724 Claussen, § 1, Rn. 118.

§ 10 Abs. 1 KWG schreibt den Banken aber lediglich vor, „angemessene" Eigenmittel zu unterhalten. Neben dieser allgemeinen Vorschrift gibt das KWG der BaFin aber auch konkrete Eingriffsmöglichkeiten, um gegen Kreditinstitute einzuschreiten, die die Vorgaben über das Eigenkapital nicht einhalten. Diese Eingriffsmöglichkeiten sind in den §§ 46 ff. KWG geregelt.

Aus diesen Beispielen zeigt sich zunächst, dass aufgrund der Vorschriften über das Halten von Eigenkapital und den damit verbundenen Eingriffsbefugnissen der Schutz der Struktur des Bankensystems eine hohe Bedeutung hat.

Denn damit soll verhindert werden, dass eine Bank in wirtschaftliche Schwierigkeiten gerät. Das wichtigste Argument für die Einrichtung einer Staatsaufsicht liegt gerade in der Gefährdung des Kreditwesens durch das sogenannte Systemrisiko.[725]

Da die Banken sich untereinander Gelder leihen und es im Zusammenhang mit den Zahlungssystemen zu wechselseitigen Gläubiger- und Schuldnerpositionen der Kreditinstitute untereinander kommt, besteht die große Gefahr, dass der Zusammenbruch einer Bank Zusammenbrüche weiterer Banken nachsichziehen würde.[726] Verstärkt wird dieses Risiko dadurch, dass, sobald ein Kreditinstitut nicht mehr zahlungsfähig wäre, die Kunden das Vertrauen nicht nur zu dem betroffenen Kreditinstitut verlieren würden, sondern darüber hinaus das Vertrauen in das gesamte Bankensystem stark leiden würde.

Insofern besteht die Gefahr, dass von dem zusammenbrechenden Kreditinstitut eine „Ansteckungswirkung"[727] auf weitere Kreditinstitute ausgehen würde.

Diese Ansteckung könnte etwa auf die Weise geschehen, dass aufgrund des Vertrauensverlustes in das Bankensystem die Kunden dazu neigen würden, ihre Einlagen zu „retten", also ihre Einlagen bei den Kreditinstituten abziehen würden (sog. „bank run"[728]). Geschehe dies nun in großem Umfang bestünde die Gefahr, dass die Kreditinstitute aufgrund der Tatsache, dass die Einlagen zu einem großen Teil weiter verliehen werden, den außerordentlich hohen Rückforderungsverlangen der Kunden nicht mehr entsprechen könnten.[729]

Dies würde dazu führen, dass weitere Kreditinstitute zusammenbrächen. Hierunter entstünden erhebliche Gefahren, zum einen für die Kreditversorgung innerhalb der Volkswirtschaft, zum anderen aber auch für das Zahlungsverkehrssystem des Landes.[730]

Um diesem dem System immanenten Risiko entgegenzuwirken, wurde die Bankenaufsicht in Deutschland eingerichtet. Sie verfolgt das primäre Ziel, die Liquidität und Solvenz der Banken zu sichern.[731]

---

725 Höhns, S. 50; Burghof/Rudolph, I. 2 4.; Waschbusch, S. 20 ff.
726 Höhns, S. 50.
727 Höhns, S. 50.
728 Höhns, S. 50; Waschbusch, S. 21.
729 Waschbusch, S. 21.
730 Höhns, S. 50.
731 Höhns, S. 50; Waschbusch, S. 23.

Darüber hinaus ist das Interesse an einer Aufsicht über die Kreditinstitute auch daraus herzuleiten, dass die Banken Mittel der Zentralbank sind, die Geldpolitik zu verwirklichen und auch von der Politik dafür benötigt werden, wirtschaftspolitische und strukturpolitische Ziele durchzusetzen.[732]

Der Bundesgerichtshof stellte in zwei Entscheidungen fest, dass auch der individuelle Schutz der Einleger ein Ziel der Bankenaufsicht sei. Dies geschah in der Wetterstein-Entscheidung und in der Herstatt-Entscheidung.[733] Der BGH begründete seine Ansicht damit, dass der individuelle Gläubigerschutz nicht nur Reflex der Bankenaufsicht sei, sondern dass sich vielmehr aus den Gesetzesmaterialien zum KWG[734] und zur zweiten KWG-Novelle[735] erkennen ließe, dass der Einlegerschutz ein eigenständiges Ziel des KWG sei.

Der BGH zog dann einen Vergleich der Vorschriften des KWG über die Bankaufsicht mit dem allgemeinen Polizei- und Ordnungsrecht, das auch dem Schutz gewichtiger Individualinteressen diene und u. U. auch zu drittbezogenen Amtspflichten führen würde.[736]

Auf diese Rechtsprechung reagierte dann aber der Gesetzgeber und normierte in § 6 Abs. 4 KWG die Vorschrift, dass das damalige Bundesaufsichtsamt für das Kreditwesen nur im öffentlichen Interesse seine Aufsicht wahrnehme.[737] Man fürchtete in diesem Zusammenhang, dass, wenn man im Falle der Aufsichtsausübung von einer drittbezogenen Amtspflicht ausginge, etwaig geschädigte Gläubiger Ansprüche auf Amtshaftung geltend machen könnten.

Diese Vorschrift findet sich zwar so nicht mehr im aktuellen Kreditwesengesetz, diese Aussage gilt aber nach wie vor. Zwar wurde § 6 Abs. 4 KWG durch das Gesetz über die integrierte Finanzdienstleistungsaufsicht im KWG aufgehoben, allerdings folgt die Regelung, dass privatrechtliche Ansprüche von der Bundesanstalt weiterhin nicht geprüft werden und die Durchsetzung individueller Ansprüche nicht zu den Aufgaben der BaFin gehört, aus § 4 Abs. 4 FinDAG.[738]

Dennoch ist der Gläubigerschutz eine der Bankenaufsicht unstrittig zukommende Aufgabe, weil die Bankenaufsicht ein funktionsfähiges Kreditgewerbe im Interesse der Gesamtwirtschaft zu gewährleisten hat.[739] Zur Sicherung der Funktionsfähigkeit des Kreditgewerbes bedarf es des Erhalts des Vertrauens in die Leistungsfähigkeit der Institute, insbesondere in deren Solvenz, was zwangsläufig auch dazu führt, dass den Gläubigern der Kreditinstitute ein hohes Maß an Schutz zukommt.[740]

---

732 Höhns, S. 50 f.
733 BGH, Z 74, 144, 147 ff. (Wetterstein); BGH Z 75, 120, 122 f.
734 BT-DS 3/1114, VII.
735 BT-DS 7/3657, S. 10.
736 vgl. zu den drittbezogenen Amtspflichten insbesondere im Polizeirecht: Palandt/Sprau, § 839, Rn. 131.
737 Höhns, S. 52.
738 Lehnhoff/Mielk, § 6 Anmerkung 4.
739 Boos/Fischer/Schulte-Mattler-Fischer, Einf., Rn. 63.
740 Boos/Fischer/Schulte-Mattler-Fischer, Einf., Rn. 63.

Dennoch bleibt es dabei, dass das KWG keine drittschützende Wirkung zu Gunsten der Einleger der Kreditinstitute entfaltet.[741]

b) Die von der Bankenaufsicht zu prüfenden Vorgaben – insbesondere die Kontrolle und die Überprüfung der Risiken aus dem Investmentbankengeschäft

Nun soll im Rahmen dieser Arbeit aber der Frage nachgegangen werden, ob es aus dem allgemeinen Bankaufsichtsrecht brauchbare Mittel gibt, in das Verändern des Geschäftsmodells einer Bank, weg von einem klassischen Universalkreditinstitut hin zu einer Investmentbank und in eine hiermit verbundene Fokussierung auf risikoträchtige Geschäfte, einzugreifen. Denn gerade aufgrund der Betrachtung der Geschehnisse um die SachsenLB, die aufgrund einer solchen Entwicklung in eine Schieflage geraten ist, entzündete sich die Diskussion, ob das öffentlich-rechtliche Bankensystem insgesamt noch tragfähig und sinnvoll ist.

Eine mögliche Lösung könnte nämlich sein, dass die derzeitige Aufsichtsstruktur zur Kontrolle solcher Risiken nicht genügt und dass ggf. gerade für die öffentlich-rechtlichen Kreditinstitute eine besondere Aufsicht eingerichtet werden muss.

Zunächst ist festzuhalten, dass die Bankenaufsicht primär dazu dient, die Einhaltung der Kapital- und Liquiditätsanforderungen des Kreditwesengesetzes zu sichern. Dies geschieht insbesondere damit, dass die Einhaltung der Eigenkapitalvorschriften überwacht wird.

Die Einflussnahme der Bankaufsicht fängt schon bei der beabsichtigten Gründung eines Kreditinstituts an, diese ist nach § 32 KWG erlaubnispflichtig.[742]

Fraglich ist nun, ob über den Umweg der Kontrolle der Einhaltung der Eigenkapitalsvorschriften auch eine Begrenzung des Risikos der Kreditinstitute insbesondere im Hinblick auf Spekulationsgeschäfte oder auf sonst risikoträchtige Geschäfte erfolgen kann.

Insgesamt ist zu sagen, dass das Eigenkapital teilweise tatsächlich als Grenze für den Umfang bestimmter Geschäfte wirkt. So kann die Vergabe eines Darlehens an einen einzelnen Kreditnehmer nur in einem bestimmten Verhältnis zum Eigenkapital des ausgebenden Kreditinstitutes erfolgen, hierbei handelt es sich um die sogenannte Krediteinzelobergrenze.[743]

Außerdem bestimmt sich aus der Höhe des von dem Kreditinstitut unterhaltenen Eigenkapitals die mögliche Höhe der Summe der von dem Kreditinstitut gewährten Großkredite (sog. Großkreditgesamtobergrenze)[744] und die Höhe der Kredite, an Unternehmen, die mit dem Kreditinstitut verbunden sind, aber nicht derselben

---

741 Boos/Fischer/Schulte-Mattler-Fischer, Einf., Rn. 63.

742 Kümpel, S. 2520.

743 Claussen, § 1, Rn. 118; Schwennicke/Auerbach-*Auerbach/Grol*, § 13, Rn. 1 und Rn. 32;

744 Claussen, § 1, Rn. 118; Schwennicke/Auerbach-*Auerbach/Grol*, § 13, Rn. 32.

Institutsgruppe angehören.[745] Die Großkrediteinzelobergrenze ergibt sich aus § 13 Abs. 3 S. 1 KWG, die Großkreditgesamtobergrenze aus § 13 Abs. 3 S. 5 KWG und die Höhe der Vergabe von Krediten an die verbundenen aber nicht gruppenangehörigen Institute ergibt sich aus § 13 Abs. 3 S. 3 KWG.

Außerdem ergibt sich aus § 12 Abs. 1 S. 2 KWG, dass der Umfang wesentlicher Beteiligungen an Unternehmen, die nicht dem Finanzsektor zugehörig sind und entsprechend nicht der Aufsicht durch die BaFin unterliegen, durch das Eigenkapital begrenzt wird.

Darüber hinaus enthält § 10 Abs. 1 S. 1 KWG eine Art Generalklausel, wonach die Kreditinstitute ein „angemessenes" Eigenkapital haben müssen. Die Beurteilung der Frage, ob das vorhandene Eigenkapital angemessen im Sinne der Vorschrift ist, erfolgt aufgrund einer Zuordnung des Eigenkapitals zu den von einer Bank getätigten Geschäften.[746] Hierzu wird das Risiko der Geschäfte standardmäßig oder unter Zuhilfenahme einer eigenen Risikobewertung ermittelt und eine Gesamtkennziffer gebildet, die bestimmte Werte nicht unterschreiten darf. Hierbei werden, was in diesem Zusammenhang besonders wichtig erscheint, auch Marktrisiken bewertet und auch Geschäfte, die Marktrisiken nachsichziehen, müssen in einem bestimmten Maße mit Eigenkapital unterlegt werden.[747]

Diese Vorschrift wird ergänzt durch die Vorschrift des § 11 KWG, durch die die Anforderungen des KWG an die Liquidität eines Kreditinstitutes fixiert werden. Ursprünglich wurde die allgemeine Vorgabe an die Liquidität der Kreditinstitute mittels des Grundsatzes II des Vorgängerinstitutes der BaFin, dem Bundesaufsichtsamt für das Kreditwesen, konkretisiert.

Dieser Grundsatz wurde zum 01.01.2007 von der Verordnung über die Liquidität der Institute (LiqV) abgelöst.[748] Mit der Einführung der LiqV sollte erreicht werden, dass die Liquiditätsstandards des Grundsatzes II verstärkt auf die einzelnen Risikoprofile der Institute abgestimmt werden.[749]

Die Beurteilung der Liquidität der Kreditinstitute erfolgt mittels zeitlich gegliederter Erfassungsschemata, sog. Laufzeitbändern, in denen nach der Laufzeit gestaffelt Zahlungsverpflichtungen und Zahlungsmittel gegenüber gestellt werden.[750]

Außerdem werden mit Hilfe dieser Laufzeitbänder Liquiditätskennzahlen gebildet, anhand derer die Beurteilung erfolgt, ob das jeweilige Institut über eine angemessene Liquidität verfügt.[751]

---

745 Claussen, § 1, Rn. 118; Schwennicke/Auerbach-*Auerbach/Grol*, § 13, Rn. 35 ff.

746 Schimansky/Bunte/Lwowski, § 129, Rn. 33 ff.

747 Schwennicke/Auerbach-*Auerbach/Fischer*, § 10, Rn. 30 ff; Schimansky/Bunte/Lwowski, § 129, Rn. 38 ff.

748 Schwennicke/Auerbach-*Auerbach/Adelt*, § 11, Rn. 8.

749 Schwennicke/Auerbach-*Auerbach/Adelt*, § 11, Rn. 9.

750 Schwennicke/Auerbach-*Auerbach/Adelt*, § 11, Rn. 25; Beck/Samm-*Kokemoor*, § 11, Rn. 59.

751 Schwennicke/Auerbach-*Auerbach/Adelt*, § 11, Rn. 26; Beck/Samm-*Kokemoor*, § 11, Rn. 59.

Es lässt sich also schon jetzt die Schlussfolgerung ziehen, dass bestimmte Risiken jedenfalls hinsichtlich ihrer Höhe der Kontrolle durch die Bankenaufsicht unterstellt sind. Diese Kontrolle hängt mit der Kontrolle des Eigenkapitals zusammen, da die Risiken immer nur in einem bestimmten Verhältnis zur Höhe des Eigenkapitals eingegangen werden können.

Denn die Begrenzungen etwa hinsichtlich der Vergabe von Großkrediten erfolgt vor dem Hintergrund, dass von einem Großkredit für ein einzelnes Kreditinstitut ein sog. Klumpenrisiko[752] entsteht. Dies erklärt sich daraus, dass, sollte dieser Kredit ausfallen, das Kreditinstitut verhältnismäßig stark getroffen wird und ggf. in eine finanzielle Schieflage geraten kann. Deswegen ist die Vergabe von Großkrediten grundsätzlich unerwünscht und erfährt durch die genannten Vorschriften eine Eindämmung.[753]

Hinsichtlich der Frage, inwiefern die derzeitige Bankenaufsichtsstruktur einer Krise hätte begegnen können, kann aus dem oben Gesagten schon die Schlussfolge gezogen werden, dass jedenfalls dann eingegriffen werden kann, wenn das Kreditinstitut, unabhängig ob öffentlich-rechtlich organisiert oder nicht, ein zu geringes Eigenkapital im Sinne des Kreditwesengesetz unterhalten hätte und damit bestimmte Risiken nicht ausreichend gesichert gewesen wären.

Die Aufsicht nach dem KWG hat also nicht zum Ziel, die Geldanlageformen der Kreditinstitute kritisch zu hinterfragen. Zielsetzung ist zunächst die angemessene Eigenkapitalhinterlegung der Geschäftstätigkeit.

Allerdings kann das Eingehen von Marktrisiken nicht unabhängig davon gesehen werden, welche Geschäfte die Banken eingehen.

Denn, wenn riskante Geschäfte zu einem Verlust führen, verringert sich regelmäßig das Eigenkapital des Kreditinstitutes. Dies kann dann weiterhin dazu führen, dass die Voraussetzungen für ein Eingreifen der BaFin gegeben sind.

Wann die BaFin Maßnahmen ergreifen kann, ist in den §§ 45 ff. KWG geregelt. Sie kann etwa eingreifen, wenn ein Kreditinstitut nur unzureichend mit Eigenkapital oder Liquidität versorgt ist.[754] Informiert wird die Aufsichtsbehörde durch laufende Meldungen und Anzeigen der Kreditinstitute.[755] Im Fall einer Unterversorgung kann die BaFin etwa anordnen, dass Entnahmen durch die Inhaber oder Gesellschafter sowie die Ausschüttung von Gewinnen untersagt oder beschränkt werden (§ 45 Abs. 1 Nr. 1 KWG), oder dass bestimmte Kredite, die unter § 19 des Kreditwesengesetzes fallen, untersagt oder beschränkt werden (§ 45 Abs. 1 Nr. 2 KWG). Außerdem kann die BaFin anordnen, dass das Kreditinstitut bestimmte Maßnahmen ergreift, um Risiken zu minimieren (§ 45 Abs. 1 Nr. 2 KWG).

752 Claussen, § 1, Rn. 123.
753 Claussen, § 1, Rn. 123.
754 Claussen, § 1, Rn. 134.
755 Schimansky/Bunte/Lwowski, § 126, Rn. 12.

Neben den speziellen Eingriffsbefugnissen kann die BaFin nach § 6 Abs. 3 KWG Anordnungen gegenüber den Kreditinstituten treffen, um Missstände in den Instituten zu verhindern.[756]

Die Maßnahmen können auch so weit gehen, dass die BaFin als einzig mögliche Antragsstellerin nach § 46 b KWG den Insolvenzantrag stellt. Außerdem kann sie beim Vorliegen bestimmter Gefahren nach § 46 KWG weitere Maßnahmen treffen[757] sowie nach § 35 Abs. 2 Nr. 4 die Bankerlaubnis des Instituts aufheben. Bei einer allgemeinen Bankenkrise kann die BaFin nach § 47 KWG mittels Notmaßnahmen durch Rechtsverordnung ergreifen.

Insgesamt lässt sich sagen, dass die BaFin einschreiten kann, wenn bestimmte Eigenkapitalkennzahlen nicht in ausreichendem Maß erfüllt werden. Konkrete Vorschriften über die Art der Geschäfte, also insbesondere zu der Art des Geschäftsmodells können von der BaFin außerhalb geltenden Rechts nicht gemacht werden, was Ausfluss der Gewerbefreiheit ist.[758]

So kann die BaFin spezifische Kredite nicht verbieten, beispielsweise wäre das Verbot des Engagements in den USA nicht möglich gewesen. Auch auf das Anbieten einzelner Bankprodukte und deren Einsatz kann durch die BaFin kein Einfluss ausgeübt werden. Das System wirkt allerdings auch als eine Art Früherkennungssystem. Dies geschieht dadurch, dass die Kreditinstitute der Bundesbank nach § 25 KWG regelmäßig jeden Monat ihre monatliche Bilanzstatistik vorlegen müssen.

Diese Zahlen leitet die Bundesbank verbunden mit ihrer Stellungnahme nach § 25 Abs. 1 KWG an die BaFin weiter. Der weitgehenden Freiheit der Kreditinstitute hinsichtlich der Gestaltung ihrer Produkte nach dem Bankaufsichtsrecht stehen also Meldepflichten und Kontrollmöglichkeiten der Aufsichtsbehörden, verbunden mit konkreten Eingriffsmöglichkeiten, gegenüber.

Für ein vorbeugendes Einschreiten hinsichtlich der Geschehnisse um die SachsenLB hätte das geltende Bankaufsichtsrecht, das für alle Kreditinstitute gilt, also nur eingeschränkte Möglichkeiten geliefert.

Hier zeigt sich, dass diejenige Kontrolle, die durch die BaFin und auch die Bundesbank auf der Grundlage des KWG ausgeübt wird, eine andere Zielrichtung hat, als die Eindämmung des hier zu untersuchenden Problems.

Die derzeit vorgesehene Kontrolle aller Kreditinstitute in Deutschland erfolgt, wie gezeigt, aufgrund der Maßgabe, dass das Vertrauen in die Kreditwirtschaft und damit auch deren Funktionsfähigkeit gesichert werden soll. Thema der vorliegenden Untersuchung ist aber die Rechtfertigung des öffentlich-rechtlichen Bankensystems insgesamt. Nachdem oben die Maßgaben herausgestellt werden, unter denen eine Rechtfertigung des öffentlichen Bankensektors weiterhin als gegeben angesehen wird, ist hier nicht der Frage, wie das öffentliche Bankensystem am Leben gehalten werden kann, sondern vielmehr der Frage nachzugehen, wie und ob adäquat auf

756 Schimansky/Bunte/Lwowski, § 126, Rn. 16 f.

757 Siehe zu den weiteren Maßnahmen: Schimansky/Bunte/Lwowski, § 133, Rn. 9 ff.

758 Claussen, § 1, Rn. 136.

das Geschäftsgebaren insbesondere einiger Landesbanken reagiert hätte werden können, die riskante Geschäfte eingingen, um einen höheren Gewinn zu erzielen. Dieses Handeln war aufgrund der öffentlich-rechtlichen Organisation nach dieser Ansicht rechtswidrig.

Die BaFin kann diese Geschäftstätigkeit nicht limitieren, erst im Fall einer finanziellen Schieflage, insbesondere, wenn ein Verstoß gegen Eigenkapitalvorschriften vorliegt, kann sie eingreifen. Hieraus folgt, dass auch die Landesbanken und Sparkassen in ihrer Geschäftspolitik nach allgemeinem Bankaufsichtsrecht weitgehend frei sind, so frei wie ihre privatrechtlich organisierten Mitbewerber.

Auf der Grundlage dieser kurzen Betrachtung des allgemeinen Bankaufsichtsrechts könnte nach Ansicht des Verfassers eine Reformüberlegung möglicherweise dahin gehen, die Praxis der Risikobewertung einzelner Geschäfte zu überdenken. Wenn die Risiken realistisch abgebildet werden und hieraus folgt, dass die Bankaufsicht sicherstellt, dass diese adäquat mit Eigenkapital hinterlegt sind, ist davon auszugehen, dass Missstände, wie die derzeitige Bankenkrise, u. U. verhindert werden könnten.

Doch vielleicht gibt die besondere Aufsicht über die Sparkassen und Landesbanken Möglichkeiten, auf das jeweilige Geschäftsmodell der Sparkassen einzuwirken.

c) Basel II, Basel III

Im Zusammenhang mit dem allgemeinen Bankaufsichtsrecht soll der Vollständigkeit halber auf die Rahmenvereinbarung über die neue Eigenkapitalempfehlung für Kreditinstitute (Basel II) eingegangen werden. Diese Rahmenvereinbarung war zwar zunächst nicht bindend, allerdings machte der Baseler Ausschuss für Bankenaufsicht klar, dass er eine Transformation in nationales Recht erwarte. Dies ist zunächst auf europäischer Ebene in Form von Richtlinien geschehen, die dann auch in das nationale Recht Einzug fanden.[759] Ein wesentliches Ziel von Basel II ist es, zu verhindern, dass international tätige Banken aufgrund verschiedener nationaler Vorschriften über die Eigenkapitalausstattung Wettbewerbsverzerrungen ausgesetzt sind. Neu an diesen Regelungen ist insbesondere die Berücksichtigung von operationellen Risiken, also solchen Risiken, die sich weder aus dem Markt, noch aus der Sphäre des Kreditnehmers ergeben, sondern aus der operativen Tätigkeit des Instituts.[760] Außerdem sieht die Rahmenvereinbarung vor, dass sich die Eigenkapitalunterlegung von Krediten nicht mehr aus einer Klassifizierung des Darlehens ergibt, sondern aus einer genaueren Bewertung des Darlehens. So sah die Vorgängerregelung zu Basel II, Basel I, beispielsweise nur eine mögliche Klassifizierung für Kredite an Unternehmen vor. Basel II erfasst solche Darlehen dagegen in vier Risikogruppen. Die Risikoeinstufung eines Kreditnehmers wird entweder

759 Träm, S. 102 f.; Schimansky/Bunte/Lwowski, § 125, Rn. 45b f.
760 Träm, S. 102, S. 105.

durch ein externes oder durch ein internes Rating der Kreditinstitute bestimmt.[761] Diese Reformen ändern aber nichts an dem Ergebnis, dass die BaFin grundsätzlich nicht auf das Geschäftsmodell der Sparkassen und Landesbanken einwirken kann. Gleiches gilt auch für die unter dem Namen Basel III bekannt gewordenen weiteren Empfehlungen des Baseler Ausschusses für Bankenaufsicht. Im Wesentlichen werden auch hierdurch lediglich die Eigenkapitalvorschriften verschärft. Solchen Kreditinstituten, die nicht in der Rechtsform der Aktiengesellschaft firmieren, also insbesondere den Sparkassen und Landesbanken, wird es allerdings gestattet, das notwendige Eigenkapital auch in einer für diese Institute typischen Form zu gewährleisten, solange hierdurch eine volle Verlustabsorption sichergestellt ist. Hierunter fallen auch stille Beteiligungen.[762]

d) Zusammenfassung

Ziel dieser Untersuchung war es, festzustellen, inwiefern das allgemeine Bankaufsichtsrecht dazu geeignet ist, Missständen, wie sie im Falle der SachsenLB aufgetreten sind, entgegenzuwirken. Hierzu wäre daran zu denken gewesen, dass Spekulationsgeschäfte im eigenen Interesse durch Mittel des allgemeinen Bankaufsichtsrechts untersagt werden könnten.

Der Zweck des allgemeinen Bankaufsichtsrechts ist aber ein anderer: Im Wesentlichen beschäftigt es sich mit der adäquaten Eigenkapitalunterlegung von Risiken, um Bonitätsproblemen von Kreditinstituten entgegenwirken zu können.

In concreto bedeutet das, dass etwa die SachsenLB grundsätzlich ihre Geschäfte hat ausüben dürfen sofern sie mit dem nötigen Eigenkapital unterlegt waren. Eine grundsätzliche Beschränkung solcher Geschäfte sieht das allgemeine Bankaufsichtsrecht nicht vor. Dies ist auch nicht weiter verwunderlich. Das allgemeine Bankaufsichtsrecht gilt für alle Kreditinstitute gleich. Da es dem Öffentlichen Recht zuzuordnen ist, sind die Grundrechte der beaufsichtigten Kreditinstitute zu beachten, insbesondere die Gewerbefreiheit. Zudem müssen Maßnahmen gegen ein Kreditinstitut dem Verhältnismäßigkeitsgrundsatz entsprechen, so dass eine Beschränkung der Geschäftstätigkeit einer Rechtfertigung bedarf. Hinsichtlich des öffentlich-rechtlichen Bankensystems gelten diese Überlegungen aber nicht. Als Ausfluss der wirtschaftlichen Betätigung des Staats unterliegen die Beteiligten stärkeren Bindungen, etwa dem öffentlichen Auftrag. Dessen Beachtung zu überwachen, ist Gegenstand der besonderen Aufsicht über diese Kreditinstitute.

761 Träm, S. 106; Schimansky/Bunte/Lwowski, § 135, Rn. 23 ff.

762 Group of Governors of Centralbanks and Heads of Supervisions (GHoS) einigen sich auf höhere Mindestkapitalanforderungen.

2. Die besondere Aufsicht über die Sparkassen und Landesbanken

Dass die Bankenaufsicht nach dem Kreditwesengesetz neben die spezielle Aufsicht nach den Sparkassengesetzen bzw. nach den einschlägigen Vorschriften über die Landesbanken tritt, ergibt sich aus § 52 KWG. Dort wird für Institute, die einer anderen Aufsicht unterliegen, angeordnet, dass diese neben der Aufsicht der Bundesanstalt bestehen bleibt. Diese Vorschrift gilt für die öffentlich-rechtlichen Kreditinstitute.[763]

Beide Aufsichtssysteme bestehen also nebeneinander und kein System wird durch das andere verdrängt. Eine Ausnahme zu diesem Grundsatz besteht dann, wenn das KWG eine bundesrechtlich abschließende Regelung trifft. In diesem Fall dürfen die Vorschriften der Länder keine Regelungen in diesem Bereich treffen, wenn sie nicht einen speziellen anderen Aufsichtszweck verfolgen.[764]

a) Rechtsgrundlagen für die eigene staatliche Aufsicht über die öffentlich-rechtlichen Kreditinstitute

Die Rechtsgrundlagen für die besondere Aufsicht über die Sparkassen entstammen den Sparkassengesetzen.[765] Für die Landesbanken ergeben sich die jeweiligen Rechtsvorschriften aus den Gesetzen, auf deren Grundlage sie geführt werden bzw. errichtet wurden.[766]

b) Rechtsnatur der Aufsicht über die öffentlich-rechtlichen Kreditinstitute

aa) Geschichte der Sparkassenaufsicht; Rechtsaufsicht oder Fachaufsicht

Es fragt sich, welche Art der Aufsicht über die öffentlich-rechtlichen Kreditinstitute vorliegt. In Betracht kommen, wie aus dem Kommunalrecht bekannt, die Fachaufsicht und die Rechtsaufsicht.

Die Sparkassenaufsicht hat, wie die Sparkassen selbst, im Zuge ihres Bestehens verschiedene Stadien durchlaufen. In der Zeit vor 1945 kam der Aufsicht über die Sparkassen auch die Funktion zu, zu gewährleisten, dass die Sparkassen sich im

---

763 Boos/Fischer/Schulte-Mattler-*Lindemann*, § 52 KWG, Rn. 3 f.

764 Boos/Fischer/Schulte-Mattler-*Lindemann*, § 52 KWG, Rn. 10.

765 Beispielsweise §§ 27 ff. Sparkassengesetz RLP; Art. 13 Sparkassengesetz Bayern; §§ 48 ff. Sparkassengesetz Baden-Württemberg.

766 Beispielsweise Art. 12 Abs. 1 i.V.m. Art. 2 Abs. 1 des Staatsvertrages über die Bildung einer gemeinsamen Sparkassenorganisation Hessen-Thüringen; § 18 Gesetz über die Landesbank Baden-Württemberg.

Einklang mit der nationalsozialistischen Staatsführung verhielten. Dies geschah über die Regelung der Ziff. 19 des Spk. Reg. im Zusammenhang mit § 106 DGO.[767]

Die hierdurch gestattete, über die reine Rechtsaufsicht hinausgehende, Zweckmäßigkeitsaufsicht wurde zwar durch den Grundsatz limitiert, wonach die Sparkassenaufsicht so zu gebrauchen sei, dass die Entschlusskraft und Verantwortungsfreude der Sparkassen gefördert werden sollte. Allerdings kam diesem Grundsatz im Rahmen der damaligen politischen Verhältnisse keine besondere Bedeutung mehr zu, vielmehr verkam er zu einer leeren Formel, da im Rahmen eines totalitären Staates für derartige dezentrale Entschlussfreude naturgemäß wenig Raum blieb.[768]

In der Zeit nach 1945 fand eine Demokratisierung der Staatsaufsicht statt, die einen Wiederaufbau der kommunalen Selbstverwaltung zum Ziel hatte und deswegen die Kommunalaufsicht überwiegend als Rechtsaufsicht ausgestaltete.[769]

Dies schlug sich insbesondere in der Vorschrift des § 106 DGO nieder. Dieser wurde geändert und die Kommunalaufsicht wurde weitgehend als Rechtsaufsicht ausgestaltet. Eine Zweckmäßigkeitsaufsicht war nur noch in Form von Mitwirkungsrechten der Staatsaufsicht in Einzelfragen vorgesehen.[770]

Für die Sparkassenaufsicht war zwar weiterhin der Gedanke der Ziff. 19 Spk. Reg. von Bedeutung. Die Sparkassenaufsicht sollte nämlich weiterhin an der Erfüllung der gemeinnützigen öffentlichen Aufgaben und an dem Wohlergehen der Sparkassen sorgend und fördernd teilnehmen. Allerdings kam der Aussage des § 106 Abs. 2 DGO, wonach die Aufsicht die Verantwortungsfreude und die Entschlusskraft der Verwaltung allgemein fördern sollte, nun ein gewisses Gewicht zu, was sich auch in der Aufsicht über die Sparkassen auswirkte.[771]

Später wurde das Sparkassenrecht umfassend modernisiert und in diesem Zusammenhang wurde, unter Beachtung der kommunalrechtlichen Veränderungen, auch die Sparkassenaufsicht verändert.[772] Ziel war es, die Sparkassen mit einem hohen Grad an Selbständigkeit, sowie an Handlungs- und Entschlussfreiheit gegenüber dem Staat und auch gegenüber ihrem Gewährträger auszustatten.[773] Vor diesem Hintergrund wurde in den neuen Sparkassengesetzen die Aufsichtstruktur unter Anlehnung der Reformen der Kommunalaufsicht hin zu einer reinen Rechtmäßigkeitsaufsicht geändert. Eine Aufsicht über die Sparkassen erfolgte im Wesentlichen in dem Umfang, dass gewährleistet werden sollte, dass die Sparkassen ihre Tätigkeit im Rahmen der Gesetze und Satzungen ausübten.[774]

Auf eine darüber hinausgehende Zweckmäßigkeitskontrolle wurde weitgehend verzichtet. Lediglich in einzelnen Punkten verfügte die Aufsicht über die Sparkassen

767 Frick, S. 137 f.
768 Frick, S. 138.
769 Frick, S. 156; Keßler, S. 17.
770 Frick, S. 157; Keßler, S. 17.
771 Frick, S. 157.
772 Keßler, S. 17.
773 Frick, S. 163.
774 Frick, S. 164; Keßler, S. 17.

noch über bestimmte Gestaltungs- und Mitwirkungsrechte, diese wurden aber weitgehend eingeschränkt.[775]

bb) *Die heutige Aufsicht über die Sparkassen und Landesbanken*

Aus dem oben Gesagten ergibt sich bereits, dass es sich bei der Sparkassenaufsicht und entsprechend bei der Aufsicht über die Landesbanken im Wesentlichen um eine Rechtsaufsicht handelt. Die Sparkassenaufsicht ist aufgrund ihrer Regelung in den Sparkassengesetzen als Spezialgesetzen eine Sonderaufsicht.[776]

Welche Art der Aufsicht konkret vorgesehen ist, ergibt sich aus den Gesetzen selbst. Auch hierzu machen die Sparkassengesetze und die gesetzlichen Grundlagen der Landesbanken relativ klare Aussagen.

So sieht das Sparkassengesetz des Landes Rheinland-Pfalz in § 27 vor, dass die Sparkassen der Staatsaufsicht unterstehen. Da das Gesetz in diesem Zusammenhang nicht von der Fachaufsicht spricht, lässt sich der Schluss ziehen, dass die Sparkassen nur einer staatlichen Rechtsaufsicht unterstellt sind. Verstärkt wird dieser Ansatz dadurch, dass das Gesetz in § 29 Abs. 3, wo das Beanstandungsrecht der Aufsichtsbehörde beschrieben ist, davon spricht, dass die Aufsichtsbehörde *„rechtswidrige Beschlüsse, Anordnungen und sonstiges rechtswidriges Verhalten der Sparkassenorgane beanstanden"* kann. Insofern kommt klar zum Ausdruck, dass es sich bei der Aufsicht um eine Rechtsaufsicht und nicht um eine Fachaufsicht handelt.

Noch klarer findet sich die Beschreibung der Aufsicht im Sparkassengesetz des Landes Baden-Württemberg. In § 48 Abs. 2 heißt es:

> *„Die Aufsicht beschränkt sich darauf, die Rechtmäßigkeit von Geschäftsführung und Verwaltung sicherzustellen, soweit nicht die Zustimmung der Rechtsaufsichtsbehörde vorgeschrieben ist."*

Hierin kommt eindeutig zum Ausdruck, dass, vorbehaltlich einer anderen Regelung, die bei bestimmten Punkten eine Zustimmung der Aufsichtsbehörde erforderlich macht, die Aufsicht als reine Rechtsaufsicht ausgestaltet wurde. Eine Ausnahme hiervon findet sich etwa im Falle der Auflösung der Sparkasse. Nach § 5 Abs. 1 S. 3 des Sparkassengesetzes für Baden-Württemberg bedarf diese der Genehmigung der Rechtsaufsichtsbehörde.

Das gleiche Bild zeigt sich auch bei einer Untersuchung der Vorschriften über die Landesbanken. So sieht das Gesetz über die Landesbank Baden Württemberg hinsichtlich der Aufsicht in § 18 Abs. 1 folgendes vor:

> *„Die Landesbank untersteht der Aufsicht des Landes. Die Aufsicht beschränkt sich darauf, die Rechtmäßigkeit von Geschäftsführung und Verwaltung sicherzustellen, soweit gesetzlich nichts anderes bestimmt ist."*

---

775 Frick, S. 164; Keßler, S. 17.
776 Lohr, S. 79; Keßler, S. 14.

Diese Vorschrift ist nahezu inhaltsgleich mit der Vorschrift über die Aufsicht über die Sparkassen, so dass auch hier grundsätzlich eine reine Rechtsaufsicht vorliegt.

Auch der Staatsvertrag über die Landesbank Hessen-Thüringen macht eine eindeutige Aussage über den Inhalt der Aufsicht. In Art. 12 Abs. 1 wird hierzu ausgeführt:

> *„Die Aufsichtsbehörde kann alle erforderlichen Anordnungen treffen, um den Geschäftsbetrieb der Bank im Einklang mit den Gesetzen, der Satzung und den sonstigen Vorschriften zu halten."*

Auch hier kommt klar zum Ausdruck, dass die Aufsicht sich auf eine reine Rechtsaufsicht beschränkt.

Insgesamt lässt sich also sowohl für die Sparkassen als auch für die Landesbanken der Grundsatz festhalten, dass grundsätzlich eine reine Rechtsaufsicht vorgesehen ist.[777]

Dies bedeutet nun, dass die Aufsichtsbehörden die Tätigkeit der öffentlich-rechtlichen Kreditinstitute nur auf ihre Vereinbarkeit mit Gesetzen und Satzungen hin überprüfen. Eine Überprüfung der Zweckmäßigkeit des Handelns und damit insbesondere der einzelnen Geschäfte, sofern sie sich innerhalb des durch Gesetz und Satzung vorgesehenen Rahmens halten, erfolgt grundsätzlich nicht.

Der Prüfungsmaßstab der Rechtsaufsichtsbehörde lässt sich aufgrund der Nähe zum Kommunalrecht aus den Grundsätzen der Rechtsaufsicht im Kommunalrecht entnehmen.

Demnach heißt Rechtsaufsicht, dass alle Rechtsnormen inklusive der spezifischen Rechtsnormen des beaufsichtigten Verwaltungsträgers, hier etwa die Satzungen der Landesbanken und Sparkassen, und das ungeschriebene Recht der Kontrolle unterliegen.[778] Auch öffentlich-rechtliche Vereinbarungen und Verträge sind Gegenstand der Rechtsaufsicht.

Dann stellt sich weiterhin die Frage, wann die Aufsichtsbehörde einschreiten muss, insbesondere, wann ein relevanter Rechtsverstoß vorliegt. Allgemein liegt ein Rechtsverstoß dann vor, wenn die Sparkasse oder die Landesbank materielles oder formelles Recht missachtet.[779]

Allerdings ist der im Kommunalrecht geltende Grundsatz zu beachten, wonach die Aufsicht nicht zur Bevormundung verkommen darf. Der Gesetzgeber hat eine Wertentscheidung dahingehend getroffen, dass bestimmte Verwaltungsträger über einen eigenen Kompetenzbereich verfügen und die Aufsichtsbehörde hat Entscheidungen innerhalb dieses Bereiches zu akzeptieren.[780]

---

777 Keßler, S. 126.

778 Keßler, S. 126; zur Kommunalaufsicht entsprechend: Lübking/Vogelgesang, Rn. 119; Schmidt Aßmann-*Schmidt-Aßmann/Röhl*, 1. Kapitel, Rn. 41.

779 Zur Kommunalaufsicht entsprechend: Lübking/Vogelgesang, Rn. 119.

780 Keßler, S. 126; zur Kommunalaufsicht entsprechend: Lübking/Vogelgesang, Rn. 120; BVerfG, NVwZ 1989, 45.

Vor diesem Hintergrund ist ein Einschreiten auch nur dann gerechtfertigt und insbesondere nur dann rechtmäßig, wenn eine eindeutige Rechtsverletzung der Sparkasse oder Landesbank vorliegt.[781] Dies führt dazu, dass, wenn das Handeln des öffentlich-rechtlichen Kreditinstituts rechtlich zu vertreten ist, der Aufsichtsbehörde die Möglichkeit zum Einschreiten versagt bleibt.[782]

Auch durch die zusätzliche staatliche Aufsicht ändert sich demnach nichts daran, dass die Sparkassen und Landesbanken weitgehend frei sind in ihrer Tätigkeit. Jedenfalls wird die Tätigkeit nicht auf ihre Zweckmäßigkeit hin überprüft. Aufgrund der teilweisen Abschaffung des Enumerationsprinzips kann die Geschäftstätigkeit des Instituts nur eingeschränkt kontrolliert werden.

Allerdings würden die oben vorgeschlagenen Änderungen der Sparkassengesetze, etwa durch die nähere Beschreibung des öffentlichen Auftrages, dazu führen, dass auch diese Neuregelungen Gegenstand der Prüfung durch die staatlichen Aufsichtsbehörden sind.

c) Wäre ein Einschreiten der Staatsaufsicht auf der Grundlage der für die Landesbanken relevanten Regelungen hinsichtlich der kritischen Geschäfte der Landesbanken in den USA geboten und möglich gewesen?

Im Folgenden soll nun konkret untersucht werden, ob die besondere Rechtsaufsicht über die Sparkassen und Landesbanken im Falle der durch einige Landesbanken getätigten Spekulationsgeschäfte hätte tätig werden müssen. Nach der Ergebnisfindung zu dieser Frage ergibt sich auch eine Antwort darauf, ob die Aufsichtsstruktur de jure vor dem Aufkommen von Missständen, die aufgrund eines internationalen Engagements der Landesbanken zur Gewinnmaximierung entstanden sind, schützen kann.

In diesem Zusammenhang zeigt sich gerade hinsichtlich der Aufsicht über die Landesbanken ein erstes Problem: In den für sie derzeit einschlägigen Regelungen, die nach der hier vertretenen Ansicht zu verändern sind, findet sich häufig der öffentliche Auftrag nicht oder im Verhältnis zu den Sparkassen nur relativ vage und es wird den Landesbanken gestattet, im Wesentlichen alle Bankgeschäfte eines Kreditinstitutes zu erledigen.

Insofern muss zunächst untersucht werden, ob das Handeln der Landesbanken nach den für sie maßgeblichen Rechtsgrundlagen rechtswidrig war oder nicht, ob also diese Regelungen es den Landesbanken gestatteten, einzig zur Gewinnerzielung Geschäfte im Ausland durchzuführen.

Besonders augenscheinlich findet sich dieses Problem in den Regelungen über die Landesbank Baden Württemberg. So sieht das Gesetz über die Landesbank Baden-Württemberg fast schrankenlos vor, dass sich die Landesbank am Markt

781 Zur Kommunalaufsicht entsprechend: Lübking/Vogelgesang, Rn. 126.
782 Zur Kommunalaufsicht entsprechend: Lübking/Vogelgesang, Rn. 126.

frei bewegen kann. Nach § 2 Abs. 1 dieses Gesetzes hat die Landesbank Baden-Württemberg *volle Geschäftsfreiheit.* Nach Absatz 3 der Vorschrift ist die Landesbank *Universalbank und internationale Geschäftsbank.*

Diesen Regelungen entsprechend, wäre ein Eingreifen der Staatsaufsicht, sofern die Landesbank ähnliche Geschäfte wie die SachsenLB getätigt hätte, nicht möglich gewesen. Denn die Landesbank hätte nicht über ihre vom Gesetzgeber gestatteten Schranken der Geschäftstätigkeit hinaus gehandelt. Das Gesetz über die Landesbank Baden-Württemberg sieht nämlich für diese Landesbank die volle Geschäftsfreiheit vor, darin enthalten sind auch solche Geschäfte, die einzig der Gewinnmaximierung dienen.

Auch die Satzung der zwischenzeitlich verkauften und als Rechtspersönlichkeit nicht mehr existierenden SachsenLB gestattete ihr einen großen Handlungsspielraum. Darin hieß es:

§ 2 Aufgaben

(1) *Der Bank obliegen die Aufgaben einer Staats-, Kommunal- sowie einer Zentralbank der sächsischen Sparkassen. Sie ist Geschäftsbank und betreibt als öffentlich-rechtliches Wettbewerbsunternehmen Bankgeschäfte aller Art und sonstige Geschäfte, die ihren Zwecken dienen.*
(2) *Als Staats- und Kommunalbank unterstützt die Bank insbesondere den Freistaat Sachsen, seine kommunalen Körperschaften, die sonstigen Körperschaften, Anstalten und Stiftungen des öffentlichen Rechts im Freistaat Sachsen und ihnen nahe stehende Unternehmungen in der Erfüllung öffentlicher Aufgaben und in der Durchführung ihrer Bankgeschäfte.*
(3) *Als Sparkassenzentralbank verwaltet die Bank insbesondere die Liquiditätsmittel der sächsischen Sparkassen durch eine geeignete Anlagepolitik und stellt ihnen angemessene Liquiditätskredite bereit. Ferner obliegen ihr in Zusammenarbeit mit den sächsischen Sparkassen alle sich aus dem Verbund ergebenden Geschäfte.*
(4) *Als Geschäftsbank fördert die Bank insbesondere die Versorgung der Wirtschaft im Freistaat Sachsen mit Bankleistungen unter Berücksichtigung der von den Sparkassen zu erfüllenden gesetzlichen Aufgaben.*
(5) *Die Bank ist insbesondere berechtigt,*

a) *Pfandbriefe, Kommunalverschreibungen und sonstige Schuldverschreibungen auszugeben,*
b) *Geschäfte in Finanzinnovationen und -derivaten zu tätigen,*
c) *Grundstücke und grundstücksgleiche Rechte zu erwerben, zu veräußern und zu belasten sowie Wirtschaftsgüter zu erwerben, zu vermieten, zu verpachten und zu veräußern, soweit dies zur Erfüllung ihrer Aufgaben erforderlich ist,*
d) *mit Zustimmung der Rechtsaufsichtsbehörde andere Unternehmen und Beteiligungen an Unternehmen zu erwerben und zu veräußern.*

(6) *Die Geschäfte der Bank sind unter Beachtung ihres öffentlichen Auftrags nach kaufmännischen Grundsätzen zu führen.*

Zunächst ergibt sich aus der Satzung, insbesondere aus § 2 Abs. 2 und 3, eine recht genaue Niederlegung des öffentlichen Zwecks des Kreditinstituts. Nach Absatz 1 ist es der Landesbank zwar gestattet, Bankgeschäfte aller Art und auch sonstige Geschäfte durchzuführen, allerdings nur solche Geschäfte, *die ihren Zwecken dienen.* Spekulationsgeschäfte im Ausland, die einzig der Gewinnerzielung dienen, wären hiervon nicht umfasst.

Auch Absatz 4 der Satzung, der von einer Geschäftsbank spricht, bindet die Geschäftstätigkeit der Bank an öffentliche Zwecke.

Betrachtet man die Vorschrift bis zu diesem Absatz wäre das Engagement in ausländischen Wertpapieren zur Gewinnmaximierung rechtswidrig und ein Eingreifen der Staatsaufsicht wäre gerechtfertigt gewesen.

Allerdings findet sich die Legitimation der von der SachsenLB durchgeführten Risikogeschäfte in Absatz 5 b), worin es der Landesbank gestattet wird, Geschäfte in *Finanzinnovationen und -derivaten* durchzuführen. Die Tätigkeit über die irische Zweckgesellschaft am amerikanischen Markt ließ sich durch diese Vorschrift rechtfertigen[783], so dass ein Einschreiten durch die Staatsaufsicht aufgrund eines satzungswidrigen Verhaltens nicht zu erkennen war.

Auch die in Absatz 6 normierte Vorgabe, wonach die Geschäfte der Bank *„unter Beachtung des öffentlichen Auftrags nach kaufmännischen Grundsätzen zu führen“* sind, führt nicht zur Rechtswidrigkeit der vorgenommenen Geschäfte.

Zunächst ergibt sich diese Folgerung daraus, dass die Vorschrift keine Maßgabe darüber trifft, welche Geschäfte der Landesbank gestattet sind, sondern lediglich bestimmt, wie diese Geschäfte ausgeübt werden sollen. Hierzu bindet die Vorschrift die Landesbank grundsätzlich an kaufmännische Grundsätze, also an die Ertragsorientierung[784], wobei hierbei der öffentliche Auftrag zu beachten ist.

Diese Maßgabe hinsichtlich des „Wie“ der Ausführung führt nicht dazu, dass die unter Absatz 5 b) gestatteten Geschäfte in Finanzinnovationen widerrechtlich waren.[785]

Folglich hätte die Aufsichtsbehörde auch nicht mit den ihr zur Verfügung stehenden Aufsichtsmitteln eingreifen können.

Weiterhin sollen die Vorgaben hinsichtlich der Landesbank Hessen-Thüringen überprüft werden. Rechtsgrundlagen sind hier zum einen der Staatsvertrag über die Bildung einer gemeinsamen Sparkassenorganisation Hessen-Thüringen und zum anderen die Satzung über die Landesbank.

---

783 Lutter, S. 787.
784 Lutter, S. 787.
785 Lutter, S. 787.

Der Staatsvertrag über die Landesbank sieht in Art. 8 Abs. 1 Satz 2 hinsichtlich der gestatteten Geschäfte der Helaba vor:

> *Die Bank ist berechtigt, Pfandbriefe, Kommunalverschreibungen und sonstige Schuldverschreibungen auszugeben. Sie kann auch* ***Bankgeschäfte anderer Art*** *und weitere in der Satzung vorgesehene Geschäfte betreiben, soweit sie unmittelbar oder mittelbar der Zweckerfüllung der Bank dienen. (Hervorhebung durch den Verfasser)*

Zwar ergibt sich aus dieser Vorschrift, dass Bankgeschäfte anderer Art gestattet sind, ohne diese zunächst näher einzuschränken. Allerdings ergibt sich aus dem darauf Folgenden immerhin die Einschränkung, dass die anderen Bankgeschäfte der Zweckerfüllung der Bank dienen müssen.

Eine weitere Einschränkung erfährt die Erlaubnis, auch Bankgeschäfte anderer Art durchzuführen, aus der Satzung der Landesbank Hessen-Thüringen:

In § 5 Abs. 9 der Satzung heißt es nämlich:

> *Die Geschäfte der Bank sind unter Beachtung kaufmännischer Grundsätze zu führen. Dabei sind allgemein wirtschaftliche Gesichtspunkte zu berücksichtigen und die Belange der Sparkassen und der Kommunen zu fördern.* ***Unter Berücksichtigung des öffentlichen Auftrages der Bank ist die Erzielung von Gewinn nicht Hauptzweck des Geschäftsbetriebes.*** *(Hervorhebung durch den Verfasser)*

Betrachtet man diese Regelungen, so fällt auf, dass der öffentliche Zweck der Tätigkeit der Landesbank Hessen-Thüringen recht klar gefasst ist und dass weitere grundsätzlich gestattete Geschäfte der Bank nur soweit vorgenommen werden dürfen, wie sie mittelbar oder unmittelbar der Zweckerfüllung der Bank dienen.

Hieraus ergibt sich nun, dass Geschäfte, die einzig auf Gewinnerzielung ausgerichtet sind, nicht möglich sein sollen, weil sie nicht einmal mittelbar der Zweckerfüllung der Bank dienen.

Zu einer anderen Interpretation könnte man nur dann kommen, wenn man überlegte, dass eine erfolgreiche Gewinnmaximierung die Eigenkapitaldecke des Kreditinstitutes stärken und damit die Leistungsfähigkeit des Kreditinstituts erhöhen würde.

Allerdings verbleiben erwirtschaftete Überschüsse nicht zwingend bei der Bank, vielmehr entscheidet nach § 22 Abs. 3 der Satzung die Trägerversammlung auf Vorschlag des Verwaltungsrates über die Verwendung des Jahresüberschusses, so dass es nicht unwahrscheinlich ist, dass der Jahresüberschuss an die Träger ausgezahlt wird und deswegen die Landesbank nicht leistungsfähiger machen würde. Insofern kann auch nicht davon ausgegangen werden, dass ein Handeln, das nur durch die Absicht motiviert ist, Gewinne zu erzielen, auch nur mittelbar einem öffentlichen Zweck dienen würde.

Demnach wäre ein Handeln der Landesbank Hessen-Thüringen, das mit demjenigen der SachsenLB vergleichbar wäre, rechtswidrig gewesen.[786] Diese Rechtswidrigkeit hätte ein Einschreiten der Aufsichtsbehörde gerechtfertigt.

In den gefundenen Ergebnissen bestätigt sich erneut die Notwendigkeit in der oben beschriebenen Weise zu verfahren und die Rechtsgrundlagen der Sparkassen und Landesbanken in der Weise anzupassen, dass der öffentliche Auftrag und der Kreis der gestatteten Geschäfte genau umschrieben wird, damit auch die besondere Aufsichtsstruktur der Landesbanken und Sparkassen in ihrer Funktion gesichert ist.

d) Wäre ein Einschreiten der Aufsicht aufgrund anderer Rechtsverletzungen möglich gewesen?

Neben der Verletzung der Satzung bzw. des der jeweiligen Landesbank zugrunde liegenden Gesetzes könnte man aber auch aus anderen rechtlichen Gründen dazu kommen, dass das Handeln rechtswidrig war und dass deswegen ein Eingreifen der Aufsicht geboten gewesen wäre.

Zu diesem Ergebnis könnte man etwa aufgrund der Überlegung kommen, dass hier einzig gehandelt wurde, um den Gewinn der Landesbank zu maximieren.

Nach dem oben gefundenen Ergebnis ist staatliches Wirtschaftshandeln nur dann gestattet, wenn es der Verfolgung eines legitimen Zwecks dient. Zwar wurde bereits festgestellt, dass der Staat in diesem Zusammenhang einen weiten Ermessensspielraum hat, dergestalt, dass er selbst entscheiden kann, wie er wirtschaftlich handelt, um welchen Zweck zu erfüllen. Allerdings hat sich mehrfach in dieser Untersuchung gezeigt, dass es eine absolute Grenze gibt, bei deren Überschreitung das staatliche Wirtschaftshandeln nicht mehr gerechtfertigt ist und damit als rechtswidriges Handeln angesehen werden muss. Diese Grenze ist dann überschritten, wenn der Staat einzig handelt, um Gewinne zu erzielen.

Nach dem bisher Gesagten erfolgte das Handeln insbesondere der SachsenLB in Bezug auf das Engagement am amerikanischen Hypothekenmarkt einzig aus dem Interesse heraus, Gewinne zu erwirtschaften.

Insofern steht fest, dass jedenfalls aus dieser Überlegung heraus dieses Handeln rechtswidrig war.

Es fragt sich nun aber weiter, ob die jeweilige Behörde deswegen hätte einschreiten müssen. Eine solche Pflicht zum Einschreiten wäre insbesondere dann anzunehmen, wenn ein eindeutiger Rechtsverstoß vorgelegen hätte.

Nach Art. 2 Abs. 2 des Staatsvertrags über die Bildung einer gemeinsamen Sparkassenorganisation Hessen-Thüringen, hat die Aufsichtsbehörde darüber zu wachen, dass die Tätigkeit der Landesbank mit Gesetz und Satzung übereinstimmt. Nach § 18 Abs. 1 S. 2 des Gesetzes über die Landesbank Baden-Württemberg beschränkt sich die Aufsicht darauf, dass die Rechtmäßigkeit der Geschäftsführung und der Verwaltung sichergestellt wird.

---

786 So auch Lutter, S. 788.

Hinsichtlich der Regelung im Staatsvertrag über die Landesbank Hessen-Thüringen bestehen schon Bedenken, ob ein Einschreiten tatsächlich angezeigt gewesen wäre. Denn wenn sich die Aufsicht auf die Prüfung der Vereinbarkeit der Tätigkeit der Landesbank mit den Vorgaben von Gesetz und Satzung der Landesbank beschränkt, bestehen erhebliche Zweifel, ob die Aufsichtsbehörde einschreiten muss, wenn die Landesbank eine Tätigkeit ausübet, die zwar mit Gesetz und Satzung, aber letztlich mit den Vorgaben der Verfassung nicht übereinstimmt.

Nun ist diese Problematik hinsichtlich der Landesbank Hessen-Thüringen nicht besonders virulent, weil Staatsvertrag und Satzung sich mit den Vorgaben der Verfassung decken und deswegen schon bei der Prüfung des Staatsvertrages und der Satzung ein Einschreiten geboten gewesen wäre. Die gleiche Problematik stellt sich aber auch bei der Überprüfung, ob die Aufsichtsbehörden über die anderen Landesbanken tätig werden mussten.

Denn auch hier stellt sich die Frage, ob die Aufsicht tatsächlich einschreiten muss, wenn eine Tätigkeit nach dem konkreten Gesetz über die Landesbank rechtmäßig ist, diese Tätigkeit aber unter Berücksichtigung von Grundsätzen aus der Verfassung als rechtswidrig gelten muss.

Dafür spricht der eingangs dargestellte Prüfungsmaßstab der Aufsichtsbehörde, wonach sowohl die speziellen Regelungen der Sparkasse oder Landesbank, als auch alle anderen Rechtsnormen und das Gewohnheitsrecht zu überprüfen sind.[787]

Bei Beachtung dieses Grundsatzes muss die Aufsichtsbehörde dann insbesondere die Verfassung als höchste Rechtsnorm beachten. Aus der Verfassung ergibt sich aber nach dem oben Gesagten, dass ein Handeln der öffentlich-rechtlichen Sparkassen und Landesbanken, das ausschließlich der eigenen Gewinnerzielung dient, rechtswidrig ist.

Vor diesem Hintergrund könnte man der Ansicht sein, dass ein Einschreiten geboten gewesen wäre.

Allerdings ist dem entgegenzuhalten, dass, jedenfalls im Bezug auf die zwischenzeitlich weitgehend in der Landesbank Baden-Württemberg aufgegangene SachsenLB, das Handeln mit den amerikanischen Risikopapieren nach der Satzung der SachsenLB gestattet war. Insofern hat in diesem Fall das Recht der Landesbank dem Recht aus der Verfassung widersprochen. Hieraus entsteht nun eine gewisse Rechtsunsicherheit, die einerseits das Handeln der Landesbank selbst betrifft, in diesem Zusammenhang aber auch Auswirkungen auf die Beantwortung der Frage hat, ob die Aufsichtsbehörde einschreiten musste oder durfte.

Denn es gibt, wie oben beschrieben, durchaus öffentliche Unternehmen, deren einziges Unternehmensziel es ist, Gewinne zu machen, etwa staatliche Brauereien. Bei der Betrachtung der Rechtmäßigkeit des Verhaltens der SachsenLB hätte die Aufsichtsbehörde also nicht ohne eine tief greifende Überprüfung der Rechtslage,

787 Keßler, S. 126; zur Kommunalaufsicht entsprechend: Lübking/Vogelgesang, Rn. 119.

insbesondere der Prüfung von Verfassungsrecht und der Auswirkungen des Rechtsstaatsprinzips, feststellen können, dass ihr Einschreiten rechtmäßig wäre.

Außerdem wäre in diesem Falle zu erwarten gewesen, dass sich die Landesbank der zu treffenden Aufsichtsmaßnahme nicht widerspruchslos gebeugt hätte, sondern vielmehr auf ihre Satzung verwiesen hätte, worin sie ausdrücklich dazu ermächtigt war, entsprechende Geschäfte zu tätigen.

Diese Rechtsposition der Landesbank wäre auch durchaus nachvollziehbar und es wäre zudem nicht gänzlich ausgeschlossen, dass diese Ansicht sogar zutreffend wäre. Denn die Untersuchung, ob auch rein erwerbswirtschaftliches Handeln der öffentlichen Hand durch die Verfassung gerechtfertigt ist, hat ergeben, dass es zu dieser Frage auch eine starke Gegenansicht in der Literatur gibt. Vor diesem Hintergrund und bei der Berücksichtigung des Grundsatzes, dass die Aufsichtsbehörde die Entschlusskraft und die Entscheidungsfreude der Landesbank fördern soll, wäre es nach dieser Ansicht vertretbar gewesen, nicht einzuschreiten. Denn, wie oben dargestellt, ist ein Einschreiten der Aufsichtsbehörde nur dann angezeigt, wenn eindeutige Rechtsverletzungen vorliegen.

Betrachtet man die beiden vertretbaren Ansichten in dieser Situation, erscheint die Ansicht vorzugswürdig, wonach ein Einschreiten der Aufsichtsbehörde rechtlich zulässig und sogar geboten gewesen wäre. Dies ergibt sich primär aus der der Aufsichtsbehörde zukommenden Aufgabe, die Rechtmäßigkeit der zu beaufsichtigenden juristischen Person des Öffentlichen Rechts, hier der jeweiligen Landesbank, umfassend zu überprüfen. Diese Rechtmäßigkeitskontrolle muss sich nach dieser Ansicht zwingend auch mit der Prüfung höherrangigen Rechts und auch der hieraus abgeleiteten Grundsätze auseinandersetzen. Von diesen strengen Grundsätzen kann nur in dem Fall abgewichen werden, wenn eine Frage bislang höchstrichterlich nicht geklärt ist und darüber hinaus in der Literatur verschiedene Ansichten zu dieser Rechtsfrage vertreten werden.

Insbesondere vor dem Hintergrund, dass diese Arbeit sich mit der Frage beschäftigt, wie die Zukunft des öffentlich-rechtlichen Bankensystems aussehen könnte, genügt eine bloße Antwort auf die Frage, ob ein Einschreiten geboten und/oder rechtmäßig wäre, nicht.

Denn der Fehler ist geschehen und es gilt, hieraus richtige Schlüsse zu ziehen, um entsprechenden Vorkommnissen in Zukunft begegnen und entsprechendes Handeln verhindern zu können. Nach Betrachtung der verschiedenen Rechtslagen und der Analyse der Verfassung ergibt sich nämlich, dass teilweise die Anwendung der Gesetze, die den Landesbanken zu Grunde liegen, in der Praxis zu erheblichen Schwierigkeiten führt.

Die Aufsichtsbehörden können ihrer Aufgabe aber nur dann adäquat und effektiv nachkommen, wenn das geltende Recht möglichst eindeutig ist und sie aufgrund dessen die Möglichkeit haben, klar zu erkennen, welches Handeln sich nicht mehr mit den rechtlichen Vorgaben deckt. Es erscheint nicht zumutbar, dass sich die Aufsichtsbehörden bei Einzelfragen zunächst mit einer zeitintensiven und teilweise wenig eindeutigen Interpretation der Verfassung beschäftigen müssen, um zu dem Ergebnis kommen zu können, dass ein Eingreifen erforderlich ist oder nicht.

Insofern erscheint es vorzugswürdig, dass das einfache Recht, also die Satzung und die anderen relevanten Rechtsgrundlagen, klare Vorgaben darüber machen, welche Geschäfte den Instituten gestattet sein sollen. In diesem Sinne wäre die oben vorgeschlagene Änderung der Sparkassengesetze und der Regelungen über die Landesbanken wünschenswert. Sie würde nicht nur den öffentlichen Auftrag als Legitimation für das Handeln des Staates stärken, sondern auch eine effektive Aufsicht ermöglichen. Die vorgeschlagene Gesetzesänderung würde es also sowohl den Sparkassen und Landesbanken erleichtern, dem öffentlichen Auftrag zu folgen, als auch darüber hinaus den Aufsichtsbehörden den nötigen klaren Rechtsrahmen geben, ihre Aufgabe adäquat zu erfüllen.

e) Zusammenfassung

Die Untersuchung hat ergeben, dass teilweise die den Landesbanken gestatteten Geschäfte nach Ansicht des Verfassers zu weit gehen. Diese weiten Regelungen schwächen die Legitimation des öffentlich-rechtlichen Bankensystems. Außerdem führen sie dazu, dass gegen Geschäfte zur Gewinnmaximierung die Durchführung von Aufsichtsmaßnahmen erschwert wird, weil eine gewisse Rechtsunsicherheit eintritt. Es empfiehlt sich eine klarere Darstellung der den Landesbanken gestatteten Geschäfte in den einschlägigen Gesetzen.

XII. Die innerbetriebliche Aufsicht über die Geschäftstätigkeit der öffentlich-rechtlichen Institute

Neben der Frage der externen Aufsicht über die Sparkassen und Landesbanken soll darüber hinaus auch auf die interne Aufsicht über die Geschäftstätigkeit durch die Verwaltungsräte eingegangen werden.

Teilweise wurden Stimmen laut, die eine Veränderung der bisherigen gesetzlichen Regelungen über die Verwaltungsräte verlangen, insbesondere soll danach eine Veränderung hinsichtlich der Besetzung der Verwaltungsräte erfolgen.

1. Die bisherige Struktur der Verwaltungsräte und deren Stellung im Unternehmen Sparkasse bzw. Landesbank

Der Verwaltungsrat der Sparkasse wird als das „oberste Organ" des Kreditinstituts angesehen. Er setzt die Grundlagen der Geschäftsführung fest.[788]

Diese Festsetzung der Grundlagen der Geschäftsführung ergibt sich daraus, dass er nach den gesetzlichen Regelungen über die Dienstverträge der Vorstandsmitglieder entscheidet[789] und die Geschäftsführung des Vorstandes überwacht.[790] Außerdem bestimmt der Verwaltungsrat die Richtlinien der Geschäftspolitik.[791] Darüber hinaus erlässt der Verwaltungsrat Geschäftsanweisungen für den Kreditausschuss, den Prüfungsausschuss, den Vorstand und die Innenrevision.[792]

Daneben hat er bei wichtigen Entscheidungen ein Zustimmungs- oder Mitwirkungsrecht. Aus dieser Kompetenzfülle heraus ergibt sich, dass der Verwaltungsrat dem Vorstand vorsteht und damit tatsächlich als das höchste Organ der Sparkasse angesehen werden kann.[793]

2. In concreto: Die Überwachungsfunktion des Verwaltungsrates

In Anbetracht der Geschehnisse um die SachsenLB erscheint im Rahmen dieser Untersuchung die Tätigkeit des Verwaltungsrates als Überwacher der Geschäftsführung des Vorstandes besonders relevant.

788 Völter, S. 128.
789 Siehe beispielsweise § 8 Abs. 2 Nr. 1 SpkG RLP.
790 Siehe beispielsweise § 8 Abs. 1 SpkG RLP.
791 Siehe beispielsweise § 8 Abs. 1 SpkG RLP.
792 Siehe beispielsweise § 8 Abs. 2 Nr. 5 SpkG RLP.
793 Güde, S. 397.

In diesem Zusammenhang darf der Verwaltungsrat nicht in den Kompetenzbereich des Vorstandes eingreifen, etwa durch die Erteilung von Einzelanweisungen. Denn die Aufgaben, die Mitarbeiter zu kontrollieren, die innerbetriebliche Organisation der Sparkasse zu gestalten und dafür zu sorgen, dass alle Geschäfte der Sparkasse oder Landesbank ordnungsgemäß durchgeführt werden, obliegen einzig dem Vorstand.[794]

Hier steht dem Verwaltungsrat eine Rechtmäßigkeitskontrolle zu, teilweise wird ihm auch eine Zweckmäßigkeitskontrolle zugesprochen.

a) Überprüfung der Rechtmäßigkeit

Zur Rechtmäßigkeitskontrolle gehört insbesondere die Überprüfung der Handlungen des Vorstands anhand der Vorschriften des Kreditwesengesetzes, des relevanten Sparkassengesetzes oder der relevanten Rechtsgrundlage der Landesbank, der Satzung sowie der vom Verwaltungsrat selbst erlassenen Geschäftsanweisungen und Richtlinien.[795]

Hierbei ist zu berücksichtigen dass die Geschäftstätigkeit der Sparkasse dem Wirtschaftlichkeitsgebot untersteht[796] und dass deswegen die Kontrolle der Rechtmäßigkeit zwangsläufig auch eine Kontrolle der vorgenommenen Geschäfte auf deren Wirtschaftlichkeit hin mit einschließt.[797]

Anzumerken ist zur Effektivität des Systems der Kontrolle der Geschäftsführung, dass die Mitglieder des Verwaltungsrates dieses Amt nebenberuflich begleiten und dass deswegen der Vorstand, der hauptberuflich seine Aufgabe wahrnimmt, einen gewissen Wissens- und Erkenntnisvorsprung gegenüber den Mitgliedern des Verwaltungsrates hat, so dass faktisch keine wirklich umfassende Überprüfung des Vorstandes erfolgen kann.[798]

b) Überprüfung der Zweckmäßigkeit

Umstritten ist, ob dem Verwaltungsrat darüber hinaus die Kompetenz zukommt, die Zweckmäßigkeit des Handelns des Vorstandes zu überwachen. Raum für verschiedene Beurteilungen dieser Frage ergibt sich daraus, dass die relevanten Gesetze diese Frage nicht eindeutig beurteilen.

aa) Ansicht Schlierbachs

Hierzu wird etwa vertreten, dass die Regeln des allgemeinen Verwaltungsrechts anwendbar sind und dass deswegen eine Kontrolle nur dahingehend erfolgen kann,

794 Völter, S. 152; Fünten, S. 164; Lutter, Pflichten und Haftung, S. 78.
795 Völter, S. 154; Lutter, Pflichten und Haftung, S. 96.; Fünten, S. 186 f.
796 Völter, S. 154.
797 Völter, S. 154; Lutter, Pflichten und Haftung, S. 97.
798 Völter, S. 153.

Ermessensentscheidungen des Vorstandes auf das Einhalten der gesetzlichen Grenzen pflichtgemäßen Ermessens hin zu überprüfen. Hieraus folgt dann, dass Zweckmäßigkeitsentscheidungen grundsätzlich nicht überprüfbar sind.[799] Zudem sei zu Bedenken, dass es nicht angemessen sei, wenn die Mitglieder des Verwaltungsrates, die eine geringere Sachkunde als die Mitglieder des Vorstandes besitzen, mit dem Risiko belastet werden, Zweckmäßigkeitsentscheidungen richtig zu treffen.

bb) Ansicht Füntens

Für eine jedenfalls eingeschränkte Kontrolle der Zweckmäßigkeit der Geschäftsführung durch den Vorstand spricht hingegen ein Vergleich der Rechte des Aufsichtsrates einer Genossenschaft oder einer Aktiengesellschaft.

Die Rechtsstellung dieser Organe ist grundsätzlich auf eine reine Aufsichtstätigkeit beschränkt, wovon sich der Verwaltungsrat im Sparkassenrecht unterscheidet. Dieser verfügt über eine umfassendere Kompetenz, weil es ihm gestattet ist, Richtlinien für die Geschäftsführung zu erlassen.

Für die Kompetenz der Aufsichtsräte ist anerkannt, dass sie grundsätzlich keine Ermessensentscheidungen treffen können. Folglich können sie Entscheidungen des Vorstandes auch nicht deswegen kritisieren, weil sie diese für nicht zweckmäßig halten.[800]

Allerdings dürfen auch in diesem Fall Ermessensentscheidungen dahingehend überprüft werden, ob sie sich im Rahmen des zulässigen Ermessensspielraumes bewegen. Dieser ist insbesondere dann überschritten, wenn es sich um solche Maßnahmen handelt, die für das Unternehmen riskant oder sogar wirtschaftlich schädlich sind.[801]

Insofern ist es auch dem Aufsichtsrat in einer Genossenschaft oder in einer Aktiengesellschaft gestattet, Ermessensentscheidungen eingeschränkt zu überprüfen.

Hieraus lassen sich nun Rückschlüsse für das Kontrollrecht des Verwaltungsrates gehend ziehen, dass jedenfalls dieser Maßstab auch für eine Zweckmäßigkeitskontrolle durch den Verwaltungsrat gilt.[802]

Allerdings wurde schon aufgeführt, dass die Stellung des Verwaltungsrates im Unternehmen Sparkasse stärker ist als diejenige des Aufsichtsrates, was sich aus der Kompetenz zur Bestimmung der Richtlinien für die Geschäftsführung ergibt.

Betrachtet man das Handeln des Vorstandes, ergibt sich hieraus, dass seine Entscheidung auch dann ermessensfehlerhaft ist, wenn sie sich nicht mit den vom Verwaltungsrat vorgegebenen Richtlinien deckt. Dies führe nun dazu, dass das Überwachungsrecht des Verwaltungsrates gegenüber demjenigen des Aufsichtsrates erweitert ist, dergestalt, dass die Entscheidungen des Vorstandes auch auf ihre

799 Schlierbach/Püttner, S. 186.
800 Fünten, S. 187.
801 Fünten, S. 188.
802 Fünten, S. 188.

Vereinbarkeit mit den vom Verwaltungsrat vorgegebenen Richtlinien in Einklang stehen müssen.[803]

Dieses Überwachungsrecht sei auch deswegen unerlässlich, weil der Verwaltungsrat nur wenn ihm dieses Recht zukommt überprüfen kann, ob es notwendig ist, neue Richtlinien zu erlassen, damit sich das Unternehmen in die vom Verwaltungsrat vorgegebene Richtung entwickelt.

Insofern wird teilweise dem Verwaltungsrat eine umfassende Überwachungsmöglichkeit zugesprochen, die auch die Zweckmäßigkeit der Entscheidungen des Vorstandes umfasst.[804]

cc) Ansicht Lutters

Neben diesen zwei gegensätzlichen Ansichten wird vertreten, dass dem Verwaltungsrat zwar eine Zweckmäßigkeitskontrolle zukommt, diese aber auf größere Vorgänge beschränkt sei.[805]

dd) Ansicht Völters

Eine weitere Meinung[806] beurteilt die Frage auch differenziert und spricht dem Verwaltungsrat zu, jedenfalls bei *generellen Maßnahmen oder besonders gewichtigen Einzelfällen,* eine Zweckmäßigkeitsüberprüfung zuzulassen. Ein generelles Überwachungsrecht sei hingegen abzulehnen, weil der Vorstand sonst zu einem bloßen Befehlsempfänger des Verwaltungsrates würde und so auch die vom Kreditwesengesetz gewünschte Aufgabenverteilung nicht eingehalten werden würde.[807]

Anders sei dies bei Maßnahmen zu beurteilen, bei deren Entscheidung der Verwaltungsrat ein Alleinentscheidungsrecht inne hat oder bei denen die Zustimmung des Verwaltungsrates notwendig ist. In diesen Fällen müsse der Verwaltungsrat, bevor er sich entscheidet, notwendig auch eine Überprüfung der Zweckmäßigkeit der Maßnahme anstellen. Allerdings bliebe in diesen Fällen die Gefahr, dass im Rahmen der Durchführung der Maßnahme dem Vorstand ein Ermessensspielraum bleibt, den der Verwaltungsrat nicht auf seine Zweckmäßigkeit hin überprüfen könnte.[808]

Dieses Ergebnis sei nicht gewünscht und würde das Recht des Verwaltungsrates, in bestimmten Fällen allein entscheiden zu können, bzw. bei bestimmten Maßnahmen zustimmen zu müssen, unterlaufen.

803 Fünten, S. 188.
804 Fünten, S. 188.
805 Lutter, Pflichten und Haftung, S. 97 f.
806 Völter, S. 156.
807 Völter, S. 156.
808 Völter, S. 157.

Deswegen soll in diesen Fällen der Verwaltungsrat auch die Möglichkeit haben, die Durchführung der Maßnahme umfassend zu überwachen, also auch die Zweckmäßigkeit der Durchführungshandlungen überprüfen können.[809]

Ein unzumutbares Risiko käme dem Verwaltungsrat hierdurch nicht zu, weil er sich im Rahmen der Alleinentscheidung bzw. im Rahmen der Prüfung, ob er der konkreten Maßnahme zustimmt, umfassend mit der Zweckmäßigkeit der Maßnahme auseinander setzen müsse und im Rahmen der Überprüfung der Durchführung der Maßnahme im Wesentlichen keine weitere Prüfung auf den Verwaltungsrat zukäme.[810]

ee) Durchführung der Überwachung

Unabhängig davon, wie weit die Überwachung des Vorstandes reicht, ist in der gebotenen Kürze darzustellen, wie der Verwaltungsrat seine Überwachung durchführt.

Hierzu hat er im Wesentlichen die folgenden Möglichkeiten:

Zunächst einmal ist er vom Vorstand über wesentliche Punkte der Geschäftsführung zu unterrichten.[811] Zudem kann der Verwaltungsrat von dem Vorstand verlangen, dass er über bestimmte Punkte informiert wird. Diese Rechte entspringen der gesetzlichen Aufgabe des Verwaltungsrates, die Tätigkeit des Vorstandes zu überwachen.

Außerdem legt der Vorstand dem Verwaltungsrat den Jahresabschluss sowie den Lagebericht vor.[812]

Nachdem der Verwaltungsrat eine Entscheidungsgrundlage durch die vom Vorstand gegebenen Informationen hat, muss er entscheiden, ob und wie er auf bestimmte Maßnahmen des Vorstandes reagiert.

Dies kann etwa dadurch geschehen, dass der Verwaltungsrat dem Vorstand im Rahmen einer Gegenvorstellung[813] zur Kenntnis bringt, wie der Verwaltungsrat eine bestimmte Frage beurteilt und warum Bedenken gegen die Maßnahme des Vorstandes vorliegen.

Der Vorstand nimmt die Gegenvorstellung zur Kenntnis und ändert ggf. sein Handeln.

Im Rahmen von zustimmungsbedürftigen Entscheidungen kann der Verwaltungsrat seine Zustimmung verweigern. In diesem Fall wird er auch eine Gegenvorstellung abgeben, die wie ein Veto wirkt.[814] Auch in diesem Fall wird sich der Vorstand mit der Ansicht des Verwaltungsrates auseinander setzen müssen und

809 Völter, S. 157.
810 Völter, S. 158 f.
811 Völter, S. 159; OVG Münster, NVwZ 1990, S. 159; Lutter, Pflichten und Haftung, S. 88.
812 Siehe beispielsweise § 19 Abs. 1 SpkG RLP; Lutter, Pflichten und Haftung, S. 89.
813 Völter, S. 166 f.; Lutter, Pflichten und Haftung, S. 100.
814 Völter, S. 167.

beide Organe werden konsensual darauf hinwirken, in der streitigen Frage ein Einvernehmen erreichen zu können.

Wenn die Gegenvorstellung nicht zu dem gewünschten Ergebnis führt und zwischen Vorstand und Verwaltungsrat kein Einvernehmen erreicht werden kann, stehen dem Verwaltungsrat weitere Möglichkeiten zu, auf die Geschäftsführung einzuwirken.

Zum einen kann der Verwaltungsrat die Rechtsaufsichtsbehörde über das seiner Ansicht nach rechtswidrige Handeln des Vorstandes informieren und damit die Ergreifung von Aufsichtsmaßnahmen anregen.[815]

Zum anderen kann der Verwaltungsrat darauf hinwirken, dass die Bestellung des Vorstandes widerrufen wird, in einigen Bundesländern kann er den Vorstand sogar selbst abberufen.

Zudem hat der Verwaltungsrat die Möglichkeit, Schadensersatzklagen gegen den Vorstand einzureichen.[816] Außerdem kann der Verwaltungsrat Geschäftsanweisungen für den Vorstand erlassen oder die Richtlinien der Geschäftspolitik ändern, insbesondere, wenn etwa die Richtlinien einen unerwarteten Interpretationsspielraum zulassen.[817]

ff) Eigene Ansicht/Auswertung/Rückschlüsse für die vorliegende Untersuchung

Zunächst soll Stellung dazu genommen werden, ob und wie weit eine Zweckmäßigkeitsüberwachung des Verwaltungsrates reicht.

Im Wesentlichen stehen sich hier verschiedene Prinzipien gegenüber: Zum einen ist durch das KWG eine Aufgabenteilung zwischen dem Verwaltungsrat und dem Vorstand vorgesehen, die auch für die Sparkassen gilt. Bei Beachtung dieses Grundsatzes scheint es tatsächlich verfehlt, dem Verwaltungsrat eine umfassende Zweckmäßigkeitskontrolle zuzusprechen. Dann würde in der Tat, wie *Völter* zu Recht kritisiert, eine Art Über-, Unterordnung zwischen dem Verwaltungsrat und dem Vorstand bestehen. Zudem ist zu berücksichtigen, dass die Mitglieder des Verwaltungsrates ihr Amt ehrenamtlich ausüben, so dass dem Verwaltungsrat nicht das Unternehmerentscheidungen immer innewohnende Risiko des Fehlschlagens aufgebürdet werden kann. Der Vorstand hingegen kann dieses Risiko tragen, schließlich ist es gerade seine Aufgabe, Unternehmerentscheidungen zu treffen und er kann sich auch umfassend auf anstehende Entscheidungen vorbereiten, schließlich üben die Mitglieder des Vorstandes ihr Amt hauptberuflich aus.

---

815 Lutter, Pflichten und Haftung, S. 106.

816 Dies ergibt sich in Rheinland-Pfalz aus § 14 Abs. 2 S. 2 SpkG, wonach die gerichtliche und außergerichtliche Vertretung der Sparkasse gegenüber dem Vorstand dem Verwaltungsratsvorsitzenden obliegt; Lutter, Pflichten und Haftung, S. 107.

817 Völter, S. 171 f.; Lutter, Pflichten und Haftung, S. 102 f.

Zum anderen handelt es sich bei den Sparkassen und Landesbanken um öffentliche Unternehmen, die einer stärkeren Kontrolle unterzogen werden sollen als dies in der Privatwirtschaft der Fall ist. Deswegen wurde dem Verwaltungsrat eine stärkere Stellung gegeben als dem Aufsichtsrat eines privatrechtlich organisierten Unternehmens. Dies drückt sich etwa darin aus, dass der Verwaltungsrat aktiv in die Geschäftspolitik einwirken kann, indem er Richtlinien erlässt.

In diesem Zusammenhang wird bereits deutlich, dass die prinzipiell gewünschte Aufgabenteilung zwischen Vorstand und Verwaltungsrat im Sparkassenrecht zu Gunsten einer stärkeren Überwachungsfunktion etwas abgeschwächt wurde.

Dennoch bleibt es bei einer gewissen Aufgabenteilung dadurch, dass die Richtlinien des Verwaltungsrates aus der Natur der Sache heraus nur allgemeiner Art sein können und dass das Tagesgeschäft vollständig in der Hand des Vorstandes liegt.

Diese hervorgehobene Stellung des Verwaltungsrates, die diejenige der Aufsichtsräte übersteigt, muss bei der Beurteilung der Frage, wie weit die Kompetenzen des Organs reichen, berücksichtigt werden. Deswegen ist es zutreffend, dass der Verwaltungsrat jedenfalls wie ein Aufsichtsrat überwachen kann, ob der Vorstand bei einer Ermessensentscheidung auch den ihm gegebenen Spielraum eingehalten hat.

Allerdings ist bei der Beurteilung der Frage nach einer Überwachungskompetenz des Verwaltungsrates über die Zweckmäßigkeit zu beachten, dass die Gesetzgeber dem Verwaltungsrat eine stärkere Stellung als den Aufsichtsräten gegeben haben, indem sie ihm in bestimmten Situationen ein Alleinentscheidungsrecht zugesprochen haben. Darüber hinaus wurden auch bestimmte Maßnahmen von der Zustimmung des Verwaltungsrates abhängig gemacht und dem Verwaltungsrat wurde insbesondere die Möglichkeit gegeben, Richtlinien für die Geschäftspolitik aufzustellen.

Um feststellen zu können, ob der Erlass oder eine Veränderung von Richtlinien erforderlich ist, ist ein gewisses Maß an Zweckmäßigkeitskontrolle unumgänglich. Auch wäre es verfehlt, anzunehmen, dass der Verwaltungsrat grundsätzlich die Zweckmäßigkeit von Entscheidungen des Vorstandes nicht überprüft, sondern eine Überprüfung nur dann vornimmt, wenn ihm eine Alleinentscheidungskompetenz zukommt oder er seine Zustimmung geben muss.

Um zu einem Ausgleich der gegenläufigen Prinzipien der grundsätzlichen Aufgabenteilung der Organe einerseits und die von den Gesetzgebern gewünschte starke Position des Verwaltungsrates in einer Sparkasse oder Landesbank andererseits zu kommen, erscheint eine eingeschränkte Zweckmäßigkeitskontrolle des Verwaltungsrates, etwa nach dem von *Lutter* angedachten Modell, sinnvoll.

Allerdings mag eine Beschränkung auf eine bestimmte Größe von Geschäften nicht überzeugen. Zwar ist zuzugeben, dass die Bedeutung eines Geschäftes für das Unternehmen mit der Größe seines Umfangs steigt und dass eine Kontrolle der Zweckmäßigkeit bei besonders wichtigen Entscheidungen grundsätzlich begrüßt wird.

Sinnvoll erscheint eine Zweckmäßigkeitskontrolle aber auch für solche Entscheidungen, die für das Unternehmen grundlegend sind oder die Geschäftspolitik ändern.

Zu diesem Ergebnis führt insbesondere die Analyse des Verhaltens der Landesbanken vor der Wirtschaftskrise. Es wurden neue Geschäftsmodelle durchgeführt, die von den bisherigen klassischen Geschäften des jeweiligen Institutes stark abwichen. Insofern sollten neben besonders großen Geschäften auch solche Geschäfte einer Zweckmäßigkeitskontrolle des Verwaltungsrates unterzogen sein, die von der bisherigen Geschäftspolitik des Unternehmens abweichen. Diese Auslegung entspricht dem Sinn und Zweck des Gesetzes, wonach der Verwaltungsrat Richtlinien der Geschäftspolitik aufstellen kann. Denn in dieser Regelung wird deutlich, dass der Verwaltungsrat zwar nicht die Details der Geschäfte der Sparkasse oder Landesbank auf ihre Zweckmäßigkeit hin überprüfen soll, aber es ihm möglich ist, die Geschäftspolitik des Unternehmens positiv zu gestalten, was über eine bloße Rechtmäßigkeitskontrolle hinausgeht. Auch haben die Gesetzgeber bestimmte grundlegende Entscheidungen dem Verwaltungsrat vorbehalten, was auch dafür spricht, dass solche grundlegenden Entscheidungen von dem Verwaltungsrat gebilligt werden müssen.

Unabhängig von der Frage, wie eng oder wie weit man die Zweckmäßigkeitskontrolle durch den Verwaltungsrat sieht, ist unstrittig, dass die Verwaltungsräte die Rechmäßigkeit des Handelns des Vorstandes kontrollieren.

Auch in diesem Zusammenhang zeigt sich die Richtigkeit der oben vorgeschlagenen Änderungen der Sparkassengesetze.

Denn bei der Überprüfung einer möglichen Kontrolle der Geschäfte durch den Verwaltungsrat ist, wie beschrieben, zu beachten, dass die Mitglieder des Verwaltungsrates ihr Amt nebenberuflich ausüben. Insofern sollten die rechtlichen Vorgaben, innerhalb der sich die Landesbanken oder die Sparkassen bewegen, möglichst eindeutig sein. Wenn es schon zur Gewährleistung einer effektiven Aufsicht für sinnvoll erachtet wird, die gesetzlichen Vorgaben so genau wie möglich zu gestalten, muss dies zur Gewährleistung einer effektiven internen Kontrolle durch den Verwaltungsrat erst Recht gelten.

Denn im Unterschied zur Rechtsaufsichtsbehörde, die ihrer Aufgabe hauptberuflich nachgeht und der es dem Grunde nach zugemutet werden kann auch umfassende rechtliche Prüfungen vorzunehmen, stellt sich die Situation bei dem Verwaltungsrat grundlegend anders dar.

Der Verwaltungsrat setzt sich nämlich aus Mitgliedern zusammen, die ihr Amt nebenberuflich ausüben. Aus diesem Grund kann die Kontrollarbeit nicht so umfassend geschehen, wie diejenige der Rechtsaufsichtsbehörde. Insofern erscheint es problematisch, wenn von dem Verwaltungsrat umfassende rechtliche Überprüfungen verlangt werden würden.

Auch vor diesem Hintergrund erscheint es wünschenswert, dass der öffentliche Auftrag möglichst genau bestimmt wird und dass die Sparkassengesetze und die Gesetze über die Landesbanken derart verändert werden, dass jedenfalls eine Tätigkeit der reinen Gewinnerzielung willen, schon einfachgesetzlich verboten ist.

Dies würde die Kontrollmöglichkeiten der Verwaltungsräte verbessern und effizienter machen.

3. Die Besetzung des Verwaltungsrates und Reformbestrebungen in diesem Zusammenhang

Wie eingangs erwähnt, gibt es derzeit Stimmen, die die Besetzung der Verwaltungsräte reformieren möchten. Dies soll dazu führen, dass die Verwaltungsräte ihre Tätigkeit besser und effektiver ausüben können. Als geeignetes Mittel wird hier einerseits eine Umstrukturierung der Besetzung der Verwaltungsräte vorgeschlagen, etwa dergestalt, dass bei den Landesbanken auch Vertreter des Landesparlaments im Verwaltungsrat und Beschäftigte des Instituts sitzen sollen. Andererseits wird eine Selektion der Mitarbeiter nach deren Eignung und Befähigung für die Aufgabenwahrnehmung im Verwaltungsrat vorgeschlagen.

Diese Untersuchung gebietet es, sich mit den vorgebrachten Vorschlägen kritisch auseinanderzusetzen. Diesbezüglich ist zunächst erforderlich, die bisherige Struktur der Besetzung der Verwaltungsräte darzustellen, um dann eine Aussage darüber treffen zu können, inwiefern eine Modifikation der bestehenden Regelungen sinnvoll erscheint.

a) Bisherige Mitgliederstruktur im Verwaltungsrat

Die Mitgliederstrukturen der Verwaltungsräte sind in den Sparkassengesetzen der einzelnen Länder sehr ähnlich.

Dem Grunde nach lässt sich sagen, dass sich in den Sparkassengesetzen bestimmte negative Wahlvoraussetzungen herauskristallisiert haben. So darf das Mitglied im Verwaltungsrat in persönlicher Hinsicht nicht bei dem Gewährträger der Sparkasse oder der Sparkasse selbst beschäftigt sein. Dieser Ausschluss gilt selbstverständlich nicht für die Mitarbeitervertreter.

Daneben dürfen die potentiellen Mitglieder im Verwaltungsrat auch nicht Beschäftigte eines Unternehmens sein, das mit der Sparkasse im Wettbewerb steht. Teilweise dürfen die potentiellen Mitglieder auch nicht bis zu bestimmten Graden verwandt oder verschwägert mit anderen Mitgliedern im Verwaltungsrat sein und auch nicht mit Mitgliedern des Vorstandes. Auch darf über das Vermögen des potentiellen Verwaltungsratsmitgliedes kein Insolvenzverfahren eröffnet oder nur mangels Masse nicht eröffnet worden sein und das potentielle Mitglied darf keine eidesstattliche Versicherung nach § 807 ZPO abgegeben haben.

Die Sparkassengesetze machen darüber hinaus auch gewisse Vorgaben über die fachliche Qualifikation der Verwaltungsratsmitglieder.

Regelmäßig wird verlangt, dass die potentiellen Mitglieder über eine *besondere Wirtschaftskunde und Sachkunde*[818] verfügen. Außerdem sehen die Sparkassengesetze häufig vor, dass die Personen *bereit und geeignet* sein müssen, die Sparkasse und ihre Aufgaben zu fördern.[819]

---

818 Beispielsweise Art. 10 Abs. 1 S. 1 SpkG BW.

819 Art. 10 Abs. 1 S. 1 SpkG BW.

Hieraus besteht regelmäßig ein gewisser Konflikt bei der Wahl eines neuen Verwaltungsratsmitgliedes. Man muss sich häufig entscheiden, ob politisch nahe stehende Personen in den Verwaltungsrat gewählt werden sollen oder ob tatsächlich jemand gewählt werden soll, der über eine besondere Sachkunde verfügt.

b) Zusammensetzung des Verwaltungsrates

Die landesrechtlichen Vorschriften über die Zusammensetzung der Verwaltungsräte sind sehr ähnlich. Wie schon angedeutet, handelt es sich um ein Kollegialorgan, das aus ehrenamtlichen Mitgliedern besteht.[820]

Die Mitglieder des Verwaltungsrates werden gewählt. In den Sparkassengesetzen zeigt sich eine weit überwiegende Tendenz, dass zwei Drittel der Mitglieder des Verwaltungsrates von den Hauptorganen der Träger der Sparkasse gewählt werden, etwa den Hauptversammlungen der Träger.

Vor dem Hintergrund der Mitarbeitermitbestimmung wird regelmäßig ein Drittel der Verwaltungsratsmitglieder von den Mitarbeitern der Sparkasse gewählt. Eine Ausnahme von diesem Grundsatz findet sich in Bayern. So sieht das bayerische Sparkassengesetz keine Mitarbeitervertreter im Verwaltungsrat der Sparkassen vor. Doch auch dort werden nur zwei Drittel der Mitglieder des Verwaltungsrates von den Trägern gewählt und das übrige Drittel wird von der Aufsichtsbehörde berufen.[821] Diese Regelung wurde gerichtlich überprüft.[822] Gegenstand des Verfahrens war die Frage, ob der bayerische Gesetzgeber verpflichtet ist, eine Unternehmensmitbestimmung der Arbeitnehmer einzuführen. Das Gericht gelangte zu der Überzeugung, dass die Sparkassen sich von privaten Kreditinstituten dadurch unterscheiden, dass sie „aufgaben- und nicht gewinnorientiert" seien. Deswegen wiesen sie „weder die für wirtschaftliche Unternehmen typische Gewinnorientierung noch deren Strukturen auf" und es sei aus diesem Grund auch nicht zu beanstanden „dass der Gesetzgeber die Sparkassen nicht als wirtschaftliche Unternehmen von erheblicher Bedeutung im Sinn des Art. 175 Satz 1 Alt. 2 BV bewertet und deshalb für sie keine Unternehmensmitbestimmung, gleich welcher Art, eingeführt hat"[823].

Der Vorsitzende des Verwaltungsrats ist regelmäßig der Hauptverwaltungsbeamte der Gebietskörperschaft, etwa bei einer Stadtsparkasse der Bürgermeister oder bei einer Kreissparkasse der Landrat.[824]

Der Aufbau der Verwaltungsräte der Landesbanken orientiert sich auch an diesem Modell, regelmäßig sind auch hier Mitarbeitervertreter vorgesehen.[825]

---

820 Völter, S. 61.
821 Art. 8 Abs. 2 S. 1 des bayerischen Sparkassengesetzes.
822 Bayerischer Verfassungsgerichtshof vom 14.02.2011, Az.: 2-VII-10.
823 Bayerischer Verfassungsgerichtshof a. a. O.
824 Vgl. etwa Art. 7 Abs. 1 SpkG Bayern; § 12 Abs. 1 NSpkG.
825 Beispielsweise Art. 10 Abs. 3 Helaba-Staatsvertrag.

c) Reformbestrebungen

In diesem Zusammenhang wurden nun verschiedene Reformwünsche seitens der Politik geäußert.

So fordert etwa die bayerische SPD sowohl eine Reform des Sparkassengesetzes als auch eine Reform des Gesetzes über die Landesbank.[826]

aa) Vorschlag zur Änderung des Sparkassengesetzes in Bayern

Nach einem Vorschlag der bayerischen SPD soll das Sparkassengesetz in Bayern dergestalt geändert werden, dass ein Drittel der weiteren Mitglieder des Verwaltungsrates von den Beschäftigten der Sparkasse gewählt wird.[827] Mit diesem Vorschlag orientiert sich die bayerische SPD an den bereits geltenden Regelungen in den anderen Bundesländern.

Damit wird das Ziel verfolgt, dass das Personal in laufende Entscheidungen einbezogen wird. Dies sei deswegen erwünscht, weil das Personal unter Strukturveränderungen der Sparkasse, die auf Fehlentwicklungen zurückzuführen sind, besonders zu leiden habe.[828]

Aufgrund der Interessenlage der Mitarbeiter könnte die jeweilige Sparkasse nach Ansicht der bayerischen SPD vor Fehlentwicklungen besser geschützt werden. Auslöser für die vorgeschlagenen Reformen waren die „Entwicklungen bei der Landesbank".[829]

bb) Vorschlag zur Änderung des Landesbankgesetzes in Bayern

Neben einer Änderung des Sparkassengesetzes beinhaltet der Vorschlag der bayerischen SPD auch eine Änderung des Gesetzes über die bayerische Landesbank.

Diesbezüglich ist zunächst auszuführen, dass es einen Entwurf einer Änderung des Landesbankgesetzes von der bayerischen Staatsregierung gibt, den die bayerische SPD noch weiter modifizieren möchte.

Derzeit sieht das Gesetz über die bayerische Landesbank vor, dass der Verwaltungsrat des Kreditinstituts zu einer Hälfte aus Vertretern des Landes Bayern und zur anderen Hälfte aus Vertretern des Sparkassenverbandes Bayern besteht. Im Detail sind die Sitze im Verwaltungsrat derzeit folgendermaßen aufgeteilt:

Es erhalten je einen Sitz:

- der Staatsminister der Finanzen
- der Staatsminister des Inneren
- je ein Vertreter der Staatsministerien der Finanzen, des Innern und der Wirtschaft, Verkehr und Technologie

826 Neues Landesbankgesetz überarbeiten.
827 Neues Landesbankgesetz überarbeiten.
828 Neues Landesbankgesetz überarbeiten.
829 Neues Landesbankgesetz überarbeiten.

- der 1. Präsident des Sparkassenverbandes Bayern
- der Geschäftsführende Präsident des Sparkassenverbandes Bayern
- der Vorsitzende des Fachbeirates des Sparkassenverbandes Bayern (Landesobmann der bayerischen Sparkassen)
- ein Vorstandsmitglied einer bayerischen Sparkasse
- ein Vertreter der bayerischen kommunalen Spitzenverbände[830]

Der Entwurf der Bayerischen Staatsregierung möchte die Besetzung des Verwaltungsrates ändern. Nach diesem Vorschlag sollen zwar weiterhin die Staatsminister für Finanzen, Wirtschaft und Inneres einen Sitz im Verwaltungsrat haben, daneben aber auch vier weitere externe Experten. Außerdem soll ein Vertreter der Kommunen einen Sitz haben, ein Vertreter der Sparkassen sowie ein weiterer Vertreter des Finanzministeriums. Daneben soll ein Personalvertreter einen Sitz im Verwaltungsrat der Landesbank haben.

Die SPD möchte diesen Vorschlag der bayerischen Staatsregierung noch weiter verändern. Sie beabsichtigt, dass fünf Vertreter der Ministerien im Verwaltungsrat vertreten sind und jeweils ein Vertreter der Kommunen und der Sparkassen. Daneben sieht der Vorschlag der bayerischen SPD vor, dass ein Vertreter aller Fraktionen des Landesparlaments einen Sitz im Veraltungsrat haben soll sowie drei Personalvertreter.[831]

Damit zieht die bayerische SPD Konsequenzen aus den Entwicklungen um die Bayerische Landesbank. Die veränderte Besetzung soll der Schaffung effektiverer Kontrollmechanismen dienen. Der Vorschlag sieht deswegen einen Vertreter des Parlaments und drei Personalvertreter vor, weil nach Ansicht der bayerischen SPD diesen beiden Gruppen besondere Informationsrechte zukämen.[832]

Der Vertreter aller Fraktionen des Parlaments soll die Bürger des Freistaates Bayern vertreten, deren Steuergelder letztlich dazu gebraucht wurden, um die Bayerische Landesbank zu retten.[833]

Daneben soll das Personal der Landesbank in besonderem Maße vertreten sein, weil die Landesbank vor einer umfangreichen Umstrukturierung steht. In diesem Zusammenhang soll konzernweit die Personalstärke von etwa 19.200 um 5.000 Stellen reduziert werden.[834] Um den Betrieb unter diesen Voraussetzungen fortzuführen, müssten in diesem Zusammenhang sowohl Stellen umstrukturiert als auch Stellen abgebaut und auch geschaffen werden. Diese Prozesse können nach Ansicht der bayerischen SPD nur gelingen, wenn das Personal in die Entscheidungsprozesse aktiv integriert werden würde.[835]

---

830 Art. 8 Abs. 2 S. 3 Gesetz über die Bayerische Landesbank.
831 Neues Landesbankgesetz überarbeiten.
832 Neues Landesbankgesetz überarbeiten.
833 Neues Landesbankgesetz überarbeiten.
834 Neues Landesbankgesetz überarbeiten.
835 Neues Landesbankgesetz überarbeiten.

cc) Bewertung der Reformbestrebungen

Sowohl die Reformbestrebungen der bayerischen Staatsregierung als auch diejenigen der bayerischen SPD zielen darauf ab, den Verwaltungsrat differenzierter zu besetzen. Insbesondere die Angestellten des Kreditinstituts sollen ein stärkeres Gewicht im Verwaltungsrat der Landesbank bekommen.

Nachdem die bisherige Struktur der Verwaltungsräte angesehen wurde, stellten sich zwei grundsätzliche Probleme:

Einerseits ist es einer effizienten Kontrolle des Handelns des Vorstandes durch den Verwaltungsrat nicht förderlich, dass die Mitglieder des Verwaltungsrates ihren Beruf in Nebentätigkeit ausüben. Auf diese Weise kann der Verwaltungsrat nicht über dieselben Kenntnisse über die Geschäftstätigkeit des Instituts verfügen, wie sie der Vorstand inne hat. Zudem können sich die Mitglieder des Verwaltungsrates nicht derart umfassend über die Entscheidungen informieren, wie es dem Vorstand möglich ist.

Andererseits sind die Anforderungen der relevanten Rechtsgrundlagen an die Eignung der Mitglieder des Verwaltungsrates relativ vage. In diesem Zusammenhang wurde bereits der Konflikt der wählenden Träger des Kreditinstituts dargestellt, ob man nun einem sachkundigen Kandidaten die Stimme geben soll oder jemandem, der auf der politisch bevorzugten Seite steht.

An diesen Problemen ändern die hier aufgezeigten Vorschläge grundsätzlich nichts.

Der Vorschlag, den Gedanken der Mitbestimmung der Angestellten durch eigene Vertreter im Verwaltungsrat einzuführen, zielt dennoch nach Ansicht des Verfassers in die richtige Richtung. Denn durch eine stärkere Mischung der Mitglieder des Verwaltungsrates erscheint jedenfalls das Risiko einer zu laschen Kontrolle aufgrund gegenseitiger Abhängigkeiten gedämmt. Es ist zu erwarten, dass die Interessen der Vertreter der Träger und der Vertreter der Angestellten teilweise sogar gegenläufig sind, so dass Probleme in der Geschäftspolitik wohl eher erkannt und artikuliert würden. Dies wäre ein Schritt hin zu einer effizienteren Kontrolle.

Zudem erscheint eine Beteiligung der Vertreter der Mitarbeiter auch vor dem Hintergrund sinnvoll, dass zu erwarten ist, dass das Personal über wesentliche Entwicklungen in dem Kreditinstitut schon aufgrund des Beschäftigtenverhältnisses informiert ist.

Dies könnte dazu führen, dass dem Nachteil der nebenberuflichen Aufsichtstätigkeit des Verwaltungsrates ein Stück weit begegnet und auf diese Weise eine höhere Sachkunde des Verwaltungsrates erzielt wird.

Dem kann aber entgegengehalten werden, dass nicht zwangsläufig die Personalvertreter eine höhere Sachkunde aufweisen als die übrigen Mitglieder des Verwaltungsrates. Denn ein Beschäftigter des Kreditinstitutes verfügt typischerweise nur in einem Teilbereich der Geschäftstätigkeit über besondere Kenntnisse.

Dennoch wird die Belegschaft, insbesondere gewählte Vertreter im Verwaltungsrat, über wesentliche Veränderungen der Geschäftspolitik informiert sein.

Den Vorschlägen ist auch zuzugeben, dass die Idee, Mitarbeitervertreter im Verwaltungsrat des Kreditinstituts zu haben, in allen übrigen Sparkassengesetzen Einzug gehalten hat und diese vor dem Hintergrund einer umfassenden Interessenvertretung der verschiedenen Interessengruppen sinnvoll erscheint.

Insbesondere erscheint die Argumentation, dass bevorstehende Strukturveränderungen, die eine Veränderung der Arbeitsplätze und Arbeitsbedingungen nach sich ziehen, unter größtmöglicher Beteiligung der Arbeitnehmer geschehen sollten. Dies ergibt sich nicht nur daraus, dass den Beschäftigten ein Forum gegeben werden soll, ihre Interessen, sprich die Arbeitsplatzsicherung, zu artikulieren. Ein weiterer Vorteil der Einbeziehung der Beschäftigten in wesentliche Entscheidungen, die die Arbeitsabläufe betreffen, ist der, dass die Beschäftigten die bestehenden Arbeitsabläufe besonders gut kennen.

Hinsichtlich der Frage, ob ein Anteil der Beschäftigten in der Höhe von einem Mitglied oder von drei Mitgliedern im Verwaltungsrat sinnvoll erscheint, ist erneut darauf hinzuweisen, dass die Beteiligung der Mitarbeiter bestenfalls mittelbar dazu führen kann, bestehende Kontrollprobleme durch den Verwaltungsrat zu lindern, so dass aufgrund dieser Untersuchung keine Rückschlüsse auf die angemessene Zahl von Mitarbeitervertretern geschlossen werden kann. Betrachtet man allerdings die Stärke der Vertretung der Träger und der Sparkassen im Verwaltungsrat der Landesbank, so würde hier eine Vertretung der Mitarbeiter durch ein Mitglied möglicherweise nicht genügen, um die Beschäftigteninteressen angemessen zu vertreten. Insofern erscheint eine stärkere Repräsentation der Mitarbeiter im Verwaltungsrat wünschenswert. Hierfür spricht auch, dass sich aus der gelebten Praxis der Mitarbeitervertretung in den Verwaltungsräten der Sparkassen in den übrigen Bundesländern, die im Wesentlichen dem Vorschlag einer erweiterten Vertretung der bayerischen SPD entspricht, bisher keine negativen Erkenntnisse ergaben.

Der Sache nach ist aus den o. a. Überlegungen heraus, insbesondere aus dem Gedanken der Vielfältigkeit der im Verwaltungsrat vertretenen Interessen, eine relativ starke Mitarbeitervertretung wünschenswert.

Gleiches gilt im Wesentlichen für den Vorschlag, eine Vertretung der Mitarbeiter in den Verwaltungsräten der bayerischen Sparkassen zu schaffen.

Weiterhin stellt sich die Frage, wie der Vorschlag der bayerischen SPD zu bewerten ist, dass zukünftig auch ein Vertreter des bayerischen Landesparlamentes im Verwaltungsrat der Landesbank einen Sitz haben soll.

Hier gelten im Wesentlichen die bereits oben ausgeführten Erwägungen: Auch dieser Vorschlag führt nicht dazu, dass die wesentlichen im Rahmen dieser Untersuchung erkannten Probleme der Teilzeittätigkeit der Verwaltungsräte und der vagen Vorschriften über die Qualifikation der Verwaltungsratsmitglieder direkt behoben werden.

Allerdings führt auch er dazu, dass die Kontrolle durch den Verwaltungsrat möglicherweise ausgewogener geschehen kann, weil sich im Verwaltungsrat eine Vielzahl öffentlicher Interessen wiederfindet.

Vor diesem Hintergrund ist der Vorschlag zu begrüßen, denn es kann wohl davon ausgegangen werden, dass sich die Vertreter der verschiedenen Interessengruppen bei der Ausübung ihrer Tätigkeit primär der Interessengruppe gegenüber verpflichtet fühlen, die sie vertreten.

Allerdings unterliegt auch der Vertreter des Landesparlamentes keinen weitergehenden Vorschriften über die Qualifikation oder die besondere Sachkunde, so dass allein hierdurch keine unmittelbare Verbesserung der bestehenden Probleme zu erwarten ist.

Zudem ist zu berücksichtigen, dass die Staatsregierung, die letztlich auch den Interessen der Allgemeinheit und der Interessen der Steuerzahler gegenüber verpflichtet ist, bereits ausreichend vertreten ist und dass nur die Tatsache, dass der Vertreter des Parlaments direkt vom Parlament bestellt sein wird, keine maßgebliche Verbesserung zu erwarten ist.

Hierfür spricht auch, dass, sollten die Interessen des Parlaments sich tatsächlich von denen der Staatsregierung unterscheiden, die Position eines einzigen Vertreters im Verwaltungsrat denkbar schwach ist, was sich bereits aus der Argumentation zu Gunsten dreier Beschäftigtenvertreter anstelle von lediglich einem Vertreter ergibt.

Dennoch ist dem Vorschlag zu Gute zu halten, dass der Vertreter des Parlaments auch den Interessen der Opposition gegenüber verpflichtet wäre und dass auf diese Weise sichergestellt würde, dass auch deren Interessen im Verwaltungsrat der Landesbank gehört werden würden. Auf diese Weise würde verhindert, dass die Regierung über Jahre hinweg die Situation der Landesbank allein bestimmen könnte.

Eine weitere positive Entwicklung könnte darin gesehen werden, dass sich der Vertreter des Parlaments in besonderem Maße dem öffentlichen Auftrag der Landesbank gegenüber verpflichtet sähe und dass insofern der öffentliche Auftrag quasi einen eigenen Interessenvertreter hätte.

Wenn man die Fehlentwicklungen der Landesbanken im Rahmen der Wirtschaftskrise betrachtet, so liegen die Ursachen dieser Fehlentwicklungen primär darin, dass die Maximen des öffentlichen Auftrages missachtet worden sind und dass sich die Kreditinstitute zu einseitig und wohl auch in rechtswidriger Weise der Gewinnmaximierung verschrieben haben.

Die Entsendung eines Vertreters des Parlamentes könnte diesen Entwicklungen entgegenwirken.

Letztlich zeigt sich aber, dass die Probleme der nicht ausreichenden Kontrolle in der Vergangenheit nicht primär ein Problem der Besetzung der Verwaltungsräte ist, sondern eher ein Problem der Kompetenz und der Besonderheit, dass der Verwaltungsrat mit Mitgliedern besetzt ist, die ihr Amt nebenberuflich ausüben.

Die oben geforderte Klarstellung und Präzisierung der Sparkassengesetze und auch der Gesetze über die Landesbanken wäre dazu geeignet, es den Mitgliedern der Aufsichtsräte zu erleichtern, die Kontrolle effizient auszuüben. So würde beispielsweise ein einfacher Blick in das Gesetz genügen, um festzustellen, dass ein Handeln, das einzig der Gewinnerzielung im eigenen Interesse dient, rechtswidrig ist.

dd) Zusammenfassung

Die Idee, bei den Landesbanken im Verwaltungsrat einen Vertreter des Parlaments zu installieren, ist grundsätzlich zu begrüßen. Ebenso die Idee, Mitarbeitervertreter in die Verwaltungsräte aufzunehmen. Hierdurch entsteht eine größere Vielfalt der im Verwaltungsrat vertretenen Interessen, was zu einer effizienteren Kontrolle führen könnte. Vor dem Hintergrund der Überwachung der öffentlichen Zweckbindung der öffentlich-rechtlichen Kreditinstitute erscheint es sinnvoll, dass ein Vertreter des Parlaments, dessen Mitglieder vom Volk direkt gewählt wurden, auch die Arbeit öffentlicher Kreditinstitute überwacht. Allerdings führen diese Veränderungen nach Ansicht des Verfassers nicht dazu, dass die grundlegenden Probleme der internen Überwachung der Geschäftstätigkeit überwunden werden.

4. Reformbestrebungen der Bundesregierung

Neben den aufgezeigten Reformbestrebungen in Bayern wird derzeit auch ein Referentenentwurf der Bundesregierung zum Gesetz zur Stärkung der Finanzmarkt- und der Versicherungsaufsicht diskutiert.

Dieser Referentenentwurf sieht vor, dass es der BaFin unter bestimmten Umständen möglich sein soll, auch die Mitglieder des Verwaltungsrates abzuberufen, wenn sie entweder nicht über die erforderliche Qualifikation oder nicht über die erforderliche Zuverlässigkeit verfügen.[836]

Dies soll durch eine Änderung des § 36 KWG geschehen. Es soll ein dritter Absatz angefügt werden mit folgendem Wortlaut:

> *(3) Die Mitglieder des Verwaltungs- und Aufsichtsorgans eines Instituts oder einer Finanzholding-Gesellschaft müssen zuverlässig sein und die zur Wahrnehmung der Kontrollfunktion sowie zur Beurteilung und Überwachung der Geschäfte, die das Unternehmen betreibt, erforderliche fachliche Eignung haben. Liegen Tatsachen vor, aus denen sich ergibt, dass eine der in Satz 1 bezeichneten Personen nicht zuverlässig ist oder nicht die erforderliche fachliche Eignung hat, kann die Bundesanstalt deren Abberufung verlangen oder die Ausübung der Tätigkeit untersagen. Die Bundesanstalt kann dem Mitglied eines Verwaltungs- oder Aufsichtsorgans auch dann die Ausübung seiner Tätigkeit untersagen oder dessen Abberufung verlangen, wenn ihm wesentliche Verstöße des Unternehmens gegen die Grundsätze einer ordnungsgemäßen Geschäftsführung wegen sorgfaltswidriger Ausübung seiner Überwachungs- und Kontrollfunktion verborgen geblieben sind oder er nicht alles Erforderliche zur Beseitigung festgestellter Verstöße veranlasst hat und dieses Verhalten trotz Verwarnung durch die Bundesanstalt fortsetzt. Wer Geschäftsleiter war, kann nicht zum Mitglied des Verwaltungs- oder Aufsichtsorgans des von ihm geleiteten Unternehmens bestellt werden, wenn bereits zwei ehemalige Geschäftsleiter des Unternehmens Mitglied im Verwaltungs- oder Aufsichtsorgan sind. Es kann auch nicht bestellt werden, wer bereits fünf Kontrollmandate bei unter der Aufsicht der Bundesanstalt stehenden Unternehmen*

836 Regierung will Sparkassen und Landesbanken besser kontrollieren.

ausübt. Soweit das Gericht auf Antrag des Aufsichtsrats ein Aufsichtsratsmitglied abzuberufen hat, kann dieser Antrag bei Vorliegen der Voraussetzungen nach Satz 2 oder Satz 3 auch von der Bundesanstalt gestellt werden.[837]

a) Geäußerte Kritik zu der geplanten Gesetzesänderung

Verschiedene Gruppen haben bereits auf den Gesetzesentwurf reagiert und Kritik geäußert.

So hat sich der Zentrale Kreditausschuss dahingehend geäußert, dass dieser „Fachexperten-Ansatz" der Bundesregierung verfehlt sei, es sei zudem nicht zutreffend, dass sich die Risiken eines Kreditinstitutes dadurch minimieren würden, dass ein möglichst großes Fachwissen im Kontrollorgan vorläge.[838]

Auch die Sparkassen haben sich zu Wort gemeldet und möchten an dem bisherigen Besetzungsmodell festhalten. Eine Sprecherin des DSGV erklärte, dass Sparkassen davon profitieren würden, wenn *„Menschen mit Bezug zum regionalen Geschäft und Verwurzelung in den Regionen, mit kaufmännischem Verständnis, aber auch mit allgemeiner Lebenserfahrung und gesundem Menschenverstand die Arbeit der Kontrollorgane gestalten"*.[839]

In diesem Zusammenhang wies *Geschwandtner* darauf hin, dass es keine festen Maßstäbe für die erforderliche Eignung eines Aufsichtsratsmitgliedes gäbe.[840]

b) Eigene Bewertung des Gesetzesentwurfes, Zusammenfassung

Die geäußerte Kritik des Gesetzesentwurfes erscheint nur bedingt nachvollziehbar. Selbstverständlich ändert sich nichts an der Risikostruktur eines Kreditinstitutes, wenn die Besetzung des Aufsichtsorgans verändert wird. Die Risiken bestehen trotzdem weiter.

Allerdings hat sich im Rahmen dieser Untersuchung bereits gezeigt, dass ein wesentliches Problem der internen Aufsicht der öffentlich-rechtlichen Kreditinstitute darin besteht, dass die Mitglieder in den Verwaltungsräten per Gesetz nicht zwingend dazu verpflichtet werden, ihr Amt auch durch profunde Kenntnisse der Materie sinnvoll auszufüllen.

Zwar gibt es Sollvorschriften, wonach eine besondere Wirtschaftskunde und Sachkunde erforderlich ist, um Mitglied in einem Verwaltungsrat zu werden. Allerdings lässt diese Vorgabe einen weiten Spielraum dahingehend, welche spezifischen Kenntnisse nun tatsächlich erforderlich sind.

Es ist zu erwarten, dass aufgrund der durch den Gesetzesentwurf gewünschten Möglichkeit der BaFin, ein Mitglied eines Kontrollorgans abzusetzen, die Auswahl

837 Referentenentwurf der Bundesregierung.
838 Regierung will Sparkassen und Landesbanken besser kontrollieren.
839 Regierung will Sparkassen und Landesbanken besser kontrollieren.
840 Regierung will Sparkassen und Landesbanken besser kontrollieren.

der Mitglieder der Verwaltungsräte sorgfältiger erfolgen wird. Denn ein Kreditinstitut wird darauf achten, dass die BaFin möglichst wenig an seiner Geschäftsführung kritisieren kann. Zudem ist davon auszugehen, dass jedes einzelne Verwaltungsratsmitglied kein Interesse daran hat, aus dem Verwaltungsrat abberufen zu werden. Aus diesem Grund ist zu erwarten, dass sich nur solche Mitglieder zur Wahl stellen, die über die erforderliche Sachkenntnis verfügen.

Insofern vermag der Gesetzesentwurf dazu führen, dass sowohl die Kreditinstitute, als auch die potentiellen Mitglieder des Verwaltungsrates es sich sehr genau überlegen, wie der Verwaltungsrat zu besetzen ist.

Außerdem sieht der Gesetzesentwurf die Möglichkeit vor, ein Verwaltungsratsmitglied auch dann abzuberufen, wenn es seine Aufgabe nicht ordnungsgemäß ausübt, nämlich dann, wenn Tatsachen vorliegen, die hierauf schließen lassen, oder wenn dem Verwaltungsratsmitglied wesentliche Verstöße der Geschäftsführung aufgrund einer nicht ordnungsgemäßen Ausübung seines Amtes unerkannt geblieben sind.

Auch dieser Vorschlag ist zu begrüßen, weil das weitere im Rahmen dieser Untersuchung erkannte Problem darin liegt, dass die Mitglieder der Verwaltungsräte ihr Amt nebenberuflich ausüben und dies dazu führen kann, dass der gewünschte Überblick über die Geschäftstätigkeit u. U. nicht vorliegt. Dies resultiert schon daraus, dass die Geschäftsführung, bei den öffentlich-rechtlichen Kreditinstituten der Vorstand, zwangsläufig einen Wissensvorsprung hat, weil er seine Tätigkeit hauptberuflich ausübt. Zudem liegt es in der Natur der Sache, dass eine nebenberufliche Tätigkeit auch nur soviel zeitlichen Raum der Arbeitszeit in Anspruch nehmen kann, wie es der Hauptberuf zulässt.

Wenn ein Verwaltungsratsmitglied nun aber damit rechnen müsste, dass es, wenn das Amt nicht ordnungsgemäß ausgeübt wird, durch die BaFin die Tätigkeit im Verwaltungsrat untersagt bekommen oder abberufen werden kann, liegt es nahe, dass sich das jeweilige Verwaltungsratsmitglied genauer mit der Materie befasst und auf diese Weise eine effizientere Kontrolle vorliegen würde.

Insgesamt erscheint der vorliegende Gesetzesentwurf genau mit den Problemen zu korrespondieren, die auch das Ergebnis dieser Untersuchung waren.

Dennoch werden die einzelnen Rechtsvorschriften, die die notwendige Qualifikation eines Verwaltungsratsmitgliedes vorschreiben, nicht verändert. Dies führt dazu, dass es bei den „weichen" Qualifikationsvoraussetzungen bleibt.

Die von dem DSGV geäußerte Kritik an dem Gesetzesentwurf stellt darauf ab, dass der Verwaltungsrat tatsächlich davon profitiere, wenn Menschen mit verschiedenen Hintergründen die Kontrolle der Geschäftstätigkeit ausüben.

Allerdings ist bei dieser Diskussion auch zu beachten, dass der Verwaltungsrat das höchste Organ der Sparkasse ist und dass dieses höchste Organ seine im Gesetz vorgeschriebenen Tätigkeiten nur dann adäquat ausüben kann, wenn es mit qualifizierten Mitgliedern besetzt ist. Gerade aufgrund der starken Stellung der Verwaltungsräte im Vergleich zu den Aufsichtsräten, drängt sich die Notwendigkeit auf, dass die Mitglieder angemessen qualifiziert sein müssen.

Wenn die erforderliche Qualifikation nicht vorliegt, wird es einem Mitglied im Verwaltungsrat nur schwer möglich sein, die vorgegebenen Aufgaben erfüllen zu können. So wurde bereits dargestellt, dass es der Verwaltungsrat in der Hand hat, die Geschäftspolitik etwa durch den Erlass von entsprechenden Richtlinien zu beeinflussen. Der Erlass solcher Richtlinien dürfte aber einem fachfremden Mitglied des Verwaltungsrates schwer fallen.

Hierbei ist zu beachten, dass die Richtlinien des Verwaltungsrates sogar das Handeln des Vorstandes, der regelmäßig über eine besondere Qualifikation verfügt, bindet.

Vor diesem Hintergrund erscheint es unumgänglich, auf eine angemessene Qualifikation zu achten. Der Gedanke, bei einem eindeutigen Mangel an der erforderlichen Qualifikation es der BaFin zu gestatten, ein Mitglied abzuberufen, erscheint sinnvoll.

Es ist davon auszugehen, dass die BaFin dieses Mittel nur sehr selten ausüben wird, allerdings führt schon die Einrichtung einer theoretischen Möglichkeit der Abberufung dazu, dass die Anforderungen an die Qualifikation von allen Beteiligten ernster genommen werden.

Dennoch ist zu beachten, dass eine exakte Bestimmung der gewünschten Qualifikation der Bewerber nicht möglich und auch nicht sinnvoll erscheint. Denn Personen, die sich um einen Sitz im Verwaltungsrat bemühen, können eine besondere Sachkunde auf sehr unterschiedliche Weise erworben haben, so dass das Gesetz hier keine exakten Vorgaben geben kann.

Denn es ist zuzugeben, dass die Arbeit des Verwaltungsrates von einer gewissen Vielfalt der im Verwaltungsrat vertretenen Interessen profitiert. Würde die erforderliche Qualifikation besonders eng definiert werden, wäre dies dem Ziel einer Interessenvielfalt abträglich.

Auf diese Weise würde die Gefahr bestehen, dass sowohl die Agierenden, also der Vorstand, als auch das Kontrollorgan im Wesentlichen gleich qualifiziert sind und aufgrund dessen die Gefahr besteht, dass Dinge ähnlich beurteilt werden und dass die Kontrolle hierdurch wiederum an Effektivität verlieren würde. An der bisherigen Regelung ist anzuerkennen, dass sie es zulässt, dass ganz verschieden qualifizierte Personen im Verwaltungsrat arbeiten können und dass hierdurch auch die Kontrolle aus ganz verschiedenen Blickwinkeln heraus erfolgen kann.

Um die beiden Ziele der möglichst hohen Sachkunde der Mitglieder des Verwaltungsrates einerseits und zudem der möglichst großen Vielfalt der Mitglieder des Verwaltungsrats andererseits weitgehend zu erreichen, erscheint die von der Bundesregierung vorgeschlagene Änderung des Kreditwesengesetzes eine sinnvolle Maßnahme.

Von der neuen Abberufungsmöglichkeit der BaFin ginge ein Signal an die Kreditinstitute und deren Träger aus, nur solche Personen in den Verwaltungsrat zu wählen, die ein Mindestmaß an Kenntnissen über die Tätigkeit des jeweiligen öffentlich-rechtlichen Kreditinstituts mitbrächten. Sobald konkrete Tatsachen vorlägen, dass ein Mitglied eines Verwaltungsrates dieses Mindestmaß an Kenntnissen nicht mitbringt, wäre es möglich, dass es abberufen werden würde. Auf diese Weise wird die ordnungsgemäße Funktion der Aufsichtsorgane gefördert. Zudem bleibt aber die Möglichkeit, die Verwaltungsräte sehr vielfältig zu besetzen, weiterhin erhalten. Damit erscheint ein sinnvoller Ausgleich zwischen beiden erkannten Maßgaben – Interessenvielfalt und Sachkunde – der Besetzung der Verwaltungsräte erreicht.

Insofern ist die vorgeschlagene Gesetzesänderung des Kreditwesengesetzes durch die Bundesregierung als positiv und wünschenswert anzusehen.

Zwischenzeitlich wurde der Gesetzesentwurf mit Gesetz vom 29.07.2009 mit Wirkung zum 01.08.2009 mit geringen Änderungen verabschiedet.[841] Hinsichtlich der Änderungen ist insbesondere anzuführen, dass nach Satz 2 der Vorschrift die Bundesanstalt bei der Prüfung der erforderlichen Sachkunde den Umfang und die Komplexität der vom Institut betriebenen Geschäfte berücksichtigt. Hiermit dürfte der Kritik der Sparkassen entsprochen worden sein.

841 BGBl. I S. 2305.

XIII. Übernahmen von öffentlich-rechtlichen Kreditinstituten durch private Träger und Privatisierung

Nachdem nun zunächst der Frage nachgegangen wurde, ob das öffentlich-rechtliche Bankensystem in seiner derzeitigen Form weiterhin gerechtfertigt ist, ob der Staat also ein eigenes Bankensystem unterhalten darf und weiterhin die Frage behandelt wurde, welche Änderungen der Rechtsgrundlagen und der Geschäftsfelder des öffentlich-rechtlichen Bankensystems für sinnvoll oder notwendig gehalten werden, soll in einem nächsten Schritt untersucht werden, welche Möglichkeiten es gibt, dass der Staat seine Banken an Private veräußert und ob ein solches Vorgehen überhaupt rechtlich möglich ist.

Aus der Bejahung der Frage der Rechtfertigung des Systems, lässt sich nämlich noch keine Aussage darüber treffen, ob es auch notwendig ist, dass ein solches System vorgehalten wird. Vielmehr konnte im Rahmen der Untersuchung kein Argument dafür gefunden werden, dass den Staat eine Pflicht trifft, sich im Kreditgewerbe zu betätigen. Dem soll in einem ersten Schritt weiter nachgegangen werden.

Ein prominentes Beispiel, das die Frage der Privatisierung betrifft, ist der Fall der Sparkasse Stralsund. Am 11.12.2003 beschloss die Bürgerschaft der Hansestadt Stralsund, dass geprüft werden soll, ob die Sparkasse Stralsund verkauft werden kann.[842] Diese Sparkasse sollte von der Stadt Stralsund an ein privatrechtlich organisiertes Kreditinstitut verkauft werden, was einen Präzedenzfall in der Geschichte der Sparkassen in Deutschland gewesen wäre. Man wollte die Sparkasse mittels eines Asset-Deals verkaufen,[843] worauf später noch näher einzugehen sein wird. Daneben sah der Prüfauftrag vor, dass auch eine Fusion mit einem anderen öffentlich-rechtlichen Kreditinstitut untersucht werden sollte. Auch in diesem Fall sollte der Stadt ein Wertausgleich zukommen.[844]

Im Wesentlichen sollten nach allgemeinem Kaufrecht des BGB die einzelnen Vermögensgegenstände der Sparkasse, wozu auch die Forderungen der Sparkasse gehörten, verkauft werden. Die Sparkasse selbst wäre dann als „leere Hülle" verblieben und hätte aufgelöst werden sollen.[845]

Für den geplanten Verkauf gab es mehrere Interessenten, hierunter Banken aus dem In- und Ausland, beispielsweise die Commerzbank und die SEB.[846] Die Stadt

842 Koch, S. 578.
843 Meier, Norbert, S. 193.
844 Koch, S. 578.
845 Meier, Norbert, S. 194.
846 Meier, Norbert, S. 194.

erwartete aus dem geplanten Verkauf einen Erlös von 30–50 Millionen €. Mit diesem Geld hätten Kindergärten und Schulen saniert werden sollen.[847]

Allerdings kam es schon nicht zu einem Bieterverfahren, weil die Aufsichtsbehörde, das Innenministerium des Landes Mecklenburg-Vorpommern, den Hinweis gab, dass der geplante Verkauf der Sparkasse Stralsund rechtlich nicht zulässig sei.

Das Land Mecklenburg-Vorpommern hat im Jahr 2004 sein Sparkassengesetz so abgeändert, dass der Verkauf einer Sparkasse nicht mehr ohne Weiteres möglich ist.[848]

Die Entscheidung der Aufsichtsbehörde wurde vom Bundesverband der Selbständigen begrüßt; der Bundesverband deutscher Banken hat diese Entscheidung kritisiert.

Der Selbständigenverband sah die Gefahr, dass, wenn die Sparkasse tatsächlich verkauft und damit privatisiert worden wäre, es zu Problemen im Bereich der Finanzierung bei kleinen und mittleren Unternehmen gekommen wäre. Diese Befürchtung deckt sich mit den oben erarbeiteten Ergebnissen.

Nachdem zu untersuchen sein wird, ob es eine staatliche Pflicht für das Vorhalten des Bankensystems gibt, soll auch eine Auseinandersetzung mit sonstigen Rechtsvorschriften erfolgen, die möglicherweise einer Privatisierung entgegenstehen könnten.

1. Gibt es eine Pflicht des Staates, ein eigenes öffentlich-rechtliches Bankensystem vorzuhalten?

Bevor die einzelnen Möglichkeiten eines Verkaufs eines öffentlich-rechtlichen Kreditinstitutes untersucht werden, ist es erforderlich, der Frage nachzugehen, ob den Staat nicht etwa eine Pflicht trifft, ein solches Bankensystem vorzuhalten.

Denn in diesem Fall wäre der Verkauf und damit die Privatisierung aller Landesbanken und Sparkassen rechtswidrig, möglicherweise sogar die Privatisierung eines einzigen Institutes. Dann wäre ein Eingehen auf Verkaufsmodelle nicht mehr möglich oder nötig.

a) Pflicht des Vorhaltens eines öffentlich-rechtlichen Bankensystems aus der Sozialstaatlichkeit

aa) Vertretene Ansichten hierzu

In diesem Zusammenhang wird vorgebracht, dass sich aus der Sozialstaatlichkeit ergäbe, dass der Staat zu einer gewissen Leistungsgewährung verpflichtet ist.[849]

---

847 Meier, Norbert, S. 194.

848 Meier, Norbert, S. 194.

849 Stern/Burmeister, S. 95 ff., S. 100.

Das Sozialstaatsprinzip bestehe aus zwei Komponenten. Es ergäbe sich aus dem Sozialstaatsprinzip zunächst die Verpflichtung des Staates, eine aktive Sozialpolitik zu betreiben und dafür zu sorgen, dass Zustände, die sozialstaatlich nicht adäquat wären, zu verhindern sind.[850]

Außerdem bedeute Sozialstaatlichkeit, dass den Staat die Pflicht zur Entwicklung und Durchsetzung einer Rechtsordnung träfe, die dazu dient, dass der Einzelne seine Persönlichkeit frei entfalten kann.[851]

Hieraus ergäbe sich weiter, dass dem einzelnen Bürger gegenüber dem Staat Leistungsansprüche im Bereich der Daseinsvorsorge zukommen und darüber hinaus auch Ansprüche, die auf die *institutionelle Sicherung von Teilhaberechten* gerichtet sind.[852]

Daraus, dass der Staat einzelne Aufgaben aus dem Bereich der Versorgung und der Leistungserbringung übernimmt, ergäbe sich weiterhin, dass der Einzelne in eine Abhängigkeit gegenüber dem Staat gerät. Der einzelne Bürger sei in diesem Zusammenhang derart auf die Erbringung bestimmter Leistungen des Staates angewiesen, dass es ihm ohne deren Erbringung nicht möglich ist, ein menschenwürdiges Leben zu führen.[853]

Deswegen sei der Verweis auf die Grundrechte, die nach ihrem klassischen Verständnis Abwehrrechte sind, in diesem Zusammenhang nicht ausreichend, um den Bedürfnissen der Gesellschaft gerecht zu werden. Denn es ginge hier nicht um die Abwehr staatlichen Handelns oder das Unterlassen von Eingriffen, sondern es bedürfe darüber hinausgehender Rechte des Bürgers, dahingehend, vom Staat ein positives Tun verlangen zu können.[854]

Deswegen käme den Grundrechten eine soziale Funktion zu, wonach es Aufgabe des Staates sei, eine Sozialordnung zu schaffen, die es nicht zulässt, dass der Bürger diese Leistungsansprüche nicht durchsetzen kann.[855] Die dem Einzelnen zukommenden Rechte könnten aber ihrem Schutzzweck nicht entsprechen, wenn sie lediglich einen Anspruch in dem Fall gewährten, in dem der Staat eine Verletzung der Leistungsansprüche begeht. Vielmehr bedürfe es, um einen umfassenden Rechtsschutz zu gewährleisten, die Schaffung einer solchen Rechtsordnung, die es vorbeugend verhindert, dass Situationen entstehen können, in denen die Leistungsansprüche des Einzelnen gefährdet werden können.[856]

Vor diesem Hintergrund könne sich der Staat nur dann aus einer Leistungserbringung in dem Bereich der Daseinsvorsorge zurückziehen, wenn die Sicherung der Ansprüche der Bürger durch eine privatwirtschaftliche Versorgung, die an die Stelle der staatlichen Versorgung tritt, gewährleistet ist.

---

850 Stern/Burmeister, S. 99.
851 Stern/Burmeister, S. 100.
852 Stern/Burmeister, S. 100.
853 Stern/Burmeister, S. 100.
854 Stern/Burmeister, S. 100.
855 Stern/Burmeister, S. 101.
856 Stern/Burmeister, S. 101.

Hierdurch entstehe nur vordergründig ein Widerspruch zu der anerkannten Organisationsgewalt des Staates. Denn es gehe in diesem Zusammenhang nicht darum, die Kompetenzsicherung des Staates zu erreichen, sondern eine individualrechtliche Sicherung zu erreichen.[857]

Auch die öffentlich-rechtlichen Kreditinstitute seien Teil dieser sozialstaatlichen Pflichtenstellung. Denn eine lückenlose und krisenfeste kreditwirtschaftliche Versorgung der Gesellschaft sei eine Grundvoraussetzung für den Bürger, um vielfältige Rechte sowohl in beruflichen als auch in privaten Bereichen auszuüben und sein individuelles Dasein verwirklichen zu können. Um soziale Missstände zu vermeiden, müsse der Staat den Geldverkehr regulieren, insbesondere habe er darauf zu achten, dass nicht durch eine Verschlechterung der Konditionen sowohl bei der Geldanlage als auch im Kreditgeschäft der wirtschaftlich Schwächere besonders hart getroffen wird.[858]

Um den Leistungsansprüchen der Bürger auf dem Gebiet der Daseinsvorsorge gerecht zu werden, könne der Staat also nur dann darauf verzichten, ein öffentlich-rechtliches Bankensystem zur Verfügung zu stellen, wenn sichergestellt wäre, dass die privatrechtlich organisierten Banken die Leistungen auf dem gleichen Niveau wie die öffentlich-rechtlichen Kreditinstitute erbringen könnten.[859]

Zwar habe eine erhebliche Angleichung innerhalb der drei Bankengruppen stattgefunden, die sich sowohl auf die Frage der flächendeckenden Versorgung als auch auf die Frage der Konditionengestaltung der verschiedenen Institutsgruppen bezieht, so dass grundsätzlich davon ausgegangen werden könne, dass eine adäquate Versorgung aller Bevölkerungskreise nach der derzeitigen Entwicklung auch ohne ein Vorhalten des öffentlich-rechtlichen Bankensystems möglich wäre.[860]

Doch sei es nicht unwahrscheinlich, dass, wenn es ein öffentlich-rechtliches Bankensystem nicht mehr gäbe, die privatrechtlich organisierten Institute ihr Leistungsportfolio reduzieren würden und dass dann die notwendige lückenlose Versorgung der Bevölkerung mit Bankdienstleistungen nicht mehr gegeben wäre.[861]

Aus diesem Grund sei die grundsätzliche legislative Gestaltungsfreiheit der Gesetzgeber in diesem Punkt eingeschränkt. Die ersatzlose Freigabe des Sektors Kreditwirtschaft an privatrechtlich organisierte Kreditinstitute, die ihr Handeln ausschließlich an erwerbswirtschaftlichen Grundsätzen herleiten, sei verfassungswidrig.[862]

Hiergegen wird argumentiert, dass die Herleitung eines Zwangs, das öffentlich-rechtliche Bankensystem weiter vorzuhalten, daraus resultiere, dass die Grundrechte neben ihrem unumstrittenen Abwehrgehalt auch Rechte auf soziale Teilhabe

857 Stern/Burmeister, S. 104 f.
858 Stern/Burmeister, S. 107 f.
859 Stern/Burmeister, S. 107.
860 Stern/Burmeister, S. 108.
861 Stern/Burmeister, S. 108.
862 Stern/Burmeister, S. 110.

und Leistungsrechte enthielten. Dies ist allerdings schon umstritten. Denn eine Erweiterung der Schutzbereiche der Grundrechte um eine soziale Dimension sei überwiegend abgelehnt worden.[863] Dem einzelnen Bürger zukommende subjektive Rechte sollen sich nur dann aus den Grundrechten ergeben, wenn sich diese ausdrücklich aus dem Wortlaut des einschlägigen Grundrechts ergäben, wie etwa bei den Art. 6 Abs. 4 und Abs. 5 GG.[864]

Abweichungen hiervon seien nur in Ausnahmefällen anzunehmen.[865] Auch das Sozialstaatsprinzip habe primär eine objektiv-rechtliche Bedeutung, so dass sich hieraus keine subjektiven Ansprüche, sondern lediglich objektive Handlungspflichten ergäben.[866]

Allerdings sei der zuvor genannten Ansicht zuzustimmen, dass es denkbar ist, dass sich aus den anerkannten objektiven Handlungspflichten des Staates eine Verpflichtung ergäbe, die dazu führen könnte, dass eine vollständige Privatisierung des Bankensystems ein Verstoß gegen diese objektiven Handlungspflichten aus dem Sozialstaatsprinzip wäre.[867]

Die Verpflichtung des Staates, für eine gerechte Sozialordnung sorgen zu müssen, könne aber nicht in dieser Weise verstanden werden. Denn die sich aus Art. 20 Abs. 1 GG ergebende Pflicht gibt lediglich vor, welcher Zustand zu erreichen ist. Verfehlt wäre es, aus dem Sozialstaatsprinzip auch die Vorgabe zu entnehmen, wie dieser Zustand zu erreichen ist. Übersetzt auf die hier zu entscheidende Fragestellung bedeutet dies, dass möglicherweise das Sozialstaatsprinzip den Gesetzgeber verpflichtet, es den Bürgern zu ermöglichen, mit vertretbarem Aufwand das gesamte Portfolio an Bankdienstleistungen in Anspruch nehmen zu können. Aus dem Sozialstaatsprinzip ergäbe sich aber nicht die konkrete Pflicht, dieses Ziel damit zu erreichen, dass der Staat selbst ein öffentlich-rechtliches Bankensystem vorhält.

Dies ergäbe sich daraus, dass das Grundgesetz neben dem Sozialstaatsprinzip insbesondere vorsieht, dass der Staat auf der Grundlage einer demokratischen Ordnung errichtet ist, die einen freien politischen Prozess erfordert. Diese wesentliche Aussage des Grundgesetzes liefe nun Gefahr unterlaufen zu werden, wenn man einzelne andere Verfassungsgrundsätze so auslegen würde, dass sie ein bestimmtes Handeln des Gesetzgebers verlangen und ihm damit jeden Gestaltungsspielraum nähme.[868]

---

863 Claussen, Bernd, S. 139.

864 Claussen, Bernd, S. 140.

865 Claussen, Bernd, S. 140.

866 Claussen, Bernd, S. 140; diese These stützend: Dreier-*Rolf Gröschner*, Art. 20 (Sozialstaat), Rn. 32; Jarass/Pieroth-*Jarass*, Art. 20, Rn. 113, der nur dann von der Vermittlung subjektiver Rechte ausgeht, wenn das Sozialstaatsprinzip mit den Grundrechten „zum Tragen kommt“; BVerfGE 110, 412 (445); von Münch/Kunig-*Friedrich E. Schnapp*, Art. 20, Rn. 38, wonach sich aus dem Sozialstaatsprinzip insbesondere kein Anspruch „zur Aufrechterhaltung von Organisationsstrukturen“ ergäbe.

867 Claussen, Bernd, S. 140.

868 Claussen, Bernd, S. 140.

Hieraus folge nun, dass, wenn der Staat ein bestimmtes verfassungsmäßiges Ziel dadurch erreicht, dass er eigene Einrichtungen gründet, es sich hieraus nicht ergibt, dass diese Einrichtungen aufgrund der verfassungsmäßigen Vorgabe, ein bestimmtes Ziel zu erfüllen, festgeschrieben sind.[869]

Vielmehr seien diese geschaffenen Einrichtungen lediglich ein denkbares Instrument dazu, das verfassungsmäßige Ziel zu erreichen. Durch die Nutzung dieses Instruments verpflichtet sich der Staat noch nicht, daran festzuhalten. Vielmehr stünde ihm auch weiterhin der volle Gestaltungsspielraum zu, das Ziel ggf. auch auf andere Weise zu erfüllen.[870]

Bei der Beurteilung der Frage, ob es eine verfassungsmäßige Pflicht gibt, das öffentlich-rechtliche Bankensystem in seiner derzeitigen Form vorzuhalten, gelange man aufgrund dieser Überlegung zu dem Ergebnis, dass das System lediglich ein Instrument sei, um eine lückenlose kreditwirtschaftliche Versorgung der Bevölkerung zu gewährleisten. Ein Verstoß gegen die Sozialstaatsverbürgung läge erst dann vor, wenn der Staat sich von dem Ziel einer adäquaten Versorgung der Bevölkerung mit Bankdienstleistungen völlig verabschieden würde. Wenn der Staat sich aber dazu entscheide, eine solche Versorgung der Bevölkerung auf eine andere Art und Weise zu erreichen, etwa indem der Staat auf die Konditionen der Kreditinstitute einwirkt oder sonst andere rechtliche Rahmenbedingungen setzt, sei dies anzuerkennen und hierin sei kein Verstoß gegen das Sozialstaatsprinzip zu sehen.

bb) Eigene Stellungnahme

Die Konstruktion einer verfassungsmäßigen Verpflichtung aus dem Sozialstaatsprinzip, ein öffentlich-rechtliches Bankensystem vorzuhalten, vermag nicht zu überzeugen. Selbst wenn man die Grundrechte i.V.m. dem Sozialstaatsprinzip als subjektive Rechte ansehen würde, erscheint das von *Stern/Burmeister* gefundene Ergebnis verfehlt. Denn allein die Beurteilung der Frage, ob das staatliche Engagement im Bereich der Kreditwirtschaft gerechtfertigt ist, weist erhebliche Probleme auf, wie es sich aus dem Obigen ergibt.

Nun noch einen Schritt weiter zu gehen und aus dem Sozialstaatsprinzip eine Verpflichtung zu entnehmen, dass der Staat das öffentlich-rechtliche Bankensystem in seiner derzeitigen Form aufrechterhalten muss, erscheint übertrieben.

So scheint die Ansicht von *Stern/Burmeister* an der Stelle zu weit zu gehen, an der ausgeführt wird, dass dem einzelnen Bürger aus dem Sozialstaatsprinzip nicht nur das Recht zukommen soll, bestimmte Leistungen vom Staat verlangen zu können, sondern es dem Staat darüber hinaus verwehrt sein soll, Einrichtungen abzubauen,

869 Claussen, Bernd, S. 141.

870 Dafür, dass der Gesetzgeber selbst entscheiden kann, wie er ein etwa durch das Sozialstaatsprinzip vorgegebenes Ziel erreichen kann, auch: BVerfGE 22, 180 (204); 35, 348 (355); Püttner, S. 181; von Münch/Kunig-*Friedrich E. Schnapp*, Art. 20, Rn. 38.

wenn der drohende Abbau allein schon die Gefahr begründet, dass ohne die Existenz der Einrichtungen die Leistungserbringung leidet.

Der Ansicht von *Bernd Claussen*, dass eine solche unbedingte Verpflichtung den gesetzgeberischen Gestaltungsspielraum über Gebühr einschränkt, ist nachvollziehbar. Denn sonst käme man zu dem Ergebnis, dass, wenn sich der Staat auf irgendeinem Gebiet der Daseinsvorsorge betätigt und die Aufgabe durch die Etablierung eigener Einrichtungen löst, er sich regelmäßig bei Vorliegen einer gewissen Gefahr dahingehend, dass die Leistungen durch die Privatwirtschaft nur unter der Inkaufnahme von Qualitätseinbußen zu erbringen wären, eine Verpflichtung auferlegt, diese Einrichtung für immer fortzuführen.

Dies zu erreichen, ist nicht Sinn des Sozialstaatsprinzips. Vielmehr muss, wenn es ausnahmsweise eine konkrete Verpflichtung des Staates aus der Verfassung gibt, dem Staat die Wahl der Mittel überlassen werden, dieses Ziel zu erreichen.

Gegen die Argumentation spricht auch, dass der Staat sich sonst um nahezu alle für den einzelnen Bürger in der gegenwärtigen Situation notwendigen Versorgungen mit solchen Gütern oder Dienstleistungen kümmern müsste. Beispielsweise könnte man sicher argumentieren, dass die weite Verbreitung des Internets dazu geführt hat, dass der Einzelne einen Anspruch auf eine Versorgung mit dem Internet habe und insbesondere auf eine adäquate Internetversorgung. In diesem Zusammenhang bestehen aber gerade in der Versorgung mit Breitband-Internetanschlüssen erhebliche Versorgungsprobleme. Würde man die Ansicht nun konsequent weiterführen, so müsste der Staat auch in diesem Bereich für eine adäquate Versorgung einstehen. Im Zuge der Technisierung ist davon auszugehen, dass immer mehr Dienstleistungen zum Standard werden und dass dann immer neue staatliche Versorgungspflichten entstehen würden, was nicht richtig sein kann. Vielmehr ist zu beachten, dass der Staat nur ausnahmsweise sich am Wirtschaftsleben beteiligen kann und dass eine darüber hinausgehende Pflicht zur Versorgung mit bestimmten Gütern oder Dienstleistungen nur in extrem seltenen Ausnahmen anzunehmen ist. In diesem Zusammenhang kann eine staatliche Pflicht zur Versorgung aus dem Sozialstaatsprinzip nur dann angenommen werden, wenn ohne die staatliche Versorgung existenzielle Bedürfnisse nicht befriedigt werden könnten, insbesondere wenn die Verletzung von Grundrechten ohne ein staatliches Engagement zu befürchten ist.

Doch selbst wenn man dieses Argument gelten lassen wollte, bestehen tatsächliche Bedenken, ob die Versorgung der Bevölkerung mit Bankdienstleistungen leiden würde, wenn es das öffentlich-rechtliche Bankensystem nicht gäbe.

Denn im Rahmen der Prüfung der Rechtfertigung des öffentlichen Bankensystems wurden einige nachvollziehbare Argumente gefunden, die darauf hindeuten, dass auch ohne das Vorhalten des Systems der Sparkassen und Landesbanken die Versorgung der Bevölkerung auf einem ähnlich hohen Niveau gewährleistet wäre.

Hierfür sprechen insbesondere, dass sich die privaten Kreditinstitute zunehmend auch in der Fläche betätigen. Es wurde zumindest teilweise erkannt, dass eine relativ breite Versorgung der Bevölkerung profitabel zu erreichen ist. Außerdem ist zu berücksichtigen, dass aufgrund der Etablierung neuer Techniken und

Kommunikationsmittel es viel leichter geworden ist, mit einer Bank in Kontakt zu treten, Geschäfte abzuwickeln und zu kommunizieren, ohne dass es in unmittelbarer räumlicher Nähe eine Geschäftsstelle des Kreditinstitutes gibt.

Hier ist insbesondere die Verbreitung des Internets, von Geldausgabeautomaten und Selbstbedienungsterminals zu sehen. Zudem lassen sich per Telefonbanking relativ leicht Bankgeschäfte erledigen. Hinsichtlich der Frage der Eröffnung eines Girokontos für Jedermann, die tatsächlich von einer besonderen Wichtigkeit ist, ist auf die freiwilligen Selbstverpflichtungen der Banken hinzuweisen.

Selbst wenn, wie oben geschildert, dennoch ein gewisses Risiko verbleibt, dass die Qualität der zur Verfügung gestellten Bankdienstleistungen abnimmt, so wäre dies durch eine Änderung der bestehenden Gesetzgebung wahrscheinlich weitgehend in den Griff zu bekommen, insbesondere, wie von *Bernd Claussen* richtigerweise herausgestellt, durch Veränderungen des Wettbewerbs- und Verbraucherschutzrechts.

Allerdings ist zuzugeben, dass, wenn eine Privatisierung des öffentlich-rechtlichen Bankensystems erfolgen soll, es auch unter Berücksichtigung der neuen Kommunikationsformen und etwaiger sonstiger Vorkehrungen des Gesetzgebers, die auf eine flächendeckende Versorgung der Bevölkerung abzielen, die Möglichkeit nicht auszuschließen ist, dass die Qualität dieser Versorgung leidet.

Dann stellt sich aber weiter die Frage, ob diese Möglichkeit allein genügen kann, das Handeln des Gesetzgebers in einer Weise zu limitieren, wie es *Stern/Burmeister* fordern. Richtigerweise muss in diesem Fall dem Gesetzgeber neben seiner Kompetenz, die Mittel für eine bestimmte Zielerreichung zu bestimmen, auch ein Einschätzungsspielraum zukommen, wie die für sinnvoll gehaltenen Mittel wirken. Eine andere Ansicht würde erneut den Handlungsspielraum des Gesetzgebers über Gebühr einschränken.

Im Übrigen kann nach Ansicht des Verfassers ein etwaig gegebenes subjektives Recht der Bevölkerung, das sich aus dem Sozialstaatsprinzip ableitet, auf Schaffung eines Zugangs zu Bankdienstleistungen, nicht so umfangreich sein, dass es das Bereitstellen eines Bankensystems durch die öffentliche Hand in der bekannten Art und Güte verlangt.

Würde man ein solches Recht oder eine solche objektive Verpflichtung aus dem Sozialstaatsprinzip herleiten, so wäre bereits die Schließung einer einzigen Sparkassenfiliale rechtswidrig. Ein solches Verständnis des Sozialstaatsprinzips erscheint verfehlt, es würde mögliche Spielräume des Gesetzgebers in der Tat in einer Weise beschneiden, die nicht mehr hinnehmbar wäre.

Zudem würde in diesem Fall die aus Art. 28 Abs. 2 GG geschützte kommunale Selbstverwaltung, die die Organisations- und die Personalhoheit umfasst, in einer Weise beschnitten werden, die nicht mehr tragbar wäre.

Nach dieser Ansicht sprechen also gute Argumente dafür, dass es tatsächlich eine Verpflichtung des Staates gibt, den Bürgern einen adäquaten Zugang zu Bankdienstleistungen zu ermöglichen, weil sonst eine Teilnahme am Berufs- und Wirtschaftsleben kaum möglich ist und deswegen die grundsätzliche Möglichkeit, Bankdienstleistungen in Anspruch nehmen zu können, von einer besonderen Wichtigkeit für die Bürger ist. Allerdings geht diese Pflicht aus den eben genannten

Gründen nicht so weit, dass das öffentliche Bankensystem in genau dem Umfang wie bisher bekannt aufrechtzuerhalten ist.

Um dieses Ziel zu erreichen, steht dem Gesetzgeber neben den von *Bernd Claussen* angesprochenen Gesetzesänderungen noch eine weitere Gestaltungsoption offen:

Egal welches der weiter unten beschriebenen Modelle der Privatisierung einer Sparkasse oder Landesbank gewählt werden wird, bestehen rechtliche Möglichkeiten, den Akt der Privatisierung, soll er nun durch einen Verkauf der Sparkasse oder durch eine Beleihung eines privaten Trägers erfolgen, so zu gestalten, dass eine weitere Versorgung insbesondere in der Fläche erreicht wird.

So könnten beispielsweise im Kaufvertrag über das Unternehmen oder Teile des Unternehmens bestimmte Verpflichtungen des Erwerbers festgeschrieben werden, auch weiterhin in einem gewissen Umfang für eine flächendeckende Versorgung mit Bankdienstleistungen zu sorgen. Und auch der Beleihungsakt könnte entsprechend ausgestaltet werden, so dass auch auf diese Weise dem Ziel, den Bürgern einen adäquaten Zugang zu Bankdienstleistungen zu verschaffen, entsprochen werden kann.

Insofern besteht nach dieser Ansicht aus dem Sozialstaatsprinzip heraus keine Verpflichtung des Staates, ein öffentlich-rechtliches Bankensystem vorzuhalten, und es ergeben sich hieraus auch keine wesentlichen Bedenken dagegen, Sparkassen und Landesbanken zu privatisieren. Dennoch hat eine etwa gewünschte Privatisierung unter Berücksichtigung des Interesses der Bürger an einer lückenlosen Versorgung mit Bankdienstleistungen zu erfolgen.

b) Ergebnis

Demnach besteht nach der hier für vorzugswürdig gehaltenen Ansicht keine Pflicht des Gesetzgebers, das Sparkassensystem in seiner derzeitigen Form aufrechtzuerhalten.

Wollte der Gesetzgeber die Tätigkeit der Sparkassen durch Gesetz einschränken, so wäre weiterhin zu prüfen, inwiefern ein solcher Einschnitt gegen die in Art. 28 Abs. 2 GG verbürgte kommunale Selbstverwaltungsgarantie verstoßen würde. Es ist hier allerdings davon auszugehen, dass die Kommune „ihre" Sparkasse verkaufen möchte und dass sich insofern kein Problem mit der Garantie der kommunalen Selbstverwaltung stellt.

2. Verwendung der Erlöse

Teilweise wird als Argument gegen einen Verkauf vorgebracht, dass ein Verkauf einer Sparkasse der örtlichen Bevölkerung ein Stück Daseinsvorsorge nimmt, ohne ihr hierfür ein Äquivalent zur Verfügung zu stellen. Teilweise wird in diesem Zusammenhang auch vorgebracht, dass Vorschriften der Gemeindeordnungen einer Veräußerung einer Sparkasse als öffentliche Einrichtung entgegenstünden.[871]

---

871 Dargestellt bei: Meier, Norbert, S. 194.

Diese Argumentation ändert allerdings nichts am oben gefundenen Ergebnis, wonach die Entscheidung über das Vorhalten und auch über die Auflösung einer Sparkasse allein von der Gemeinde zu treffen ist. Die Frage, welchen Grad der Versorgung der örtlichen Bevölkerung zukommt, ist, von den beschriebenen Ausnahmen abgesehen, eine politische Entscheidung.

Die Vorgaben der Gemeindeordnungen können hier nicht als Gegenargument dienen, weil im Bereich des Vorhaltens und auch des Auflösens die Sparkassengesetze die relevanten Regelungen enthalten und die Gemeindeordnungen in diesem Bereich keine Anwendung finden.[872]

3. Kommunalbankverbot

Darüber hinaus kann in diesem Zusammenhang ein Kommunalbankverbot von Bedeutung sein, wie es sich etwa in Mecklenburg-Vorpommern aus § 68 Abs. 4 KV ergibt. Diese Vorschrift regelt allgemein die Zulässigkeit wirtschaftlicher Unternehmen. In Absatz 4 findet sich die folgende Regelung:

> *(4) Bankunternehmen darf die Gemeinde nicht betreiben. Für das öffentliche Sparkassenwesen verbleibt es bei den besonderen Vorschriften.*

Hieraus ergibt sich, dass die Gemeinden in Mecklenburg-Vorpommern grundsätzlich keine Bankunternehmen betreiben können, außer den Sparkassen.

Hieraus folgt nun auch, dass sich eine Gemeinde nicht an einer Gesellschaft, die eine Sparkasse erwirbt, beteiligen darf. Denn das Institut wäre dann (hierzu sei auf die unten behandelte Problematik im Zusammenhang mit § 40 KWG hingewiesen) keine Sparkasse mehr, so dass die von diesem Kommunalbankverbot vorgesehene Ausnahme des Betreibens einer Sparkasse hier nicht einschlägig wäre.

Dies führt dazu, dass in den Ländern, in denen ein solches Kommunalbankverbot besteht, der Verkauf einer Sparkasse nur zu einer Vollprivatisierung der Sparkasse führen könnte, nicht aber zu einer Teilprivatisierung.[873]

4. Rechtliche Probleme, die einzelnen Formen des Verkaufs bzw. der Privatisierung betreffend

Weitere konkrete rechtliche Probleme, die sich im Zusammenhang mit den einzelnen Veräußerungsmodellen stellen, werden im Rahmen der konkreten Behandlung des jeweiligen Verkaufsmodells dargestellt.

872 Meier, Norbert, S. 195.
873 Bredow/Schick/Liebscher, S. 105.

5. Einzelne Übernahmemöglichkeiten

Nachdem nun erarbeitet wurde, dass keine Pflicht des Staates zum Vorhalten des öffentlich-rechtlichen Bankensystems besteht, sollen einzelne Modelle der Übernahme einer Sparkasse durch private Träger dargestellt werden.

a) Die Umwandlung der Sparkasse oder Landesbank in eine Aktiengesellschaft

aa) Beschreibung des Modells

Die Umwandlung einer Sparkasse in eine Aktiengesellschaft stellt die klassische Form einer Privatisierung dar. Aufgrund der Rechtsform der Aktiengesellschaft ist es relativ leicht möglich, Anteile der AG an private Investoren zu übertragen, so dass auf diesem Weg grundsätzlich eine materielle Teilprivatisierung als auch eine Vollprivatisierung denkbar ist.

Dieses Modell wurde auf der Ebene der Landesbanken bereits durchgeführt, so wurden etwa in Hamburg und in Schleswig-Holstein die Landesbanken zusammengeführt und das neue Institut, die HSH Nordbank, wird in der Rechtsform einer Aktiengesellschaft geführt. Hier kam es auch schon zum nächsten Schritt, denn an diesem Institut ist erstmals in Deutschland ein privater Investor beteiligt.[874]

Eine besondere Rolle kommt in diesem Zusammenhang der neuen Struktur der Sparkassenorganisation in Berlin zu. Hier wurde die ursprünglich in der Rechtsform der Anstalt des öffentlichen Rechts organisierte Landesbank Berlin (LBB) durch das Berliner Sparkassengesetz zum 01.01.2006 in eine Aktiengesellschaft umgewandelt und firmiert nun nach § 10 Abs. 3 des Berliner Sparkassengesetzes als Landesbank Berlin AG.[875] Diese Umwandlung kann als ein weiteres Beispiel für die Umwandlung in eine Aktiengesellschaft aufgeführt werden. Darüber hinaus weist diese Konstruktion aber auch eine Berührung zum später behandelten Holding-Beleihungsmodell auf. Denn die Sparkasse war vor der Umwandlung der Landesbank eine Abteilung der Landesbank Berlin. Da nun die Landesbank keine Anstalt des öffentlichen Rechts mehr ist, wurde sie durch § 3 Abs. 3 Berliner SpkG mit der Trägerschaft der Sparkasse beliehen.[876] Die Landesbank Berlin AG fungiert in diesem Fall sozusagen als die privatrechtlich organisierte tragende Holding der Sparkasse.

874 Dieses Modell wird auch von Klein, Mikko als Ergebnis seiner Studie „Die Privatisierung von Sparkassen und Landesbanken“ favorisiert: Klein, Mikko, S. 203 ff.
875 Siehe zum entsprechenden Gesetzesentwurf: Preussner, S. 310 ff.
876 Preussner, S. 312 ff.

bb) Rechtliche Fragestellungen

aaa) Gesetzliche Grundlage für die Umwandlung in eine Aktiengesellschaft

Die Umwandlung eines öffentlich-rechtlichen Kreditinstituts in eine Aktiengesellschaft bedarf einer ausdrücklichen gesetzlichen Ermächtigung. Im Bereich der Sparkassen gibt es derartige Ermächtigungen in den Sparkassengesetzen derzeit nur im Sparkassengesetz von Bremen, so dass in den übrigen Bundesländern die Gesetzgeber tätig werden müssten.

Anders sieht die Situation bei den Landesbanken aus. Auf dieser Ebene haben sich die Gesetzgeber mit diesem Problem teilweise schon befasst, so dass sowohl die gesetzliche Grundlage für die Landesbank Hessen-Thüringen, also der Staatsvertrag über die Gründung einer gemeinsamen Sparkassenorganisation in Hessen-Thüringen,[877] als auch der Staatsvertrag über die Norddeutsche Landesbank – Girozentrale -[878] eine entsprechende Umwandlung gestatten. Allerdings finden sich diese Regelungen jeweils im Zusammenhang mit Regelungen, die Zusammenschlüsse oder Übernahmen im öffentlich-rechtlichen Sektor vorsehen, so dass die gestatteten Rechtsformwechsel wohl nur eine formelle Privatisierung ermöglichen sollen.

Für dieses Ergebnis spricht im Falle der Landesbank Hessen-Thüringen ein weiteres systematisches Argument: In Art. 13 Abs. 2 des Staatsvertrages heißt es:

> *(2) Die Bank kann Beteiligungen Dritter in den Formen des Genussrechtskapitals und der typischen stillen Einlage nach Maßgabe des Gesetzes über das Kreditwesen in seiner jeweils gültigen Fassung aufnehmen sowie Beteiligungen an anderen öffentlich-rechtlichen oder privatrechtlichen Kreditinstituten eingehen.(...)*

Hier wird die Beteiligung von „Dritten" geregelt, worunter auch Private zu fassen sind. Offenbar soll diesen Dritten kein bestimmender Einfluss zukommen, denn weder eine Beteiligung in der Form des Genussrechtskapitals noch im Wege der stillen Einlage führt zu einem bestimmenden Einfluss, worauf später noch eingegangen wird. Die unmittelbare Nähe dieser Regelung zu der gestatteten Umwandlung in eine Aktiengesellschaft in Abs. 1 Nr. 5 der Vorschrift lässt darauf schließen, dass auch die Umwandlung der Landesbank nicht zu einem bestimmenden Einfluss Privater führen soll, sondern dass nur eine formelle Privatisierung beabsichtigt war.

Eine Umwandlung kann auf dem Umwandlungsgesetz beruhen oder auf einer landesgesetzlichen Regelung.

Das Erfordernis einer gesetzlichen Regelung kommt daher, dass das Umwandlungsgesetz gemäß § 191 Abs. 1 Nr. 6 i. V. m. § 301 Abs. 2 UmwG für den Rechtsformwechsel einer Anstalt des Öffentlichen Rechts in eine Aktiengesellschaft eine entsprechende gesetzliche Ermächtigung verlangt, d. h. dass nach der derzeitigen Rechtslage eine solche Umwandlung nur in den Fällen der Landesbank

---

877 Dort Art. 13 Abs. 1 Nr. 5.
878 Dort § 16 Abs. 2.

Hessen-Thüringen und der Norddeutschen Landesbank möglich wäre. Bei den Sparkassen wäre eine solche Umwandlung nur in Bremen derzeit möglich. Dort geht es um Sparkassen, deren Träger eine Stiftung des öffentlichen Rechts ist. Allerdings macht das Sparkassengesetz in Absatz drei der Vorschrift genaue Vorgaben darüber, dass Anteilseigner, die keine Stiftungen des öffentlichen Rechts sind, nur einen Anteil von maximal 49,9 % des Grundkapitals halten dürfen. Weiterhin wird dort auch der Kreis der möglichen Erwerber der Aktien begrenzt auf Mitglieder der Sparkassenorganisation, Kunden der Sparkasse und Bürger der Stadtgemeinde. Ein freier Übergang der Sparkasse in private Hände wird folglich auch in Bremen verhindert.

Aus verfassungsrechtlicher Sicht ist zu beachten, dass das Sparkassenwesen unter die Gesetzgebungskompetenz der Länder fällt, dass also die Landesgesetzgeber darüber entscheiden müssen, ob sie entsprechende Änderungen der Sparkassengesetze oder der rechtlichen Grundlagen der Landesbanken durchführen möchten oder nicht.

Der Bundesgesetzgeber könnte in diesem Zusammenhang nicht tätig werden, ihm kommt lediglich über Art. 74 Abs. 1 Nr. 11 GG im Rahmen der konkurrierenden Gesetzgebung die Kompetenz zu, das Kreditwesen und insbesondere die Kreditaufsicht zu regeln. Die Organisation der Sparkassen und Landesbanken ist allerdings von dieser Gesetzgebungskompetenz nicht umfasst.[879] Sie fällt vielmehr nach Art. 70 GG als spezieller Teil des Kommunalrechts in die Gesetzgebungskompetenz der Länder.[880]

bbb) Problem: Fortführung der Bezeichnung Sparkasse nach der Umwandlung der Sparkasse in eine Aktiengesellschaft

Neben dem Erfordernis, dass es bei einer Umwandlung eines öffentlich-rechtlichen Kreditinstituts einer ausdrücklichen gesetzlichen Ermächtigung bedarf, stellt sich noch ein weiteres Problem: Es stellt sich die Frage, inwiefern § 40 KWG eine Fortführung der Bezeichnung „Sparkasse“ bei der Anwendung dieses Modells gestattet.

Relevant ist hier Absatz 1 der Vorschrift:

> *1) Die Bezeichnung „Sparkasse“ oder eine Bezeichnung, in der das Wort „Sparkasse“ enthalten ist, dürfen in der Firma, als Zusatz zur Firma, zur Bezeichnung des Geschäftszwecks oder zu Werbezwecken nur führen*
> *1. öffentlich-rechtliche Sparkassen, die eine Erlaubnis nach § 32 besitzen;*
> *2. andere Unternehmen, die bei Inkrafttreten dieses Gesetzes eine solche Bezeichnung nach den bisherigen Vorschriften befugt geführt haben;*
> *3. Unternehmen, die durch Umwandlung der in Nummer 2 bezeichneten Unternehmen neu gegründet werden, solange sie auf Grund ihrer Satzung besondere Merkmale, insbesondere eine am Gemeinwohl orientierte Aufgabenstellung und eine Beschränkung der*

879 Bredow/Schick/Liebscher, S. 106.
880 Lohmiller, S. 1.

wesentlichen Geschäftstätigkeit auf den Wirtschaftsraum, in dem das Unternehmen seinen Sitz hat, in dem Umfang wie vor der Umwandlung aufweisen.

Gerade bei der Anwendung dieses Privatisierungsmodells wird die Frage der Möglichkeit der Weiterführung der Bezeichnung in der Literatur verschieden beurteilt.

Zunächst ist festzustellen, dass eine Sparkasse, die in der Rechtsform der Aktiengesellschaft geführt wird, jedenfalls ihrer Organisationsform nach keine öffentlich-rechtliche Sparkasse wäre und deswegen nicht mehr unter § 40 Abs. 1 Nr. 1 KWG fallen könnte. Da die Sparkasse vor ihrer Umwandlung auch kein „anderes Unternehmen“ im Sinne des § 40 Abs. 1 Nr. 2 KWG war, fiele sie auch nicht unter die Nummern 2 und 3.

Im Rahmen der Landesbanken, bei denen schon entsprechende Umwandlungen stattgefunden haben, stellt sich dieses Problem nicht, weil es eine entsprechende Vorschrift über die Führung der Bezeichnung Landesbank nicht gibt. Entsprechend nutzen die Landesbanken in ihrer Firma auch nach der Umwandlung die Bezeichnung Landesbank.

Hinsichtlich der hier entscheidenden Frage, ob die Bezeichnung Sparkasse nach einer Umwandlung des Instituts in eine Aktiengesellschaft oder in eine andere Rechtsform des Privatrechts weiter verwendet werden darf, werden verschiedene Meinungen vertreten.

aaaa) Erste Ansicht: Die Bezeichnung Sparkasse kann nicht fortgeführt werden

Eine Ansicht in der Literatur kommt zu dem Ergebnis, dass eine ursprünglich öffentlich-rechtliche Sparkasse nach ihrer Umwandlung in Privatrechtsform nicht mehr befugt sein soll, die Bezeichnung Sparkasse zu führen.[881]

Anders stellt sich die Rechtslage bei den sogenannten freien Sparkassen dar, so wurde etwa die jetzige Sparkasse Mittelholstein AG in eine Aktiengesellschaft umgewandelt.[882] Diese Sparkassen können nach § 40 Abs. 1 Nr. 2 KWG die Bezeichnung Sparkasse führen, auch wenn sie nicht nach dem Öffentlichen Recht organisiert sind, sofern sie zum Zeitpunkt des Inkrafttretens des KWG dazu befugt waren. Das Recht, die Bezeichnung Sparkasse zu führen, verlieren die umgewandelten Nachfolgeunternehmen der Sparkassen nach § 40 Abs. 1 Nr. 3 erst dann, wenn sie in ihrer Satzung keine besonderen Merkmale, etwa die Orientierung am Gemeinwohl oder die örtliche Beschränkung ihrer Geschäftstätigkeit, aufweisen.

Zu dem Ergebnis, dass die öffentlich-rechtlichen Sparkassen nach einer Umwandlung in eine Aktiengesellschaft die Bezeichnung Sparkasse nicht mehr fortführen dürfen, kommt diese Ansicht durch die bloße Subsumtion der in § 40 KWG

881 Boos/Fischer/Schulte-Mattler-*Fischer*, § 40, Rn. 11a; Beck/Samm-*Samm*, § 40, Rn. 35, zu diesem Ergebnis kommt auch: Kost/Geerling, S. 695.

882 Kost/Geerling, S. 695.

enthaltenen Anforderungen an Kreditinstitute, die die Bezeichnung Sparkasse verwenden können.

Eine in eine Aktiengesellschaft umgewandelte Sparkasse sei keine öffentlich-rechtliche Sparkasse mehr, sondern eine privatrechtliche. Insbesondere sei aber auch die Möglichkeit der Führung der Bezeichnung Sparkasse nach § 40 Abs. 1 Nr. 3 KWG nicht möglich, weil Nummer 3 der Vorschrift eindeutig auf Nummer 2 Bezug nähme und deswegen nach einer Umwandlung auch nur dann eine Fortführung der Bezeichnung möglich sein soll, wenn eine Sparkasse umgewandelt wird, die vor der Umwandlung unter die in Nummer 2 genannten Voraussetzungen gefallen ist. Hierzu müsse es sich um ein anderes Unternehmen handeln, als den in Nummer 1 aufgeführten Unternehmen. Es darf sich also nicht um eine öffentlich-rechtliche Sparkasse gehandelt haben, die umgewandelt wurde, sondern um ein anders organisiertes Unternehmen, das zum Zeitpunkt des Inkrafttreten des Gesetzes befugt war, die Bezeichnung Sparkasse zu führen.[883]

Selbst bei einer Fusion zweier öffentlich-rechtlicher Sparkassen, die zur Neugründung einer Sparkasse führt, könne die Fortführung der Bezeichnung Sparkasse sich nicht aus Nummer 3 der Vorschrift ergeben, sondern nur direkt aus Nummer 1.[884]

Allerdings weisen die Vertreter dieser Ansicht darauf hin, dass eine Umwandlung einer Sparkasse in eine Rechtsform des Privatrechts nach derzeitigem Recht ohnehin nicht möglich sei.[885] Dies hat sich, wie gezeigt, zwischenzeitlich geändert, so lässt das Sparkassengesetz des Landes Bremen eine solche Umwandlung nun zu.

bbbb) Zweite Ansicht: Die Bezeichnung Sparkasse kann fortgeführt werden

Teilweise wird auch die Ansicht vertreten, dass eine Fortführung der Bezeichnung möglich sein soll. Dies ergäbe sich aus einer analogen Anwendung von § 40 Abs. 1 Nr. 2 KWG.[886]

Denn § 40 Abs. 1 Nr. 2 KWG gilt direkt, wie oben dargestellt, nicht für öffentlich-rechtliche Institute, sondern für andere Institute, die bei Inkrafttreten des Gesetzes die Befugnis hatten, die Bezeichnung Sparkasse zu führen.

Allerdings sei eine analoge Anwendung der Vorschrift angezeigt. So sei eine umgewandelte Sparkasse ein „anderes Institut“ im Sinne des § 40 Abs. 1 Nr. 2 KWG, allerdings war dieses neue Institut nicht bei Inkrafttreten des Gesetzes dazu befugt, die Bezeichnung Sparkasse zu führen. Hier solle eine Analogie greifen, dergestalt, dass auch solche Kreditinstitute unter Nummer 2 zu fassen seien, die „bislang“ die Bezeichnung Sparkasse berechtigterweise verwenden durften.[887]

883 Boos/Fischer/Schulte-Mattler-*Fischer*, § 40, Rn. 9a; Kost/Geerling, S. 695; Witte/Gregoritza, S. 154; Beck/Samm-*Samm*, § 40, Rn. 35.
884 Boos/Fischer/Schulte-Mattler-*Fischer*, § 40, Rn. 10.
885 Boos/Fischer/Schulte-Mattler-*Fischer*, § 40, Rn. 11a.
886 Claussen, Bernd, S. 207.
887 Claussen, Bernd, S. 207; Beuthien, S. 1470.

Die Bedenken der Kritiker an einer solchen Lösung seien nicht überzeugend. Die Befürchtung, dass, wenn die gesetzliche Regelung geändert werden würde oder es zu einer analogen Anwendung von § 40 Abs. 1 Nr. 2 KWG käme, eine Unterscheidung zwischen den Sparkassen und den übrigen Kreditinstituten nicht mehr möglich wäre und deswegen der Bezeichnungsschutz der Sparkassen insgesamt Gefahr liefe abgeschafft zu werden, etwa weil sich die anderen Kreditinstitute auf den Gleichheitssatz beriefen,[888] sei unbegründet.

Denn es gäbe ein wesentliches Unterscheidungsmerkmal der Sparkassen gegenüber den anderen Kreditinstituten. Die Sparkassen würden auch nach einer erfolgten Umwandlung ihre Geschäftstätigkeit am öffentlichen Auftrag ausrichten, was sie wesentlich von den anderen Kreditinstituten unterscheide, die ihr Handeln an der Gewinnmaximierung ausrichteten.[889]

Deswegen sei ein Analogieschluss gerechtfertigt.

Zudem spräche für eine solche Analogie, dass die traditionelle Vorstellung einer Sparkasse aufgrund der Abschaffung von Gewährträgerhaftung und Anstaltslast so ohnehin nicht mehr zuträfe.[890]

Aus all diesen Gründen sei eine analoge Anwendung der Vorschrift angezeigt und eine Sparkasse, die in eine Aktiengesellschaft umgewandelt wird, könne auch nach der Umwandlung die Bezeichnung Sparkasse weiterführen. Schließlich wird in diesem Zusammenhang auch vorgebracht, dass der Schutzzweck des § 40 Abs. 1 Nr. 2 KWG gerade auch auf umgewandelte vormals öffentlich-rechtliche Sparkassen zuträfe, da diese sich bisher auch Sparkassen nennen durften.[891]

Entscheidend sei die Ausrichtung der Geschäftstätigkeit am öffentlichen Auftrag.

cccc) Eigene Ansicht

Es bedarf einer Auseinandersetzung mit den beiden angeführten Ansichten.

Zunächst spricht die reine Gesetzesanwendung eindeutig dafür, dass eine Fortführung der Bezeichnung Sparkasse nach einer Umwandlung des Instituts nicht mehr möglich ist.

Fraglich ist nun, ob tatsächlich, wie von der zweiten Ansicht befürwortet, Raum dafür vorhanden ist, die Vorschrift des § 40 Abs. 1 Nr. 2 KWG analog anzuwenden.

Für eine analoge Anwendung einer Vorschrift sind folgende Punkte erforderlich:

- Eine planwidrige Regelungslücke in der derzeitigen Gesetzeslage,
- ein wertungsgleicher Sachverhalt zu den von der bestehenden Gesetzeslage geregelten Sachverhalten und
- eine vergleichbare Interessenlage.

---

888 So dargestellt in Claussen, Bernd, S. 207.

889 Claussen, Bernd, S. 207.

890 Bredow/Schick/Liebscher, S. 106; zwar eine analoge Anwendung ablehnend, aber diese Überlegung grundsätzlich befürwortend: Kost/Geerling, S. 695.

891 Beuthien, S. 1470.

Es fragt sich, ob diese Kriterien hier vorliegen.

Große Probleme bereitet schon die Frage, ob es in der derzeitigen Regelung eine planwidrige Regelungslücke gibt. Eine Lücke soll dann vorliegen, wenn eine im Ganzen unvollständige Regelung vorliegt. Dies ist dann anzunehmen, wenn eine Vorschrift eine Frage, die nach der Regelungsabsicht einer Regelung bedürfte, nicht regelt.[892] Dass § 40 KWG keine Regelung darüber enthält, ob ein nicht öffentlich-rechtlich organisiertes Kreditinstitut die Bezeichnung Sparkasse führen darf oder nicht, kann nicht behauptet werden. Denn aufgrund der abschließenden Aufzählung, welche Institute in Deutschland die Bezeichnung Sparkasse verwenden dürfen, wird aufgrund der Fassung dieser Vorschrift erreicht, dass diejenigen Kreditinstitute, die sich unter keine der Varianten subsumieren lassen, die Bezeichnung Sparkasse nicht führen dürfen. Demnach liegt nach Ansicht des Verfassers schon keine Regelungslücke vor.

Da allerdings schon bei der Beurteilung, ob eine Lücke vorliegt oder nicht, die Regelungsabsicht des Normenverfassers zu beachten ist, kann die Untersuchung nach dem Vorliegen einer solchen Lücke und die Untersuchung der Planwidrigkeit einer solchen Lücke nicht völlig getrennt erfolgen, weshalb auf eine etwaige Planwidrigkeit einzugehen ist.

Dafür, dass diese enge Regelung planwidrig sei, können durchaus Argumente gefunden werden.

Denn zuzugeben ist, dass der Gesetzgeber mit dieser Regelung den Zweck verfolgte, dass es sich bei den Sparkassen um schützenswerte Kreditinstitute in Deutschland handeln soll, was sich daraus ergibt, dass sie bestimmte Merkmale erfüllen, die sie von anderen Kreditinstituten unterscheiden. So orientieren sie ihr Handeln an vom Gesetzgeber gestellten Aufgaben, dem öffentlichen Auftrag und nicht primär an der Gewinnerzielung. Zudem beschränken die Sparkassen ihr Engagement auf einen engen räumlichen Bereich auf der Grundlage des Regionalprinzips.[893]

Wenn nun neue Rechtsformen auftreten, die sich lediglich durch ihre rechtliche Konstruktion von den klassischen Sparkassen unterscheiden und der Gesetzgeber bei der Schaffung des Gesetzes dies nicht bedacht hat, so spricht doch Einiges dafür, dass auch solche Kreditinstitute, die ihr Handeln an den gleichen Prinzipien orientieren wie die klassischen Sparkassen, die Bezeichnung Sparkasse führen dürfen sollten. Damit könnte die Regelung tatsächlich als planwidrig angesehen werden.

Zudem ist anzuerkennen, dass der Gesetzgeber auch die freien Sparkassen in anderer Rechtsform duldet. Folglich, so könnte man argumentieren, lasse auch der Gesetzgeber erkennen, dass die Berechtigung zur Führung der Bezeichnung Sparkasse nicht zwingend mit der gewählten Rechtsform zusammenhängt, sondern vielmehr an der Verpflichtung auf das Gemeinwohl, was die freien und die klassischen Sparkassen verbindet.

---

892 Larenz, S. 357.

893 Boos/Fischer/Schulte-Mattler-*Fischer*, § 40, Rn. 6.

Auch könnte man für eine Planwidrigkeit anführen, dass § 40 KWG bei Inkrafttreten des Kreditwesengesetzes nur die Nummern eins und zwei erhielt, weil zu diesem Zeitpunkt, im Jahre 1962, die in den siebziger Jahren aufkommenden Privatisierungsdebatten noch nicht geführt wurden.[894]

Allerdings wurde die Vorschrift lange nach Beginn der Privatisierungsdebatten durch Einfügen der Nummer drei im Jahre 1995 ergänzt. Es liegt also nahe, dass der Gesetzgeber sich bewusst gegen eine Erweiterung der Berechtigung zur Führung der Bezeichnung Sparkasse entschlossen hat, so dass eine etwaige Regelungslücke nicht planwidrig erscheint.

Zudem fehlt es an einer vergleichbaren Interessenlage. Das Argument, dass es sowohl bei den von § 40 Abs. 1 Nr. 2 angesprochenen freien Sparkassen als auch bei umgewandelten vorher öffentlich-rechtlich organisierten Sparkassen darum geht, dass beide Gruppen irgendwann einmal dazu berechtigt waren, die Bezeichnung Sparkasse zu führen, hält einer tieferen Untersuchung nicht stand.

Denn die freien Sparkassen hatten vor Inkrafttreten des Kreditwesengesetzes die Berechtigung, diese Bezeichnung zu führen. Hätte der Gesetzgeber nicht bei der Einführung des Kreditwesengesetzes auf sie Rücksicht genommen, hätten diese Sparkassen von heute auf morgen das Recht verloren, sich Sparkasse zu nennen. Diese Sparkassen hätten aber weder in ihrer Organisation, noch in ihrer Geschäftstätigkeit irgendetwas verändert. Der Entzug des Rechtes, sich Sparkasse nennen zu dürfen, wäre einzig durch einen hoheitlichen Eingriff verloren gegangen.

Die Interessenlage bei den öffentlich-rechtlichen Sparkassen, die im Wege einer Umwandlung eine privatrechtliche Organisation anstreben, unterscheidet sich hiervon allerdings erheblich. Sie, bzw. ihre Träger, wählen selbst den Weg der anderen rechtlichen Organisation und können frei darüber entscheiden, ob sie eine Umwandlung wollen oder nicht. Entscheiden sie sich für eine Umwandlung, sieht das derzeit geltende Recht vor, dass sie die Bezeichnung Sparkasse nicht mehr verwenden dürfen.

Insofern liegen nach Ansicht des Verfassers die Voraussetzungen einer Analogie nicht vor.

Auch eine analoge Anwendung von Nummer drei der Vorschrift scheidet aus, weil der Gesetzgeber mit deren Einführung es den freien Sparkassen ermöglichen wollte, sich von ungewöhnlichen Rechtsformen des Privatrechts, etwa dem wirtschaftlichen Verein, zu entfernen und stattdessen üblichere Formen anzunehmen.[895]

Auch hier ist also die Interessenlage nicht vergleichbar.

Möglicherweise kommt man aber mit einer Auslegung des Begriffes „öffentlich-rechtliche Sparkassen“ aus § 40 Abs. 1 Nr. 1 KWG zu dem gewünschten Ergebnis, dass eine Sparkasse auch nach einer Umwandlung in eine Aktiengesellschaft die Bezeichnung Sparkasse weiter verwenden darf.

---

894 Beuthien, S. 4.

895 BT-Drucksache 12/6699, S. 180; Beck/Samm-*Samm*, § 40, Rn. 32; Beuthien, S. 5.

Es fragt sich nämlich, was eine öffentlich-rechtliche Sparkasse ist. Denkbar erscheint, dass auch solche Sparkassen als öffentlich-rechtlich angesehen werden könnten, die mehrheitlich vom Staat oder von einer Kommune gehalten werden.

Diesbezüglich erscheint ein Rückgriff auf die öffentlich-rechtlichen Unternehmen allgemein angezeigt.

Man könnte nämlich überlegen, dass es sich bei den öffentlich-rechtlichen Unternehmen nicht nur um solche Unternehmen handelt, die öffentlich-rechtlich organisiert sind, also beispielsweise in der Rechtsform der Anstalt oder der Körperschaft des öffentlichen Rechts.

Allerdings lässt sich für ein öffentlich-rechtliches Unternehmen die Definition finden, dass es sich hierbei nur um solche Unternehmen handelt, die öffentlich-rechtlich verfasst sind, also Anstalten, Stiftungen und Körperschaften, aber auch Eigenbetriebe und Regiebetriebe.[896]

Daneben fällt auf, dass der Begriff *öffentliche Unternehmen* nicht einheitlich verwendet wird.[897] Hierunter sollen nicht nur nach dem Öffentlichen Recht verfasste Unternehmen zählen, sondern auch solche, die privatrechtlich organisiert sind.[898]

Dies ergäbe sich daraus, dass sich aus der Verfassung für die Frage, wann ein öffentliches Unternehmen vorliegt und ob ein solches nur vorliegt, wenn auch eine öffentlich-rechtliche Organisationsform gewahrt ist, keine Rückschlüsse ziehen lassen. Aus Art. 135 Abs. 6 GG lässt sich lediglich entnehmen, dass es öffentliche Unternehmen geben muss, die privatrechtlich organisiert sind, da dort von *Beteiligungen an Unternehmen des privaten Rechts* gesprochen wird.[899]

Auch das einfache Recht gäbe keine bestimmte Organisationsform eines öffentlichen Unternehmens vor. Aus § 130 Abs. 1 GWB lässt sich lediglich entnehmen, dass ein Unternehmen der öffentlichen Hand ein solches ist, dass ganz oder teilweise von der öffentlichen Hand verwaltet oder betrieben wird oder in deren Eigentum steht.

Und auch das Unionsrecht scheint den Begriff des öffentlichen Unternehmens weit zu verstehen, denn aus Art. 2 Abs. 1 der sogenannten Transparenzrichtlinie[900] ergibt sich, dass dann ein öffentliches Unternehmen vorliegen soll, wenn die öffentliche Hand auf dieses Unternehmen beherrschenden Einfluss ausüben kann, was auf der Grundlage von Eigentum, finanzieller Beteiligungen oder auf der Grundlage von Rechtsvorschriften, die die Unternehmenstätigkeit regeln, geschehen kann.

Man könnte sich nun überlegen, ob der Begriff der „öffentlich-rechtlichen Sparkasse“ in § 40 Abs. 1 Nr. 1 KWG im Sinne eines öffentlichen Unternehmens auszulegen ist und dass die Sparkasse gar nicht öffentlich-rechtlich organisiert sein müsste.

---

896 Ruthig/Storr, Rn. 669.
897 Blessing, S. 25.
898 Blessing, S. 34.
899 Blessing, S. 26.
900 Richtlinie 80/723/EWG der Kommission vom 25. Juni 1980 (ABl Nr. L 195 vom 29. Juli 1980, S. 35).

Zu einer solchen Lesart des Begriffes „öffentlich-rechtlich“ neigt insbesondere *Huber.* Er untersucht die Vorgänge um den Verkauf der Landesbank Berlin AG. In Berlin besteht die Besonderheit, dass die Landesbank Berlin AG der Träger der Berliner Sparkasse ist, die nach § 3 Satz 1 des Berliner Sparkassengesetzes als teilrechtsfähige Anstalt des öffentlichen Rechts verfasst ist.

Huber meint, dass die Landesbank Berlin AG letztlich als Sparkasse anzusehen sei, weil sie über die Bankerlaubnis verfügt und nicht die Sparkasse selbst. Die Landesbank könne auch als Aktiengesellschaft eine öffentlich-rechtliche Sparkasse im Sinne des § 40 Abs. 1 Nr. 1 KWG darstellen.[901] So sei die Landesbank Berlin AG als öffentlich-rechtlich im Sinne des § 40 KWG anzusehen, im Wesentlichen weil sie mit der Trägerschaft der Berliner Sparkasse beliehen wurde. Schließlich seien nach der Sonderrechtstheorie solche Einrichtung dem Öffentlichen Recht zuzuordnen, deren Errichtung zumindest auch eine öffentlich-rechtliche Norm zu Grunde liegt.[902]

Zudem sei die Landesbank Berlin AG als eine Sparkasse im Sinne der Vorschrift anzusehen, weil § 40 KWG primär den Verbraucherschutz im Auge habe und deswegen solchen Instituten das Führen der Bezeichnung Sparkasse gestatten möge, die ihr Handeln an den für Sparkassen spezifischen Aufgaben ausrichten.[903] Aufgrund dieser Argumente und aufgrund dessen, dass sonstiges Bundesrecht einer solchen Auslegung nicht widerspräche, kommt *Huber* zu dem Ergebnis, dass, sofern sich keine Bedenken aus dem Rechtsstaats- oder Demokratieprinzip ergeben, auch ein privatrechtlich organisiertes Kreditinstitut die Bezeichnung Sparkasse führen könne.[904]

Nach Ansicht des Verfassers ist diese Auslegung von § 40 Abs. 1 Nr. 1 KWG unzutreffend, weil nach dem eindeutigen Wortlaut des Berliner Sparkassengesetzes die Berliner Sparkasse eine Sparkasse sein soll und nicht die Landesbank Berlin AG.[905] Es ist zwar anzuerkennen, dass in Berlin die Landesbank Berlin AG die Bankerlaubnis für die Berliner Sparkasse hält. Dies ist allerdings der besonderen Organisationsstruktur der Berliner Sparkassenorganisation geschuldet. Die Vorgabe aus § 40 Abs. 1 Nr. 1 KWG, wonach nur solche öffentlich-rechtlichen Sparkassen die Bezeichnung Sparkasse führen dürfen, die eine Erlaubnis nach § 32 KWG besitzen, ändert nichts daran, dass die teilrechtsfähige Anstalt Berliner Sparkasse selbst Sparkasse ist und nicht etwa die Landesbank Berlin AG.

---

901 Huber, S. 493 f.

902 Huber, S. 492.

903 Huber, S. 493 ff.

904 Huber, S. 507.

905 Siehe hierzu nur § 3 Abs. 1 und 2 des Berliner Sparkassengesetzes:
(1) Die Berliner Sparkasse ist eine öffentlich-rechtliche Sparkasse in der Rechtsform einer teilrechtsfähigen Anstalt des öffentlichen Rechts.
(2) Träger der Berliner Sparkasse ist die Landesbank Berlin – Girozentrale -, nach dem Wirksamwerden der formwechselnden Umwandlung in eine Aktiengesellschaft die Landesbank Berlin AG. Mit Wirksamwerden der formwechselnden Umwandlung wird die Landesbank Berlin AG mit der Trägerschaft an der Berliner Sparkasse beliehen.

Letztlich kommt es darauf an, ob eine Sparkasse Bankgeschäfte betreiben darf. Dies ist bei der teilrechtsfähigen Anstalt Berliner Sparkasse eindeutig der Fall. Vor diesem Hintergrund erschließt sich auch, dass der in § 40 Abs. 1 Nr. 1 KWG enthaltenen weiteren Vorgabe, wonach eine Sparkasse eine Bankerlaubnis benötigt, kein großes Gewicht zukommt. Diese Klausel sei vielmehr *„letztlich überflüssig und sogar irreführend."*[906]

Deswegen erscheint der Weg *Hubers* aus der rechtlichen Situation in Berlin den Rückschluss ziehen zu wollen, dass unter „öffentlich-rechtliche Sparkassen" auch solche Institute zu fassen seien, die in einer Rechtsform des Privatrechts organisiert sind, verfehlt.

Zu dem hier vertretenen Ergebnis gelangt man auf der Grundlage einer Auslegung von § 40 Abs. 1 Nr. 1 KWG:

Auslegung nach dem Wortlaut

§ 40 Abs. 1 Nr. 1 KWG spricht von „öffentlich-rechtlichen Sparkassen". Wie bereits oben ausgeführt wurde, gibt es im Bereich der öffentlichen Unternehmen sowohl öffentliche Unternehmen als auch öffentlich-rechtliche Unternehmen. Bei den öffentlichen Unternehmen handelt es sich um solche, die sich regelmäßig durch die folgenden Merkmale auszeichnen:

- Das Unternehmen stellt eine rechtlich oder faktisch verselbständigte Organisationshoheit dar
- Schwerpunkt der Tätigkeit ist wirtschaftliches Handeln
- Die öffentliche Hand ist der Träger des Unternehmens[907]

Sofern diese Voraussetzungen vorliegen, soll nach allgemeiner Ansicht ein öffentliches Unternehmen vorliegen.

Diese öffentlichen Unternehmen können nun auf verschiedene Weise rechtlich organisiert sein. Klassischerweise waren diese Unternehmen öffentlich-rechtlich organisiert, etwa als Regie- oder Eigenbetriebe, oder als Anstalten des öffentlichen Rechts.

Möglich ist aber auch eine privatrechtliche Organisation, etwa als „Stadtwerke AG".

Dass § 40 Abs. 1 Nr. 1 KWG nicht von öffentlichen, sondern von öffentlich-rechtlichen Sparkassen spricht, deutet darauf hin, dass auch nur solche Sparkassen unter diese Vorschrift subsumiert werden können, die nach dem Öffentlichen Recht organisiert sind.[908]

Unter Sparkassen sind solche Kreditinstitute zu verstehen, die regional organisiert sind und ihre Geschäftstätigkeit am Gemeinwohl ausrichten und einem gesetzlich normierten öffentlichen Auftrag folgen.

---

906 Beck/Samm-*Samm*, § 40 KWG, Rn. 27.
907 Allgemeine Ansicht, bspw. in: Schmidt/Vollmöller-*Vollmöller*, S. 158.
908 Geschwandtner/Bach, S. 130; so auch für die Sparkassen: Nagel, S. 15.

Systematische Auslegung

Auch eine Auslegung anhand der Gesetzessystematik führt zu diesem Ergebnis.

Zum einen ergibt sich dies aus einem Blick auf die übrigen in § 40 Abs. 1 KWG enthaltenen Regelungen. In Nummer 2 der Vorschrift wird es auch anderen Unternehmen gestattet, die Bezeichnung Sparkasse zu führen, sofern sie bei Inkrafttreten des Kreditwesengesetzes dazu befugt waren. Bei diesen anderen Unternehmen handelt es sich um die sog. freien Sparkassen, die überwiegend in einer Privatrechtsform organisiert sind. Nun bezeichnen sich diese freien Sparkassen als „freie öffentliche Sparkassen" und alle sind Mitglied im Verband der freien öffentlichen Sparkassen.

Würde man nun der Auslegung des Begriffes öffentlich-rechtliche Sparkassen in § 40 Abs. 1 Nr. 1 KWG von *Huber* folgen, wäre „öffentlich-rechtlich" im Sinne von „öffentlich" zu verstehen, dann müssten auch die freien öffentlichen Sparkassen unter § 40 Abs. 1 Nr. 1 KWG subsumierbar sein und es bedürfte nicht der in Nummer 2 enthaltenen Regelung.

Zum anderen zeigt ein Vergleich mit den benachbarten Regelungen, dass die Regelungen über den Bezeichnungsschutz in den §§ 39 ff. KWG die Berechtigung, eine bestimmte Bezeichnung zu führen, nicht davon abhängig machen, welche Zielsetzung das jeweilige Kreditinstitut hat, sondern vielmehr darauf abstellen, nach welcher Rechtsform das jeweilige Institut organisiert ist. So sind nach § 39 Abs. 2 KWG nur solche Kreditinstitute dazu berechtigt, die Bezeichnung Volksbank neu aufzunehmen, die als eingetragene Genossenschaft geführt werden.

Auch diese Betrachtung spricht dafür, dass die Bezeichnung „öffentlich-rechtlich" nicht nur auf eine Beherrschung des Instituts durch die öffentliche Hand abstellt, sondern vielmehr auf eine Organisation des Unternehmens nach dem Öffentlichen Recht.

Historische Auslegung

Auch eine historische Betrachtung spricht eher dafür, dass der Gesetzgeber mit der Formulierung „öffentlich-rechtliche Sparkassen" nur solche Sparkassen meinte, die öffentlich-rechtlich organisiert sind, denn die Regelung war bereits im Kreditwesengesetz des Jahres 1939 enthalten. Zu diesem Zeitpunkt waren Sparkassen, deren Träger die öffentliche Hand war und die privatrechtlich organisiert waren, noch nicht bekannt. Auch der Wettbewerbsbericht der Bundesregierung aus dem Jahr 1972 unterscheidet klar zwischen öffentlich-rechtlichen Sparkassen und freien Sparkassen,[909] was nahe legt, dass hier insbesondere auf die verschiedene rechtliche Organisation der beiden Sparkassentypen eingegangen werden sollte.

Teleologische Auslegung

Bei einer Untersuchung des Sinn und Zwecks aufgrund dessen der Gesetzgeber die Vorschrift eingefügt hat, ist zunächst festzustellen, dass der Gesetzgeber erstmals

---

909 BT-Drucks. V/3500, sub 2.1.2.31.

im Wege einer Notverordnung[910] die Bezeichnung für die Sparkassen schützte, nachdem das Reichsgericht[911] den Begriff Sparkasse zunächst nicht für schützenswert gehalten hat. Diesen Weg wählte der Gesetzgeber, weil es bei verschiedenen anderen Spareinrichtungen zu Verlusten kam und die Bezeichnung Sparkasse Gefahr lief, diskreditiert zu werden.[912]

Der Gesetzgeber erkannte die Schutzwürdigkeit des Begriffes Sparkasse, weil die Bevölkerung den Begriff „Sparkasse" mit einer bestimmten Gattung von Kreditinstituten verband. Hierzu zählten etwa die Sicherheit der Anlagen, die öffentliche Trägerschaft oder die Gemeinwohlausrichtung.

Der Schutz der anderen Sparkassen, also der privatrechtlich organisierten freien Sparkassen, erfolgte aus Bestandsschutzgesichtspunkten.[913]

Hieraus ergibt sich, dass der Gesetzgeber bewusst die öffentlich-rechtlich organisierten Sparkassen schützen und den Kreis der geschützten Institute so klein wie möglich halten wollte, um einen möglichst großen Schutz dieser Institute zu erreichen. Selbst die freien Sparkassen wurden nur deswegen aufgenommen, weil sie das Recht, die Bezeichnung Sparkasse zu führen, schon vorher inne hatten. Da der Gesetzgeber es nur wenigen Instituten gestatten wollte, die Bezeichnung Sparkasse zu führen, um die Bevölkerung zu schützen, ist davon auszugehen, dass mit „öffentlich-rechtlich" die damals bekannten öffentlich-rechtlich organisierten Sparkassen gemeint waren. Folglich spricht auch das Ergebnis einer teleologischen Auslegung dafür, dass unter § 40 Abs. 1 Nr. 1 KWG nur solche Institute zu fassen sind, die öffentlich-rechtlich organisiert sind.

Ergebnis der Auslegung

Nach dieser Betrachtung ist die Wendung „öffentlich-rechtliche Sparkassen" so zu verstehen, dass ausschließlich solche Sparkassen, die nach dem Öffentlichen Recht verfasst sind, unter § 40 Ab. 1 Nr. 1 KWG zu subsumieren sind.

Ein weiteres Indiz dafür, dass das hier gefundene Ergebnis richtig ist, findet sich im Staatsvertrag, der der Helaba zu Grunde liegt. In Art. 13 werden Vereinigungsmöglichkeiten eröffnet. Nach Nummer 2 der Vorschrift kann sich die Landesbank Hessen-Thüringen mit anderen öffentlich-rechtlichen Kreditinstituten durch Fusionsvertrag vereinigen. Der Fusionsvertrag ist ein typisches Mittel, um insbesondere Sparkassen zu vereinigen, er setzt zwei übereinstimmende Beschlüsse der Gewährträger voraus.[914]

Der Fusionsvertrag kann aber nicht über das Regelungssystem des Öffentlichen Rechts hinausgehen, weil er, beispielsweise bei einer Vereinigung einer Anstalt des öffentlichen Rechts mit einer privatrechtlich organisierten Landesbank AG in

910 Dritte Notverordnung vom 06.10.1931, Teil 5, Kapitel 1, Artikel 4.
911 RGZ 91, 210 (212).
912 Beck/Samm-*Samm*, § 40, Rn. 14.
913 Beck/Samm-*Samm*, § 40, Rn. 5.
914 Ochmann, § 22.

privatrechtliche Regelungsmodelle, hier in das Umwandlungsrecht und in das Aktienrecht, eingreifen müsste, ohne diese Regelungen zu ersetzen. Würde man dies anders sehen, entstünde durch einen öffentlich-rechtlichen Fusionsvertrag eine Art öffentlich-rechtliche Aktiengesellschaft.

Dieses Problem hat der Gesetzgeber in Hessen auch erkannt und gestattet der Landesbank in Nummer 5 der Vorschrift, dass sich die Landesbank nach den bundesrechtlichen Vorschriften in eine Aktiengesellschaft umwandeln kann. Hier wird deutlich, dass der Gesetzgeber mit der Vereinigungsmöglichkeit aus Nummer 2 der Vorschrift nur öffentlich-rechtlich organisierte Kreditinstitute meinte und dass für Vereinigungen mit privatrechtlich organisierten öffentlichen Kreditinstituten zunächst eine Umwandlung in eine Aktiengesellschaft erfolgen muss, um dann nach allgemeinen Vorschriften des Privatrechts eine Vereinigung zu vollziehen.

Folglich bedarf es eines Tätigwerdens des Gesetzgebers, damit eine ursprünglich öffentlich-rechtlich organisierte Sparkasse nach einer Umwandlung in eine Aktiengesellschaft weiterhin die Bezeichnung Sparkasse verwenden darf.

cc) Sachdienlichkeit des Modells

Sofern die rechtlichen Probleme durch den Gesetzgeber ausgeräumt wären, erscheint nach Ansicht des Verfassers das Modell der Umwandlung einer Sparkasse in eine Aktiengesellschaft sinnvoll.

Dies zeigt sich auch daran, dass auf Landesbankenebene dieses Modell bereits Anwendung gefunden hat und dass es einen Mittelweg zwischen der Vollprivatisierung und dem Betrieb der Sparkassen durch den Staat ermöglicht. So können private Investoren nach der hier vorgeschlagenen Gesetzesänderung sich an der Sparkasse beteiligen.

Allerdings bedarf es in den meisten Sparkassengesetzen einer Änderung und nach Ansicht des Verfassers bedürfte auch § 40 KWG einer Änderung, um die Umwandlung einer Sparkasse in eine Aktiengesellschaft zu ermöglichen und um zu gewährleisten, dass das neue Institut auch weiterhin die Bezeichnung Sparkasse verwenden kann.

Sobald dies geschehen ist, erscheint dieses Modell sinnvoll. Nach Ansicht des Verfassers sollte eine etwaige Gesetzesänderung des § 40 KWG allerdings sicherstellen, dass die weitere Nutzung des Namens Sparkasse nur dann möglich sein darf, wenn das Institut dem bestimmenden Einfluss der öffentlichen Hand unterliegt. Hierbei erschiene es praktikabel, dass das neue Institut zu einem Anteil von mehr als 50 % der öffentlichen Hand zuzuordnen sein muss.

b) Der Asset-Deal

Im Rahmen der allgemeinen Untersuchung, inwieweit ein Verkauf einer Sparkasse möglich ist, wurde bereits vereinzelt auf den in Stralsund geplanten Verkauf der Sparkasse im Rahmen eines Asset-Deals eingegangen. Der Asset-Deal wird deswegen im Zusammenhang mit dem Verkauf einer Sparkasse auch als das „Stralsunder Modell" bezeichnet.[915]

aa) *Beschreibung*

Der Asset-Deal ist im Rahmen des Gesellschaftsrechts, insbesondere im Rahmen der Behandlung von Unternehmenskäufen und -verkäufen, ein geläufiges Modell. Er zeichnet sich grundsätzlich dadurch aus, dass nicht das Unternehmen als Ganzes im Wege des Unternehmenskaufes und der damit verbundenen Übereignung des gesamten Unternehmens übergeht, sondern dadurch, dass die Vermögensgegenstände des Unternehmens („Assets"), insbesondere die Vertragsbeziehungen, einzeln übergehen.[916]

Das Stralsunder Modell beruhte auch auf dieser Grundform des Asset-Deals.[917] So sollten zunächst die einzelnen Unternehmensgegenstände der Sparkasse vollständig verkauft werden, um dann die Sparkasse als „leere Hülle" aufzulösen. Der Verkauf sollte mit Hilfe eines Bieterverfahrens durchgeführt werden.[918]

Es fanden sich auch konkrete Interessenten im In- und Ausland, so waren in diesem Zusammenhang beispielsweise die Commerzbank und die schwedische SEB am Kauf interessiert,[919] was wiederum ein Indiz dafür ist, wie stark und wettbewerbsfähig das öffentlich-rechtliche Bankensystem derzeit ist und dass diese Stärke auch von Branchenkennern anerkannt wird.

Im Bezug auf die Privatisierung von Landesbanken wird dieses Modell, soweit ersichtlich, nicht diskutiert. Dies dürfte daran liegen, dass auf dieser Ebene bei einem politischen Wunsch nach einer Privatisierung, eine Gesetzesänderung relativ leicht geschehen kann und der umständliche Weg des Asset-Deals hier nicht gewünscht ist.

bb) *Rechtliche Fragestellungen*

Rechtliche Probleme ergeben sich, wie bereits teilweise dargestellt, aus der Tatsache, dass es sich bei den Sparkassen um öffentlich-rechtliche Unternehmen handelt und dass deswegen für die Sparkassen öffentlich-rechtliche Sonderregelungen gelten, die sich insbesondere aus dem Sparkassenrecht und aus dem Kommunalrecht ergeben.

---

915 Bredow/Schick/Liebscher, S. 103.
916 Schalast/Sassenberg, S. 501.
917 Schalast/Sassenberg, S. 501.
918 Bredow/Schick/Liebscher, S. 103.
919 Meier, Norbert, S. 194.

aaa) Kommunalrechtliche Fragen

Zuständig für die Entscheidung zum Verkauf ist regelmäßig die Gemeindevertretung, sofern eine Gemeinde Träger der Sparkasse ist.[920]

Dieser Beschluss der Gemeindevertretung, der den Inhalt hat, die Sparkasse vollständig oder teilweise aufzulösen, unterliegt der Rechtsaufsicht der Aufsichtsbehörde. Er könnte also nur bei einem Rechtsverstoß beanstandet werden, etwa wenn formelle Vorgaben nicht erfüllt worden sind oder wenn eine ordnungsgemäße Abwicklung des Instituts nicht gewährleistet wäre.[921]

bbb) Sparkassenrechtliche Fragen

Aus dem Sparkassenrecht ergibt sich, dass der Vertrag, der im Rahmen des Asset-Deals die Übertragung sämtlicher Vermögenswerte vorsieht, vom Vorstand der Sparkasse geschlossen werden muss.[922] Hinsichtlich der nötigen Form des Vertragsschlusses ist darauf hinzuweisen, dass der Vertrag dann der notariellen Beurkundung bedarf, wenn er entweder nach § 311b Abs. 1 S. 1 BGB den Verkauf von Grundstücken vorsieht oder wenn er gemäß § 311b Abs. 3 BGB die Übertragung des gesamten derzeitigen Vermögens der Sparkasse betrifft.

Weiterhin muss regelmäßig der Verwaltungsrat der Sparkasse zustimmen, sofern alle Gegenstände der Sparkasse veräußert werden sollen. Diese Voraussetzung ergibt sich etwa in Mecklenburg-Vorpommern aus § 8 Abs. 3 des dortigen Sparkassengesetzes.

Auch die Auflösung der „leeren Sparkassenhülle“ bedarf der Anhörung des Verwaltungsrates sowie der Zustimmung der Trägerversammlung der Sparkasse.

Daneben muss die Aufsichtsbehörde der Auflösung der Sparkasse zustimmen. In diesem Zusammenhang wird vorgebracht, dass diese Zustimmung u. U. nicht erfolgen kann, weil die Sparkassengesetze grundsätzlich einer Auflösung entgegenstünden.

aaaa) Schränken die Sparkassengesetze einen Verkauf der Sparkasse ein?

Bei der Behandlung des Modells der Umwandlung einer Sparkasse in eine Aktiengesellschaft wurde die Notwendigkeit einer Umwandlungsklausel in den Sparkassengesetzen als das maßgebliche Problem erkannt, das derzeit einer Umwandlung im Wege steht. Auf den ersten Blick scheint der bloße Verkauf von Vermögensgegenständen unproblematisch. Ebenso die anschließende Auflösung der Sparkasse, eine diesbezügliche Regelung findet sich in den Sparkassengesetzen.

---

920 Im Fall Stralsund war dies beispielsweise die Bürgerschaft der Hansestadt Stralsund nach § 22 Abs. 3 Nr. 10 der dortigen KV.

921 Bredow/Schick/Liebscher, S. 104.

922 Bredow/Schick/Liebscher, S. 104.

Allerdings wurde im Zusammenhang mit dem geplanten Verkauf der Sparkasse Stralsund vorgebracht, dass schon das nicht veränderte Sparkassengesetz den eindeutigen Willen enthalten habe, dass eine Auflösung der Sparkasse, die im Rahmen eines Asset-Deals der notwendige letzte Schritt eines erfolgreichen Verkaufs wäre, nur ultima ratio sein könnte.[923]

In diesem Zusammenhang werden in der juristischen Literatur im Wesentlichen zwei Ansichten vertreten, ob die Sparkassengesetze einen Verkauf der Sparkasse bzw. eine Auflösung der Sparkasse gestatten. Diese sollen zunächst erörtert werden, damit abschließend eine eigene Stellungnahme erfolgen kann.

aaaaa) Erste Ansicht: Die Sparkassengesetze verbieten einen Verkauf und eine Auflösung der Sparkasse durch die Gemeinde

Zwischenzeitlich wurde das Sparkassengesetz in Mecklenburg-Vorpommern so abgeändert, dass nun eine Auflösung der Sparkasse nur dann geschehen kann, wenn eine Vereinigung mit einer anderen Sparkasse nicht erreicht wird und wenn die Genehmigung der Aufsichtsbehörde vorliegt. Außerdem muss vor einer geplanten Auflösung auf Kosten der Sparkasse ein Gutachten eingeholt werden, das sich mit der Frage beschäftigt, inwiefern der Erhalt der Sparkasse durch eine Vereinigung gesichert werden kann. Diese Neuregelungen sind in § 29 Abs. 1 des Sparkassengesetzes Mecklenburg-Vorpommern normiert.

Nun wird aber vorgebracht, dass diese Gesetzesänderung nur deklaratorischer Art sei und dass sich der Wille des Gesetzgebers, eine Auflösung des Kreditinstituts nur als ultima ratio zuzulassen, bereits aus dem bisherigen Sparkassengesetz in Mecklenburg-Vorpommern ergeben habe.[924] Dies ist weiter zu überprüfen, weil sich die einschlägigen Vorschriften in den verschiedenen Bundesländern ähneln.

Richtig ist, dass die Sparkassengesetze, insbesondere auch das „alte" Sparkassengesetz aus Mecklenburg-Vorpommern, Regelungen enthielten, die die Vereinigung und die Auflösung einer Sparkasse betrafen. Nun wird vorgebracht, dass sich aus den Gesetzesmaterialien bereits der eindeutige Wille des Gesetzgebers ergäbe, dass die Auflösung einer Sparkasse nur ultima ratio sein kann. Der Gesetzgeber habe lediglich Fusionen und Verkäufe innerhalb der Sparkassenorganisation im Auge gehabt.[925]

Gegen den Verkauf spräche schon grundsätzlich, dass die Sparkassen dem Gemeinwohl und der öffentlichen Aufgabenerledigung gegenüber verpflichtet sind. Deswegen sei die Stellung des Trägers der Sparkasse nicht mit der Stellung eines Eigentümers vergleichbar.[926] Denn der Träger habe den öffentlichen Auftrag der Sparkasse zu beachten, insbesondere die Funktionen der Sparkasse, die ihr durch den öffentlichen Auftrag zukommen, wie beispielsweise die kreditwirtschaftliche

923 Koch, S. 579.
924 Koch, S. 579; Schalast/Sassenberg, S. 501.
925 Schalast/Sassenberg, S. 501.
926 Meier, Norbert, S. 194.

Versorgung aller Bevölkerungskreise und die Unterstützung des Mittelstands in Finanzierungsfragen.[927]

Aus diesen Überlegungen und aus der Interpretation der Sparkassengesetze auf der Grundlage ihrer Konzeption und ihrer Intention, ergäbe sich nun weiterhin, dass nicht nur ein Verkauf rechtlich nicht möglich sein soll, sondern auch grundsätzlich die Auflösung einer Sparkasse.[928]

Denn es spräche zwar für die Kommune, die einen Verkauf einer Sparkasse anstrebt, dass die Errichtung einer Sparkasse eine freiwillige Angelegenheit der kommunalen Selbstverwaltung sei, so dass insbesondere keine Pflicht dahingehend bestünde, eine Sparkasse zu errichten.[929]

Hieraus nun den Schluss zu ziehen, dass wenn schon die Errichtung der Sparkasse durch die Kommune freiwillig erfolgt, dann auch die Auflösung der Sparkasse durch die Kommune rechtlich möglich sein soll, sei aber verfehlt.[930] Denn die Sparkassengesetze machten deutlich, dass sie den Erhalt einer Sparkasse höher bewerten als den Wunsch des Trägers der Sparkasse, diese aufzulösen. So sähen die Sparkassengesetze eine Auflösung nur dann vor, wenn eine Vereinigung dieser Sparkasse mit einer anderen Sparkasse nicht möglich wäre.

Dies geschehe vor dem Hintergrund, dass der öffentliche Auftrag der Sparkasse einen besonderen Schutz genieße und die Absicherung der Realisierung des öffentlichen Auftrages das Interesse des Trägers, das auf die Erzielung von Veräußerungserlösen gerichtet ist, übersteigen würde.[931]

Dies würde nun weiter bedeuten, dass ein Asset-Deal, der zunächst einzeln den Verkauf der Vermögenswerte der Sparkasse vorsieht und im Anschluss daran die Auflösung der Sparkasse, nicht möglich wäre, wenn auch eine Vereinigung mit einem anderen öffentlich-rechtlichen Kreditinstitut hätte geschehen können.

bbbbb) Zweite Ansicht: Die Sparkassengesetze verbieten einen Verkauf und die Auflösung einer Sparkasse nicht

Gegen diese Argumentation wird folgendes vorgebracht:

Es ergäbe sich nicht aus den Sparkassengesetzen, dass die Gemeinde dazu verpflichtet sei, die Sparkasse weiterzuführen bzw. sie an eine andere Sparkasse zu verkaufen und nicht an einen privaten Träger.

Denn die Sparkasse sei als allgemeiner Vermögenswert anzusehen, was den Vorgaben der Gemeindeordnungen entspräche.[932] Außerdem sprächen die Vorgaben der Sparkassengesetze sowohl in organisatorischer als auch in personeller und auch in

927 Meier, Norbert, S. 194.
928 Koch, S. 579; Schalast/Sassenberg, S. 501.
929 Koch, S. 579.
930 Koch, S. 579.
931 Meier, Norbert, S. 194.
932 Beispielsweise § 90 Abs. 1 GO NRW.

haftungsrechtlicher Hinsicht dafür, dass der Gemeinde, die Träger einer Sparkasse ist, eine Stellung zukommt, die weitgehend der eines Eigentümers entspricht.

Denn es ist die Entscheidung der Gemeinde, ob sie eine Sparkasse errichten möchte und grundsätzlich auch, ob die Sparkasse aufgelöst werden soll.[933] Auch die zwischenzeitlich geänderten Vorgaben über die Anstaltslast und die Gewährträgerhaftung, die die Gemeinde zu tragen hatte, sprächen für eine Eigentümerstellung der Gemeinden.

Hinzu kommt, dass die Gemeinden als Träger der Sparkasse den Verwaltungsrat wählen und der Oberbürgermeister dem Verwaltungsrat vorsitzt.[934]

Neben diesen Überlegungen sei zu berücksichtigen, dass die Sparkassengesetze Spezialregelungen hinsichtlich der Sparkassen darstellten, so dass die Frage der Rechtmäßigkeit des Verkaufs oder der Auflösung einer Sparkasse einzig nach den Vorgaben des jeweiligen Sparkassenrechts zu bestimmen seien.[935]

Diese enthielten aber keine ausdrücklichen Regelungen, die einen Verkauf oder eine Auflösung der Sparkasse verbieten.

Die Vorgaben der Sparkassengesetze enthalten typischerweise nicht explizit eine Regelung des Verkaufs einer Sparkasse, sondern nur Regelungen über die Vereinigungen mit anderen Sparkassen und über die Auflösung einer Sparkasse.[936]

Meier fragt sodann, ob ein Verkauf einer Sparkasse mit der Vereinigung zweier Sparkassen gleichzusetzen ist. Hierfür spräche, dass in beiden Fällen das Vermögen als Ganzes überginge.

Dennoch könne keine entsprechende Analogie gezogen werden. Sobald es um einen Verkauf einer Sparkasse an eine Privatbank gehe, fehle es an einer planwidrigen Regelungslücke.[937] Denn der Gesetzgeber habe augenscheinlich nur Vereinigungen mit anderen Sparkassen beabsichtigt.

Dennoch könne man hieraus nicht schließen, dass der Verkauf einer Sparkasse rechtswidrig sein soll. Denn in diesem Fall hätte ein solches Verbot einer ausdrücklichen Normierung bedurft.[938] Auch aus dem Gedanken heraus, dass dem Staat eine Flucht in das Privatrecht verboten sein soll, ergäbe sich nicht, dass ein Verkauf der Sparkasse an einen Privaten nicht gestattet ist. Vielmehr könnte der Verkaufsvertrag, der aufgrund des Vertragsgegenstands ein öffentlich-rechtlicher Vertrag sein soll, so gestaltet werden, dass der Erwerber sich dazu verpflichtet, genau den Aufgabenkatalog in der Zukunft vorzuhalten, zu dessen Erledigung die Sparkasse verpflichtet war.[939]

Für einen beabsichtigten Asset-Deal ergäbe sich sodann, dass der Verkauf einzelner Vermögensgegenstände zulässig sein soll. Auch die rechtliche Möglichkeit

933 Meier, Norbert, S. 195.
934 Meier, Norbert, S. 195.
935 Meier, Norbert, S. 195.
936 Schalast/Sassenberg, S. 501.
937 Meier, Norbert, S. 196.
938 Meier, Norbert, S. 196.
939 Meier, Norbert, S. 196.

der geplanten Auflösung der Sparkasse als Abschluss dieses Verkaufsmodells wird bejaht.

Hierfür sprächen insbesondere zwei Gründe:

So ergäbe sich diese Lösung zum einen daraus, dass die Möglichkeit der Auflösung einer Sparkasse in die Sparkassengesetze aufgenommen worden ist. Insofern müsse davon ausgegangen werden, dass eine Gemeinde von dieser grundsätzlich vorgesehenen Möglichkeit auch Gebrauch machen darf.

Das Vorsehen einer Möglichkeit für die Auflösung einer Sparkasse würde, insbesondere wenn man der gegenteiligen Ansicht folgen wollte, wonach die Struktur des Sparkassengesetzes einer Auflösung entgegensteht, keinen Sinn ergeben.[940]

Zudem könne aufgrund der Vorgaben der Sparkassengesetze, die die Auflösung einer Sparkasse davon abhängig machen, dass die Aufsichtsbehörde ihre Zustimmung erteilt, nicht davon ausgegangen werden, dass es sich bei der Auflösung einer Sparkasse um eine einseitige Auflösung handele.[941]

Zum anderen sei die Annahme, dass die Sparkassengesetze eine Auflösung der Sparkassen verbieten würden auch vor dem Hintergrund nicht haltbar, dass die wirtschaftliche Aktivität der Sparkassen ein Gegenstand der kommunalen Selbstverwaltung der Gemeinden ist, die durch Art. 28 Abs. 2 GG geschützt wird.[942]

Darüber hinaus wird der Gedanke vorgebracht, dass, wenn eine Gemeinde gezwungen würde, ihre Sparkasse mit einer anderen Sparkasse zusammenzuführen, sie regelmäßig nicht den besten Preis erzielen könne und damit ggf. gegen den in den Gemeindeordnungen normierten Grundsatz der sparsamen und wirtschaftlichen Haushaltsführung verstieße.[943]

Demnach müsse die Entscheidung, ob eine Gemeinde eine Sparkasse betreibt oder nicht, von ihr selbst entschieden werden können.

Darüber hinaus ergäbe sich aber auch aus den Normen des Sparkassengesetzes nichts anderes. Denn auch die genaue Beschreibung der Aufgaben der Sparkassen führe nicht dazu, dass die Kommunen dazu verpflichtet seien, eine Sparkasse zu unterhalten.

Maßgeblich sei letztlich, dass die Sparkassengesetze vorsehen, dass die Gemeinden eine Sparkasse errichten können und dass das Vorhalten einer eigenen Sparkasse deswegen eine freiwillige Selbstverwaltungsaufgabe der Gemeinden sei. Die freiwillige Selbstverwaltungsaufgabe steht gerade im Gegensatz zur Pflichtaufgabe einer Gemeinde. Hier ergäbe sich aber insbesondere aus den Gesetzestexten der Sparkassengesetze, dass es die Entscheidung der Gemeinde ist, ob sie eine Sparkasse errichten möchte oder nicht. Folglich sei das Vorhalten einer Sparkasse eine freiwillige Selbstverwaltungsaufgabe.[944]

---

940 Meier, Norbert, S. 196.
941 Meier, Norbert, S. 196.
942 Meier, Norbert, S. 196; Pautsch, S. 993.
943 Schalast/Sassenberg, S. 502.
944 Pautsch, S. 993; Bredow/Schick/Liebscher, S. 104.

Als freiwillige Selbstverwaltungsaufgabe obliege es aber der Kommune, zu entscheiden, ob sie dieser Aufgabe nachkommen und ggf. wie sie dieser Aufgabe nachkommen möchte.[945]

Das Verbot der Auflösung darauf zu stützen, dass das Vorhalten einer Sparkasse dem Gebiet der Daseinsvorsorge entspringt, wird im Übrigen auch deshalb abgelehnt, weil dann die Situation entstünde, dass die Gemeinde zunächst in eigener Verantwortung die Entscheidung treffen kann, ob sie eine Sparkasse gründet oder nicht. Entscheide sich die Sparkasse nun aber für das Unterhalten einer Sparkasse, würde ihr die Pflicht auferlegt werden, diese fortzuführen.

Das Ergebnis dieser Konstruktion wäre, dass sich eine Gemeinde unter Umständen nicht mehr von einer freiwilligen Selbstverwaltungsaufgabe lösen könnte.[946]

Diese Konsequenz sei dem Wesen einer freiwilligen Selbstverwaltungsaufgabe fremd und bestenfalls auf solchen Gebieten hinnehmbar, die einem engen Bereich der Daseinsvorsorge entspringen und tatsächlich unverzichtbar sind, wozu die Sparkassentätigkeit aber nicht gehöre.[947]

ccccc) Eigene Stellungnahme

Die erstgenannte Ansicht vermag nicht zu überzeugen. Die Ansicht, dass die Sparkassengesetze grundsätzlich so ausgestaltet wurden, dass dem Weiterbetrieb einer Sparkasse der Vorrang vor der Auflösung der Sparkasse gegeben wird, kann noch nachvollzogen werden.

Für diese Ansicht spricht insbesondere das Argument, dass die Sparkassengesetze es den Gemeinden nicht ohne Weiteres gestatten, die Auflösung einer Sparkasse zu beschließen, sondern regelmäßig die Auflösung davon abhängig machen, dass die Aufsichtsbehörde die Zustimmung zur Auflösung der Sparkasse erklärt.

Allerdings ist hierbei zu beachten, wie die zweite Ansicht richtig feststellt, dass die Sparkassengesetze eine Auflösungsmöglichkeit der Sparkasse explizit aufführen, auch wenn diese an weitere Bedingungen geknüpft ist. Insofern kann die Ansicht, wonach sich aus der Struktur des Gesetzes ergäbe, dass eine Auflösung nicht zulässig sein soll, nicht auf den Gesetzeswortlaut gestützt werden. Dieser sieht nämlich eine Auflösungsmöglichkeit vor.

Aufgrund dieser gesetzlich vorgesehenen Auflösungsmöglichkeit ist davon auszugehen, dass der Träger einer Sparkasse hiervon auch Gebrauch machen kann, sofern das Gesetz keine entgegenstehenden Regelungen enthält. Die Sparkassengesetze enthalten aber kein explizites Verbot der Auflösung.

Entsprechend muss eine Auflösung einer Sparkasse als zulässig angesehen werden.

Eine gewisse Verstärkung für diese Ansicht findet sich darin, dass auch die Gründung einer Sparkasse freiwillig erfolgen kann. In der anderen Lesart der

945 Meier, Norbert, S. 196.

946 Pautsch, S. 994.

947 Pautsch, S. 994.

Sparkassengesetze allerdings einen Verstoß gegen die kommunale Selbstverwaltungshoheit zu sehen, erscheint verfehlt, wie es sich aus der folgenden Beurteilung der Rechtmäßigkeit der Gesetzesänderung in Mecklenburg-Vorpommern ergibt.

bbbb) Wäre eine Änderung der Sparkassengesetze dergestalt, dass der Verkauf einer Sparkasse nur dann möglich wäre, wenn eine Vereinigung mit einer anderen Sparkasse fehlgeschlagen wäre, rechtmäßig?

Gerade bei der Betrachtung der Vorgänge um die Sparkasse Stralsund, drängt sich die Frage auf, ob eine Änderung der Sparkassengesetze, die den Verkauf der Sparkasse verhindern soll, und eine Auflösung der Sparkasse nur dann zulässt, wenn eine Vereinigung der Sparkassen tatsächlich ausgeschlossen ist, rechtlich möglich wäre. Eine solche Regelung findet sich nun in § 29 Abs. 1 des Sparkassengesetzes Mecklenburg-Vorpommern.

Diese Regelung könnte ein rechtswidriger Eingriff in die kommunale Selbstverwaltungsgarantie aus Art. 28 Abs. 2 GG sein.

aaaaa) Die kommunale Selbstverwaltungsgarantie

Wesen und Inhalt der kommunalen Selbstverwaltungsgarantie wurden bereits oben dargestellt. Hierauf wird Bezug genommen.

bbbbb) Beurteilung der Gesetzesänderung anhand der kommunalen Selbstverwaltungsgarantie

Wenn die Sparkassengesetze so gestaltet werden würden, dass die Gemeinde die Sparkasse nicht auflösen könnte, um sie zu verkaufen, sondern eine Pflicht enthielten, dass dies nur dann möglich sein soll, wenn die Vereinigung der Sparkasse mit einem anderen Institut nicht zu realisieren wäre, könnte insofern eine Beschränkung der kommunalen Selbstverwaltungsgarantie vorliegen, als dass eine Gemeinde ihre Sparkasse, die sie als freiwillige Selbstverwaltungsaufgabe übernommen hat, nicht in eigener Verantwortung verwerten könnte.

Grundsätzlich kann die Beeinträchtigung der kommunalen Selbstverwaltungsgarantie in diesem Zusammenhang dadurch geschehen, dass der Gesetzgeber den Gemeinden in einem Maße Aufgaben überträgt, die die Selbstverwaltung der Gemeinde in einer gewissen Intensität beschränkt.[948]

Ein solcher Fall würde hier allerdings nicht vorliegen, denn die Gemeinde könnte sich der Aufgabe des Sparkassenbetriebes entledigen, indem sie eine Vereinigung anstrebte.

Ihr wäre es auch grundsätzlich möglich, die Aufgabe abzugeben. Die einzige fühlbare Einschränkung wäre, dass die Gemeinde die Sparkasse nicht einfach auflösen

948 Jarass Pieroth-*Pieroth,* Art. 28 Nr. 18.

und das Inventar verkaufen könnte. Dieser Eingriff kann allerdings nicht als ein Eingriff in den Kernbereich der Selbstverwaltungsgarantie angesehen werden, weil die Gemeinde nicht dazu verpflichtet wird, die Sparkasse weiterzuführen.

Folglich wäre bei der Prüfung der Verhältnismäßigkeit, bzw. der spezifischen Prüfung, einer solchen Gesetzesänderung zu berücksichtigen, dass der Eingriff nicht besonders schwer wiegt und dass der verfolgte Zweck, den Fortbestand einer Sparkasse und damit die Erfüllung des öffentlichen Auftrages zu sichern, nach dem oben Erarbeiteten schwerer wiegt und der Eingriff damit gerechtfertigt wäre.[949]

Eine solche Änderung eines Sparkassengesetzes würde auch dem Gesetzesvorbehalt des Art. 28 Abs. 2 GG entsprechen, der sich aus der Formulierung „im Rahmen der Gesetze" ergibt.[950]

cccc) Zustimmung der Aufsichtsbehörde

Nachdem das Ergebnis gefunden wurde, dass die Sparkassengesetze grundsätzlich der Auflösung einer Sparkasse nicht entgegenstehen, soll nun genauer auf die notwendige Zustimmung der Aufsichtsbehörde zur Auflösung eingegangen werden.

In diesem Zusammenhang stellt sich die Frage, wie weit die Kompetenz der Aufsichtsbehörde reicht. Hierbei ist insbesondere relevant, ob die Entscheidung der Aufsichtsbehörde eine Ermessensentscheidung ist oder ob es sich um eine gebundene Entscheidung handelt.

In diesem Zusammenhang werden im Schrifttum verschiedene Ansichten vertreten.

aaaaa) Erste Ansicht: Bei der Zustimmung der Aufsichtsbehörde handele es sich weitgehend um eine Ermessensentscheidung der Aufsichtsbehörde

Grundsätzlich, das wurde bereits oben herausgearbeitet, handelt es sich bei der Aufsicht über die Sparkassen, wie es sich aus dem eindeutigen Wortlaut der Sparkassengesetze mit Ausnahme derer von Berlin und Bremen ergibt, um eine reine Rechtsaufsicht.[951] Dies bedeutet, dass die staatliche Kontrolle einzig die Tätigkeit der Sparkasse daraufhin überwacht, ob diese sich im Einklang mit den einschlägigen Rechtsvorschriften bewegt.

Allerdings wird neben diesem Grundsatz teilweise auch angenommen, dass die Aufsichtstätigkeit der Behörden in bestimmten Fällen über die reine Rechtsaufsicht hinausgehe. Dies sei insbesondere bei Genehmigungsvorbehalten der Fall.[952]

---

949 Die entsprechende Gesetzesänderung in Mecklenburg-Vorpommern hält *Meier, Norbert,* S. 196 aufgrund der kommunalen Selbstverwaltungsgarantie für rechtswidrig, ohne die Verhältnismäßigkeit zu prüfen.

950 Jarass Pieroth-*Pieroth,* Art. 28 Nr. 20.

951 Püttner, Sparkassenrecht, S. 280 f.

952 Püttner, Sparkassenrecht, S. 283.

In diesen Fällen soll es sich größtenteils um Fachaufsicht handeln, was dazu führe, dass die Genehmigungsentscheidung eine Ermessensentscheidung der Aufsichtsbehörde sein soll.[953]

Dies führe nun weiterhin dazu, dass diese Entscheidung zwar nach den verwaltungsrechtlichen Grundsätzen zu erteilen bzw. nicht zu erteilen ist, dass aber die Aufsichtsbehörde bei der Ausübung dieser Aufgabe, die auch als Treuhandaufgabe bezeichnet wird,[954] eine eigenverantwortliche Selbstentscheidung träfe.

Zu beachtende Grundsätze bei der Findung dieser Entscheidung seien in diesem Zusammenhang neben dem Zweck der in Rede stehenden Rechtsvorschrift auch die Beachtung der Sparkassenaufgaben und insgesamt müsse eine pflichtmäßige, interessenabwägende Ermessensausübung gewährleistet sein.[955]

bbbbb) Zweite Ansicht: Die Zustimmung der Aufsichtsbehörde sei keine Ermessensentscheidung, sondern eine gebundene Entscheidung, die nur bei einer rechtswidrigen Auflösung der Sparkasse versagt werden kann

Allerdings ist diese Beurteilung der Rechtsnatur der Aufsichtstätigkeit nicht kritiklos. So wird hieran kritisiert, es sei allgemein anerkannt, dass sich die Aufsicht über die Sparkassen aus der allgemeinen Kommunalaufsicht ableitet. Im Rahmen der Kommunalaufsicht läge aber eine klare Trennung vor zwischen der Fachaufsicht über solche Aufgaben, die die Gemeinde im Rahmen des vom Staat auf sie übertragenen Wirkungskreises erledigt, und der Rechtsaufsicht, die immer dann vorliegt, wenn sich die Kommune in ihrem eigenen Wirkungskreis betätigt.[956]

Nun sei das Engagement der Kommunen bei den Sparkassen aber unstrittig eine Angelegenheit des eigenen Wirkungskreises, so dass in diesem Zusammenhang Rechtsaufsicht vorliege.[957]

Diese Trennung dürfe auch nicht vor dem Hintergrund verwässert werden, dass es sich bei der Aufsicht über die Sparkassen um eine Art Sonderaufsicht handele, weil die Fachaufsicht eben nur dann vorläge, wenn eine Kommune im übertragenen Wirkungskreis tätig wird. In diesem Zusammenhang sei auch die in den Landesverfassungen übereinstimmend enthaltene Regelung zu beachten, wonach sich Staatsaufsicht stets auf eine Rechtsaufsicht beschränkt, sofern es sich um die Aufsicht über landesunmittelbare juristische Personen handelt.

Entsprechend müsse es sich bei der Aufsicht des Staates über die Sparkassen stets um eine reine Rechtsaufsicht handeln. Dies führe dazu, dass auch die Frage, ob bei einer geplanten Auflösung einer Sparkasse die erforderliche Genehmigung zu

953 Püttner, Sparkassenrecht, S. 284.
954 Püttner, Sparkassenrecht, S. 284.
955 Püttner, Sparkassenrecht, S. 284.
956 Pautsch, S. 992.
957 Pautsch, S. 992; Bredow/Schick/Liebscher, S. 104.

erteilen ist oder nicht, einzig dahingehend geprüft werden dürfe, ob die Auflösung der Sparkasse das geltende Recht verletzt.[958]

Zwar sei anzuerkennen, dass es sich bei der Frage der Genehmigungserteilung um ein präventives Aufsichtsmittel handele, das sich insofern von der eigentlichen Aufsichtstätigkeit dadurch unterscheidet, dass im Regelfall die der Aufsicht zukommenden Mittel zeitlich nach dem Handeln des Beaufsichtigten stattfinden und nicht, wie hier, umgekehrt.

Dennoch gelten auch für diese präventive Aufsichtstätigkeit dieselben Grundsätze wie für die allgemeine Rechtsaufsicht. Es könne also nur dann die Genehmigung versagt werden, wenn die Auflösung gegen geltendes Recht verstieße. Dies könne etwa dann der Fall sein, wenn die formellen Voraussetzungen einer geplanten Auflösung nicht vorliegen würden oder wenn die ordnungsgemäße Abwicklung des Instituts nicht gewährleistet wäre.[959]

In diesem Zusammenhang wird zudem problematisiert, ob die Aufsichtsbehörde bei ihrer Entscheidungsfindung den öffentlichen Auftrag des Kreditinstituts zu beachten hat.

Denn im Kontext mit dem geplanten Verkauf der Sparkasse Stralsund ließ die Aufsichtsbehörde erkennen, dass sie die erforderliche Zustimmung nicht erteilen werde, weil die Sparkasse nach dem Verkauf im Wege des Asset-Deals und der anschließend geplanten Auflösung ihren öffentlichen Auftrag nicht mehr erfüllen könne.

Hier stellt sich die Frage, ob eine Gefährdung der Erfüllung des öffentlichen Auftrages einen relevanten Rechtsverstoß darstellen würde.

Dann könnte nämlich auch bei diesem Verständnis der Entscheidung der Aufsichtsbehörde die Zustimmung versagt werden.

Betrachtet man vor diesem Hintergrund, dass vorgebracht wird, der Begriff des öffentlichen Auftrages sei „weitgehend unbestimmt“[960] und „konturlos“[961], so bestünde die Gefahr, dass durch die Weite des Begriffs „öffentlicher Auftrag“ eine gewisse Rechtsunsicherheit entstünde und dass auf der Grundlage eines der Aufsichtsbehörde zukommenden Auslegungsspielraums die Entscheidungsgrundlagen weniger eindeutig seien als gewünscht.

Auf diese Weise bestünde die Gefahr, dass *durch die Hintertür*[962] die Entscheidung der Aufsichtsbehörde im Rahmen der präventiven Rechtsaufsicht von Zweckmäßigkeitserwägungen getragen wäre und sich damit faktisch der Fachaufsicht annähern würde.

---

958 Pautsch, S. 993; Bredow/Schick/Liebscher, S. 104.

959 Bredow/Schick/Liebscher, S. 104; Berger, § 2 Rn. 16 ff. m. w. N.; Schalast/Sassenberg, S. 502.

960 Pautsch, S. 993.

961 Burmeister, FS Potthoff, S. 239.

962 Pautsch, S. 993.

Ein solches Verständnis würde nach dieser Ansicht allerdings insbesondere gegen die verfassungsmäßig garantierte kommunale Selbstverwaltung der Kommunen verstoßen.

Denn das Unterhalten einer Sparkasse sei eine freiwillige Selbstverwaltungsaufgabe der Gemeinde. Im Gegensatz zur Pflichtaufgabe könne die Gemeinde die Entscheidung, ob sie eine Sparkasse errichten und betreiben möchte oder nicht, einzig auf der Grundlage kommunalpolitischer Opportunität unter Berücksichtigung ihrer organisatorischen und finanziellen Leistungsfähigkeit treffen.[963]

Folglich sei die Entscheidung, ob eine Sparkasse errichtet werde oder nicht, eine Ermessensentscheidung der Gemeinde und diese könne von der Aufsichtsbehörde grundsätzlich nicht überprüft werden.[964] Eine solche Überprüfung wäre einzig auf von der Gemeinde bei der Entscheidung begangene Rechtsverstöße hin möglich.

Da es sich nun bei der Entscheidung für das Vorhalten einer Sparkasse um eine Ermessensentscheidung handele, sei auch die Entscheidung über die Auflösung der Sparkasse quasi als actus contrarius eine Ermessensentscheidung und deswegen sei die Genehmigung der Auflösung durch die Aufsichtsbehörde nur dann abzulehnen, wenn ein eindeutiger Verstoß gegen geltendes Recht vorläge.[965] Die Genehmigung könne also nicht deswegen versagt werden, weil die Auflösung den Zielen des öffentlichen Auftrages der Sparkasse widersprechen würde.

Hiergegen könne auch nicht vorgebracht werden, dass die Gemeinde sich, wenn sie sich dafür entscheidet, eine freiwillige Selbstverwaltungsaufgabe zu erledigen, an die Erledigung dieser Aufgabe binde.

Denn sonst käme es zu der bereits oben erwähnten Transformation von einer ursprünglich freiwilligen Selbstverwaltungsaufgabe hin zu einer Pflichtaufgabe durch die einmalige Entscheidung der Gemeinde, diese Aufgabe erfüllen zu wollen. Dann könnte sich die Gemeinde von dieser Aufgabe nicht mehr lösen.

Eine solche Umwandlung könne aber nur in engen Bereichen der Daseinsvorsorge angenommen werden und sei insbesondere im Bereich der wirtschaftlichen Betätigung der Gemeinde, wozu auch das Unterhalten einer Sparkasse gehöre, verfehlt.[966]

Deswegen sei auch die Neuregelung des § 29 des Sparkassengesetzes in Mecklenburg-Vorpommern, wonach die Entscheidung über die Auflösung einer Sparkasse bei der Aufsichtsbehörde sowie dem Ostdeutschen Sparkassen- und Giroverband angesiedelt ist, rechtswidrig, weil sie gegen die Garantie der kommunalen Selbstverwaltung aus Art. 28 Abs. 2 GG und Art. 72 der Landesverfassung verstieße.[967]

---

963 Pautsch, S. 993.
964 Pautsch, S. 993; von Friesen, S. 40 f.
965 Pautsch, S. 993.
966 Pautsch, S. 993 f.
967 Pautsch, S. 994.

ccccc) Eigene Stellungnahme

Die Beantwortung der Frage, ob es sich bei der Genehmigungserteilung für die Auflösung einer Sparkasse um eine Ermessensentscheidung der Aufsichtsbehörde oder ob es sich nicht vielmehr um eine gebundene Entscheidung handelt, wirft in der Tat einige Probleme auf.

Denn es ist anzuerkennen, dass die Frage der Auflösung einer Sparkasse ein besonderes Gewicht hat und dass eine Auflösung in den Sparkassengesetzen verfahrensmäßig dadurch erschwert wird, dass die Aufsichtsbehörde der Auflösung zustimmen bzw. diese vorher genehmigen muss. Hierdurch wird unterstrichen, dass der Aufsichtsbehörde hier eine stärkere Stellung zukommt als bei ihrer üblichen Aufsichtstätigkeit. Bei der Auflösung einer Sparkasse muss sie mitwirken, damit etwas geschehen kann, und sie ist nicht darauf beschränkt, rechtswidriges Handeln der Gemeinde nachträglich zu beanstanden oder andere Aufsichtsmittel nachträglich zu ergreifen.

Andererseits lässt sich für die Ansicht, dass die Entscheidung der Aufsichtsbehörde eine Ermessensentscheidung sei, keine Stütze im Gesetzeswortlaut finden.

Denn es ist zu beachten, dass der Grundsatz der Aufsicht über die Gemeinden dahin geht, übertragene Pflichtaufgaben im Wege der Fachaufsicht zu beaufsichtigen und die Aufgabenerfüllung solcher Aufgaben, die die Gemeinde freiwillig erfüllt, lediglich auf ihre Rechtmäßigkeit hin zu überprüfen.

Das Unterhalten einer Sparkasse zählt nun unstrittig zu den freiwilligen Selbstverwaltungsaufgaben einer Gemeinde. Würde man von dem Grundsatz, dass in solchen Fällen lediglich eine Rechtsaufsicht durch die Aufsichtsbehörde zu besorgen ist, abweichen wollen, so hätte es nach dieser Ansicht einer ausdrücklichen Klarstellung des Gesetzgebers im Sparkassengesetz bedurft.

Dies ist allerdings nicht geschehen.

Es wurde lediglich aufgenommen, dass die Aufsichtsbehörde der Auflösung zustimmen muss bevor diese geschieht.

Diese Sonderstellung im Bereich der allgemeinen Aufsichtstätigkeit über die Sparkassen lässt sich allerdings auch leicht rechtfertigen, ohne hieraus den Schluss ziehen zu müssen, dass deswegen die Entscheidung eine Ermessensentscheidung ist.

Würde es bei dem allgemeinen Grundsatz bleiben, dass die Aufsichtstätigkeit nachträglich erfolgen soll, so könnte die Gemeinde eine Sparkasse auflösen und die Rechtsaufsichtsbehörde könnte diese Entscheidung erst nachträglich bewerten und die erforderlichen Maßnahmen treffen.

In diesem Fall besteht das Risiko, dass durch die bereits durchgeführte Auflösung der vorher gegebene Zustand nicht mehr hergestellt werden könnte. Letztlich bestünde also die Gefahr, dass die Aufsichtstätigkeit nicht effektiv wahrgenommen werden könnte, wenn es bei dem allgemeinen Grundsatz der nachträglichen Kontrolle auch in diesem Fall bleibe.

Insofern handelt es sich bei der Entscheidung der Aufsichtsbehörde, ob sie der Auflösung einer Sparkasse zustimmt oder nicht, nach Ansicht des Verfassers nicht um eine Ermessensentscheidung, sondern um eine grundsätzlich gebundene

Entscheidung, die nur versagt werden kann, wenn die Gemeinde mit ihrer Entscheidung gegen geltendes Recht verletzt.

Aufgrund dieser Beurteilung der Frage ist es erforderlich, auch die Frage zu klären, wie weit die präventive Aufsichtskontrolle nun gehen kann und insbesondere, ob es der Aufsichtsbehörde möglich ist, die Genehmigung deswegen nicht zu erteilen, weil sie Bedenken hat, dass die Sparkasse nach Auflösung bzw. nach Auflösung und Verkauf, dem öffentlichen Auftrag nicht mehr gerecht werden kann.

Die Ansicht von *Pautsch,* wonach der öffentliche Auftrag nicht hinreichend konkret ist, um hieran Rechtsfolgen zu knüpfen, entspricht nicht der hier vertretenen Auffassung.

Zuzugeben ist, wie bereits oben im Rahmen der Behandlung der Frage der Rechtfertigung erarbeitet, dass der öffentliche Auftrag einer Konkretisierung bedarf.

Allerdings geht die Ansicht, dass sich hieran keinerlei Rechtsfolgen knüpfen lassen, zu weit. Denn der öffentliche Auftrag ist nach dieser Ansicht das entscheidende Element, das das staatliche Vorhalten eines eigenen Bankensystems rechtfertigt.

Es bestehen aber schon Bedenken hinsichtlich des Blickwinkels der Untersuchung von *Pautsch.* Denn er beschreibt richtig, dass die Aufsichtsbehörde im Rahmen des geplanten Verkaufs der Sparkasse Stralsund Zweifel geäußert hat, dass der Verkauf der Sparkasse mit dem öffentlichen Auftrag der Sparkasse zu vereinbaren sei.

Nach Ansicht des Verfassers ist es in diesem Zusammenhang wichtig, dass sich der öffentliche Auftrag an die Sparkasse richtet und nicht an die Gemeinde. Nach den bisherigen Ergebnissen ist der öffentliche Auftrag deswegen besonders wichtig bei der rechtlichen Beurteilung der Arbeit der Sparkassen, weil er den wesentlichen Rechtfertigungsgrund der Sparkassentätigkeit darstellt.

Nun wurde durch die Rechtsansicht, dass der Verkauf der Sparkasse Stralsund gegen den öffentlichen Auftrag verstieße, weil das Institut nach Verkauf diesem möglicherweise nicht mehr entspräche, der Sinn des öffentlichen Auftrages in sein Gegenteil verkehrt.

Er wurde nicht als Rechtfertigungsgrund für das staatliche Engagement gesehen, sondern als Grund dafür, eine Privatisierung des Instituts zu verhindern.

Hierbei wurde übersehen, dass sich der öffentliche Auftrag an die Sparkasse richtet und nicht an die Gemeinde selbst. Es muss in diesem Zusammenhang dabei bleiben, dass das Betreiben der Sparkasse eine freiwillige Selbstverwaltungsaufgabe der Gemeinde ist, von der sie sich grundsätzlich lösen kann wann sie will. Der öffentliche Auftrag führt hinsichtlich der Verpflichtung der Gemeinde, eine Sparkasse zu unterhalten, zu nichts anderem. Er gibt lediglich die Ziele der Sparkasse vor, an denen sie sich orientieren muss, sofern eine Sparkasse unterhalten wird.

In diesem Zusammenhang kann durchaus ein Vergleich zur „gewöhnlichen" wirtschaftlichen Betätigung der Kommunen gezogen werden. Denn auch diesbezüglich kann ein wirtschaftliches Engagement nur dann erfolgen, wenn der öffentliche

Zweck den Betrieb des Unternehmens rechtfertigt, wie es sich aus den Gemeindeordnungen ergibt.[968]

Dieser öffentliche Zweck kann auch hier nur als Instrument dafür dienen, das staatliche Engagement zu rechtfertigen. Er gibt aber keinen Hinweis darauf, ob sich die Gemeinde entscheiden kann, den Betrieb des Unternehmens zu beenden oder nicht. In diesem Zusammenhang besteht kein Unterschied zu dem spezialgesetzlich geregelten Sparkassenrecht.

Es bleibt bei dem Grundsatz, dass die Gemeinde im Rahmen der Erfüllung freiwilliger Selbstverwaltungsaufgaben in eigener Verantwortung entscheiden kann, ob sie sich wirtschaftlich betätigt und ob sie diese Betätigung fortführt oder nicht.

Eine andere Frage ist, ob ausnahmsweise einer Gemeinde aus dem Sozialstaatsprinzip oder auf der Grundlage der Abwägung von Vertrauenstatbeständen die Pflicht zukommen kann, die Sparkasse weiterhin vorzuhalten.

Das Bestehen einer solchen Verpflichtung, die losgelöst von dem öffentlichen Auftrag des Institutes zu betrachten ist, erscheint allerdings fraglich, was bereits oben ausgeführt wurde.

Zum einen bestehen rechtliche Bedenken, ob sich aus dem Sozialstaatsprinzip tatsächlich die konkrete Verpflichtung ergeben kann, eine Sparkasse in der bestehenden Form weiter zu betreiben. Denn nach der hier vertretenen Ansicht wird dem Adressaten der Verpflichtungen aus dem Sozialstaatsprinzip jedenfalls der Weg zur Erfüllung dieser Verpflichtungen offen gelassen. Folglich kann sich eine Pflicht dahingehend, eine Sparkasse in der bestehenden Form weiterhin zu betreiben, nicht aus dem Sozialstaatsprinzip ergeben.

Dies muss nun auch für die Gemeinde gelten, wobei sich in diesem Zusammenhang noch die weitere Frage stellt, inwiefern eine Gemeinde ihr Handeln am Sozialstaatsprinzip zu orientieren hat.

Jedenfalls muss es der Gemeinde gestattet bleiben, durch entsprechende Vertragsgestaltung mit dem Erwerber die Versorgung der Gemeinschaft mit Bankdienstleistungen sicherzustellen.

Zum anderen bestehen aber auch tatsächliche Bedenken an einer solchen Verpflichtung. So könnte sich eine solche Verpflichtung nur dann ergeben, wenn die Privatwirtschaft nicht schon eine solche adäquate Versorgung bietet. Betrachtet man die einzelne Kommune, wäre die Beantwortung dieser Frage das Ergebnis einer Einzelfallbetrachtung, so dass hier keine generelle Antwort gegeben werden kann. Allerdings wird die Auflösung einer Sparkasse regelmäßig mit einem beabsichtigten Verkauf der Sparkasse zusammenhängen, so dass davon auszugehen ist, dass auch der künftige Eigentümer des Instituts im Geschäftsgebiet der Sparkasse ein Angebot an Finanzdienstleistungen anbieten wird. Ansonsten würde der Kauf des Instituts wenig Sinn ergeben.

968 Beispielsweise § 85 Abs. 1 Nr. 1 GemO RLP.

Insofern lässt sich die hier vertretene Ansicht wie folgt zusammenfassen:

- Die Entscheidung der Aufsichtsbehörde über die Genehmigungserteilung für die Auflösung einer Sparkasse ist eine gebundene Entscheidung, die nur bei Rechtsverstößen für die Gemeinde negativ ausfallen kann.
- Bei der Überprüfung der Rechtmäßigkeit der Auflösung der Sparkasse spielt die zukünftige Erfüllung des öffentlichen Auftrages keine Rolle.
- Nur in eng begrenzten Ausnahmefällen kann sich aus dem Sozialstaatsprinzip die Verpflichtung ergeben, eine Sparkasse fortzuführen. Dies erscheint im Rahmen des Betriebes einer Sparkasse praktisch ausgeschlossen, weil es entweder in rechtlicher Hinsicht andere Wege gibt, eine adäquate Versorgung sicherzustellen, oder in tatsächlicher Hinsicht eine adäquate Versorgung auch auf andere Weise sichergestellt sein wird.

ccc) Kann die Aufsichtsbehörde auf die Verkaufspläne mit einer Zwangsvereinigung reagieren?

Es soll noch auf die in den Sparkassengesetzen grundsätzlich vorgesehene Möglichkeit der Zwangsvereinigung eingegangen werden. Es ist nämlich denkbar, dass sich die Aufsichtsbehörde, etwa aufgrund politischer Einflussnahme, dazu entschließt, eine Zwangsvereinigung der Sparkasse mit einer anderen Sparkasse anzuordnen, um einen Verkauf im Wege des Asset-Deals zu verhindern. So sieht beispielsweise das rheinland-pfälzische Sparkassengesetz in § 22 Abs. 6 vor, dass *zur Erhaltung oder Wiederherstellung der Leistungsfähigkeit einer Sparkasse* oder *zum Zweck der Versorgung der Bevölkerung, der Wirtschaft, des Mittelstandes oder der öffentlichen Hand* es *dringend erforderlich* ist, die Träger der Sparkassen verpflichtet werden können, innerhalb einer zu setzenden Frist eine Vereinigung mehrer Sparkassen durchzuführen. Sofern keine solche einvernehmliche Vereinigung zustande kommt, kommt der Aufsichtsbehörde das Recht zu, eine solche Vereinigung durch Rechtsverordnung zu regeln.

Gleiches sieht das Sparkassengesetz des Landes Mecklenburg-Vorpommern in § 28 Abs. 4 und 5 vor.

Die Entscheidung der Aufsichtsbehörde, die Träger entsprechend zu verpflichten, darf nur unter den genannten Voraussetzungen erfolgen.

Sofern die Leistungsfähigkeit der Sparkasse nicht im Zweifel steht, scheidet die Variante der Wiederherstellung der Leistungsfähigkeit aus. Auch auf die Variante der Wiederherstellung der Leistungsfähigkeit der Sparkasse kann nach Ansicht des Verfassers eine Zwangsvereinigung kurz vor einem anstehenden Verkauf nicht gestützt werden. Der Begriff der Leistungsfähigkeit dürfte im Sinne einer wirtschaftlichen Leistungsfähigkeit zu verstehen sein. Vor diesem Hintergrund würde eine Zwangsvereinigung auch Sinn ergeben. Aufgrund der nach der Vereinigung bestehenden größeren Einheit wäre eine vorteilhaftere Kostenstruktur zu erwarten, auch hätte die vereinigte Sparkasse auf dem Markt größeres Gewicht und wäre auch aus diesem Grund leistungsfähiger. Wenn aber bereits ein Käufer für die Sparkasse gefunden wurde, fällt die Problematik der Leistungsfähigkeit des Instituts in dessen Verwantwortungsbereich. Jedenfalls sofern ein schlüssiges Konzept für das weitere Betreiben des Instituts vorliegt, das auch die Problematik der Leistungsfähigkeit einbezieht, könnte eine Zwangsvereinigung zur Erhaltung der Leistungsfähigkeit nicht erfolgen.

Allerdings könnte eine Zwangsvereinigung dann *zum Zweck der Versorgung der Bevölkerung, der Wirtschaft, des Mittelstandes oder der öffentlichen Hand* angeordnet werden, wenn die Sorge besteht, dass der private Erwerber das Institut nach dem Erwerb nicht mehr weiter betreiben möchte und insofern die Versorgung in der Fläche konkret gefährdet wäre.

Sofern diese Sorge konkret bestünde, wäre eine Zwangsvereinigung aus diesem Grund grundsätzlich möglich. Das öffentliche Interesse der adäquaten Versorgung der Bevölkerung mit Finanzdienstleistungen in der Region würde dann nach der oben bereits dargestellten Ansicht den Eingriff in die kommunale Selbstverwaltungsgarantie der Träger rechtfertigen.

Allerdings dürfte diese Sorge konkret kaum jemals vorliegen. Es ist davon auszugehen, dass ein privater Erwerber nur dann eine Sparkasse kaufen möchte, wenn er diese auch weiter betreiben möchte. Jedenfalls sofern ein schlüssiges Konzept für den Weiterbetrieb vorliegen würde, ggf. sogar vertraglich abgesichert, dürfte die Versorgung der regionalen Bevölkerung nicht ernsthaft bezweifelt werden.

Sofern ein schlüssiges Konzept des Erwerbers vorliegt, dürfte jedenfalls die Schwelle der dringenden Erforderlichkeit nicht überschritten werden, so dass eine Zwangsvereinigung aufgrund einer Anordnung der Aufsichtsbehörde nicht möglich wäre.

Bei dieser Entscheidung wäre zudem die kommunale Selbstverwaltungsgarantie aus Art. 28 Abs. 2 GG zu beachten.[969] Hieraus ergibt sich, dass eine solche Zwangsvereinigung jedenfalls dann rechtswidrig wäre, wenn sie willkürlich angeordnet werden würde. Denn es ist grundsätzlich die Aufgabe der Kommune, darüber zu entscheiden wie und ob die Sparkasse betrieben wird.[970] Ebenso ist die Gemeinde auch in diesem Fall dazu verpflichtet, die Grundsätze der Haushaltsführung zu beachten und insbesondere die Sparkasse oder deren Vermögen zum bestmöglichen Preis zu verkaufen.[971]

Es bedarf also grundsätzlich eines im Einzelfall hoch zu bewertenden öffentlichen Interesses, das eine Zwangsvereinigung tragen könnte, wobei insbesondere der Verhältnismäßigkeitsgrundsatz zu beachten ist.[972] In diesem Zusammenhang ist die Entscheidung der Träger der Sparkasse, das Institut aufzulösen oder zu verkaufen, von erheblicher Bedeutung. Diese ist zu berücksichtigen, wenn über eine Zwangsvereinigung entschieden wird. Hierbei ist auch zu beachten, ob sich bei

969 Bredow/Schick/Liebscher, S. 105.
970 Bredow/Schick/Liebscher, S. 105.
971 Schalast/Sassenberg, S. 502.
972 Bredow/Schick/Liebscher, S. 105.

einem Asset-Deal der potentielle Erwerber der Sparkasse dazu verpflichtet, dafür Sorge zu tragen, dass die örtliche Bevölkerung auch weiterhin adäquat mit Bankdienstleistungen versorgt wird.

Zudem wurde bereits erwähnt, dass die derzeitige Versorgungsdichte auf dem Bankenmarkt einen Fall, in dem der Weiterbetrieb einer Sparkasse dringend geboten ist, nahezu ausschließt, insbesondere, wenn die Fortführung der Sparkasse durch einen privaten Erwerber im Raume steht.[973]

Insofern ist das Ergebnis festzuhalten, dass, wenn sich die Träger dazu entschließen, eine Sparkasse im Wege der Durchführung eines Asset-Deals zu veräußern, die Aufsichtsbehörde dem regelmäßig nicht dadurch begegnen kann, dass sie in diesem Zusammenhang die Zwangsvereinigung der Sparkasse mit einem anderen Kreditinstitut verlangt.

Dennoch bürgt der Verkauf einer Sparkasse aufgrund der offenkundigen Rechtsunsicherheiten die Gefahr, dass die Aufsichtsbehörde der Auflösung der Sparkasse nicht zustimmt und dass deswegen lang andauernde gerichtliche Streitigkeiten drohen, was den Interessen von Verkäufer und Käufer zuwider läuft.[974]

ddd) Anforderungen aus dem Kreditwesengesetz

Wie bereits oben ausgeführt, kann nach der derzeitigen Rechtslage der Erwerber der Sparkasse das Kreditinstitut nicht unter dieser Bezeichnung fortführen, was sich aus § 40 KWG ergibt.[975]

Zudem geht die Bankerlaubnis der Sparkasse im Wege des Asset-Deals nicht auf den Erwerber des Kreditinstituts über, so dass der Erwerber, sofern er nicht schon eine Bankerlaubnis nach § 32 KWG besitzt, eine solche beantragen muss.[976]

eee) Übergang des Kundenstammes

Weiterhin stellt sich das Problem, dass bei einem Asset-Deal die Vermögensgegenstände der Sparkasse einzeln übertragen werden. Denn aufgrund dieses Vorgehens, gehen die Kundenbeziehungen der Sparkasse, die wirtschaftlich für den Erwerber der Sparkasse am wertvollsten sein dürften, nicht automatisch auf den Erwerber über.

Die Kunden der Sparkasse müssen vielmehr dem Übergang ihrer Geschäftsverbindungen auf den Erwerber der Sparkasse zustimmen.

Hierin liegt ein bedeutendes Risiko des Asset-Deals. Denn es erscheint möglich, dass die Kunden der Sparkasse gerade deswegen eine Geschäftsbeziehung zur Sparkasse unterhalten, weil sie die kommunale Trägerschaft der Sparkasse schätzen und mit dem Begriff „Sparkasse“ ein hohes Maß an Sicherheit verbinden.

---

973 Bredow/Schick/Liebscher, S. 105.
974 Schalast/Sassenberg, S. 502.
975 Koch, S. 579.
976 Bredow/Schick/Liebscher, S. 105.

Geht das Institut nun auf einen privaten Erwerber über, so sehen sich die Kunden der Situation ausgesetzt, dass das neue Institut keine kommunale Trägerschaft mehr aufweist und keine Sparkasse mehr ist.

Insofern besteht eine gewisse Wahrscheinlichkeit, dass einige Kunden der Sparkasse der Weiterführung der Geschäftsverbindung mit dem Erwerber der Sparkasse nicht zustimmen werden.

Dieses Risiko, das mit dem Asset-Deal zusammenhängt, verdient eine besondere Berücksichtigung und es ist zu erwarten, dass sie sich auf den Preis einer zu verkaufenden Sparkasse niederschlagen wird.

cc) Eigene Bewertung des Asset-Deals

Nach der Darstellung des Asset-Deals vermag dieser ein tragfähiges Konzept zu sein, um den Verkauf einer Sparkasse durchzuführen. Es bleibt allerdings bei Schwächen dieser Art des Verkaufs, die sich aus dessen Konzeption ergeben; hierbei sind insbesondere zu erwartende Probleme mit der Aufsichtsbehörde bei der Auflösung der „leeren Sparkassenhülle" zu nennen.

Weiterhin kann die Sparkasse nach ihrem Verkauf im Wege des Asset-Deals die Bezeichnung Sparkasse nicht mehr nutzen. Dies dürfte für potentielle Erwerber ein Nachteil sein, weil der Begriff „Sparkasse" bei der Bevölkerung sehr positiv gesehen wird, was sich in den hohen Marktanteilen der Sparkassen ausdrückt.

Diesen Vorteil könnte der neue Erwerber nicht für sich in Anspruch nehmen. Er könnte nur hoffen, dass möglichst viele Kunden ihre Bankverbindung zu dem neuen Institut aufrechterhalten.

In diesem Zusammenhang bestehen weitere Probleme. So kann der Erwerber nicht einmal darauf bauen, dass die Kunden ihre Bankverbindung aus purer Bequemlichkeit bei dem Nachfolgeunternehmen der Sparkasse behalten, denn die Kundenverbindungen gehen nicht automatisch über, sondern jeder einzelne Kunde muss dem Übergang zustimmen.

Aus der Perspektive des Sozialstaatsprinzips und des öffentlichen Auftrages der Sparkassen ist der Verkauf der Sparkasse im Wege eines Asset-Deals kritisch zu bewerten, da das neue Institut sich nicht notwendigerweise den vom öffentlichen Auftrag umfassten Aufgaben widmet, sondern, aufgrund der privaten Trägerschaft, der Gewinnerzielung widmen wird. Hier bestehen allerdings Möglichkeiten der verkaufenden Gemeinde, etwa durch eine entsprechende Vertragsgestaltung, dieser Art der Privatisierung die Schärfe zu nehmen. Vor diesem Hintergrund erscheint es bedauerlich, dass einzelne Bundesländer durch das Kommunalbankverbot eine Teilprivatisierung, die den Einfluss der öffentlichen Hand sichern könnte, unmöglich machen und den Gemeinden damit Gestaltungsspielraum nehmen.

c) Der Share-Deal

Neben dem im Bereich der Unternehmenskäufe üblichen Modell des Asset-Deals erscheint es sinnvoll, daneben das auch aus diesem Bereich bekannte Modell des

Share-Deals auf seine Tauglichkeit hinsichtlich einer Sparkassenprivatisierung zu überprüfen.

Auf der Ebene der Landesbanken erscheint auch hier die Umwandlung in eine Aktiengesellschaft und die darauf folgende Übertragung einzelner Anteile sinnvoller. Sofern die einschlägigen Rechtsgrundlagen eine solche Umwandlung nicht vorsehen, dürfte dies, bei Vorliegen eines entsprechenden politischen Willens, relativ leicht umzusetzen sein. Dennoch sei darauf hingewiesen, dass auch die Rechtsgrundlagen über die Landesbanken teilweise einer Übertragung des Stammkapitals auf Private entgegenstehen. So sieht etwa § 5 Abs. 2 des Gesetzes über die Landesbank Baden-Württemberg vor:

> *(2) Jeder Träger kann seinen Anteil am Stammkapital ganz oder teilweise durch Vertrag auf einen anderen Träger übertragen.*

Hierdurch erfolgt eine Beschränkung der Übertragung der Anteile am Stammkapital auf ausschließlich bestehende Träger.

aa) Beschreibung des Modells

Anders als beim Asset-Deal werden nicht die einzelnen Vermögensgegenstände übertragen, sondern es werden die Anteile des Unternehmens übertragen, ggf. können im Rahmen eines Share-Deals auch alle Anteile des Stammkapitals einer Kapitalgesellschaft übertragen werden.

bb) Rechtliche Fragestellungen

Im Bereich der Sparkassen ist eine Privatisierung durch einen Verkauf der Sparkasse an Private im Rahmen eines Share-Deals derzeit rechtlich nicht möglich. Denn um überhaupt Anteile am Stammkapital übertragen zu können, bedarf es zunächst der Bildung von Stammkapital. Dies ist derzeit nur in den Sparkassengesetzen der Länder Bremen, Hessen, Nordrhein-Westfalen, Rheinland-Pfalz und nun auch in Schleswig-Holstein möglich. Allerdings ist dies nach dem Wortlaut dieser Gesetze[977]

---

977 Beispielsweise heißt es in § 1 Abs. 4 des Hessischen Sparkassengesetzes, dort wird von der Bildung von Trägeranteilen anstelle von Stammkapital gesprochen: „*Sofern die Satzung dies vorsieht, kann der Verwaltungsrat mit Zustimmung des Trägers oder der Träger beschließen, dass ausschließlich zum Zwecke der vollständigen oder teilweisen Übertragung von Sparkassen auf öffentlich-rechtliche Stiftungen, Sparkassen mit Sitz in Hessen, kommunale Träger nach Abs. 1, die Landesbank Hessen-Thüringen – Girozentrale – oder eine Sparkassen-Holding öffentlich-rechtliche Trägeranteile gebildet werden.*“ Ähnlich auch die Formulierung in § 3 Abs. 4 des Sparkassengesetzes Rheinland-Pfalz: „*Eine Übertragung von Anteilen am Stammkapital ist unter Berücksichtigung der geschäftspolitischen Interessenlage der beteiligten Sparkassen nur an Sparkassen und an Errichtungsträger im Sinne des § 1 Abs. 1 mit Sitz in Rheinland-Pfalz zulässig.*“

nur vorgesehen, um Übernahmen innerhalb der Sparkassenorganisation zu erleichtern. Ein privater Erwerb der Anteile ist nicht vorgesehen.[978]

Folglich bedürfte es zunächst der Umwandlung einer Sparkasse in eine Kapitalgesellschaft, um einen Share-Deal durchführen zu können. Hier treten die oben behandelten Probleme auf.

cc) Sachdienlichkeit des Modells, eigene Bewertung

Ein Share-Deal wäre sicherlich die einfachere Lösung, den Übergang einer Sparkasse in private Hände zu ermöglichen. Im Vergleich zum Asset-Deal besteht der wesentliche Vorteil, dass die einzelnen Rechtsbeziehungen, also insbesondere die Kundenbindungen, automatisch übergehen, weswegen Kapitalgesellschaften typischerweise im Wege des Share-Deals übergehen.

Allerdings müssten die Landesgesetzgeber die Umwandlung der Sparkassen in Kapitalgesellschaften zulassen, damit der Share-Deal überhaupt durchgeführt werden kann, was derzeit weitgehend nicht erfolgt ist. Solange stellt der Share-Deal für eine echte Privatisierung derzeit keinen gangbareren Weg dar.

d) Das Holding-Beleihungsmodell

aa) Beschreibung des Modells

Das Holding-Beleihungsmodell spielte bisher weniger bei der Privatisierung von Sparkassen sondern eher bei der Privatisierung von Landesbanken eine Rolle. Dennoch wird die Anwendung dieses Modells auch auf Sparkassen angeregt.[979]

Für eine solche Privatisierung gibt es Beispiele auf der Landesbankebene, so wurde dieses Modell etwa bei der Umstrukturierung der Westdeutschen Landesbank und der BayernLB angewendet.[980]

Das Modell sieht vor, dass die bisherigen Träger des öffentlich-rechtlichen Kreditinstitutes eine juristische Person des Privatrechts gründen, häufig eine Aktiengesellschaft.

In diese neue Gesellschaft werden die Einlagen der Träger am Stammkapital der Sparkasse oder Landesbank eingebracht. Diese neue Gesellschaft wird sodann mit der Trägerschaft über das öffentlich-rechtliche Kreditinstitut beliehen.[981] Im Falle der Sparkassen wäre auch denkbar, dass die Gesellschaft mit der Trägerschaft mehrer Sparkassen beliehen wird.[982]

978 Schalast/Sassenberg, S. 501.
979 Kost/Geerling, S. 695 f.; Helmrich/Schick, S. 884.
980 Bredow/Schick/Liebscher, S. 103; Helmrich/Schick, S. 883.
981 Helmrich/Schick, S. 884.
982 Kost/Geerling, S. 695.

An der Holding AG können sich nun auch private Partner beteiligen und auf diese Weise kann auch eine Teilprivatisierung eines öffentlich-rechtlichen Kreditinstituts erfolgen.

bb) Rechtliche Fragestellungen

Auch das Holding-Beleihungsmodell ist rechtlich nicht problemlos zu realisieren.

Zunächst stellt sich das Problem, dass es rechtlich möglich sein muss, die Anteile der Träger an der Sparkasse oder an der Landesbank in Stammkapital umzuwandeln, was entweder durch Einlagen oder durch die Umwandlung von Rücklagen geschehen kann. Dieser Schritt ist erforderlich, um das Stammkapital in einem zweiten Schritt in die neue Sparkassen Holding AG einzubringen.

Dieses Vorgehen ist deswegen rechtlich problematisch, weil derzeit, wie bei der Beschreibung des Share-Deals gezeigt, nur wenige Sparkassengesetze einen solchen Schritt vorsehen.

Zudem müsste die Beleihung der Holding AG gesetzlich ausdrücklich geregelt sein, was derzeit überwiegend nicht der Fall ist.[983]

Wenn eine solche Regelung fehlt, ist es nicht möglich das Holding-Beleihungsmodell durchzuführen.

Zudem muss der Beleihungsvertrag explizit aufführen, dass die Holding AG sicherstellt, dass die Sparkasse oder Landesbank, deren Träger die Holding AG wäre, weiterhin ihr Handeln an der bestmöglichen Erfüllung des öffentlichen Auftrages orientiert.

Ein besonders positiver Aspekt bei dieser Form der Privatisierung ist, dass die Sparkasse weiterhin eine öffentlich-rechtliche Sparkasse im Sinne des § 40 Abs. 1 Nr. 1 KWG bleibt und sie deswegen auch weiterhin die Bezeichnung Sparkasse führen kann.[984]

cc) Sachdienlichkeit des Modells

Gegen die Favorisierung dieses Modells spricht derzeit vor allem, dass längst nicht alle Sparkassengesetze die Bildung von Stammkapital vorsehen und insbesondere die Möglichkeit der Beleihung der Holdinggesellschaft im Bereich der Sparkassen derzeit nicht möglich ist. Daneben bestehen aber auch tatsächliche Bedenken daran, dass das Holding-Beleihungsmodell für die Privatisierung von Sparkassen ein besonders attraktiver Weg ist.

Denn insbesondere für den privaten Investor erscheint das Modell nicht besonders attraktiv.

Dies ergibt sich aus den folgenden Gründen:

Es ist zunächst festzustellen, dass der Einfluss des privaten Investors auf das Kreditinstitut aufgrund der Beteiligung an der Trägeraktiengesellschaft nur mittelbar

983 Bredow/Schick/Liebscher, S. 103; Kost/Geerling, S. 696; Helmrich/Schick, S. 885.
984 Helmrich/Schick, S. 888.

geschehen kann. Dies wird regelmäßig dazu führen, dass eine solche Beteiligung für den privaten Investor jedenfalls an einer Sparkasse vergleichsweise uninteressant sein wird, insbesondere wenn man bedenkt, dass die Sparkasse weiterhin der staatlichen Rechtsaufsicht unterliegt.[985] Auf der Ebene der Landesbanken erscheint eine Beteiligung eines privaten Investors interessanter, weil hier die relativ geringen Einflussmöglichkeiten des Investors durch das hohe wirtschaftliche Gewicht der Landesbank und die damit verbundenen Einflussmöglichkeiten auf die Sparkassen ausgeglichen werden können.[986]

Bei einem solchen Investment auf Sparkassenebene dürfte das wirtschaftliche Gewicht der Sparkasse den relativ geringen Einfluss auf das Kreditinstitut hingegen nicht ausgleichen.

Zudem können aufgrund dieses geringen Einflusses etwaige strategische Interessen des Investors nicht verwirklicht werden.

So kann der private Investor nicht allein beschließen, dass mehrere kleine Sparkassen sich zu einer größeren Sparkasse vereinigen, genauso wenig, wie er eine Verschmelzung mit einem privatrechtlich organisierten Kreditinstitut erreichen kann.[987]

dd) Abschließende eigene Bewertung des Modells

Der wesentliche Nachteil dieses Modells für den Investor liegt darin, dass seine Einflussmöglichkeiten auf das Institut begrenzt sind und dass er deswegen seine Interessen regelmäßig nicht in dem Umfang durchsetzen kann, wie es bei einer Vollprivatisierung, etwa beim Kauf einer Sparkasse im Wege des Asset-Deals, möglich wäre.

Allerdings hat eine Privatisierung auf diesem Wege auch einige Vorteile.

So ist es dem privaten Investor insbesondere möglich, tatsächlich etwas Einfluss auf eine Sparkasse zu gewinnen, die diesen Namen auch noch tragen darf. Auch bleiben die Kundenbeziehungen bestehen, da die Sparkasse als solche weiter besteht.

Im Wesentlichen scheint das Holding-Beleihungsmodell aber jedenfalls auf der Ebene der Sparkassen für private Erwerber uninteressant zu sein. Denn das besondere Interesse an der Übernahme einer Sparkasse liegt darin, die Kundenbeziehungen der Sparkasse übernehmen zu können und dadurch die Ertragslage des Instituts zu verbessern. Hierzu bietet sich für ein privates Kreditinstitut beim Kauf einer Sparkasse die Möglichkeit, dass auch die eigenen Produkte einem neuen Kundenkreis, der das Unternehmen Sparkasse regelmäßig als vertrauenswürdige Marke schätzt, angeboten werden können.

Die Rolle des privaten Investors beim Holding-Beleihungsmodell ist allerdings eine ganz andere. Hier bleibt der Investor eher passiv, er allein kann die

---

985 Helmrich/Schick, S. 886.

986 Bredow/Schick/Liebscher, S. 103.

987 Bredow/Schick/Liebscher, S. 103.

Geschäftspolitik des Institutes nicht verändern, sondern muss auf die übrigen Träger Rücksicht nehmen und muss zudem die gesetzlich verankerten Aufgaben beachten.

Entsprechend wird es dem Investor, wenn es sich hierbei um ein privates Kreditinstitut handelt, nicht möglich sein, auf die Produktpalette der Sparkasse Einfluss zu nehmen und über die starke Präsenz der Sparkasse eigene Produkte vertreiben zu können.

Das Interesse eines Investors am Einstieg in eine Sparkassen-Holding AG dürfte sich also wie jedes Interesse bei einem Investment vorwiegend darauf beschränken, an der Gewinnerzielung beteiligt zu werden. Insofern müssten sich die Renditeaussichten eines solchen Investments mit denen anderer Investmentarten messen. Ob hier die Gewinnerwartungen der Sparkassen besonders günstig erscheinen ist zweifelhaft. Denn aufgrund der mangelnden Renditeorientierung der Sparkassen dürfte es verschiedene andere Investmentarten gibt, die einen höheren Ertrag versprechen.

Sinnvoller erscheint die Anwendung dieses Modells tatsächlich bei einer geplanten Privatisierung von Landesbanken, da sich hier, wie dargestellt, die vergleichsweise geringen Einflussmöglichkeiten auf die Landesbank dadurch ausgleichen, dass der Landesbank an sich ein hohes wirtschaftliches Gewicht zukommt und sich der private Investor auch Möglichkeiten schafft, mit den Sparkassen in Kontakt zu kommen, da die Landesbank regelmäßig der Verbundpartner der Sparkassen ist und verschiedene Geschäfte zentral für die Sparkassen im Bundesland erledigt.

Jedenfalls auf Sparkassenebene kann dieses Modell allerdings erst dann ernsthaft erwogen werden, wenn der Gesetzgeber die rechtlichen Voraussetzungen geschaffen hat.

e) Stille Beteiligungen, Genussrechtskapital

Ähnlich wie beim Holding-Beleihungsmodell verhält es sich mit den Modellen der stillen Beteiligung und der Beteiligung an der Sparkasse mittels Genussrechtskapital. Beide Modelle ermöglichen es zwar, als Privater beteiligt zu sein und je nach Vertragsgestaltung auch an dem Geschäftsergebnis der Sparkasse teilzuhaben. In einigen Sparkassengesetzen ist es gestattet, sich über stille Beteiligungen oder über Genussrechtskapital an einer Sparkasse zu beteiligen, etwa in Baden-Württemberg, Rheinland-Pfalz, Brandenburg, Hessen, Nordrhein-Westfalen, Mecklenburg-Vorpommern, Sachsen, Sachsen-Anhalt und Thüringen. Mit einer stillen Beteiligung an einer Sparkasse wird allerdings regelmäßig keine Einflussnahmemöglichkeit auf die Entscheidungsfindung der Sparkasse erreicht, so dass die stille Beteiligung weder zu einer hier relevanten Übernahme des Instituts führt, noch zu einer Privatisierung.[988]

Gleich verhält es sich mit dem Genussrechtskapital. Hierbei handelt es sich allerdings um eine Kapitalüberlassung rein schuldrechtlicher Art.

Von diesem Grundsatz gibt es teilweise die Ausnahme, dass Beteiligte im Verwaltungsrat mitwirken können. Aufgrund der geringen Bedeutung dieser Mitwirkung

988 Siehe hierzu Schalast/Sassenberg, S. 499.

kann allerdings nicht von einer echten wirtschaftlichen Einflussnahme gesprochen werden.[989]

f) Privatisierung von Nebenaufgaben

Der Vollständigkeit halber soll noch das Modell der Privatisierung von Nebenaufgaben erwähnt werden. Hier geht es um einzelne Aufgaben, für die die Sparkasse die Verantwortung trägt, sich allerdings eines Privaten bezüglich der Erfüllung dieser Aufgabe bedient.[990] Entsprechend ist die Zielsetzung dieses Modells eine andere, als das der oben beschriebenen Modelle. Denn die Sparkasse besteht weiter und bleibt rechtlich in der Verantwortung. Der volle Übergang des Instituts in private Hände ist hierdurch nicht zu erreichen, die öffentlich-rechtliche Sparkasse bleibt verantwortlich. Ohne Gesetzesänderung kann ein solches Vorgehen sich lediglich auf Nebenaufgaben der Sparkasse beziehen, wie die Ausführung des Kantinenbetriebs oder von Geldtransporten.[991] Denn die Durchführung des öffentlichen Auftrages obliegt aufgrund der Sparkassengesetze den Sparkassen selbst.

6. Zusammenfassung

Nach der Betrachtung verschiedener Möglichkeiten, eine Sparkasse oder eine Landesbank zu privatisieren, lassen sich folgende Ergebnisse zusammenfassen:

Zunächst ist festzustellen, dass es keine Pflicht gibt, wonach der Staat das öffentlich-rechtliche Bankensystem in seiner derzeitigen Form aufrecht erhalten muss. Vielmehr kann der Stadt selbst entscheiden, wie er einen Zugang zu Finanzdienstleistungen sichern möchte, sofern hier Missstände vorliegen.

Nach der derzeitigen Rechtslage scheint für eine Vollprivatisierung einer Sparkasse grundsätzlich der Weg des Asset-Deals der einzig mögliche zu sein.

Nach der hier vertretenen Ansicht enthalten die Sparkassengesetze grundsätzlich kein Verbot der Privatisierung einer Sparkasse. Allerdings scheint eine solche Privatisierung politisch unerwünscht zu sein, was sich in den veränderten Regelungen des Sparkassengesetzes Mecklenburg-Vorpommerns niederschlägt. Dort wurde die Möglichkeit, eine Sparkasse zu verkaufen und sie danach aufzulösen, erheblich erschwert. Diese Regelung soll die Sparkasse bestehen lassen und gibt der Vereinigung mit einer anderen Sparkasse den Vorzug. Sie verstößt nicht gegen die kommunale Selbstverwaltungsgarantie. In den übrigen Sparkassengesetzen ist für die Auflösung der Sparkasse die Zustimmung der Aufsichtsbehörde erforderlich. Diese in den Sparkassengesetzen vorgesehene Zustimmung der Aufsichtsbehörde ist eine gebundene Entscheidung, die zukünftige Erfüllung des öffentlichen Auftrags ist hierbei nicht zu berücksichtigen.

---

989 Schalast/Sassenberg, S. 499.
990 Püttner, Sparkassenrecht, S. 56.
991 Püttner, Sparkassenrecht, S. 56.

Ein wirtschaftliches Problem für den potentiellen Erwerber einer Sparkasse ergibt sich daraus, dass § 40 KWG der Weiterführung der Bezeichnung Sparkasse entgegensteht.

Allerdings vertritt insbesondere die EU-Kommission die Ansicht, dass diese Vorschrift gegen Unionsrecht verstößt. Dem wird im nächsten Kapitel nachzugehen sein.

XIV. Vereinbarkeit des § 40 KWG mit Unionsrecht

Aus dem oben Gesagten zeigt sich, dass § 40 KWG, der anordnet, unter welchen Bedingungen ein Kreditinstitut die Bezeichnung Sparkasse führen darf, Privatisierungserwägungen im Sparkassenrecht insofern behindert, als dass der private Erwerber des Institutes die Bezeichnung „Sparkasse" nicht weiterführen darf, was die Attraktivität eines solchen Unternehmenskaufs schmälert.

In diesem Zusammenhang stellt sich die Frage, ob die Vorschrift des § 40 KWG in der derzeitigen Form mit Unionsrecht vereinbar ist.

Diese Frage war Gegenstand eines Vertragsverletzungsverfahrens der Europäischen Kommission gegen die Bundesrepublik Deutschland im Zusammenhang mit dem Verkauf der Landesbank Berlin.[992]

Die Kommission verlangte zunächst im Rahmen eines Beihilfeverfahrens im Zusammenhang mit der Rettung und Unterstützung der Landesbank Berlin, dass der Anteil des Landes Berlin von 81 % an der Bankgesellschaft veräußert werden sollte. Dies müsse in einem offenen und diskriminierungsfreien Verfahren geschehen.[993]

In diesem Zusammenhang war die Kommission der Ansicht, dass ein diskriminierungsfreier Verkauf nur dann möglich sei, wenn auch ein privater Erwerber die Sparkasse weiterhin betreiben und hierbei auch die Bezeichnung Sparkasse nutzen könnte.[994]

Deswegen wurde ein Vertragsverletzungsverfahren eröffnet. Man einigte sich dahingehend, dass die BaFin in diesem Fall auch privaten Investoren, sofern sie sich an die Vorgaben des Berliner Sparkassengesetzes halten, die Möglichkeit lässt, die Bezeichnung Sparkasse zu führen. Im Übrigen wurde zugesichert, dass die Vorschrift des § 40 KWG europarechtskonform angewendet würde. In diesem Zusammenhang bestehen allerdings Zweifel, ob eine solche europarechtskonforme Auslegung der Vorschrift lediglich im Zusammenhang mit Beihilfeverfahren angewendet würde, so dass die Vorschrift grundsätzlich wie bisher angewendet werden würde.

Die Kommission ist grundsätzlich der Ansicht, dass die Vorschrift des § 40 KWG, soweit sie die Fortführung der Bezeichnung Sparkasse nach einer freiwilligen Privatisierung ausschließt, sowohl gegen die Niederlassungs- als auch gegen die Kapitalverkehrsfreiheit verstoße.[995]

Dem soll im Folgenden nachgegangen werden.

---

992 Siehe hierzu insbesondere: Mit Gründen versehene Stellungnahme der EU-Kommission.

993 Mit Gründen versehene Stellungnahme der EU-Kommission, S. 3.

994 CEP, S. 1.

995 CEP, S. 1; Vogel, S. 133; Mit Gründen versehene Stellungnahme der EU-Kommission, insbesondere S. 10; Beck/Samm-*Samm*, § 40, Rn. 53.

1. Eingriff in die Grundfreiheiten des AEUV

Denkbar erscheint, dass § 40 KWG gegen die Niederlassungsfreiheit nach Art. 49 und 54 AEUV verstößt. Außerdem ist ein Verstoß der Regelung gegen die Kapitalverkehrsfreiheit aus Art. 63 AEUV denkbar.[996]

a) Bereichsausnahme des Art. 345 AEUV

Bevor in eine Prüfung eingestiegen wird, ob der Schutzbereich der genannten Grundfreiheiten eröffnet ist, stellt sich die Frage, ob zu Gunsten der Rechtmäßigkeit der Vorschrift des § 40 KWG nicht angenommen werden kann, dass sie zur Eigentumsordnung der Bundesrepublik Deutschland gehört und dass deswegen nach Art. 345 AEUV die Grundfreiheiten bei der Prüfung der Vereinbarkeit von § 40 KWG mit Unionsrecht gar nicht anwendbar sind. Nach dem Wortlaut der Vorschrift, wonach die Verträge die Eigentumsordnung der Mitgliedsstaaten unberührt lassen, ist deren Anwendbarkeit entgegen der Ansicht des EuGH[997] nicht im Rahmen der Rechtfertigung eines Verstoßes zu prüfen, sondern muss als Bereichsausnahme angesehen werden.[998]

Die Vorgängerregelung zu Art. 345 AEUV war Art. 295 EGV. Beide Vorschriften sind nahezu wortgleich, so hieß es in Art. 295 EGV:

> *„Dieser Vertrag lässt die Eigentumsordnung in den verschiedenen Mitgliedsstaaten unberührt."*

In Art. 345 AEUV heißt es:

> *„Die Verträge lassen die Eigentumsordnung in den verschiedenen Mitgliedsstaaten unberührt."*

Es liegt also keine inhaltliche, sondern lediglich eine redaktionelle Änderung vor.[999]

aa) Hintergrund der Regelung; Reichweite

Die Reichweite und der genaue Anwendungsbereich der Regelung sind derzeit vergleichsweise unbestimmt, was sich aus einem besonderen Spannungsverhältnis ergibt. Dieses entsteht dadurch, dass sich hier zwei unterschiedliche Prinzipien, zum einen das Prinzip der wirtschaftlichen Integration der Märkte der Mitgliedsstaaten, zum anderen das Belassen der Gestaltungsfreiheit der Mitgliedsstaaten,

---

996 Beck/Samm-*Samm*, § 40, Rn. 53; Boos/Fischer-*Fischer*, § 40, Rn. 11c (beide zu den Vorschriften des EGV).

997 Beispielsweise EuGH Rs. C-463/00 Rn. 65, 67, Slg. 2003, I-4581 – Goldene Aktien.

998 So zu Art. 295 EGV: Brenncke, S. 5; Nagel, S. 33; Callies/Ruffert-*Kingreen*, Art. 295 EG, Rn. 11; Grabitz/Hilf-Schweitzer, Art. 295, Rn. 4.

999 Fischer, Der Vertrag von Lissabon, S. 476.

gegenüberstehen. Zudem hat sich der EuGH bisher nicht in der erforderlichen Tiefe mit der Auslegung der Vorschrift auseinandergesetzt.[1000]

aaa) Rechtsprechung des EuGH

Wenn man die jüngeren Entscheidungen des EuGH zu Art. 295 EGV betrachtet, scheint eine Tendenz dahingehend erkennbar, Art. 295 EGV nicht so auszulegen, dass die Eigentumsordnungen der Mitgliedsstaaten jenseits der Grundprinzipien des Vertrages zu betrachten seien.[1001] Recht früh entschied der EuGH, dass ungeachtet von Art. 295 EGV eine Zuordnungsentscheidung diskriminierungsfrei zu erfolgen habe.

Hieraus könnte man schließen, dass Art. 345 AEUV als Nachfolgeregelung den Mitgliedsstaaten lediglich die Kompetenz zuweist, darüber zu entscheiden, ob sich das Eigentum in privater oder in öffentlicher Trägerschaft befinden soll. Diese Zuordnung müsste dann aber materiell den Vorgaben der Verträge entsprechen und wäre folglich auch anhand dieser Vorgaben zu überprüfen.[1002]

bbb) Vertretene Ansichten in der Literatur

In der Literatur wurde Art. 295 EGV als Kompetenzausübungsnorm,[1003] als Kompetenzausübungsvorbehalt[1004] oder als negative Kompetenzbestimmung[1005] bezeichnet.

All diese Begriffe sind so zu verstehen, dass Art. 295 EGV es der Gemeinschaft grundsätzlich verbot, aufgrund der ihr zugewiesenen Kompetenzen in die Eigentumsordnungen der Mitgliedsstaaten einzugreifen.[1006]

Hingegen war man sich weitgehend einig darüber, dass Art. 295 EGV nicht europaweit das Recht auf Eigentum statuierte, sondern vielmehr die Eigentumsordnungen der Mitgliedsstaaten insgesamt schützt.[1007]

Ein weiteres in der Literatur behandeltes Problem ist die Frage, was unter dem Begriff Eigentumsordnung überhaupt zu verstehen ist. Teilweise wird vertreten, dass der Begriff alle Rechtssätze der Mitgliedsstaaten umfasse, die das Privateigentum

---

1000 Zur Schwierigkeit der Auslegung: Callies/Ruffert-*Kingreen*, Art. 295 EG, Rn. 6; von der Groeben/Schwarze-*Bär-Bouyssière*, Art. 295, Rn. 1, 14 (beide zu Art. 295 EGV).

1001 EuGH Rs. C-463/00, Slg. 2003, I-4581, Rn. 67 – Goldene Aktien; Brenncke S. 6, Fn. 46, m. w. N. (zu Art. 295 EGV); Geiger/Khan/Kotzur, Art. 345 AEUV, Rn. 2.

1002 EuGH Rs. C-182/83, Slg. 1984, 3677, Rn. 7; Geiger/Khan/Kotzur, Art. 345 AEUV, Rn. 2.

1003 von der Groeben/Schwarze-*Bär-Bouyssière*, Art. 295, Rn. 3.

1004 Grabitz/Hilf-*Schweizer*, Art. 295 EGV, Rn. 2; „Kompetenzausübungsschranke“: Brenncke, S. 5.

1005 Callies/Ruffert-*Kingreen*, Art. 295 EGV, Rn. 5.

1006 Grabitz/Hilf-*Schweizer*, Art. 295 EGV, Rn. 2; Callies/Ruffert-*Kingreen*, Art. 295 EGV, Rn. 5; von der Groeben/Schwarze-*Bär-Bouyssière*, Art. 295, Rn. 3.

1007 Siehe beispielhaft: von der Groeben/Schwarze-*Bär-Bouyssière*, Art. 295, Rn. 4.

und dessen Grenzen sowie die Sozialisierung und die Verstaatlichung regeln.[1008] Ein engerer Ansatz meint, dass lediglich die eigene Zuständigkeit der Mitgliedsstaaten von dem Begriff umfasst sei, über die Zuordnung des Eigentums zum öffentlichen oder zum privaten Sektor zu entscheiden.[1009]

Letztlich geht es bei der hier zu entscheidenden Frage um eine Zuordnungsentscheidung einer Bezeichnung zum öffentlichen Sektor, so dass eine Auseinandersetzung mit den verschiedenen Ansätzen entbehrlich ist.

Viel bedeutender ist für diese Untersuchung, wie weit der Schutz der Zuordnungsentscheidungen der Mitgliedsstaaten nach Art. 345 AEUV geht.

Die Ansicht des EuGH, wonach die Zuordnungsentscheidung eines Mitgliedsstaates materiell den Vorgaben des AEUV entsprechen muss, findet auch in der Literatur Unterstützung.[1010]

Eine andere Ansicht vertrat Generalanwalt Colomer, der meinte, dass Sonderrechte der öffentlichen Hand dem Eigentum der öffentlichen Hand zugehörig seien und entsprechend die Ausgestaltung des Eigentums den Mitgliedsstaaten vorbehalten sei.[1011]

ccc) Auslegung von Art. 345 AEUV; eigene Ansicht

Entgegen der Rechtsprechung des EuGH könnte man zu der Ansicht gelangen, dass Art. 345 AEUV den Mitgliedsstaaten nicht nur die Kompetenz zuweise, Eigentum der öffentlichen Hand zuzuordnen, sondern dass Art. 345 AEUV diese Entscheidung auch materiellrechtlich schützt.

Um zur korrekten Lesart der Vorschrift zu gelangen, empfiehlt sich deren Auslegung mithilfe der anerkannten Auslegungsmethoden.

aaaa) Historische Auslegung des Art. 345 AEUV

Gegen die Folgerung des EuGH spricht eine historische Betrachtung der Vorschrift. Ihre Vorgängerregelung, Art. 295 EGV, wurde in den Vertrag aufgenommen, weil zu dem Zeitpunkt der Schaffung des EG-Vertrages in den verschiedenen Mitgliedsstaaten höchst unterschiedliche Strukturen hinsichtlich des Ausmaßes von Verstaatlichung bestanden.[1012]

Diese verschiedenen Strukturen wollten die Mitgliedsstaaten weiter behalten und dem bestimmenden Einfluss der Gemeinschaft entziehen. Aus dieser Motivation

---

1008 Grabitz/Hilf-*Schweizer*, Art. 295 EGV, Rn. 3 (zu Art. 295 EGV).

1009 Streinz-*Koenig/Kühling*, Art. 295 EGV, Rn. 12; Thiel, S. 276 (beide zu Art. 295 EGV).

1010 Geiger, Art. 295, Rn. 2; Callies/Ruffert-*Kingreen*, Art. 295 EGV, Rn. 12 (beide zu Art. 295 EG); Geiger/Khan/Kotzur, Art. 345 AEUV, Rn. 2.

1011 Schlussanträge in: Rs. C-367/98, C-483/99 und C-503/99, Slg. 2002, I-4731, 4754, Rn. 91.

1012 Callies/Ruffert-*Kingreen*, Art. 295 EGV, Rn. 1; Schwarze-*Hatje*, Art. 295 EGV, Rn. 1; Brenncke, S. 6; Everling, S. 384 ff.

heraus fügte man Art. 295 EGV in den Vertrag ein.[1013] Hieraus ergibt sich, dass dieses Ziel nur dann verwirklicht werden kann, wenn den Mitgliedsstaaten nicht nur die Kompetenz zugewiesen wird, diese Entscheidung zu treffen, sondern, dass diese Entscheidung dann auch materiell-rechtlich von der Gemeinschaft akzeptiert wird und diese Entscheidung nicht anhand der Wertungen des Vertrages auf ihre Richtigkeit hin überprüft werden kann.

Ansonsten käme man zu dem Ergebnis, dass, wenn ein Mitgliedsstaat ein bestimmtes Segment dem staatlichen Bereich zuordnen würde, diese Entscheidung aber materiell gegen Unionsrecht verstieße, der Mitgliedsstaat seine Zuordnungsentscheidung ändern müsste und damit seine Eigentumsordnung. Weiterhin sprechen die Veränderungen durch den Vertrag von Lissabon dafür, dass der Vorschrift eine gewisse Wichtigkeit zukommen muss, sie wurde nahezu inhaltsgleich auch in den AEUV aufgenommen.

bbbb) Auslegung nach dem Wortlaut

In Art. 345 AEUV heißt es, dass die Verträge die Eigentumsordnungen der Mitgliedsstaaten unberührt lassen. Die Vorschrift gibt keinen Hinweis, ob nur die Zuordnungskompetenz der Mitgliedsstaaten oder ob die Entscheidung auch materiell geschützt wird.

Dennoch spricht nach Ansicht des Verfassers die Formulierung „unberührt" dafür, dass anhand des EG-Vertrages die Eigentumsordnung insgesamt nicht zu überprüfen ist. Die Eigentumsordnungen der Mitgliedsstaaten sollen also auch materiell vor ihm Bestand haben. Die Unterscheidung zwischen der Zuordnungskompetenz der Mitgliedsstaaten und der materiellen Vereinbarkeit der Eigentumsordnungen lässt sich jedenfalls dem Wortlaut der Vorschrift nicht entnehmen. Folglich spricht auch der Wortlaut der Vorschrift dafür, dass die Eigentumsordnungen auch materiell vor dem Vertrag Bestand haben sollen.[1014]

cccc) Teleologische Auslegung

Der Sinn und Zweck der Vorschrift ergibt sich im Wesentlichen aus der Entstehungsgeschichte der Vorschrift. Art. 295 EGV sollte den Mitgliedsstaaten die Sicherheit geben, dass die unterschiedlichen Konzepte der Aufteilung des Eigentums in öffentliche und private Hand auch nach der Ratifizierung des Vertrages Bestand haben. Die Befürchtung einzelner Mitgliedsstaaten war es, durch die Unterzeichnung des Vertrages, der das klare Ziel einer grundsätzlich offenen Marktwirtschaft verfolgt, ggf. die getroffene Unterteilung in staatliches und privates Eigentum aufgeben zu müssen.

Dieser Sorge wollte man mit der Aufnahme der Vorschrift in den EG-Vertrag begegnen. Vor diesem Hintergrund ergibt der weite Wortlaut der Vorschrift auch

1013 Everling, S. 383 f.

1014 Zu dem gleichen Ergebnis kommt auch: Brenncke, S. 6 (noch zu Art. 295 EGV).

einen Sinn. Entsprechend deutet auch eine teleologische Auslegung der Vorschrift darauf hin, dass die Zuordnungsentscheidungen der Mitgliedsstaaten auch materiell vor den Vorgaben des EGV Bestand haben sollen.

Eine andere Lesart würde den Regelungsbereich nahezu auf Null reduzieren. Denn wenn den Mitgliedsstaaten lediglich die Kompetenz für die Zuordnung bliebe, die Entscheidung sich aber materiell an den Vorgaben des Vertrages messen lassen müsste, könnte die Union jederzeit von einem Mitgliedsstaat verlangen, die Zuordnungsentscheidung zu korrigieren. Ein echter Schutz der Eigentumsordnungen wäre dann in Art. 295 EGV nicht zu erkennen. Dies war allerdings nicht gewollt.

Dass die Union insgesamt davon ausgeht, dass Art. 295 EGV eine gewisse Wichtigkeit zukommt, zeigt sich überdies darin, dass auch der Vertrag über eine Verfassung von Europa eine gleich lautende Nachfolgevorschrift vorsah.[1015] Tatsächlich wurde auch im AEUV mit Art. 345 eine Nachfolgeregelung aufgenommen. Dessen hätte es nicht bedurft, wenn die Regelung weitgehend inhaltsleer wäre. Art. 345 AEUV wäre aber nur von untergeordneter Relevanz, wenn man die Vorschrift im Sinne des EuGH auslegen würde.[1016]

dddd) Systematische Auslegung

Aus dem systematischen Zusammenhang der Vorschrift lassen sich vergleichsweise geringe Rückschlüsse ziehen. Zunächst fällt auf, dass die Vorschrift sich im siebten Teil des AEUV befindet, der die Überschrift „Allgemeine und Schlussbestimmungen" trägt, enthalten ist. Hieraus ergibt sich eine exponierte Stellung und eine Geltung für die Vorschriften des gesamten Vertrages. Dies mag darauf hindeuten, dass auch die Grundfreiheiten und die übrigen Vorgaben des AEUV die Eigentumsordnung der Mitgliedsstaaten nicht berühren sollen.

Ein stärkeres Indiz in diese Richtung lässt sich daraus entnehmen, dass Art. 5 Abs. 2 EUV in der Fassung von Lissabon folgendes vorsieht:

> *„Nach dem Grundsatz der begrenzten Einzelermächtigung wird die Union nur innerhalb der Grenzen der Zuständigkeiten tätig, die die Mitgliedstaaten ihr in den Verträgen zur Verwirklichung der darin niedergelegten Ziele übertragen haben. Alle der Union nicht in den Verträgen übertragenen Zuständigkeiten verbleiben bei den Mitgliedstaaten."*

Demnach ist es der Union nur gestattet, innerhalb der ihr in den Verträgen zugewiesenen Zuständigkeiten tätig zu werden. Würde man Art. 345 AEUV als eine Kompetenzausübungsschranke verstehen, wäre das ein systematischer Bruch mit dem Regelwerk der Verträge. Denn der Regelung des Art. 5 Abs. 2 AEUV folgend wäre es stimmiger, wenn der Union schlicht keinerlei Zuständigkeit zugewiesen worden wäre, die Zuordnung des Eigentums der Mitgliedsstaaten vorzunehmen. Eine entsprechende Zuständigkeitsregel ist auch nicht ersichtlich. Insofern deutet auch eine systematische Auslegung darauf hin, dass Art. 345 EUV sicherstellen soll,

---

1015 Dort in Art. III-425; Grabitz/Hilf-*Schweizer*, Art. 295 EGV, Rn. 7.

1016 Streinz-*König/Kübling*, Art. 295 EGV, Rn. 13 (zu Art. 295 EGV).

dass die Eigentumsordnungen der Mitgliedsstaaten auch materiell unangetastet bleiben. Ansonsten wäre die Vorschrift ohne materiellen Gehalt.

eeee) Ergebnis

Die Auslegung führt zu dem Ergebnis, dass Art. 345 AEUV für die Eigentumsordnungen der Mitgliedsstaaten und damit insbesondere für die getroffenen Zuordnungsentscheidungen über das Eigentum auch materiellen Schutz bietet.[1017]

bb) Der Bezeichnungsschutz aus § 40 KWG als Gegenstand der Bereichsausnahme des Art. 345 AEUV

Nun stellt sich die Frage, ob der Bezeichnungsschutz des § 40 KWG unter die Bereichsausnahme des Art. 345 AEUV fällt und hierdurch geschützt wird, so dass, entgegen der Ansicht der Kommission,[1018] § 40 KWG nicht an den Grundfreiheiten des AEUV zu messen wäre. Auch hierzu werden verschiedene Ansichten vertreten:

aaa) Erste Ansicht und Ansicht der Kommission: Art. 345 AEUV umfasst nicht den Bezeichnungsschutz aus § 40 KWG

Nach *Brenncke* soll der Bezeichnungsschutz der Sparkassen nicht unter die Bereichsausnahme fallen, sondern lediglich die Zuordnung der Sparkassen zum Öffentlichen Recht.[1019] Der Bezeichnungsschutz sei lediglich ein „Ausfluss des Rechts am (bereits zugeordneten) Unternehmen".[1020] Selbst wenn man die Bezeichnung „Sparkasse" als Eigentum ansehen wollte, würde sich aus § 40 KWG keine Zuordnungsentscheidung des Gesetzgebers zum Eigentum der öffentlichen Hand ergeben. Die Bezeichnung würde nur den Sparkassen allgemein zugeordnet werden und die Sparkassen selbst würden im Sinne des Art. 345 AEUV dem Eigentum der öffentlichen Hand zugeordnet.[1021]

Auch der Umstand, dass die Marke „Sparkasse" zu Gunsten des DSGV als Kollektivmarke eingetragen wurde, führe nicht zu einem Schutz durch Art. 345 AEUV, weil das privatrechtliche Markenrecht zwar als allgemeiner Rechtsgrundsatz in

---

1017 So auch: Brenncke, S. 6; Vogel, Hans-Gert, S. 134 (jeweils zu Art. 295 EGV); für eine weitere Auslegung der Vorschrift als der EuGH auch: Streinz-*König/Kübling*, Art. 295 EGV, Rn. 13 f. (zu Art. 295 EGV).

1018 Mit Gründen versehene Stellungnahme der EU-Kommission, S. 6; demnach entfalle zwar die Entscheidung darüber, ob eine Privatisierung erfolgt oder nicht, in die Kompetenz des Mitgliedstaates, allerdings müsse der Privatisierungsvorgang dem Gemeinschaftsrecht entsprechen (zu Art. 295 EGV).

1019 Brenncke, S. 6 f. (zu Art. 295 EGV).

1020 Brenncke, S. 7 (zu Art. 295 EGV).

1021 Brenncke, S. 7 (zu Art. 295 EGV).

der Rechtsprechung des EuGH Berücksichtigung findet, allerdings Art. 345 AEUV keinen Schutz privater Markenrechte vorsähe.[1022]

Entsprechend kommt *Brenncke* mit der EU-Kommission zu dem Ergebnis, dass der Bezeichnungsschutz des § 40 KWG nicht unter die Bereichsausnahme des Art. 345 AEUV falle und die Vorschrift auf einen Verstoß gegen die Grundfreiheiten hin zu überprüfen sei.[1023]

bbb) Zweite Ansicht: Art. 345 AEUV umfasst auch den Bezeichnungsschutz aus § 40 KWG

Die eben dargestellte Ansicht ist allerdings nicht unumstritten.

So wird hiergegen insbesondere vorgebracht, dass die Grenzen des Art. 345 AEUV kaum präzisiert seien und dass sich daher auch argumentieren ließe, dass die Eigentumsordnung auch das Recht der Mitgliedsstaaten enthalte, den öffentlichen Unternehmen eine bestimmte Bezeichnung zu geben.[1024] Gerade wenn sich der Staat dafür entscheide, ein bestimmtes, ihm zugeordnetes Unternehmen mit einer öffentlich-rechtlichen Organisationsform auszustatten, müsse ihm zugestanden werden, dieses Unternehmen auch mit einer bestimmten Bezeichnung auszustatten, damit ein Unterschied zu den Rechtssubjekten des Privatrechts für die Bevölkerung erkennbar ist.[1025]

Die Notwendigkeit, durch die Vergabe einer eigenen Bezeichnung eine Abgrenzung zu Privaten zu erreichen, verstärke sich noch, wenn der Staat nur einen Teil einer bestimmten Unternehmensgruppe privatisiert. Dieses Vorgehen sei nicht durch Art. 345 AEUV verboten, vielmehr müsse sich der Staat nicht für die private oder die öffentliche Zuordnung eines ganzen Wirtschaftszweiges entscheiden, sondern könne auch Teilbereiche verschieden zuordnen. Insbesondere verlange das Gemeinschaftsrecht nicht die Privatisierung der Sparkassen insgesamt, selbst wenn man die Ansicht der Kommission zu Grunde lege.[1026]

Weiterhin wird vorgebracht, dass unter Art. 345 AEUV auch die Entscheidungskompetenz des nationalen Gesetzgebers darüber falle, ob die dem öffentlichen Bereich zugeordneten Unternehmen eine bestimmte Bezeichnung nutzen dürfen, er könne also auch über die Zuordnung einer bestimmten Bezeichnung zum öffentlichen oder zum privaten Bereich entscheiden.[1027] Denn der Bezeichnungsschutz des § 40 KWG entspräche insofern dem Firmenrecht des deutschen HGB.

1022 Brenncke, S. 7 (zu Art. 295 EGV).

1023 Brenncke, S. 7; Geschwandtner/Bach, S. 130 f.; Witte/Gregoritza, S. 155 f. (alle zu Art. 295 EGV).

1024 Vogel, Hans-Gert, S. 134 (zu Art. 295 EGV).

1025 Vogel, Hans-Gert, S. 134; Boos/Fischer/Schulte-Mattler-*Fischer*, § 40, Rn. 11 f.; Nagel, S. 33 (alle zu Art. 295 EGV).

1026 Vogel, Hans-Gert, S. 134 (zu Art. 295 EGV).

1027 Nagel, S. 32 (zu Art. 295 EGV).

Außerdem könne der Staat auf der Grundlage von Art. 345 EGV entscheiden, wie weit eine Privatisierung gehe. Hier müssten zwei Phasen unterschieden werden, zum einen die Frage des Privatisierungsvorgangs und zum anderen die Frage der späteren Tätigkeit des dann privatisierten Unternehmens nach der Privatisierung. Erst wenn das private Unternehmen seine Tätigkeit entfalte, fiele es unter den Schutzbereich der Grundfreiheiten des AEUV.[1028]

Davor falle es aber einzig in die Kompetenz des nationalen Gesetzgebers, darüber zu entscheiden, wie weit eine Privatisierung reichen soll und insbesondere, ob auch die Bezeichnung des vorher dem öffentlichen Bereich zugeordneten Unternehmens mit in private Hände gehen soll.[1029]

Zudem würde sich dieses Ergebnis mit der durch Art. 14 AEUV (ex-Artikel 16 EGV) vorgegebenen Wertung decken, hier sei eine strikte Trennung der beiden Vorschriften verfehlt.[1030] Die Privilegierung der Dienste im allgemeinen wirtschaftlichen Interesse sei auch bei der Frage der Privatisierung solcher öffentlicher Unternehmen, die diese Dienste erfüllen, zu beachten.[1031]

ccc) Eigene Ansicht

Die dargestellte Ansicht, wonach der Bezeichnungsschutz des § 40 KWG nicht unter die Bereichsausnahme des Art. 345 AEUV falle, vermag nicht zu überzeugen.

Einigkeit besteht darüber, dass es in die Kompetenz des Mitgliedsstaates fällt, bestimmte Unternehmen dem öffentlichen Bereich zuzuordnen.

Wie weit dieser Schutz geht, scheint derzeit nicht abschließend geklärt zu sein. Hinsichtlich der Beantwortung dieser Frage haben auch die durch den Vertrag von Lissabon eingetretenen Änderungen keine weiteren Hinweise gebracht. In diesem Zusammenhang erscheint es erneut sinnvoll, den Schutzzweck der Vorschrift und die historische Entwicklung im Auge zu haben. Die Mitgliedsstaaten wollten den Einfluss des Gemeinschaftsrechts auf die Frage, welcher Bereich im jeweiligen Mitgliedsstaat in staatlicher und welcher Bereich in privater Regie geführt wird, ausschließen.

Insofern erscheint es nur konsequent, dass die Mitgliedsstaaten nicht nur darüber bestimmen dürfen, welchen Bereich der Staat abdeckt und welchen die Privatwirtschaft, sondern, dass sie auch darüber selbst entscheiden dürfen, ob und wie sich die dem öffentlichen Bereich zugeordneten Unternehmen in ihrer Außenwirkung von den privaten Unternehmen unterscheiden.

Schließlich obliegt es den Mitgliedsstaaten auch, ein privates Firmenrecht und ein öffentliches Firmenrecht zu schaffen. Dass es Privaten nicht gestattet ist, beispielsweise eine Anstalt des öffentlichen Rechts zu gründen, dient letztlich genau dem Zweck, dem die Bezeichnung Sparkasse auch dienen soll: Es soll für den Bürger

1028 Nagel, S. 33 (zu Art. 295 EGV)
1029 Nagel, S. 33 (zu Art. 295 EGV).
1030 Nagel, S. 34 (zu Art. 295 EGV und Art. 16 EGV).
1031 Nagel, S. 34 (zu Art. 295 EGV).

unterscheidbar sein, ob man es mit einem staatlichen Unternehmen oder mit einem privaten Unternehmen zu tun hat.

Vor dem Hintergrund, dass es nach dem Ergebnis dieser Untersuchung einem staatlichen Unternehmen nicht gestattet ist, seine Tätigkeit einzig an der Gewinnmaximierung auszurichten, dies aber die typische Motivation eines privaten Unternehmens ist, erscheint eine solche Unterscheidung auch sinnvoll.

Insofern muss es dabei bleiben, dass der Staat, wenn er eine Privatisierung vornimmt, unabhängig von dem Unionsrecht entscheiden kann, wie weit die Privatisierung geht. Die Privatisierung muss im Zusammenhang mit der ursprünglichen Entscheidung der Zuordnung eines Unternehmens zum öffentlichen Bereich gesehen werden. Hat sich der Staat einmal dafür entschieden, ein Unternehmen in staatlicher Regie zu führen, ist diese Entscheidung auch im Fall einer nachträglichen Privatisierung beachtlich. Wenn sich ein Mitgliedsstaat dafür entscheidet, dass ein Teil des ursprünglich staatlichen Sektors privatisiert wird, treffen ihn hinsichtlich seiner Bürger Pflichten, eine Aufklärung über diese Thematik zu erreichen. Die Anordnung eines Bezeichnungsschutzes dergestalt, dass nur öffentliche Unternehmen unter einer bestimmten Bezeichnung auftreten dürfen, erscheint sinnvoll und wichtig. Andernfalls bestünde die Gefahr, dass die Bürger nicht mehr erkennen könnten, welches Unternehmen privatisiert wurde und welches nicht. Sobald eine Unterscheidung nicht mehr möglich wäre, würde die ursprünglich getroffene Zuordnung zum öffentlichen Bereich stark geschwächt. Denn der Bürger hätte nicht mehr auf den ersten Blick die Gewissheit, dass er es mit einem staatlichen Unternehmen zu tun hat, er müsste vielmehr erst Erkundigungen einholen um Klarheit zu erhalten.

Genau dies sollte allerdings mit der Etablierung des Sparkassensystems verhindert werden. Der Bürger sollte auf den ersten Blick erkennen, dass er es mit einer staatlichen Sparkasse zu tun hat. Bei der Betrachtung der Marktbedeutung des Systems auch dieser Tage, muss festgestellt werden, dass das System sehr gut angenommen wurde und immer noch wird.

Wäre der Staat nun dazu gezwungen, die Bezeichnung freizugeben, so könnte der Zweck der Etablierung des Systems, der u. a. darin besteht, den Bürgern Sicherheit zu geben und eine hohe Vertrauensbasis in einer hiervon besonders stark abhängigen Branche zu schaffen, nicht mehr in dem bisherigen Maße realisiert werden. Wahrscheinlich würde die Angleichung der Systeme, die oben bedauert wurde, noch verstärkt werden. Wenn allerdings der Zweck der Vorschrift des Art. 345 AEUV, wie dargestellt, darin liegt, dass die Zuordnung der Mitgliedstaaten von Unternehmen in den öffentlichen und in den privaten Bereich geschützt werden soll, so kann dieser Schutz nur dann adäquat dargestellt werden, wenn es den Mitgliedstaaten auch möglich ist, diese Unterscheidung nach außen gegenüber den Bürgern zu dokumentieren. Dies kann etwa durch einen Bezeichnungsschutz geschehen.

Zudem enthält Art. 40 KWG eindeutig eine grundsätzlich von Art. 345 AEUV geschützte Zuordnungsentscheidung. So ergibt sich erst aus § 40 KWG, dass die Bezeichnung Sparkasse grundsätzlich für *öffentlich-rechtliche* Sparkassen, also für den öffentlichen Sektor, reserviert sein soll. Damit wird diese Bezeichnung dem öffentlichen Sektor zugeordnet.

Auch hieraus ergibt sich, dass der Bezeichnungsschutz als Zuordnungsentscheidung des Gesetzgebers sich unter Art. 345 EGV subsumieren lässt.

b) Verstoß gegen die Niederlassungsfreiheit

Obwohl nach dem oben Gesagten schon der Schutzbereich der Grundfreiheiten des AEUV nicht eröffnet ist, weil die Vorschrift des § 40 KWG unter die Bereichsausnahme des Art. 345 AEUV fällt, soll im Folgenden noch die eigentliche Vereinbarkeit mit den relevanten Grundfreiheiten geprüft werden, insbesondere weil es bedeutende andere Ansichten gibt, gerade diejenige der Kommission, die im Sparkassenstreit artikuliert wurde. Darüber hinaus neigt auch der EuGH zu einer von der hier dargelegten Ansicht abweichenden Auslegung.

aa) Einfluss des Vertrags von Lissabon

Durch den Vertrag von Lissabon wurde Art. 43 EGV zu Art. 49 AEUV. Die eingetretenen Änderungen sind lediglich redaktioneller Art.[1032] Gleich verhält es sich im Hinblick auf ex-Art. 48 EGV, aus dem Art. 54 AEUV wurde.

bb) Schutzbereich der Niederlassungsfreiheit

Die Niederlassungsfreiheit aus Art. 49 ff. AEUV schützt grundsätzlich die Möglichkeit von EU-Bürgern, über Art. 54 AEUV auch solchen juristischen Personen,[1033] selbständige Erwerbstätigkeiten aufzunehmen und auszuführen sowie Unternehmen und Zweigniederlassungen in einem anderen Mitgliedsstaat zu gründen.[1034] Im Gegensatz zur Arbeitnehmerfreizügigkeit schützt die Niederlassungsfreiheit nur selbständige Erwerbstätigkeiten,[1035] allerdings muss hier wie dort die Tätigkeit einem Erwerbszweck dienen. Weiterhin ist von dem Schutzbereich der Niederlassungsfreiheit auch der Erwerb einer Beteiligung an einem Unternehmen in einem anderen Mitgliedsstaat umfasst, sofern diese Beteiligung dem Erwerber einen bestimmenden Einfluss auf das Unternehmen sichert.[1036]

1032 Fischer, Der Vertrag von Lissabon, S. 244.

1033 Geiger EUV/EGV, Art. 48 EGV, Rn. 1; Streinz-*Müller-Graff*, Art. 43 EGV, Rn. 5 (zu den entsprechenden Regeln des EG-Vertrages); Geiger/Khan/Kotzur, Art. 54 AEUV, Rn. 10.

1034 Haratsch/Koenig/Pechstein, Rn. 808; Streinz-*Müller-Graff*, Art. 43 EGV, Rn. 11; Callies/Ruffert-*Jürgen Bröhmer*, Art. 43 EGV, Rn. 9 (zu Art. 43 EGV); Geiger/Khan/Kotzur, Art. 49 AEUV, Rn. 8.

1035 Haratsch/Koenig/Pechstein, Rn. 809; Streinz-*Müller-Graff*, Art. 43 EGV, Rn. 11; Callies/Ruffert-*Jürgen Bröhmer*, Art. 43 EGV, Rn. 9 (jeweils zu Art. 43 EGV); Geiger/Khan/Kotzur, Art. 49 AEUV, Rn. 8.

1036 Callies/Ruffert-*Jürgen Bröhmer*, Art. 43 EGV, Rn. 9 (zu Art. 43 EGV); EuGH, Rs. C-411/03, n. n. i. Slg., Rn. 18 – Sevic Systems AG (zu Art. 43 EGV).

Hieraus ergibt sich, dass der Schutzbereich der Niederlassungsfreiheit, jedenfalls bei einer Auslegung nach dem Wortlaut der Vorschrift, sehr weit geht. Bei einem solchen Verständnis könnte man nahezu jede nationale Vorschrift einer Überprüfung anhand der Niederlassungsfreiheit unterziehen und regelmäßig wäre zumindest der Schutzbereich eröffnet, weil nahezu alle (Ordnungs-)Vorschriften, jedenfalls mittelbar, eine Niederlassung in einem Mitgliedsstaat weniger attraktiv machen können.[1037] Bei einem derart weiten Verständnis könnte etwa auch eine Verkürzung der Ladenöffnungszeiten gegen die Niederlassungsfreiheit verstoßen.

Deswegen ist der Schutzbereich der Niederlassungsfreiheit so auszulegen, dass nur solche nationalen Rechtsvorschriften ihr widersprechen, die den Zugang zum Markt erschweren.[1038]

Grundsätzlich ist es aufgrund von § 40 KWG sowohl Inländern als auch EU-Ausländern verwehrt, sich in Deutschland als Sparkasse niederzulassen, weil diese Bezeichnung aufgrund dieser Vorschrift öffentlich-rechtlich organisierten Kreditinstituten vorbehalten ist.

Hierin kann durchaus eine rechtfertigungsbedürftige Beschränkung der Niederlassungsfreiheit gesehen werden, denn es ist denkbar, dass ein Investor schon allein aus der Maßgabe, dass er die Bezeichnung Sparkasse bei einem Erwerb eines solchen Instituts nicht weiterführen kann, von einer solchen Investition insgesamt absieht und damit der Zugang des Investors zum deutschen Markt erschwert wird.[1039] Die EU-Kommission meint hierzu, dass ein Privatinvestor von einem Erwerb abgehalten werde, wenn er zwar die Vermögenswerte einer Bank erwerben könne, nicht aber den Geschäftswert. Der Geschäftswert ergäbe sich maßgeblich aus der Bezeichnung Sparkasse, da allein das Sparkassenzeichen einen geschätzten Wert von mehreren Milliarden Euro erreiche.[1040]

Allerdings ergäbe sich nach *Hans-Gert Vogel* aus der Rechtsprechung des Europäischen Gerichtshofs in der Rechtssache „Pfeiffer“[1041], dass mit einem nationalen Verbot, eine Bezeichnung zu führen, nicht zwingend eine Verletzung der Niederlassungs- und der Kapitalverkehrsfreiheit einhergehen muss.

Nach *Hans-Gert Vogel* habe der EuGH in diesem Verfahren einen Verstoß einer nationalen Vorschrift, die es einem ausländischen Unternehmen unmöglich machte, eine Geschäftsbezeichnung in einem Mitgliedsstaat zu führen, verneint, weil bei einer Verwendung der Bezeichnung eine Verwechselungsgefahr bestand.

Das Verbot des Führens der Marke führte nun dazu, dass das Unternehmen des anderen Mitgliedsstaates, das im Heimatland diese Bezeichnung bereits führte, in

---

1037 Vogel, Hans-Gert, S. 135 (zu Art. 43 EGV).

1038 Vogel, Hans-Gert, S. 135; Brenncke, S. 21, m. w. N.; Streinz-*Müller-Graff*, Art. 43 EGV, Rn. 58 (alle zu Art. 43 EGV).

1039 Brenncke, S. 21; Beck/Samm-*Samm*, § 40, Rn. 64 (zu den Regelungen des EG-Vertrages).

1040 Mit Gründen versehene Stellungnahme der EU-Kommission, S. 7.

1041 EuGH, Rs. C-255/97, Slg. 1999, I-2853 – Pfeiffer (zu Art. 30 und 52 EGV, die Vorgängerregelungen zu Art. 28 und 43 EGV).

einem erheblichen Maß belastet wurde, weil insbesondere ein europaweites Marketingkonzept nicht mehr genutzt werden konnte.

Hieraus zieht *Hans-Gert Vogel* nun einen Erst-recht-Schluss: Wenn schon ein Bezeichnungsschutz vor dem EuGH Bestand hat, der es einem Unternehmen verbietet seine im Heimatland verwendete Firmenbezeichnung in einem anderen Mitgliedsstaat zu verwenden, müsse erst Recht der hier zu bewertende Bezeichnungsschutz, der für vergleichbare Fälle in § 41 Satz 2 KWG eine Ausnahmeregelung vorsieht, Bestand haben.[1042]

Dieser Erst-recht-Schluss ist zwar logisch nachzuvollziehen, an dieser Stelle aber verfehlt.

Hier geht es nämlich dogmatisch um die Eröffnung des Schutzbereiches, die im zitierten Fall durch den EuGH bejaht wurde. Allerdings hat der EuGH im Ergebnis, wie es *Hans-Gert Vogel* richtig darstellt, keinen Verstoß gegen die Niederlassungsfreiheit angenommen, weil der Verstoß gegen die Niederlassungsfreiheit nach Ansicht des Gerichts *„aus zwingenden Gründen des Gemeinwohls zum Schutz des gewerblichen und kommerziellen Eigentums gerechtfertigt“*[1043] sei.

Wenn man einen Erst-recht-Schluss ziehen wollte, dann bietet sich eine solche Prüfung im Rahmen der Rechtfertigung eines Verstoßes gegen die Grundfreiheiten an.

Zunächst einmal kommt man zu dem Ergebnis, dass der Schutzbereich der Niederlassungsfreiheit eröffnet ist.

cc) Grenzüberschreitender Bezug

Der Schutzbereich der Niederlassungsfreiheit ist erst dann eröffnet, wenn der Sachverhalt einen grenzüberschreitenden Bezug aufweist.[1044] Hieraus ergibt sich, dass grundsätzlich rein interne Sachverhalte in den Mitgliedsstaaten nicht an der Niederlassungsfreiheit zu messen sind, dass also eine reine „Inländerdiskriminierung“ zulässig ist.[1045]

Hier ist es allerdings denkbar, dass ein Unternehmen oder ein Privater im EU-Ausland beispielsweise Anteile einer Sparkasse kaufen möchte und dann mit der erworbenen Sparkasse weiterhin unter Nutzung dieser Bezeichnung am Markt tätig werden möchte. Ein grenzüberschreitender Bezug ist nicht auszuschließen.

1042 Vogel, Hans-Gert, S. 135, 136 (zu den entsprechenden Vorschriften des EG-Vertrages).

1043 EuGH Rs. C-255/97, Slg. 1999, I-2853, Rn. 21. – Pfeiffer (zu den entsprechenden Vorschriften des EG-Vertrages).

1044 Haratsch/Koenig/Pechstein, Rn. 812; Brenncke, S. 7; Streinz-*Müller-Graff*, Art. 43 EGV, Rn. 27 (zu Art. 43 EGV); Geiger/Khan/Kotzur, Art. 49 AEUV, Rn. 1; EuGH 1995 I-4368 (C-17/94).

1045 EuGH, Rs. 20/87, Slg. 1987, S. 4879, Rn. 10 ff. – Ministère Public/Gauchard (zu Art. 52 EWG-Vertrag).

dd) Verhältnis zur Kapitalverkehrsfreiheit

Nach Ansicht der Kommission verstößt § 40 KWG sowohl gegen die Kapitalverkehrsfreiheit als auch gegen die Niederlassungsfreiheit.[1046] Es stellt sich die Frage, wie sich die beiden Grundfreiheiten zueinander verhalten, insbesondere, ob tatsächlich beide Grundfreiheiten nebeneinander anwendbar sind.

Die Kapitalverkehrsrichtlinie[1047] spricht in ihrem Anhang I Nr. 1 davon, dass Direktinvestitionen unter den Schutzbereich der Kapitalverkehrsfreiheit fallen. Allerdings lässt sich hieraus nicht der Schluss ziehen, dass es einen Vorrang der Kapitalverkehrsfreiheit gäbe.[1048] Denn nach dem EuGH[1049] soll die Einrichtung von Niederlassungen, die in einem anderen Mitgliedsstaat mittels Direktinvestitionen erfolgt, originär der Niederlassungsfreiheit unterfallen.

Auch aus den kreuzweisen Verweisungen in Art. 49 Abs. 2 AEUV und Art. 65 Abs. 2 AEUV kann nicht geschlossen werden, dass die beiden Grundfreiheiten hierdurch voneinander abgegrenzt werden sollen.[1050] Art. 49 Abs. 2 AEUV macht deutlich, dass die im Rahmen der Gründung einer Niederlassung in einem anderen Mitgliedsstaat erforderlichen Kapitalbewegungen grundsätzlich dem Schutzbereich der Kapitalverkehrsfreiheit unterliegen. Art. 65 Abs. 2 AEUV macht hingegen deutlich, dass für solche Maßnahmen, die sowohl dem Schutzbereich der Niederlassungsfreiheit, als auch dem Schutzbereich der Kapitalverkehrsfreiheit unterliegen, eine Rechtfertigung aus dem Blickwinkel der Niederlassungsfreiheit auch zu einer Rechtfertigung aus dem Blickwinkel der Kapitalverkehrsfreiheit führt,[1051] was aber nur selten der Fall sein wird.[1052]

Insofern sind grundsätzlich, sofern die Schutzbereiche der beiden Vorschriften betroffen sind, beide Grundfreiheiten nebeneinander anwendbar. Es gilt der *„Grundsatz der Parallelität der Grundfreiheiten."*[1053]

Dieses Verständnis deckt sich mit der Rechtsprechung des EuGH. Insbesondere in der Konle-Entscheidung[1054] machte der EuGH deutlich, dass beide Grundfreiheiten nebeneinander Anwendung finden können. In diesem Fall ging es um eine durch österreichische Behörden verweigerte Genehmigung zum Erwerb einer Immobilie

1046 Mit Gründen versehene Stellungnahme der EU-Kommission, insbesondere S. 13 (zu Art. 43 EGV).

1047 Richtlinie 88/361/EWG.

1048 Brenncke, S. 8.

1049 EuGH, Rs C-251/98, Rn. 27. Slg. 2000 – Baars.

1050 Streinz-*Sedlaczek*, Art. 56 EGV, Rn. 11 (zu Art. 43 und 56 EGV).

1051 Geiger/Khan/Kotzur, Art. 65 AEUV, Rn. 5.

1052 Streinz-*Sedlaczek*, Art. 56 EGV, Rn. 11 ff.; Grabitz/Hilf-*Ress/Ukrow*, Art. 58 EGV, Rn. 43; Callies/Ruffert-*Jürgen Bröhmer*, Art. 58 EGV, Rn. 33 f. (zu Art. 43 und 56 EGV).

1053 Geiger/Khan/Kotzur, Art. 65 AEUV, Rn. 5.

1054 EuGH, Rs. C-302/97, Slg. 1999, I-3099 – Konle (zu den Art. 54 und 73b EGV, die zum Zeitpunkt der Entscheidung den Art. 44 und 56 EGV entsprachen).

auf der Grundlage einer nationalen Regelung, die den Erwerb von Zweitwohnungen beschränken sollte: Der EuGH machte deutlich, dass die österreichischen Regelungen über den Grunderwerb sowohl anhand der Niederlassungsfreiheit, als auch anhand der Kapitalverkehrsfreiheit zu messen sind.[1055]

Grundsätzlich können hier also, wie es auch der Ansicht der Kommission entspricht, beide Grundfreiheiten nebeneinander anwendbar sein.[1056]

ee) Eingriff

aaa) Handeln eines Verpflichtungsadressaten

Ein Eingriff in die Niederlassungsfreiheit kann nur von einem Verpflichtungsadressaten ausgehen. Dies sind die Mitgliedsstaaten und die Union selbst, umstritten ist die Frage, ob auch Private Adressaten der Norm sind.[1057] Dies spielt hier allerdings keine Rolle.

Hier hat der Gesetzgeber der Bundesrepublik Deutschland als Mitgliedsstaat der EU gehandelt. Mithin handelte ein Verpflichtungsadressat.

bbb) Diskriminierung

Grundsätzlich ist ein Eingriff in die Niederlassungsfreiheit dann anzunehmen, wenn ein EU-Ausländer nicht die gleichen Rechte hat wie ein Staatsangehöriger des Aufenthaltsstaates. Insofern ist die Niederlassungsfreiheit eine spezielle Ausprägung des allgemeinen Diskriminierungsverbotes aus Art. 18 Abs. 1 AEUV.[1058]

Eine solche Diskriminierung von EU-Ausländern ist hier nicht erkennbar, schließlich können weder deutsche (private) Staatsbürger eine Sparkasse betreiben noch Bürger anderer EU-Staaten.

ccc) Verbot der Beschränkung durch unterschiedslose Maßnahmen

Neben dem Verbot der Ausländerdiskriminierung liegt ein Eingriff in die Niederlassungsfreiheit auch dann vor, wenn Maßnahmen erlassen werden, die die

1055 EuGH, Rs. C-302/97, Slg. 1999, I-3099 – Konle, Rn. 22 (zu den Art. 54 und 73b EGV, die zum Zeitpunkt der Entscheidung den Art. 44 und 56 EGV entsprachen).

1056 So auch Brenncke, S. 8; Investitionen zur Begründung einer Niederlassung oder zum Kontrollerwerb sollen *primär* der Niederlassungsfreiheit unterliegen: Streinz-*Müller-Graff*, Art. 43 EGV, Rn. 102 (zu Art. 43 und 56 EGV).

1057 Haratsch/Koenig/Pechstein, Rn. 808; Grabitz/Hilf-*Randelzhofer/Forsthoff*, Art. 43, Rn. 69; Streinz-*Müller-Graff*, Art. 43 EGV, Rn. 35 ff. (zu Art. 43 EGV).

1058 Geiger/Khan/Kotzur, Art. 49 AEUV, Rn. 8.

selbständige Erwerbstätigkeit *behindern oder weniger attraktiv machen.*[1059] Eine solche Behinderung soll insbesondere in den folgenden Fällen vorliegen:[1060]

- Zugangsbehinderungen durch objektive Tätigkeitssperren
- Zugangsbehinderungen durch Zulassungsmodalitäten
- Zugangsbehinderungen durch Ausübungsmodalitäten

Denn die Mitgliedsstaaten sind zur Förderung der Niederlassungsfreiheit verpflichtet.[1061] Hiernach sind Hindernisse zu beseitigen, die sich aus Regelungen der Mitgliedsstaaten im Bereich nationaler Vorschriften über die Berufsausübung und die Berufszulassung ergeben.[1062] Allerdings ist darauf zu achten, dass das Beschränkungsverbot nicht zu stark ausgedehnt wird, denn das Ziel der Niederlassungsfreiheit ist es nicht, Standortbedingungen eines Landes, in dem sich eine Person niederlässt, nachträglich zu verändern.[1063]

Dennoch sollen von der Niederlassungsfreiheit absolute Zugangshindernisse nicht toleriert werden, im Übrigen sind aber nur solch nichtdiskriminierende Beschränkungen relevant, die zu einer Doppelbelastung führen.[1064] Etwa die Pflicht zur Abführung von Sozialbeiträgen sowohl im Heimatland als auch im Staat der Niederlassung.[1065]

Der Vorbehalt, wonach grundsätzlich nur öffentlich-rechtliche Sparkassen diese Bezeichnung führen dürfen, versagt es einem Privaten nicht, ein Kreditinstitut in Deutschland zu betreiben, weder objektiv noch subjektiv.

Allerdings darf er dieses Kreditinstitut nicht Sparkasse nennen, so dass durch Art. 40 KWG eine Zugangsbehinderung durch Ausübungsmodalitäten vorliegen könnte. Solche Zugangbehinderungen sind dann relevant, wenn sie den Marktzugang spezifisch beschränken, so dass insbesondere Tätigkeitsmodalitäten hierunter zu fassen sind.[1066] Der EuGH hat in einem Fall entschieden, dass insbesondere das Verbot, eine Firmenbezeichnung zu nutzen, ein relevanter Verstoß gegen das

---

1059 EuGH, Rs. C-55/94, Slg. 1995, S. I-4165, Rn. 37 – Gebhardt (zur Niederlassungsfreiheit, die zum Zeitpunkt der Entscheidung in den Art. 52 – 58 des EG-Vertrages geregelt war; „den Marktzugang erschweren“: Vogel, Hans-Gert, S. 135; diese Formel wird auch von der Kommission verwandt: Mit Gründen versehene Stellungnahme der EU-Kommission, S. 6 f. (zu Art. 43 ff. EGV).

1060 Streinz-*Müller-Graff*, Art. 43 EGV, Rn. 65 ff. (zu Art. 43 EGV).

1061 Geiger/Khan/Kotzur, Art. 49 AEUV, Rn. 15.

1062 Geiger/Khan/Kotzur, Art. 49 AEUV, Rn. 15.

1063 Grabitz/Hilf-*Randelzhofer/Forsthoff*, Art. 43, Rn. 100 (zu Art. 43 EGV).

1064 Grabitz/Hilf-*Randelzhofer/Forsthoff*, Art. 43, Rn. 100 (zu Art. 43 EGV).

1065 EuGH Rs. C-143/87, Slg. 1988, 3877 – Stanton (zu Art. 52 EWG); verb. Rs. 154 und 155/87, Slg. 1988, 3897 – Wolf (zu Art. 52 EWG); Rs. C-53/95, Slg. 1996, I-703 – Kemmler (zu Art. 52 EGV).

1066 Streinz-*Müller-Graff*, Art. 43 EGV, Rn. 68 (zu Art. 43 EGV).

Benachteiligungsverbot sein soll, weil dieses Verbot den Marktzugang spezifisch behindere.[1067]

Diesbezüglich ist der Ansicht der Kommission zuzugeben, dass die Regelung des § 40 KWG es privaten Kreditinstituten in Deutschland unmöglich macht, sich unter der Bezeichnung Sparkasse auf dem Markt zu bewegen und dadurch den Zugang zum Markt erschwert. § 40 KWG gestattet es nicht, als Privater die Bezeichnung Sparkasse zu führen, so dass diese Regelung als eine Beschränkung der Niederlassungsfreiheit angesehen werden kann.

Diese Meinung übersieht jedoch nach Ansicht des Verfassers, dass es in der Entscheidung *Pfeiffer* darum ging, dass der Betroffene in diesem Verfahren ein europaweites Marketingkonzept durchführen wollte und er im Heimatland zur Führung dieser Bezeichnung berechtigt war. Für Fälle, in denen ein Kreditinstitut in seinem Heimatland zur Führung der Bezeichnung berechtigt ist, sieht § 41 S. 2 KWG aber eine entsprechende Ausnahme vor. In diesen Fällen kann das Kreditinstitut die Bezeichnung mit einem auf den Sitzstaat hinweisenden Zusatz auch in Deutschland benutzen. Insofern scheint es nach Ansicht des Verfassers vertretbar, zu der Lösung zu gelangen, dass die Schwelle zu einer relevanten Beschränkung hier nicht übertreten wird. Insbesondere liegt für einen ausländischen Investor keine Doppelbelastung vor, die durch § 40 KWG ausgelöst wird.

Zudem könnte man unter Anwendung der Grundsätze der Keck-Rechtsprechung des EuGH zu dem Ergebnis kommen, dass hier kein Eingriff in die Niederlassungsfreiheit vorliegt, worauf im Rahmen der Prüfung eines Eingriffs in die Kapitalverkehrsfreiheit ausführlich eingegangen wird. Die Überlegungen gelten für beide Grundfreiheiten gleichermaßen.[1068]

ff) Ergebnis

Nach dieser ersten Betrachtung erscheint ein Verstoß des § 40 KWG gegen die Niederlassungsfreiheit denkbar. Es fragt sich allerdings, ob ein solcher Verstoß nicht gerechtfertigt sein kann oder ob § 40 KWG nicht etwa einen Regelungsbereich betrifft, der von der Anwendung der Grundfreiheiten des EGV ausgenommen sein könnte. Nach Ansicht des Verfassers geht von § 40 KWG keine relevante Beschränkung der Niederlassungsfreiheit aus.

1067 EuGH, Rs. C-255/97, Slg. 1999, I-2835 – Pfeiffer (zu Art. 52 EGV); wie bereits oben ausgeführt, war diese Beschränkung dann als gerechtfertigt angesehen worden.

1068 A. A.: Streinz-*Müller-Graff*, Art. 43 EGV, Rn. 62 (zu Art. 43 EGV), wonach für die Übertragung der Grundsätze der Keck-Rechtsprechung auf die Niederlassungsfreiheit kein zwingender Grund bestehe. Die Formel weise keinen subsumtionsfähigen Kern auf, passe terminologisch nicht und sei zu grobrastig.

c) Verstoß gegen die Kapitalverkehrsfreiheit

aa) Einfluss des Vertrages von Lissabon

Aus ex-Art. 56 EGV wurde aufgrund des Vertrags von Lissabon Art. 63 AEUV. Es fand lediglich eine Umnummerierung statt.[1069]

bb) Schutzbereich der Kapitalverkehrsfreiheit

Der Kapitalverkehr, der durch Art. 63 AEUV geschützt ist, hat bis jetzt keine genaue Definition erfahren, vielmehr hat insbesondere der EuGH auf die im Anhang der Richtlinie 88/361/EWG aufgezählten Transaktionsarten verwiesen, die dem Schutzbereich der Kapitalverkehrsfreiheit unterliegen sollen.[1070]

Aus dieser Aufzählung lässt sich zwar keine genaue Definition finden, allerdings lässt sich aus einer genauen Betrachtung der Rückschluss gewinnen, dass einseitige Wertübertragungen von Sachkapital und von Geldkapital von der Kapitalverkehrsfreiheit geschützt sind.[1071]

Diese Übertragungen müssen zwischen zwei Staaten erfolgen und stellen regelmäßig eine Form der Kapitalanlage dar.[1072]

In persönlicher Hinsicht schützt die Kapitalverkehrsfreiheit nicht nur natürliche Personen, sondern auch juristische Personen, sowohl aus den Mitgliedstaaten als auch aus Drittstaaten.[1073]

Im hier zu entscheidenden Fall ist es nicht möglich, sich an einer Sparkasse mit einem bestimmenden Einfluss zu beteiligen oder diese ganz zu erwerben, ohne das Führen der Bezeichnung Sparkasse aufzugeben.

Entsprechend können nur andere kommunale Sparkassen im Wege der Vereinigung mit einer bestehenden Sparkasse zusammengeführt werden und diese Bezeichnung weiter verwenden.

Der Schutzbereich der Kapitalverkehrsfreiheit ist mithin eröffnet.

1069 Fischer, Der Vertrag von Lissabon, S. 250.

1070 EuGH, verb. Rs C-163/94, C-165/94, C-250/94, Slg. 1995 I-4821, Rn. 34 – Sanz de Lera u. a.

1071 Callies/Ruffert-*Jürgen Bröhmer*, Art. 56, Rn. 8; von der Groeben/Schwarze-*Wolfgang Kiemel*, Art. 56, Rn. 1; Streinz-*Sedlaczek*, Art. 56 EGV, Rn. 5; Brenncke, S. 7 (jeweils zu Art. 56 EGV); Geiger/Khan/Kotzur, Art. 63 AEUV, Rn. 3.

1072 Callies/Ruffert-*Jürgen Bröhmer*, Art. 56, Rn. 8; EuGH, Rs. 286/82 u. Rs. 26/83, Slg. 1984, I – 377, Rn. 21 – Luisi und Garbone; Brenncke, S. 7 f. (zu Art. 56 EGV).

1073 Haratsch/Koenig/Pechstein, Rn. 897; Brenncke, S. 8 f. (zu Art. 56 EGV).

cc) *Grenzüberschreitender Sachverhalt*

Auch die Kapitalverkehrsfreiheit findet nur dann Anwendung, wenn ein grenzüberschreitender Sachverhalt vorliegt.[1074] Dies ist hier denkbar, denn in Rede steht der Erwerb einer Sparkasse durch einen privaten Investor aus einem anderen Mitgliedsstaat.

dd) *Eingriff*

aaa) *Handeln eines Verpflichtungsadressaten*

Wie bereits im Rahmen der Niederlassungsfreiheit dargestellt, sind die Adressaten auch dieser Grundfreiheit grundsätzlich die Mitgliedsstaaten und die Organe der Union.[1075]

Auch hier hat der Bundesgesetzgeber mit Erlass des § 40 KWG gehandelt, mithin ein Adressat der Kapitalverkehrsfreiheit.

bbb) *Beschränkungsverbot*

Nach dem Wortlaut der Vorschrift stellt die Kapitalverkehrsfreiheit nicht bloß ein Diskriminierungsverbot dar, sondern sie befreit den Kapitalverkehr sowohl zwischen Mitgliedstaaten als auch den Kapitalverkehr zwischen Mitgliedstaaten und Drittstaaten von jeglicher Art von Beschränkungen.[1076] Entsprechend kann die Kapitalverkehrsfreiheit weit ausgelegt werden und es lässt sich der Umfang der Kapitalverkehrsfreiheit in Anlehnung an die Dassonville-Formel zur Warenverkehrsfreiheit so definieren, dass sowohl unmittelbare als auch mittelbare und sowohl aktuelle als auch potentielle Begrenzungen, Behinderungen oder Untersagungen für den Durchfluss, Abfluss oder Zufluss von Kapital umfasst sind.[1077]

Insbesondere sind Marktzugangsbehinderungen verboten, wobei dieser Begriff durch den EuGH weit ausgelegt wird. So sind sämtliche Maßnahmen verboten, die den Erwerb einer Beteiligung betreffen und als geeignet erscheinen, einen Anleger aus einem anderen Mitgliedsstaat von einer solchen abzuhalten.[1078]

Allerdings ist diese weite Auslegung des Umfangs der Kapitalverkehrsfreiheit nicht unumstritten. Bei dieser Auslegung besteht nämlich die Gefahr, dass eine Vielzahl von Maßnahmen jedenfalls mittelbar gegen die Kapitalverkehrsfreiheit

---

1074 Brenncke, S. 7 (zu Art. 56 EGV); EuGH, verb. Rs. 35/82 und 36/82, Rn. 15 f., Slg. 1982, 3723 – Morson (zur Arbeitnehmerfreizügigkeit).

1075 Haratsch/Koenig/Pechstein, Rn. 903 (zu Art. 56 EGV).

1076 Geiger/Khan/Kotzur, Art. 63 AEUV, Rn. 7; Grabitz/Hilf-*Ress/Ukrow*, Art. 56, Rn. 15 (zu Art. 56 EGV).

1077 Grabitz/Hilf-*Ress/Ukrow*, Art. 56, Rn. 7 (zu Art. 56 EGV); Geiger/Khan/Kotzur, Art. 63 AEUV, Rn. 7; von der Groeben/Schwarze-*Kiemel*, Art. 56, Rn. 7 (zu Art. 56 EGV); Lenz/Borchardt-*Schürmann*, Art. 56, Rn. 17 (zu Art. 56 EGV).

1078 EuGH, Rs. C-463/00, Slg. 2003, S. I-4581 – Goldene Aktien IV (zu Art. 56 EGV).

verstoßen würde.[1079] Insofern wird verstärkt eine Einschränkung des Umfangs der Kapitalverkehrsfreiheit gefordert. Insbesondere aus einem systematischen Vergleich mit den Regelungen der Art. 34 und 35 AEUV (ex-Artikel 28 und 29 EGV) und unter Berücksichtigung des Ansatzes, dass lediglich die Freiheit des Marktzugangs sichergestellt werden soll, ergäbe sich, dass in Anlehnung an die „Keck"-Formel jedenfalls Rahmenbedingungen des Kapitalverkehrs, die nicht diskriminierend wirken, nicht gegen die Kapitalverkehrsfreiheit verstoßen sollen.[1080]

aaaa) Exkurs: Die Keck-Rechtsprechung

Der EuGH hat in einem Urteil den Anwendungsbereich der Warenverkehrsfreiheit eingeschränkt.[1081] Grundsätzlich fallen nach der Dassonville-Formel alle o. g. Beschränkungen unter den Anwendungsbereich der Warenverkehrsfreiheit, also alle Maßnahmen, die den Handel in der Gemeinschaft tatsächlich oder potentiell, mittelbar oder unmittelbar behindern können.[1082]

Von diesem weiten Anwendungsbereich machte der EuGH im Fall Keck die Ausnahme, dass solche Maßnahmen nicht geeignet sind, den gemeinsamen Markt zu behindern, die Verkaufsmodalitäten betreffen und sowohl für inländische als auch für ausländische Marktteilnehmer und sowohl für inländische als auch für ausländische Waren gleichermaßen gelten.

In diesem Zusammenhang wurden insbesondere Ladenschlussregelungen als den gemeinsamen Markt nicht beschränkende Maßnahmen gewertet. Allerdings wurden solche nationalen Vorgaben, die die Nutzung eines Warenzeichens aufgrund einer Verwechselungsgefahr beschränken, als Maßnahmen gleicher Wirkung eingestuft.[1083] Insgesamt lässt sich zur Warenverkehrsfreiheit sagen, dass nationale Verkaufsbeschränkungen dann gegen die Warenverkehrsfreiheit verstoßen, wenn sie einen produktbezogenen Charakter aufweisen.[1084]

1079 Lenz/Borchardt-*Schürmann*, Art. 56, Rn. 17 (zu Art. 56 EGV).

1080 Arndt, S. 195; „liegt strukturell nahe": Geiger/Khan/Kotzur, Art. 63 AEUV, Rn. 7.

1081 EuGH, Rs. C-267/91 und C-268/91, Entscheidung vom 24.11.1993 (zu Art. 30 EGV).

1082 Dassonville-Formel, EuGH, Slg. 1974, 837, 853 – Dassonville (zu Art. 30, 36 und 85 EWG-Vertrag).

1083 EuGH Rs. C-317/91, Slg. 1993, I-6227 – Deutsche Renault AG gegen Audi AG; Dort wurde allerdings im Ergebnis ein Verstoß gegen die Warenverkehrsfreiheit (damals Art. 30 EWG-Vertrag) abgelehnt, weil die Beurteilung, ob eine Verwechselungsgefahr vorliegt, nach nationalem Recht zu beurteilen war, das die Grenzen des Art. 36 EWG-Vertrag nicht überschritt.

1084 Arndt, S. 159 (bezugnehmend auf die Keck-Rechtsprechung); Geiger/Khan/Kotzur, Art. 63 AEUV, Rn. 7.

bbbb) Exkurs Ende

Der Ansatz der Keck-Rechtsprechung scheint hier übertragbar, weil die Grundfreiheiten des freien Warenverkehrs und der Kapitalfreiheit sich strukturell ähneln.[1085] Nicht auf den Anwendungsbereich der Kapitalverkehrsfreiheit übertragbar ist hingegen die Unterscheidung nach produktbezogenen und nicht produktbezogenen Beschränkungen, weil diese lediglich im Bereich der Warenverkehrsfreiheit einen Sinn ergeben.

Eine Parallele zu den auf der Keck-Rechtsprechung beruhenden Grundsätzen lässt sich allerdings insoweit ziehen, als der Anwendungsbereich der Grundfreiheiten des AEUV nicht schrankenlos gelten kann, weil sonst nahezu jede Marktregelung einer kritischen Überprüfung anhand der Grundfreiheiten zu unterziehen wäre.

Dies entspräche nicht dem Schutzzweck der Grundfreiheiten des EU-Arbeitsweisevertrages und dessen Vorgängerregelungen, wonach der gemeinsame Markt geschützt werden soll und Beschränkungen des Marktzugangs für Unternehmen aus anderen Mitgliedsstaaten verhindert werden sollen.[1086]

Deswegen sollen nach dieser Ansicht etwa Grundbuchvorschriften oder baurechtliche Vorschriften, auch wenn sie den Ertrag der Investition begrenzen, sowie gewerberechtliche Sonderbestimmungen im Kreditwesen, nicht gegen die Kapitalverkehrsfreiheit verstoßen.[1087]

Nach Ansicht des Verfassers spricht einiges für die Richtigkeit der von dieser Ansicht vorgenommenen Einschränkung des Schutzbereiches. Denn bei den durch den EU-Arbeitsweisevertrag gewährten Grundfreiheiten geht es darum, den gemeinsamen Markt möglichst wenig zu behindern. Würde man allerdings den Kapitalverkehr, wie von der herrschenden Lehre vertreten, derart unbegrenzt schützen wollen, müsste insbesondere das Ordnungsrecht sehr stark zurücktreten, denn nahezu jede denkbare ordnungsrechtliche Einschränkung würde eine Investition weniger attraktiv machen. Allerdings ist es in den Mitgliedsstaaten der EU üblich und unumgänglich, dass es Genehmigungserfordernisse oder Auflagen gibt, die der Sicherheit und dem Verbraucherschutz dienen. So verhält es sich auch mit der Vorschrift des § 40 KWG. Diese dient letztlich dem Interesse des Verbraucherschutzes und schränkt die Kapitalverkehrsfreiheit nur mittelbar ein. § 40 KWG verbietet nicht den Kauf einer Sparkasse, dies ist möglich. Lediglich die weitere Nutzung der Sparkasse wird unter dem Teilbereich eingeschränkt, dass das Institut die Bezeichnung Sparkasse nicht mehr verwenden darf. Wenn man nun die Kernaussage der Keck-Rechtsprechung auf den hier zu beurteilenden Fall übertragen würde, ließe sich sagen, dass ein Verstoß gegen die Kapitalverkehrsfreiheit dann nicht vorliegt, wenn der Marktzugang nicht behindert wird.

Hierfür spricht, dass ein ausländischer Investor, wie jeder nationale Investor, eine Sparkasse grundsätzlich erwerben kann.

1085 Brenncke, S. 10 (zu Art. 28 ff. und 56 EGV).

1086 Brenncke, S. 10.

1087 Lenz/Borchardt-*Schürmann*, Art. 56, Rn. 19 (zu Art. 56 EGV).

Daraus, dass er bei einer Weiterführung des Instituts die Bezeichnung Sparkasse nicht mehr verwenden kann, folgt jedenfalls kein direktes Hindernis für den Kapitaleinsatz in Deutschland.

Brenncke sieht unter Berücksichtigung der Bedeutung der Bezeichnung Sparkasse dennoch eine Erschwerung des Marktzugangs mit folgender Begründung:

Durch den Bezeichnungsschutz des § 40 KWG sei der Kauf einer Sparkasse weniger attraktiv. Der potentielle Erwerber könne zwar das Unternehmen kaufen aber den wirtschaftlich wertvollen Namen der Sparkasse nicht weiter nutzen, so dass er entweder nur bereit sein wird, einen geringeren Kaufpreis zu zahlen, oder von dem Kauf komplett absehen wird.[1088] Folglich würde sich § 40 KWG negativ auf den Prozess der Kaufentscheidung selbst auswirken.

Diese Ansicht vermag nicht zu überzeugen, denn bei der Betrachtung des Zwecks der Grundfreiheiten fällt auf, dass insbesondere diskriminierende Vorschriften abgeschafft werden sollen. Eine diskriminierende Vorschrift liegt hier schon nicht vor. Darüber hinaus kommt es einzig darauf an, ob der Marktzugang erschwert wird oder nicht. § 40 KWG verbietet es allerdings keinem Investor, eine Sparkasse zu kaufen. Er bewegt sich auf dem Gebiet des Ordnungsrechts und schreibt vor, dass die Bezeichnung Sparkasse nicht von einem privaten Investor, gleich welcher Nationalität, verwendet werden darf. Das für alle Teilnehmer gleichermaßen geltende Ordnungsrecht kann aber grundsätzlich vor den Grundfreiheiten bestehen, ohne dass es einer Rechtfertigung bedarf, wie es sich der Keck-Rechtsprechung entnehmen lässt. Auf die Kapitalverkehrsfreiheit übertragen bedeutet dies, dass eine Ordnungsvorschrift nur dann gegen die Kapitalverkehrsfreiheit verstößt, wenn sie direkt einen Marktzugang verhindert. Dieses Ergebnis wird durch die von der Keck-Rechtsprechung gedeckte Beschränkung der Ladenöffnungszeiten bestätigt. Denn auch hier könnte man mit *Brenncke* und der EU-Kommission vertreten, dass ein Investor zwar ein Einzelhandelsunternehmen kaufen kann und der Marktzugang insofern nicht erschwert ist. Allerdings könnte der Investor möglicherweise von einer solchen Investition absehen, weil er nicht zu den von ihm gewünschten Zeiten das Unternehmen betreiben kann. Denn auch die rechtliche Möglichkeit, ein Ladenlokal länger öffnen zu können, kann einen wirtschaftlichen Wert darstellen.

Diese Ansicht ginge aber zu weit und verstieße gegen die Gedanken der Grundfreiheiten. Folglich sprechen gute Gründe dafür, dass § 40 KWG nicht gegen die Kapitalverkehrsfreiheit verstößt und deswegen nicht rechtfertigungsbedürftig ist.

Bei einer näheren Betrachtung der eben geführten Auseinandersetzung fällt auf, dass es um die Frage der Einschränkung des Schutzbereiches der Grundfreiheiten geht. Nachdem weitgehende Einigkeit darüber besteht, dass die Grundfreiheiten nicht nur dann verletzt sein sollen, wenn eine Diskriminierung vorliegt, sondern auch dann, wenn eine Beschränkung vorliegt, sollte auch nur die Frage des Vorliegens einer Beschränkung an dieser Stelle geprüft werden. Teilweise wird versucht,

---

1088 Brenncke, S. 10; ähnlich auch die Ansicht der EU-Kommission: Mit Gründen versehene Stellungnahme der EU-Kommission, S. 7.

eine Einschränkung des Schutzbereiches damit zu erreichen, dass man die herausgearbeiteten Einschränkungen dogmatisch als negative Tatbestandsmerkmale[1089] beschreibt.

Teilweise ist man auch mit der Einschränkung der Schutzbereiche durch die Keck-Rechtsprechung nicht zufrieden und hält die darin enthaltene Unterteilung der Beschränkungen als zu formal, so dass sie nicht geeignet sei, dem Binnenmarktbezug der Grundfreiheiten gerecht zu werden.[1090]

Teilweise wird aus diesem Gedanken heraus versucht, mit verschiedenen Ansätzen diesen Binnenmarktbezug herzustellen und auf andere Weise den Schutzbereich der Grundfreiheiten einzuschränken.[1091]

Nach Ansicht des Verfassers sollten diese Fragen dogmatisch richtiger bei der Beurteilung der Frage der Rechtfertigung einer Beeinträchtigung erfolgen. Sofern nur eine geringe Einschränkung erfolgt und diese zudem noch einem schützenswerten Interesse dient, wird man regelmäßig zu einer Rechtfertigung kommen, ohne dass man den Schutzbereich der Grundfreiheiten bereits auf Tatbestandsebene einschränken muss. Auf diese Weise erscheinen sachgerechte und flexible Ergebnisse am leichtesten zu erzielen.

Insofern bleibt an dieser Stelle festzustellen, dass, wenn man der herrschenden Lehre folgen möchte, man durchaus von einem Verstoß gegen die Kapitalverkehrsfreiheit ausgehen kann, weil die Regelung des § 40 KWG es ausländischen Investoren weniger attraktiv macht, in den Kauf einer Sparkasse zu investieren. Diese geminderte Attraktivität ergibt sich daraus, dass ein Käufer sie nach dem Kauf nicht mehr als solche weiter betreiben darf. Aufgrund dieses Verbotes sinkt der wirtschaftliche Wert der Sparkasse, weil der Begriff Sparkasse eine etablierte und werthaltige Marke darstellt und aufgrund des damit verbundenen Vertrauens zur Kundenbindung geeignet ist.

ee) Ergebnis

Nach der hier vertretenen Ansicht liegt ein Verstoß des § 40 KWG gegen die Kapitalverkehrsfreiheit dem Grunde nach vor, allerdings deutet schon jetzt einiges darauf hin, dass dieser Verstoß gerechtfertigt sein könnte.

2. Rechtfertigung eines Eingriffs

Nachdem zwar nach der hier vertretenen Ansicht die Vorschrift des § 40 KWG schon unter die Bereichsausnahme des Art. 345 AEUV fällt und sie deswegen nicht an den Grundfreiheiten zu messen ist, soll sich im Anschluss aufgrund der

1089 Grabitz/Hilf-*Ress/Ukrow*, Art. 56, Rn. 110 (zu Art. 56 EGV).
1090 Streinz-*Müller-Graff*, Art. 43 EGV, Rn. 62 (zu Art. 43 EGV).
1091 Siehe Übersicht bei Callies/Ruffert-*Thorsten Kingreen*, Art. 56, Rn. 111 (zu Art. 56 EGV).

verschiedenen vertretenen Ansichten und insbesondere aufgrund der Tatsache, dass die Kommission einen Verstoß von § 40 KWG gegen die Kapitalverkehrsfreiheit und die Niederlassungsfreiheit als gegeben ansah, mit der Rechtfertigung eines solchen unterstellten Verstoßes gegen diese Grundfreiheiten beschäftigt werden.

a) Allgemeines zur Rechtfertigung eines Eingriffs

Der EuGH führt in seiner Rechtsprechung grundsätzlich einen „Vier-Konditionen-Test“ durch, wonach ein Eingriff in die Grundfreiheiten dann gerechtfertigt sein soll, wenn die Vorschrift nicht diskriminierend angewendet wird und mit ihrer Anwendung darüber hinaus Ziele verfolgt werden, die aufgrund ihrer Zuordnung zum öffentlichen Interesse übergeordnet sind. Die Anwendung der Vorschrift muss auch zur Verfolgung dieser Ziele geeignet sein und sie darf nicht über das Erforderliche hinausgehen.[1092]

aa) Nicht-diskriminierende Anwendung der Vorschrift

Es wurde bereits herausgearbeitet, dass § 40 KWG auf ausländische und auf inländische Marktteilnehmer gleichermaßen gilt und deswegen nicht diskriminierend wirkt. Dieses Ergebnis deckt sich auch mit dem von der EU-Kommission gefundenen Ergebnis.[1093]

bb) Verfolgung von übergeordneten Zielen des Allgemeininteresses

Weiterhin müsste die Vorschrift übergeordneten Zielen des Allgemeininteresses dienen. In Betracht kommt hier das in Art. 169 AEUV kodifizierte schützenswerte Interesse des Verbraucherschutzes.[1094] Außerdem könnte das staatliche Ziel der Sicherung der Grundversorgung der Gesellschaft ein übergeordnetes Ziel im Allgemeininteresse sein, das eine Rechtfertigung eines Eingriffs trägt.[1095]

Ob allerdings der Bezeichnungsschutz unmittelbar dem Verbraucherschutz dienen soll, scheint bei einer historischen Betrachtung des Bezeichnungsschutzes nicht richtig zu sein. Auch dürfte es den Verbrauchern in der Praxis nicht besonders wichtig sein, welcher juristischen Organisationsform „ihr“ Kreditinstitut folgt.[1096]

Hierfür spricht schon, was bereits oben gezeigt wurde, dass die BaFin, die im Wesentlichen die sich aus dem KWG ergebenden Befugnisse ausübt, ihre Tätigkeit

---

1092 Vogel, Hans-Gert, S. 136; diesen Maßstab wendet auch die EU-Kommission an: Mit Gründen versehene Stellungnahme der EU-Kommission, S. 7; Geiger/Khan/Kotzur, Art. 49 AEUV, Rn. 15.

1093 Mit Gründen versehene Stellungnahme der EU-Kommission, S. 7.

1094 Brenncke, S. 11 ff.; Mit Gründen versehene Stellungnahme der EU-Kommission, S. 8.

1095 Brenncke, S. 14; Mit Gründen versehene Stellungnahme der EU-Kommission, S. 8.

1096 Vogel, Hans-Gert, S. 136.

grundsätzlich im öffentlichen Interesse wahrnimmt und nicht im Verbraucherinteresse. Auch die Idee, dass der Bezeichnungsschutz letztlich auch dem Markenrecht dient,[1097] scheint nicht die Motivation zu sein, die für die Etablierung des in § 40 KWG kodifizierten Bezeichnungsschutzes spricht, denn dieser Irreführung entgegenzuwirken, ist bereits der Zweck anderer Vorschriften des Gesellschaftsrechts.[1098]

Letztlich dient die Vorschrift, wenn auch andere Beweggründe durchaus eine Rolle spielen können, dem Schutz des Vertrauens in das Kreditwesen insgesamt. Diese Schlussfolgerung lässt sich bereits aus der hier eingangs dargestellten historischen Entwicklung der Sparkassen erkennen. Denn der Bezeichnungsschutz der Sparkassen wurde als die Antwort auf einen massenhaften Abzug von Spareinlagen etabliert. Dieser Abzug von Einlagen, der auf fehlendem Vertrauen in das Kreditgewerbe insgesamt beruhte, führte zur Wirtschaftskrise in den 1930er Jahren.[1099]

Neben diesem Hauptanliegen des Bezeichnungsschutzes, der durch die BaFin einer besonderen Kontrolle unterliegt, ist nach dieser Ansicht auch anzuerkennen, dass mit dem Bezeichnungsschutz, jedenfalls mittelbar, durchaus Anliegen des Verbraucherschutzes verfolgt werden. Denn der Verbraucherschutz geht mit der Stärkung des Vertrauens in die Branche zwangsläufig einher.

Der Verbraucherschutz schlägt sich in der Regelung des § 40 KWG insofern nieder, als dass es dem Verbraucher auf einen Blick ermöglicht wird, zu erkennen, ob er es mit einem Institut zu tun hat, dass seine Tätigkeit an der Gewinnerzielung ausrichtet oder an der bestmöglichen Aufgabenerfüllung und letztlich im öffentlichen Interesse. Dies dürfte sich auch in der Laiensphäre niedergeschlagen haben, wenn man die Marktanteile der Sparkassen betrachtet.

Nach der Darstellung von *Brenncke*, der sich auf eine Umfrage des Instituts *Forsa* bezieht, hat die große Mehrheit der Bevölkerung auch konkrete Vorstellungen von einer Sparkasse. Demnach lehnen über 75 % der Bevölkerung eine Privatisierung der Sparkassen ab, was den Schluss zulässt, dass die Bevölkerung sich unter einer Sparkasse ein öffentlich-rechtliches Institut vorstellt.[1100] Zudem ist eine Mehrheit der Bevölkerung der Ansicht, dass die Sparkassen viele Zweigstellen haben, eine „Bank für Jedermann" seien und sich in der Region besonders engagierten, beispielsweise für die kommunale Wirtschaft, für Sport und Kultur.[1101]

Diese Ansichten der Bevölkerung decken sich mit den gesetzlichen Vorgaben, nach denen die Sparkassen ihr Handeln zu richten haben.

Die Regelung des § 40 KWG dient den Verbrauchern dazu, bei dem Besuch einer Sparkasse das zu bekommen, was sie erwarten, nämlich ein öffentlich-rechtlich organisiertes Kreditinstitut, das sein Handeln primär am öffentlichen Auftrag

1097 So etwa problematisiert bei Geschwandtner/Bach, S. 132 f.
1098 Siehe hierzu Vogel, Hans-Gert, S. 136.
1099 Vogel, Hans-Gert, S. 136.
1100 Brenncke unter Bezug auf Forsa, S. 12.
1101 Brenncke unter Bezug auf Forsa, S. 12.

orientiert. Insofern dient sie neben der Schaffung von Vertrauen in das Bankensystem auch dem Verbraucherschutz, eben weil sie den Markt transparent macht.

Dies wird grundsätzlich von der EU-Kommission anerkannt: Nach deren Ansicht ist der Verbraucherschutz *ein berechtigtes öffentliches Interesse.* Und es sei auch grundsätzlich anzuerkennen, dass Maßnahmen zum Schutz des berechtigten Interesses der Verbraucher ergriffen werden, wonach sie wissen möchten, mit welchem Kreditinstitut sie es zu tun haben. Denn die Verbraucher verbinden auch nach Ansicht der EU-Kommission mit der Bezeichnung Sparkasse ein Kreditinstitut, das Investitionen in der Region vornimmt und den Grundversorgungsauftrag in der Region wahrnimmt.[1102]

Allerdings ist der Verbraucherschutz nach dieser Ansicht nicht alleiniges Hauptziel der Regelung.

Das Anliegen der Stärkung des Vertrauens in das Kreditgewerbe ist auch als ein übergeordnetes Ziel im öffentlichen Interesse anzusehen, weil ein gesamtwirtschaftliches Interesse daran besteht, dass das Finanzsystem funktioniert. Diese Ansicht entspricht auch derjenigen des EuGH, der den Mitgliedsstaaten zudem bei besonders sensiblen Bereichen, wozu er auch das Finanzdienstleistungswesen zählt, eine Einschätzungsprärogative einräumt.[1103]

Fraglich ist darüber hinaus, ob dieses Ziel, dem der Bezeichnungsschutz dient, noch dadurch verstärkt wird, dass es sich bei den Sparkassen möglicherweise um „Dienste im allgemeinen wirtschaftlichen Interesse" handelt, die nach Art. 14 AEUV besonders geschützt sind.

Um diese Frage beurteilen zu können, bedarf es zunächst einer Definition des Begriffes der Dienste im allgemeinen wirtschaftlichen Interesse.

Grundsätzlich lässt sich feststellen, dass auch die Vorschrift des Art. 106 Abs. 2 AEUV – dem wurde oben bereits nachgegangen – eine ähnliche Bezeichnung verwendet, hier allerdings nicht von „Diensten", sondern von „Dienstleistungen" im allgemeinen wirtschaftlichen Interesse gesprochen wird. Dem Grunde nach soll sich der Begriff „Dienstleistungen" auf die Erbringung solcher Dienste beziehen und der Begriff Dienste auf die Dienste selbst.[1104]

Trotz dieses unterschiedlichen Sprachgebrauchs, sollen die Begriffe gleich definiert werden.[1105] Im deutschen Sprachgebrauch nennt man in diesem Zusammenhang häufig den Begriff der Daseinsvorsorge, allerdings ist dieser mit den Diensten im allgemeinen wirtschaftlichen Interesse nicht identisch, da er nicht inhaltsgleich in den anderen Mitgliedsstaaten verwendet wird.[1106]

1102 Mit Gründen versehene Stellungnahme der EU-Kommission, S. 8.
1103 EuGH, Rs. C-222/95, Slg. 1997, I-3899, Rn. 22 – Parodi.
1104 Nagel, S. 26 (zu Art. 16 und 86 EGV).
1105 Lenz/Borchardt-*Lenz*, Art. 16, Rn. 8 (zu Art. 16 und 86 EGV).
1106 Nagel, S. 27 (zu Art. 16 und 86 EGV).

Schon aus dem Begriff ergibt sich, dass es sich um solche Dienstleistungen handeln muss, die von wirtschaftlichem Interesse sind.[1107] Das bedeutet, dass solche Dienste, die ausschließlich aus einer kulturellen oder sozialen Motivation heraus erfolgen, schon von vornherein nicht unter diesen Begriff fallen.[1108]

Da Ausnahmeregelungen im Bereich der Grundfreiheiten des AEUV generell eng auszulegen sind,[1109] ist im Rahmen der Definition des Begriffes besonderen Wert darauf zu legen, dass das Unternehmen solche wirtschaftlichen Tätigkeiten ausführt, die im allgemeinen wirtschaftlichen Interesse liegen, dass also die Wahrnehmung bloßer Privatinteressen nicht ausreicht.[1110] In diesem Zusammenhang kommt allerdings den Mitgliedsstaaten ein großer Ermessens- bzw. Konkretisierungsspielraum dahingehend zu, welche Dienstleistungen ihrer Ansicht nach im allgemeinen wirtschaftlichen Interesse geschehen.[1111]

Weiterhin muss das Unternehmen damit betraut sein, diese Dienste wahrzunehmen. Dies können auch Privatunternehmen sein, sofern sie durch einen staatlichen Hoheitsakt diese Aufgabe übertragen bekamen.[1112]

Klassische Beispiele für Unternehmen, die unter diese Definition fallen, sind nach der Rechtsprechung des EuGH:[1113]

- Post
- Telekommunikationsunternehmen
- Verkehrsunternehmen
- Wasserversorgungsunternehmen
- öffentlich-rechtliche Arbeitsvermittlungsanstalten
- Hafenunternehmen

Für den hier zu untersuchenden Gegenstand ist insbesondere von Bedeutung, dass Banken typischerweise nicht unter diesen Begriff fallen, jedenfalls so lange nicht feststeht, dass sie entsprechend mit der Wahrnehmung von Diensten im allgemeinen wirtschaftlichen Interesse betraut worden sind.[1114]

Bei den Sparkassen scheinen diese Voraussetzungen allerdings vorzuliegen, weil sie nach den Sparkassengesetzen dazu verpflichtet sind, ihr Handeln an dem öffentlichen Auftrag zu orientieren.

1107 Lenz/Borchardt-*Grill*, Art. 86, Rn. 24 (zu Art. 16 und 86 EGV).

1108 Lenz/Borchardt-*Grill*, Art. 86, Rn. 24 (zu Art. 16 und 86 EGV).

1109 Arndt, S. 148 (zum EG-Vertrag).

1110 Lenz/Borchardt-*Grill*, Art. 86, Rn. 24 (zu Art. 16 und 86 EGV); Geiger/Khan/Kotzur, Art. 106 AEUV, Rn. 13.

1111 Lenz/Borchardt-*Grill*, Art. 86, Rn. 24 (zu Art. 16 und 86 EGV); Geiger/Khan/Kotzur, Art. 106 AEUV, Rn. 14.

1112 Lenz/Borchardt-*Grill*, Art. 86, Rn. 25 (zu Art. 16 und 86 EGV); Geiger/Khan/Kotzur, Art. 106 AEUV, Rn. 12.

1113 Aufzählung nach Lenz/Borchardt-*Grill*, Art. 86, Rn. 26 mit Verweis auf die EuGH-Rechtsprechung (zu Art. 86 EGV).

1114 Lenz/Borchardt-*Grill*, Art. 86, Rn. 26 (zu Art. 16 und 86 EGV).

Diese Ansicht hat auch die Kommission der Konferenz von Amsterdam in ihrer Erklärung Nummer 37 anerkannt.

Diese Einordnung erscheint deswegen richtig, weil zum einen der EU-Arbeitsweisevertrag eine abschließende Definition der Dienste nicht enthält und zum anderen, weil den Mitgliedsstaaten ein weiter Einschätzungsspielraum eingeräumt wird darüber zu bestimmen, welche Dienste als Dienste im allgemeinen öffentlichen Interesses anzusehen sind.

Entsprechend kann die Entscheidung eines Mitgliedsstaates nur daraufhin überprüft werden, ob sie offensichtlich fehlerhaft ist.[1115]

Die Sparkassen sind als Dienste im allgemeinen wirtschaftlichen Interesse zu bewerten und ihre Tätigkeit obliegt damit dem besonderen Schutz des Art. 14 AEUV, was im Rahmen der Rechtfertigung eines Verstoßes gegen Grundfreiheiten Beachtung finden wird.

Auch die EU-Kommission erkennt grundsätzlich an, dass *„bestimmte Tätigkeiten der Sparkassen Aufgaben der Grundversorgung sind"*.[1116]

Zusammenfassend sind also zwei verschiedene Ziele beachtlich, zu deren Erfüllung § 40 KWG beitragen kann: Dies sind die Schaffung von Vertrauen in die Finanzwirtschaft, die mit dem Verbraucherschutz einhergeht. Verstärkt werden diese Ziele dadurch, dass die durch § 40 KWG geschützten Sparkassen durch die Erfüllung des Grundversorgungsauftrages nach Ansicht des Verfassers als Erbringer von Diensten im allgemeinen wirtschaftlichen Interesse nach Art. 14 AEUV zu qualifizieren sind.

cc) Geeignetheit der Vorschrift

Gerade bei der Betrachtung des Verbraucherverhaltens in der Wirtschaftskrise zeigt sich, dass die Sparkassen das Vertrauen ihrer Kunden in die Finanzwirtschaft zu stärken vermögen und dass der Bezeichnungsschutz hier einen Beitrag leisten kann. Dies zeigt die oben zitierte Umfrage, wonach die Mehrheit der Bevölkerung die Sparkassen als Banken mit vielen Zweigstellen, als Banken für Jedermann und als Banken ansieht, die sich in der Region besonders engagieren.[1117] Es ist also gelungen, einen Unterschied der Kreditinstitutsgruppen auch durch verschiedene Bezeichnungen im Bewusstsein der Bevölkerung zu etablieren.

Zudem ist es denkbar, dass, wenn diese Unterscheidung aufgehoben werden würde, die Sparkassen ihrem Grundversorgungsauftrag nicht mehr in gleicher Weise entsprechen könnten. Denn in diesem Fall wäre es möglich, dass sich Kunden, die bewusst ein Kreditinstitut wählen, das Investitionen in der Region vornimmt, ohne diese Unterscheidbarkeit für ein anderes Kreditinstitut entscheiden würden. Damit könnte die Leistungsfähigkeit der Sparkassen insgesamt abnehmen.

1115 Nagel, S. 29 (zu Art. 16 und 86 EGV); Geiger/Khan/Kotzur, Art. 106 AEUV, Rn. 14.
1116 Mit Gründen versehene Stellungnahme der EU-Kommission, S. 8.
1117 Brenncke unter Bezug auf Forsa, S. 12.

Auch nach der Ansicht der Kommission ist die Regelung des § 40 KWG grundsätzlich dazu geeignet, die Verwirklichung der beiden oben genannten Ziele zu erreichen.[1118]

dd) Erforderlichkeit der Regelung des § 40 KWG

Es stellt sich darüber hinaus die Frage, ob der Bezeichnungsschutz der Sparkassen über § 40 KWG das mildeste geeignete Mittel ist, um das Ziel des Schaffens von Vertrauen in die Finanzwirtschaft zu realisieren. Möglicherweise kommen daneben auch andere zumindest gleich geeignete mildere Mittel in Frage.

Die Kommission meint, dass der derzeitige Bezeichnungsschutz über das hinausgehe, was zur Wahrung der geschützten Interessen erforderlich ist.[1119] Sie ist der Ansicht, dass nicht das Eigentum an einem Kreditinstitut für die Erfüllung des Grundversorgungsauftrages entscheidend sei, sondern allein die Verpflichtung auf die Erfüllung dieses Auftrages. Diese könnte durch gesetzliche Rahmenbestimmungen erfolgen.[1120] Die Kommission stützt ihre Argumentation auf die Existenz der freien Sparkassen, denen § 40 KWG es gestattet, die Bezeichnung Sparkasse auch nach einer Umwandlung in eine GmbH oder in eine AG zu führen. Dies könne als Beispiel auch für andere Privatunternehmen gelten.[1121]

Nach Ansicht des Verfassers ist dieser Vergleich allerdings verfehlt: Zunächst ist festzustellen, dass die freien Sparkassen nur aus Gründen des Bestandsschutzes die Bezeichnung Sparkasse führen können, sie sind also nicht repräsentativ für das System.[1122] Die EU-Kommission greift eine Ausnahmeerscheinung im deutschen Sparkassengefüge auf und zieht hieraus Rückschlüsse für eine grundsätzliche Freigabe der Bezeichnung Sparkasse für privatrechtlich organisierte Unternehmen, die dem deutschen Sparkassenwesen fremd ist. Denn die freien Sparkassen unterscheiden sich erheblich von Privatbanken. Sie befinden sich überwiegend in der Hand regionaler Stiftungen oder Vereinen oder Bürgern einer Kommune.[1123] Die Freigabe der Bezeichnung Sparkasse für umgewandelte Unternehmen erfolgte einzig vor dem Hintergrund, dass man es gestatten wollte, den freien Sparkassen einen rechtlichen Rahmen zu geben, der im Wirtschaftsleben üblich und gängig ist, nachdem teilweise die genutzten Rechtsformen, etwa der wirtschaftliche Verein, dem Wirtschaftsleben eher fremd waren.[1124] Zudem verbindet die gemeinsame Geschichte der öffentlich-rechtlichen Sparkassen und der freien Sparkassen die beiden Gruppen und die freien Sparkassen betrachten sich als Sparkassen und richten ihr

1118 Mit Gründen versehene Stellungnahme der EU-Kommission, S. 8.
1119 Mit Gründen versehene Stellungnahme der EU-Kommission, S. 8.
1120 Mit Gründen versehene Stellungnahme der EU-Kommission, S. 8.
1121 Mit Gründen versehene Stellungnahme der EU-Kommission, S. 9.
1122 Nagel, S. 36.
1123 Vogel, Hans-Gert, S. 138.
1124 Beck/Samm-*Samm*, § 40, Rn. 32.

Handeln nach deren Grundsätzen aus.[1125] Die Zulassung von freien Sparkassen in Rechtsformen des Privatrechts resultiert also aus Bestandsschutzerwägungen bei der Einführung des KWG sowie aus Gründen der Praktikabilität und stellt aufgrund der langen gemeinsamen Tradition keine Gefährdung der für schützenswert erachteten Ziele dar. Ganz anders wäre die Situation bei neuen privaten Unternehmen zu sehen. Denn es lässt sich der Grundsatz aufstellen, dass staatliches Handeln öffentlichen Interessen dient, wohingegen typischerweise privates Handeln eigenen Interessen dient, regelmäßig der Gewinnerzielung. Insofern ist die Negation der Wichtigkeit des Faktors Eigentum in öffentlicher oder privater Hand für die Erfüllung des Grundversorgungsauftrages verfehlt. Deswegen lassen sich aus der Existenz der freien Sparkassen keine Argumente dafür herleiten, dass es privatisierte Sparkassen geben soll.

Die Freigabe der Bezeichnung an private Institute, die sich dann verpflichten müssten, ihre Tätigkeit am Gemeinwohl und an dem Regionalprinzip zu orientieren, erscheint auch nach *Brenncke* nicht als ein milderes Mittel. Zwar würden die Erwartungen der Verbraucher nicht enttäuscht, weil eine Orientierung an öffentlichen Interessen nach wie vor vorläge und weil die Erwartung einer öffentlich-rechtlichen Organisationsform für sich nicht schützenswert sei. Allerdings würde diese Unterwerfung der Geschäftstätigkeit nach Ansicht *Brenncke*s zu stark in die Entscheidungsfreiheit des Investors eingreifen.[1126]

Diese Einschätzung wird durch die Vorgänge im „Sparkassenstreit" im Jahr 2006 bestätigt. Ein Kompromissvorschlag der Bundesregierung sah vor, dass im Falle des Verkaufs der Berliner Sparkasse auch ein Privater die Bezeichnung Sparkasse weiterführen dürfe, sofern er sich unter staatliche Aufsicht begibt, sich den aus dem Sparkassengesetz ergebenden Aufgaben der Sparkassen allgemein verschreibt und sein Handeln nicht primär gewinnorientiert ausübt. In diesem Zusammenhang verzichtete die Bundesregierung darauf, von dem vollständig privatisierten Institut zu verlangen, dass es seine Geschäftstätigkeit nicht primär an der Gewinnerzielung orientiert, weil dies von der Kommission nicht akzeptiert worden wäre und weil materiell das Sparkassengesetz des Landes Berlin eine solche Einschränkung nicht explizit vorsieht.

Allerdings erscheint auch diese Lösung nicht vollends zu überzeugen, wie *Hans-Gert Vogel* zu Recht richtig feststellt:

Denn die Orientierung am Gemeinwohl ergibt sich bei Unternehmen, die der öffentlichen Hand zuzuordnen sind, nicht nur daraus, dass sie ihre Tätigkeit an der jeweils einschlägigen gesetzlichen Regelung ausrichten, sondern praktisch auch daraus, dass die Entscheidungsgremien, etwa die Verwaltungsräte, mit gewählten Vertretern der örtlichen Bevölkerung besetzt sind. Die Situation bei einer privaten Trägerschaft ist aber eine andere. Um die Durchsetzung einer

1125 Vogel, Hans-Gert, S. 138.
1126 Brenncke, S. 15.

Gemeinwohlverpflichtung zu gewährleisten, müssten die privaten Sparkassen stärker reguliert und kontrolliert werden als die öffentlichen Sparkassen.[1127]

Zudem bedürfte der öffentliche Auftrag der Sparkassen einer expliziten Aufschlüsselung in seine Bestandteile, weil es das Gebot der Rechtsklarheit und der effektiven Kontrollmöglichkeit erfordern würde, dass die privaten Sparkassen ihre Verpflichtung detailliert kennen und dass die Vernachlässigung einzelner Ziele auch durch die Aufsicht sanktionierbar wäre. Allerdings erscheint es hier im Gegensatz zu technischen Dienstleistungen schwierig, den öffentlichen Auftrag derart genau zu fassen, dass die gewünschten Wirkungen erzielt werden können. Denn es erscheint faktisch unmöglich, die gesetzliche Regelung so genau zu fassen, dass für jedes Bankgeschäft gesagt werden kann, ob es etwa der Entwicklung des Geschäftsgebiets oder insgesamt der Verwirklichung der Gemeinwohlverpflichtung dient.[1128]

Zudem besteht aufgrund einer privaten Trägerschaft stets die Gefahr, dass bei bestehenden Entscheidungsspielräumen die Entscheidungsträger sich eher für ein Handeln, das einen höheren Gewinn verspricht, entscheiden, statt eine Entscheidung für ein Handeln zu treffen, das am Gemeinwohl orientiert ist.[1129]

Insgesamt lässt sich also sagen, dass ein solches Vorgehen weder ein milderes Mittel ist, sofern der private Erwerber sich an einer bestimmten gesetzlichen Aufgabenzuweisung zu orientieren hat, noch ein gleich geeignetes Mittel wäre, die Verbraucher zu schützen, da die Kontrolle über die privaten Sparkassen schwierig erscheint und diese privaten Sparkassen sich nicht mit dem decken, was der Bürger von einer Sparkasse erwartet.

Weiterhin meint die EU-Kommission, dass auch Sparkassen in öffentlicher Trägerschaft teilweise ihr Handeln gewinnorientiert ausgestalteten. Sie verweist darauf, dass es in einigen Ländern, etwa in Rheinland-Pfalz, möglich ist, dass Private bis zu 49 % des Kapitals durch die Erbringung einer entsprechenden stillen Einlage halten können. Hieraus ergäbe sich, dass ein Sparkassenbegriff, der auch gewinnorientierte Ziele umfasst, *„dem deutschen Rechtssystem nicht unbekannt"* sei.[1130]

Doch auch die Betrachtung der möglichen stillen Beteiligungen an einer Sparkasse in den genannten Ländern führt nicht dazu, dass der Grundsatz, wonach die Sparkassen sich nicht an der Gewinnmaximierung orientieren, aufgeweicht wird. Denn die Sparkassen verfügen nicht wie private Gesellschaften über ein Grund- oder Stammkapital, an dem sich Private beteiligen können. Es ist zwar grundsätzlich möglich, dass stille Einlagen zum Eigenkapital der Sparkasse gezählt werden, allerdings erfolgt auf den Betrag der Einlage keine Gewinnausschüttung. Die gewährte Einlage wird vielmehr nach einem vereinbarten Schema verzinst und stellt daher für den Einleger keine Unternehmensbeteiligung im klassischen Sinn dar, sondern vielmehr eine Geldanlage mit einem vereinbarten Zinsertrag. Der gezahlte Zins findet

1127 Vogel, Hans-Gert, S. 138.
1128 Vogel, Hans-Gert, S. 138.
1129 Vogel, Hans-Gert, S. 138.
1130 Mit Gründen versehene Stellungnahme der EU-Kommission, S. 9.

sich als ordentlicher Aufwand in der Gewinn- und Verlustrechnung der Sparkasse wieder, so dass der Gewinn der Sparkasse bei den öffentlich-rechtlichen Instituten nie an einen privaten Investor ausgezahlt wird.[1131] Anders verhält es sich einzig nach dem geänderten Sparkassengesetz in Schleswig-Holstein. Nach § 27 Abs. 4 SpkG Schleswig-Holstein sind Ausschüttungen auf das Stammkapital grundsätzlich möglich. Allerdings wird auch hier der mögliche Kreis derer, die sich an einer Sparkasse beteiligen können, beschränkt. So können sich nur Sparkassen, deren Träger und solche vergleichbaren Träger beteiligen, die unter staatlicher Aufsicht hinsichtlich der Wahrung sparkassentypischer Aufgaben stehen und etwaige Ausschüttungen oder Erlöse mildtätigen oder gemeinnützigen Zwecken zuführen. Insofern besteht auch nach der neuen Rechtslage in Schleswig-Holstein keine Gefahr, dass aufgrund der nun gestatteten Beteiligungen ein Handeln der Sparkassen primär aus dem Gewinnstreben heraus eintritt.

Zudem wurde bereits oben herausgearbeitet, dass nach der derzeitigen Rechtslage in all diesen Ländern Private keinen bestimmenden Einfluss über die Sparkassen erlangen können.

Es bleibt also dabei, dass die Sparkassen ihre Geschäftstätigkeit nicht primär an der Gewinnerzielung ausrichten und die Regelung des § 40 KWG es dem Verbraucher ermöglichen soll, zu erkennen, mit welcher Art von Kreditinstitut er es zu tun hat.

Der Vorschlag der EU-Kommission, die Grundversorgung der Sparkassen nicht mehr durch die grundsätzliche öffentliche Trägerschaft der Sparkassen zu gewährleisten, sondern durch gesetzliche Rahmenbedingungen, ist also insgesamt als weniger geeignet anzusehen, den geschützten Zielen zu entsprechen. Auch die Beurteilung dieser Freigabe als milderes Mittel wird hier aufgrund der enormen notwendigen Kontrollmechanismen kritisch gesehen.

Brenncke zeigt noch weitere Alternativen der Modifizierung des Bezeichnungsschutzes auf und vergleicht deren Geeignetheit, dem Verbraucherschutz zu dienen.[1132]

Er führt zu Recht aus, dass eine Freigabe der Bezeichnung Sparkasse für alle Kreditinstitute ohne einen Zusatz und ohne eine Einschränkung der Geschäftstätigkeit nicht geeignet ist, den Vorstellungen der Verbraucher, was sich hinter dem Begriff Sparkasse verbirgt, gerecht zu werden.[1133] Die Verbraucher verbinden mit der Bezeichnung Sparkasse grundsätzlich Institute, die aufgrund der Geschichte öffentlich-rechtlich organisiert sind und die ihre Tätigkeit an der bestmöglichen Erfüllung der im öffentlichen Auftrag enthaltenen Aufgaben orientieren. Hier besteht ein Gegensatz zu der an der Gewinnmaximierung orientierten Zielsetzung der Privatkreditinstitute.

1131 Nagel, S. 36.
1132 Brenncke, S. 14 ff.
1133 Brenncke, S. 14.

Wenn nun jedes Institut die Bezeichnung Sparkasse führen könnte, wäre eine Unsicherheit bei den Verbrauchern zu erwarten, die geeignet wäre, ein Misstrauen gegenüber dem deutschen Bankensystem insgesamt zu provozieren. Dies gilt gerade in Zeiten einer Krise, die wesentlich durch das Verhalten verschiedener Banken ausgelöst wurde, wie sie aktuell zu beobachten ist.

Vorzugswürdig sei nach *Brenncke*, dass es privaten Investoren gestattet sein soll, die Bezeichnung Sparkasse mit einem Zusatz verwenden zu dürfen, der deutlich macht, dass die Sparkasse durch einen Privaten betrieben wird.[1134] Hierfür spricht tatsächlich, dass es eine ähnliche Regelung bereits für solche Institute gibt, die in einem anderen Mitgliedsstaat das Recht haben, sich Sparkasse zu nennen. Diese dürfen die Bezeichnung nach § 41 S. 2 KWG auch in Deutschland verwenden, allerdings müssen sie einen Zusatz benutzen, der auf den Sitzstaat des Instituts hinweist. Auch hierauf nimmt die EU-Kommission in ihrer Stellungnahme Bezug.[1135]

Ein solches Vorgehen wäre nach Ansicht des Verfassers zwar ein milderes Mittel gegenüber dem Verbot für private Investoren, die Bezeichnung Sparkasse zu führen, allerdings erscheint ein solches Vorgehen weniger geeignet, das Vertrauen in das Bankensystem zu gewährleisten und die Verbraucher zu schützen.

Denn dieser Vorschlag wurde bei den Gesprächen zwischen der Kommission und der Bundesrepublik im Rahmen des Vertragsverletzungsverfahrens diskutiert und dann nicht weiter verfolgt. Dem lag die Einschätzung zu Grunde, dass sich der Begriff Sparkasse in der Bevölkerung so weit verfestigt habe und mit bestimmten Erwartungen verknüpft sei, dass die Bezeichnung einen etwaigen Zusatz in der Wahrnehmung der Bevölkerung überdecken würde. Irreführungen hinsichtlich der tatsächlichen Organisation und der Motivation des Handelns des Instituts wären vorprogrammiert.[1136]

Diese Einschätzung ist nicht von der Hand zu weisen. Denn aus der geschichtlichen Entwicklung ergibt sich die Verwurzelung der Sparkassen in den Regionen. Die Sparkassen verfügen, wie die Betrachtung des Marktes ergeben hat, über eine hohe Anzahl an Kundenverbindungen. Es liegt nahe, dass sich dieser Erfolg insbesondere daraus ergibt, dass die Sparkassen ihre Geschäftstätigkeit seit je her am öffentlichen Auftrag orientieren. Im Laufe der Jahre wurden die Sparkassen zu bewährten Partnern im Bereich der Finanzdienstleistungen, die durch eine berechenbare und verlässliche Geschäftspolitik erhebliches Vertrauen in der Gesellschaft erreicht haben.

Dieses Vertrauen gibt der gesamten Finanzierungsbranche erhebliche Sicherheit, bisher kam es auch in der gegenwärtigen Krise nicht zu Einlagenabzügen in großem Maße, die die Liquidität einzelner Institute bedrohten.

Eine Freigabe der Bezeichnung Sparkasse wäre dazu geeignet, das Vertrauen, das das öffentlich-rechtliche Bankensystem über die Jahre aufgebaut hat, zu beeinträchtigen. Die Kunden sähen sich nicht mehr nur „der Sparkasse" gegenüber

1134 Brenncke, S. 15 ff.

1135 Mit Gründen versehene Stellungnahme der EU-Kommission, S. 9 f.

1136 So die Darstellung bei Vogel, Hans-Gert, S. 137.

sondern sie sähen sich neuen, möglicherweise bundesweit agierenden, Instituten gegenüber, deren Geschäftspolitik sehr wahrscheinlich aggressiver geschieht, als die der etablierten Sparkassen. Vor diesem Hintergrund besteht die Gefahr, dass die Freigabe zu Unsicherheiten der Verbraucher und damit zusammenhängend auch zu einem Vertrauensverlust der Branche insgesamt führen würde.

Zudem ist zu berücksichtigen, dass der nationale Gesetzgeber im Bereich der Finanzdienstleistungsinstitute, der besonders stark von dem Vertrauen der Bevölkerung abhängt, einen Entscheidungsspielraum hinsichtlich der Wahl geeigneter Mittel auch nach der Ansicht des EuGH hat. Deswegen ist zur Sicherung des Vertrauens in das deutsche Bankensystem derzeit kein milderes und gleich wirksames Mittel ersichtlich.

Nachdem kein gleich geeignetes milderes Mittel erkennbar ist, wird die Regelung des § 40 KWG auch als verhältnismäßig im engeren Sinne angesehen.

Dies ergibt sich aus den folgenden Gründen:

Der Verstoß gegen die Niederlassungsfreiheit wiegt schon nicht besonders schwer. Denn es ist einem Unternehmer aus einem anderen EU-Staat nicht untersagt, ein Kreditinstitut in Deutschland zu betreiben, vielmehr kann er sich entsprechend in Deutschland niederlassen. Er darf sein Kreditinstitut allerdings grundsätzlich nicht „Sparkasse" nennen. Sofern der Unternehmer in seinem Heimatland bereits ein Kreditinstitut betreibt, darf er diesen Namen auch grundsätzlich weiter nutzen. Insofern ist der Markt durch § 40 KWG schon nicht verschlossen. Ein Problem könnte lediglich dann auftreten, wenn sein Unternehmen im Heimatland eine Sparkasse ist. Sofern dieses Kreditinstitut nicht die Kriterien nach deutschem Recht einhält, die eine Sparkasse auszeichnen, wäre hier tatsächlich eine Beschränkung derart anzuerkennen, dass der Unternehmer sich nicht unter dem eigenen Namen in Deutschland niederlassen könnte. Doch auch hierfür sieht das Gesetz eine Ausnahme vor. Nach § 41 Satz 2 KWG könnte der Unternehmer die Bezeichnung auch in Deutschland unter Verwendung eines entsprechenden Zusatzes verwenden. Insofern bleibt festzuhalten, dass der Markt jedenfalls nicht abgeschottet wird und damit, wenn überhaupt, nur ein geringer Eingriff in die Niederlassungsfreiheit anzuerkennen wäre.

Gleich verhält es sich bei der Prüfung eines Verstoßes gegen die Kapitalverkehrsfreiheit. § 40 KWG verbietet es Investoren aus dem EU-Ausland nicht, sich, sofern nach den einschlägigen Sparkassengesetzen möglich, an einer Sparkasse zu beteiligen. Hier sind insbesondere die dargestellten neueren Regelungen zu nennen, wonach verschiedene Beteiligungen möglich sind, zugegebenermaßen führen diese regelmäßig nicht zu einem bestimmenden Einfluss des Investors. Dies ist allerdings eine Frage der Sparkassengesetze und nicht des § 40 KWG. Insofern verhindert § 40 KWG entsprechende Kapitalbewegungen nicht von vornherein. Ein Problem entsteht erst dann, wenn es ein Sparkassengesetz zulässt, dass ein Privater, gleich welcher Herkunft, bestimmenden Einfluss über eine Sparkasse erreichen kann. Sobald eine Sparkasse dann nicht mehr als öffentlich-rechtlich angesehen wird, verbietet § 40 KWG tatsächlich die weitere Nutzung der Bezeichnung Sparkasse.

Diese verbleibenden Einschränkungen sind nach Ansicht des Verfassers allerdings gerechtfertigt. Zunächst ist für beide Fälle in Rechnung zu stellen, dass nach § 40 KWG ein ausländischer Investor auch bestimmenden Einfluss über eine Sparkasse erwerben darf und der Markt insofern nicht abgeschottet wird. Er darf nur unter bestimmten Umständen die Bezeichnung nicht weiter verwenden. Dieser Namensschutz ist allerdings im Hinblick auf den Schutz des Vertrauens in die Kreditwirtschaft insgesamt und auf den Verbraucherschutz angemessen. Denn die Kreditwirtschaft ist eine Branche, in der es in besonderem Maße vertrauenbildender Maßnahmen bedarf. Nur wenn man dem System vertrauen kann, kann es funktionieren und seine volkswirtschaftlich wichtigen Funktionen ausüben. Der Markt der Kreditinstitute in Deutschland ist gerade gekennzeichnet durch die drei Säulen von Kreditinstitutsgruppen. Diese drei Säulen haben auch Eingang in die Wahrnehmung der Bürger gefunden. Würde man hier in einem größeren Maße Ausnahmen zulassen, würde diese Struktur geschwächt und es würde für einen Verbraucher schwieriger, auf den ersten Blick zu erkennen mit welcher Art von Kreditinstitut er es zu tun hat. Vertrauen in die Finanzdienstleistungsbranche würde also eher geschwächt werden, was gerade vor dem Hintergrund der hier behandelten Finanzkrise zu verhindern ist. Außerdem würde eine jahrelange Tradition in Deutschland aufgeweicht, was wiederum nicht vertrauensbildend wirken würde. Vor diesem Hintergrund wäre auch das mit der Regelung verfolgte Ziel des Verbraucherschutzes geschwächt, denn es wäre zu befürchten, dass ein Zulassen von privaten Sparkassen die Bürger verwirrte, schließlich haben sich die typischen Merkmale einer Sparkasse auch in der Laiensphäre festsetzen können. Demgegenüber wirkt die Beschränkung eines potentiellen Investors nicht besonders schwer: Es liegt schon keine Diskriminierung vor, weil auch ein inländischer Investor sein Kreditinstitut nicht Sparkasse nennen darf. Außerdem bleibt der Markt grundsätzlich offen, lediglich der Name des Kreditinstituts darf nicht Sparkasse sein. Im Übrigen bleiben dem Investor alle Möglichkeiten, einen Namen zu nutzen, der das Kreditinstitut möglichst attraktiv macht. Dass eine solche Ordnungsvorschrift den gemeinsamen Markt nicht über Gebühr beschränkt, zeigt auch ein Vergleich zu der Beschränkung der Ladenöffnungszeiten: Auch hier steht es einem Unternehmen frei, am hiesigen Markt aufzutreten, es darf lediglich nicht zu Zeiten öffnen, die nicht gestattet sind. Auch hier wird eine Ertragsschmälerung hingenommen.

Dieses Ergebnis wird auch dadurch bestätigt, dass im Rahmen der Abwägung auch die Markenrechte des DSGV an der Bezeichnung Sparkasse zu berücksichtigen sind. Denn die Bezeichnung Sparkasse ist nicht nur durch § 40 KWG geschützt, sondern darüber hinaus auch als Kollektivmarke für den DSGV eingetragen.[1137]

Dies war im Sparkassenstreit auch der EU-Kommission bewusst und sie verlangte in ihrem Schreiben, dass der DSGV erklärt, dass dessen Rechte an der Marke

---

1137 Brenncke, S. 7.

Sparkasse einer dauerhaften Verwendung der Bezeichnung Berliner Sparkasse durch einen privaten Erwerber nicht entgegenstehen.[1138]

Zunächst ist festzuhalten, dass die Bundesrepublik eine solche Erklärung für den DSGV nicht abgeben kann. Auch kann sie in einer Vereinbarung mit der Kommission den DSGV nicht zur Abgabe einer solchen Erklärung verpflichten, ansonsten läge ein rechtlich unerheblicher Vertrag zu Lasten Dritter vor.[1139]

Allerdings ist mit *Nagel* davon auszugehen, dass die Markenrechte des DSGV einem Verwenden der Bezeichnung Sparkasse durch einen privaten Investor entgegenstehen würden. Denn das Eigentum ist auch im Unionsrecht als Grundrecht anerkannt. Dies äußerte der EuGH bereits im Jahr 1979. Damals leitete er den Eigentumsschutz aus den verschiedenen Verfassungskonzeptionen der Mitgliedsstaaten ab.[1140]

Zwischenzeitlich hat der Eigentumsschutz seinen Niederschlag in Art. 38 AEUV (ex-Art. 30 EG) gefunden, der unmittelbar allerdings nicht auf die Niederlassungs- und die Kapitalfreiheit anwendbar ist, weil er unter „Kapitel 3: Verbot von mengenmäßigen Beschränkungen zwischen den Mitgliedsstaaten“ steht. Allerdings hat der EuGH seine Rechtsprechung, dass nicht nur die Diskriminierung, sondern auch eine unterschiedslose Behandlung gegen diese Grundfreiheiten verstoßen kann, im Rahmen einer Überprüfung eines Verstoßes gegen die Warenverkehrsfreiheit entwickelt. Entsprechend liegt auch eine Heranziehung des in Art. 38 AEUV niedergelegten Gedankens des Eigentumsschutzes nahe.

Betrachtet man mit der herrschenden Meinung das Eigentum, worunter auch das Recht an einer Marke zu zählen ist, als Unionsgrundrecht, so kollidieren die Eigentumsrechte des DSGV hier mit den Grundfreiheiten des AEUV. Denn § 6 der Markensatzung des DSGV legt fest, wer die Bezeichnung Sparkasse führen darf und ein privater Erwerber der Berliner Sparkasse würde nicht zu diesem Kreis gehören, so dass dem DSGV gegen die dann privatisierte Sparkasse aus dem Markenrecht ein Unterlassungsanspruch[1141] hinsichtlich des Verwendens der Bezeichnung Sparkasse zustehen würde. Andererseits verlangen die Grundfreiheiten nach Ansicht der Kommission, dass ein privater Erwerber der Berliner Sparkasse die Bezeichnung weiter führen kann.

Diese Kollision des Unionsgrundrechts Eigentum mit den Grundfreiheiten führt dazu, dass das Eigentumsrecht als immanente Schranke der Grundfreiheiten wirkt.[1142] Dieser hohe Stellenwert des Eigentums ergibt sich insbesondere daraus, dass der Eigentumsschutz nicht nur für den Berechtigten streitet, sondern dass es darüber hinaus ein öffentliches Interesse daran gibt, dass die Eigentumsordnung der

---

1138 Nagel, S. 34.

1139 Nagel, S. 34.

1140 EuGH, Slg. 1980, 1979 f., verb. Rs. 41/79, 121,79 und 796/79 – Testa, Maggio, Vitale.

1141 Rechtsgrundlage des Unterlassungsanspruchs: § 97 Abs. 2 i.V.m. § 14 Abs. 5, 2 Nr. 2 MarkenG.

1142 Nagel, S. 35.

Mitgliedsstaaten beibehalten wird.[1143] Denn das Eigentumsrecht, hier an der Marke, schützt nicht nur den Konkurrenten individuell, sondern es ist ein wesentlicher Bestandteil, damit ein funktionierender Wettbewerb in den Mitgliedsstaaten besteht. Hier wird durch den Eigentumsschutz eine Verwechslungsgefahr gebannt, die zu einem weniger transparenten Markt führen würde.[1144]

Insofern sind die Markenrechte des DSGV hier von der Kommission als immanente Schranke der Grundfreiheiten anzuerkennen und die Kommission kann dem DSGV, weder unmittelbar noch mittelbar durch die Bundesrepublik Deutschland, aufgeben auf diese Markenrechte zu verzichten.

Eine Abwägung kann nicht zu Lasten der Markenrechte des DSGV gehen, da auf eine andere Art das Eigentumsrecht des DSGV nicht verwirklicht werden könnte. Dieses Ergebnis deckt sich auch mit der Ansicht des EuGH in der bereits erwähnten Rechtssache Pfeiffer.[1145] Auch dort wurde das Verbot des Nutzens einer Bezeichnung im Wesentlichen aufgrund einer Verwechselungsgefahr mit einem privaten Mitbewerber als gerechtfertigt angesehen.

Auch im Übrigen ist die beschränkende Wirkung durch § 40 KWG, die auf einen Niederlassungswilligen oder einen Investor ausgeht, als vergleichsweise gering einzustufen, wenn man den mit der Vorschrift verbundenen Schutzzweck betrachtet, wie bereits oben erläutert. Mithin ist § 40 KWG eine Regelung, die auch im Hinblick auf die Grundfreiheiten als verhältnismäßig anzusehen ist.

Dieses Ergebnis wird noch dadurch bestätigt, dass es sich nach dieser Ansicht bei den Sparkassen um Dienste im allgemeinen öffentlichen Interesse handelt und deren Tätigkeit einem besonderen Schutz unterliegt, was sich aus Art. 14 AEUV ergibt. Denn es ist die Wertentscheidung des nationalen Gesetzgebers zu beachten, der den Sparkassen eine besondere Wichtigkeit einräumt und ihnen den Schutz ihrer Bezeichnung gewährt.

b) Ergebnis

Nach der hier vertretenen Ansicht verstößt die Vorschrift des § 40 KWG nicht gegen Unionsrecht, dies ergibt sich nach Ansicht des Verfassers aus mehreren rechtlichen Erwägungen:

- Der Bezeichnungsschutz fällt unter die Bereichsausnahme des Art. 345 AEUV.
- Zudem ist bereits sehr fraglich ob die Schutzbereiche der Kapitalverkehrsfreiheit und der Niederlassungsfreiheit überhaupt betroffen sind, weil nach der Keck-Rechtsprechung des EuGH mittelbare Beschränkungen durch das Ordnungsrecht den Schutzbereich dieser Grundfreiheiten nicht eröffnen und § 40 KWG hier dem Ordnungsrecht zuzurechnen ist. Sofern man doch zu einem Eingriff in die

1143 Nagel, S. 35.

1144 Nagel, S. 35; zum Markenschutz siehe insbesondere die Entscheidung des EuGH Slg. 1993, I-6227, Rs. C-317/91 – Deutsche Renault AG gegen Audi AG.

1145 EuGH 1999, I-2853 – Pfeiffer.

Schutzbereiche kommt, sprechen diese Erwägungen dafür, dass die Einschränkung jedenfalls verhältnismäßig ist.
- Jedenfalls wäre ein Verstoß gegen die Grundfreiheiten aufgrund schützenswerter Allgemeininteressen und aufgrund der mit den Grundfreiheiten kollidierenden Markenrechte des DSGV gerechtfertigt.

XV. Zusammenfassung

Anlässlich der Krise der SachsenLB beschäftigte sich diese Untersuchung zunächst mit der Frage, ob das öffentlich-rechtliche Bankensystem auch gegenwärtig noch eine Rechtfertigung findet.

Hierzu wurden zunächst die Marktbedeutung und die Geschichte des Systems betrachtet. Danach wurde die rechtliche Organisation der Sparkassen und Landesbanken dargestellt. Hierbei zeigte sich, dass die Sparkassen regelmäßig in der Rechtsform der Anstalt des öffentlichen Rechts organisiert sind. Eine bedeutende Ausnahme sind die freien Sparkassen, die allerdings nur einen kleinen Teil innerhalb der Sparkassengruppe ausmachen. Aus dieser Organisation heraus ergibt sich das Regionalprinzip, das allerdings nicht ausnahmslos gilt. Die Landesbanken sind bereits zum heutigen Zeitpunkt vergleichsweise häufig in Privatrechtsform geführt. Das Regionalprinzip spielt hier keine Rolle.

Dann wurde umfassend auf den öffentlichen Auftrag eingegangen und dessen theoretische Elemente mit der tatsächlichen Situation verglichen, nachdem die Argumente der Gegner der Sparkassenorganisation beschrieben wurden.

Die Anforderungen an eine Rechtfertigung wurden umfassend untersucht. Nach Ansicht des Verfassers kann staatliche Wirtschaftstätigkeit nicht einzig zu dem Zweck erfolgen, Gewinne zu erzielen. Dem Staat kommt keine Privatautonomie zu und das Grundgesetz trifft keine feste Wertentscheidung für eine bestimmte Wirtschaftsordnung. Nach dem Ergebnis dieser Untersuchung gibt es auch kein verfassungsrechtliches Subsidiaritätsprinzip für staatliche Wirtschaftstätigkeit. Allerdings ergeben sich Beschränkungen staatlicher Wirtschaftstätigkeit aus den Grundrechten der Wettbewerber. Staatliche Wirtschaftstätigkeit überschreitet häufig, so in den Fällen der Sparkassen und Landesbanken, die Eingriffsschwelle, so dass das Handeln einer Rechtfertigung bedarf.

Verbunden mit den Beschränkungen aus dem Rechtsstaatsprinzip und denen des Verhältnismäßigkeitprinzips entsteht allerdings eine gewisse Nähe zu einem verfassungsmäßig angeordneten Subsidiaritätsprinzip. Das öffentliche Unternehmen muss zunächst einem öffentlichen Zweck dienen. Weiterhin stellt sich die Frage, ob der Dienst des staatlichen Unternehmens nicht mit einem weniger gravierenden Eingriff auf andere Weise geschehen kann. Dies kann u. U. eine Änderung der Rahmengesetzgebung sein, um dadurch eine Verpflichtung einzelner Unternehmen zu erreichen, bestimmte Leistungen anzubieten.

Entscheidet sich der Staat für eigenes Wirtschaftshandeln, so muss ein öffentlicher Zweck vorhanden sein. Dieser entwickelt sich bei einer entsprechenden Qualifizierung zum Gemeinwohlinteresse.

Es wurde festgestellt, dass der normierte öffentliche Auftrag teilweise mit den aktuellen Entwicklungen nicht Schritt gehalten hat, so dass etwa die Förderung des Sparens das staatliche Engagement in diesem Bereich nicht rechtfertigen kann. Ebensowenig können nach dem Ergebnis dieser Untersuchung die Sicherungsfunktion und die Funktion der Hausbank des Gewährträgers eine Rechtfertigung des Handelns der Sparkassen und Landesbanken tragen.

Allerdings zeigte insbesondere der Blick auf den englischen Bankenmarkt, wo es keine Sparkassen mehr gibt, dass die Sparkassen sowohl aktiv als auch passiv dafür sorgen, dass in Deutschland eine funktionierende flächendeckende Versorgung mit Bankdienstleistungen sichergestellt ist. Damit einher geht das Anbieten von Girokonten für Jedermann, auf dessen Führung einzig bei den Sparkassen ein Anspruch besteht, und die Sicherstellung der Kreditversorgung des Mittelstandes.

Die Gewährleistung der flächendeckenden Versorgung mit Finanzdienstleistungen wird als das wesentliche Rechtfertigungselement angesehen. Hiermit ist auch die Tätigkeit der Landesbanken gerechtfertigt, weil die Landesbanken es den Sparkassen erst ermöglichen, bestimmte Geschäfte anzubieten. Zu nennen sind hier die Funktionen der Landesbanken bei der Abwicklung des Zahlungsverkehrs und bei Wertpapiergeschäften und die Unterstützung der Sparkassen bei großvolumigen Kreditengagements.

Das flächendeckende Zugänglichmachen des gesamtenen Angebotes an Bankdienstleistungen, insbesondere von Girokonten, ermöglicht es dem Einzelnen erst, am Wirtschaftsverkehr teilzunehmen und stärkt damit die Wirtschaft insgesamt. Zudem enthält diese Gewährleistung ein Element der Chancengleichheit und findet damit eine Stütze im Sozialstaatsprinzip.

Um den geschützten öffentlichen Zweck noch zu verstärken, sollte der öffentliche Auftrag allerdings noch weiter konkretisiert werden. So sollte in jedem Sparkassengesetz klargestellt werden, dass die Gewinnerzielung niemals Hauptzweck sein kann. Wichtiger noch scheint eine entsprechende Konkretisierung des öffentlichen Auftrages in den einschlägigen Rechtsgrundlagen der Landesbanken. Zu einem ähnlichen Schluss gelangen die Beschlüsse des 68. Deutschen Juristentages. Demnach sei der öffentliche Auftrag der Sparkassen und Landesbanken durch den Gesetzgeber so zu fassen, „dass eine Quersubventionierung der damit verbundenen Geschäftstätigkeit durch rein ertrags- und renditeorientierte Geschäftsbankentätigkeiten unzulässig ist“[1146]. Entsprechende Geschäftsbankentätigkeiten seien „abzuwickeln bzw. zu privatisieren“[1147].

Darüberhinaus sollte das Engagement der Sparkassen in der Schuldnerberatung festgeschrieben werden, hier bestehen die entsprechenden Kenntnisse. Außerdem sollte die rasche Umsetzung zentralbankpolitischer Maßnahmen aufgenommen werden. Weiterhin sollte die Unterstützung von jungen Unternehmen in der Region dadurch verbessert werden, dass es den Sparkassen gestattet wird, sich an diesen Unternehmen zu beteiligen. Die Aufnahme der Pflicht, Finanzinnovationen zu entwickeln, würde die Wettbewerbsfunktion der Sparkassen weiter stärken. Die Aufnahme eines Abtretungsverbots für Kredite, die ordnungsgemäß bedient werden,

---

1146 Beschlüsse des 68. Deutschen Juristentages, S. 15.

1147 Beschlüsse des 68. Deutschen Juristentages, S. 15.

würde das Vertrauen der Menschen in das Finanzdienstleistungswesen insgesamt stärken, dessen Vorliegen in dieser Branche wesentlich ist.

Die Grundrechte der Wettbewerber müssen nach Ansicht des Verfassers zurückstehen, weil der Eingriff in das Handeln der Mitbewerber relativ klein ist. So können die privaten Kreditinstitute den Sparkassen und Landesbanken mit allen Mitteln des Wettbewerbs begegnen und die Sparkassen haben aufgrund ihrer staatlichen Organisation spätestens seit dem Wegfall von Anstaltslast und Gewährträgerhaftung keinen Wettbewerbsvorteil mehr.

Spätestens mit der Anpassung des öffentlichen Auftrages scheint also die Rechtfertigung auch in Zukunft fortzubestehen.

Weiterhin hat die Untersuchung gezeigt, dass die Mittel der besonderen Aufsicht über die Sparkassen und Landesbanken grundsätzlich dazu geeignet sind, Missständen, wie sie etwa bei der SachsenLB aufgetreten sind, entgegenzuwirken. Die allgemeine Aufsicht der BaFin auf der Grundlage des KWGs vermag nach Ansicht des Verfassers eintretende Krisen, wie diejenige der SachsenLB, nur mittelbar zu verhindern, indem sie das Einhalten von Eigenkapitalkennzahlen beaufsichtigt. Auf die Geschäftstätigkeit kann allerdings mit der allgemeinen Bankaufsicht grundsätzlich kein Einfluss genommen werden. Dies kann aufgrund der besonderen Aufsicht über die Sparkassen und Landesbanken geschehen, vorausgesetzt der öffentliche Auftrag ist entsprechend klar gefasst.

Bei der innerbetrieblichen Aufsicht durch die Verwaltungsräte sollte dafür gesorgt werden, dass verschiedene Interessen ausgewogen vertreten werden und die Voraussetzungen an die fachliche Eignung der Verwaltungsratsmitglieder sollten überdacht werden. Auch diese Ansicht findet sich in den Beschlüssen des 68. Deutschen Juristentages. Demnach sollen die Mitglieder der Überwachungsorgane über die erforderliche fachliche Eignung verfügen und die Aufsichtsbehörde bei Nichteinhaltung „die erforderlichen Abhilfemaßnahmen treffen“.[1148]

Die Betrachtung der Verkaufsmodelle hat ergeben, dass der derzeit einzige Weg, eine Sparkasse zu verkaufen, der Verkauf im Wege eines Asset-Deals ist. Alle anderen Formen des Verkaufs bedürfen Gesetzesänderungen. In diesem Zusammenhang hat sich die Problematik des Bezeichnungsschutzes aus § 40 KWG gezeigt, der dem Erwerber der Sparkasse die Führung der Bezeichnung verbietet, sofern der Erwerber Privater ist.

An der Europarechtskonformität des § 40 KWG bestehen nach dem Ergebnis dieser Untersuchung keine Bedenken.

Insgesamt hat die Untersuchung gezeigt, dass den Sparkassen und Landesbanken eine wichtige Rolle sowohl in der nationalen Bankenlandschaft als auch insgesamt für die deutsche Volkswirtschaft zukommt. Die Institute haben eine lange Tradition in Deutschland. Auch wenn sich die Aufgaben, denen sie sich widmen müssen, im Laufe der Zeit ändern, besteht kein Zweifel, dass es derzeit und wohl auch in Zukunft gute Gründe gibt, sie vorzuhalten.

1148 Beschlüsse des 68. Deutschen Juristentages, S. 15.

Literaturverzeichnis

Anderheiden, Michael: Gemeinwohl in Union und Republik; Mohr Siebeck Verlag, Tübingen, 2006 (zit.: Anderheiden).

Arndt, Hans-Wolfgang: Europarecht; 6. Auflage, C. F. Müller Verlag, Mannheim, 2006 (zit.: Arndt).

Backhaus, Jürgen: Öffentliche Unternehmen – Zum Wirtschaftsrecht, den Funktionen und Rechtsformen öffentlicher Unternehmen; 2. Auflage; Haag und Herchen Verlag, Frankfurt am Main, 1980 (zit.: Backhaus).

Badura, Peter: Erfüllung öffentlicher Aufgaben und die Unternehmenszwecke der wirtschaftlichen Betätigung der öffentlichen Hand; in: Festschrift für Helmut Schlochauer, Herausgeber: von Münch, Ingo, S. 3 ff., Walter de Gruyter Verlag, Hamburg 1981 (zit.: Badura).

Badura, Peter: Wirtschaftsverfassung und Wirtschafts-verwaltung, Ein exemplarischer Leitfaden; 3. Auflage, Mohr Siebeck Verlag, München, 2008 (zit.: Badura, Wirtschaftsverfassung und Wirtschaftsverwaltung).

Bähre, Inge Lore: Bankenaufsicht; in: Handwörterbuch der Sparkassen (Bd. 1); Deutscher Sparkassenverlag, Stuttgart 1981, S. 185 – 197 (zit.: Bähre).

Beck, Heinz, Samm, Carl-Theodor und Kokemoor, Axel (Hrsg.): Gesetz über das Kreditwesen – Kommentar mit Materialien und ergänzenden Vorschriften; Loseblattsammlung, 146. Aktualisierung, August 2010, C. F. Müller Verlag, Heidelberg (zit.: Beck/Samm-*Bearbeiter*).

Becker, Florian: Die Vernetzung der Landesbanken; Duncker und Humblot Verlag, Bonn 1997 (zit.: Becker).

Berger, Klaus: Niedersächsisches Sparkassengesetz, Kommentar; 2. Auflage, Verlag C. H. Beck, München, 2006 (zit.: Berger).

Bettermann, Karl August: Gewerbefreiheit der öffentlichen Hand; in: Berliner Festschrift für Ernst E. Hirsch, S. 1 ff.; Duncker und Humblot Verlag, Berlin, 1968 (zit.: Bettermann).

Bettermann, Karl-August: Juristische Personen des öffentlichen Rechts als Grundrechtsträger; in: Neue Juristische Wochenschrift, 1969, S. 1321 ff. (zit.: Bettermann, NJW).

Beuthien, Volker: Öffentliche Kreditwirtschaft zwischen Marktanpassung und Strukturwandel; in: WM – Zeitschrift für Wirtschafts- und Bankrecht, 2004, S. 1467 ff. (zit.: Beuthien).

Blessing, Matthias: Öffentlich-rechtliche Anstalten unter Beteiligung Privater – Verwaltungsorganisationsrecht, Gesellschaftsrecht und bundesstaatliche Kompetenzordnung; Nomos Verlagsgesellschaft, Baden-Baden, 2008 (zit.: Blessing).

Bloss, Michael, Ernst, Dietmar, Häcker, Joachim und Eil, Nadine: Von der Subprime-Krise zur Finanzkrise – Immobilienblase: Ursachen, Auswirkungen, Handlungsempfehlungen; Oldenbourg Verlag München, Frankfurt, 2009 (zit.: Bloss/Ernst/Häcker/Eil).

Boos, Karl-Heinz, Fischer, Reinfrid und Schulte-Mattler, Hermann (Hrsg.): Kreditwesengesetz – Kommentar zu KWG und Ausführungsvorschriften; Verlag C. H. Beck, 3. Auflage, München 2008. (zit.: Boos/Fischer/Schulte-Mattler-*Bearbeiter*).

Bosse, Burkhard Roderich: Rechtsprobleme des Zusammenschlusses von Sparkassen; Duncker und Humblot Verlag, Berlin 1982 (zit.: Bosse).

Boysen, Sigrid und Neukirchen, Mathias: Europäisches Beihilferecht und mitgliedsstaatliche Daseinsvorsorge; Nomos Verlagsgesellschaft, Berlin, 2006 (zit.: Boysen/Neukirchen).

Bredow, Günther, Schick, Manfred und Liebscher, Finn-Michael: Privatisierung öffentlich-rechtlicher Sparkassen – Gegenwärtige Gestaltungsoptionen, insbesondere das Modell Stralsund; in: BKR – Zeitschrift für Bank- und Kapitalmarktrecht Praxiswissen für Rechtsberatung und Rechtsgestaltung 2004, S. 102 ff. (zit.: Bredow/Schick/Liebscher).

Brenncke, Martin: Nomen est omen? – Zur Europarechtskonformität des Bezeichnungsschutzes für Sparkassen; in: Zeitschrift für Bankrecht und Bankwirtschaft, 2007, S. 1 ff. (zit.: Brenncke).

Britz, Gabriele: Funktion und Funktionsweise öffentlicher Unternehmen im Wandel: Zu den jüngsten Entwicklungen im Recht der kommunalen Wirtschaftsunternehmen; in: Neue Zeitschrift für Verwaltungsrecht, 2001, S. 380 ff. (zit.: Britz).

Brümmerhoff, Dieter und Lehmann, Erik: Öffentlich-rechtliche Sparkassen oder wie gemeinnützig ist der öffentliche Auftrag?; in ZögÜ – Zeitschrift für öffentliche und gemeinwirtschaftliche Unternehmen, 2000, S. 131 ff. (zit.: Brümmerhoff/Lehmann).

Brzoska, Thomas: Die öffentlich-rechtlichen Sparkassen zwischen Staat und Kommunen – Zum Standort der Sparkassen unter besonderer Berücksichtigung des sparkassentypischen Regionalprinzips; Duncker und Humblot Verlag, Berlin, 1976 (zit.: Brzoska).

Bundesverband Deutscher Banken: Anzahl der Banken und ihrer Zweigstellen in den einzelnen Bankengruppen; abrufbar unter: http://www.bankenverband.de/pic/artikelpic/012009/ta0901_vw_774bankenstellen-bgr.pdf; Abruf vom 09.09.2009 (zitiert BVB).

Burghof, Hans Peter und Rudolph, Bernd: Bankenaufsicht: Theorie und Praxis der Regulierung, Wiesbaden, 1996 (zit.: Burghof/Rudolph).

Burgi, Martin: Kommunalrecht; Verlag C. H. Beck, München, 2008 (zit.: Burgi).

Burmeister, Joachim: Ist die Unternehmensverfassung der Stadt- und Kreissparkassen als öffentlich-rechtliche Anstalten noch funktionsgerecht?; in:

Unternehmensverfassung in der privaten und öffentlichen Wirtschaft, Festschrift für Erich Potthoff zur Vollendung des 75. Lebensjahres, S. 225 ff., Nomos Verlags-Gesellschaft, Baden-Baden, 1989 (zit.: Burmeister).

Burmeister, Joachim und Stern, Klaus: Die kommunalen Sparkassen – Verfassungs- und verwaltungsrechtliche Probleme; Verlag W. Kohlhammer GmbH, Köln, 1971 (zit.: Stern/Burmeister).

Burmeister, Joachim: Vom staatsbegrenzenden Grundrechts-verständnis zum Grundrechtsschutz für Staatsfunktionen; Athenäum Verlag, Frankfurt/Main, 1971 (zit.: Burmeister).

Callies, Christian und Ruffert, Matthias (Hrsg.): EUV/EGV – Das Verfassungsrecht der Europäischen Union mit Europäischer Grundrechtecharta; 3. Auflage, C. H. Beck Verlag, München, 2007 (zit.: Callies/Ruffert-*Bearbeiter*).

CEP – Centrum für europäische Politik: Sparkassenstreit, Stellungnahme des CEP; abrufbar unter: www.cep.eu/fileadmin/user_upload/Pressemappe/Sparkassen streit.pdf; Abruf vom 12.08.2009 (zit.: CEP).

Claussen, Bernd: Teilprivatisierung kommunaler Sparkassen; Ökonomische und rechtliche Rahmenbedingungen für eine Beteiligung Privater an den kommunalen Kreditinstituten; Nomos Verlagsgesellschaft, Baden-Baden, 1990 (zit.: Claussen, Bernd).

Claussen, Carsten Peter: Bank- und Börsenrecht; 4. Auflage, C. H. Beck Verlag, München, 2008 (zit.: Claussen).

Claussen, Harald: Der Einfluß der Gemeinde auf die kommunale Sparkasse nach dem nordrhein-westfälischen Sparkassengesetz vom 07. Januar 1958; Duncker und Humblot, Berlin, 1964 (zit.: Claussen, Harald).

Cremer, Wolfram: Gewinnstreben als öffentliche Unternehmen legitimierender Zweck: Die Antwort des Grundgesetzes; in: Die Öffentliche Verwaltung, 2003, S. 921 ff. (zit.: Cremer).

Cruickshank, Don: Competition in UK Banking – A Report to the Chancellor of the exchequer; The Stationery Office, Norwich, 2000 (zit.: Cruickshank).

Deutscher Sparkassen- und Giroverband (Hrsg.): Haftungsverbund der Sparkassen-Finanzgruppe schützt Kunden und sichert Bestand der Institute; Fakten, Analysen, Positionen, Nr. 18; abrufbar unter: http://presse.dsgv.de/owx_medien/media12/1296.pdf; Abruf vom 13.09.2010 (zit.: DSGV Faktenpapier Nummer 18).

Deutscher Sparkassen- und Giroverband (Hrsg.): Sparkassen sichern Arbeitsplätze und ermöglichen neue Chancen für Beschäftigung; Fakten, Analysen, Positionen, Nr. 19; abrufbar unter: http://presse.dsgv.de/owx_medien/media12/1298.pdf; Abruf vom 07.09.2009 (zit.: DSGV Faktenpapier Nummer 19).

Deutscher Sparkassen- und Giroverband (Hrsg.): Sparkassen und der Bankenmarkt in Deutschland; Fakten, Analysen, Positionen, Nr. 23; abrufbar unter:

http://presse.dsgv.de/owx_medien/media14/1499.pdf; Abruf vom 13.09.2010 (zit.: DSGV Faktenpapier Nummer 23).

Deutscher Sparkassen- und Giroverband (Hrsg.): Ratingagentur DBRS würdigt Bonität der Sparkassen-Finanzgruppe mit A (high); Fakten, Analysen, Positionen, Nr. 31; abrufbar unter: http://presse.dsgv.de/owx_medien/media15/1544.pdf; Abruf vom 13.09.2010 (zit.: DSGV Faktenpapier Nummer 31).

Deutscher Sparkassen- und Giroverband (Hrsg.): Fairness – ein zentraler Wert der Sparkassen; Fakten, Analysen, Positionen, Nr. 32; abrufbar unter: http://presse.dsgv.de/owx_medien/media15/1571.pdf; Abruf vom 13.09.2010 (zit.: DSGV Faktenpapier Nummer 32).

Deutscher Sparkassen- und Giroverband (Hrsg.): Standortbestimmung, Entwicklungslinien der deutschen Kreditwirtschaft, Deutscher Sparkassenverlag, Bonn, 1984 (zit.: DSGV-*Bearbeiter)*.

Deutscher Sparkassenverlag: HWS Handwörterbuch der Sparkassen, Deutscher Sparkassenverlag, Band 3, Kreditgeschäfte bis Sichteinlagen; Deutscher Sparkassenverlag, Stuttgart, 1982 (zit.: HWS-*Bearbeiter*).

Dietlein, Johannes: Die Lehre von grundrechtlichen Schutzpflichten; Duncker und Humblot Verlag, Berlin, 1991 (zit.: Dietlein).

Dolzer, Rudolf, Kahl, Wolfgang Waldhoff, Christian und Graßhof, Karin (Hrsg.): Bonner Kommentar zum Grundgesetz; Gegründet 1950, 146. Aktualisierung, Juli 2010, C. F. Müller Verlag, Heidelberg (zit.: Bonner Kommentar-*Bearbeiter*).

Donges, Juergen B.; Eekhoff, Johann; Möschel Wernhard; Neumann, Manfred J.M. und Sievert Olaf: Privatisierung von Sparkassen und Landesbanken, Frankfurter Institut – Stiftung Marktwirtschaft und Politik, Bad Homburg, 2001 (zit.: Donges/Eekhoff/Möschel/Neumann/Sievert).

Dörries, Georg: Zur Rechtsstellung von Landesbanken unter besonderer Berücksichtigung der Westdeutschen Landesbank; Peter Lang Verlag, Frankfurt a. M., 1988 (zit.: Dörries).

Dreier, Horst (Hrsg.): GG Grundgesetz, Kommentar; Band I, Art. 1-19; 2. Auflage, Mohr Siebeck Verlag, Tübingen, 2004 (zit.: Dreier-*Bearbeiter*).

Dreier, Horst (Hrsg.): GG Grundgesetz Kommentar, Band II Artikel 20 – 82; 2. Auflage, Mohr Siebeck Verlag, Tübingen, 2006 (zit.: Dreier- *Bearbeiter)*.

Eckert, Frank: Kommunale Aufgaben im Bereich der Wirtschaftsverwaltung – Eine rechts- und begriffssystematische Untersuchung über Zulässigkeit und Grenzen wirtschaftsrelevanten Handelns der öffentlichen Verwaltung unter besonderer Berücksichtigung der Stellung der Kommunen; Ergon Verlag, Höchberg, 2003 (zit.: Eckert).

Ehlers, Dirk: Das neue Kommunalwirtschaftsrecht in Nordrhein-Westfalen; in: Nordrhein-Westfälische Verwaltungsblätter, 2000, S. 1 ff. (zit.: Ehlers; das neue Kommunalwirtschaftsrecht).

Ehlers, Dirk: Die Anstalt öffentlichen Rechts als neue Unternehmensform der kommunalen Wirtschaft; in: Beiträge zum öffentlichen Wirtschaftsrecht: Verfassungsrechtliche Grundlagen, Liberalisierung und Regulierung, öffentliche Unternehmen; Verlag Recht und Wirtschaft GmbH, Heidelberg und Stuttgart, 2005 (zit.: Ehlers).

Ehlers, Dirk: Die wirtschaftliche Betätigung der öffentlichen Hand in der Bundesrepublik Deutschland; in: Juristen Zeitung, 1990, S. 1089 ff. (zit.: Ehlers, Die wirtschaftliche Betätigung der öffentlichen Hand).

Ehlers, Dirk: Verwaltung in Privatrechtsform; in: Schriften zum Öffentlichen Recht, Band 464, Berlin, 1984 (zit.: Ehlers, Verwaltung in Privatrechtsform).

Ellinger, E.P. und Lomnicka, Eva: Modern Banking Law, Second Edition, Clarendon Press, Oxford, 1996 (zit.: Ellinger/Lomnicka).

Epping, Volker und Hillgruber, Christian (Hrsg.): Grundgesetz Kommentar, Verlag C. H. Beck, München, 2009 (zit.: Epping/Hillgruber-*Bearbeiter*).

Everling, Ulrich: Eigentumsordnung und Wirtschaftsordnung in der Europäischen Gemeinschaft; in: Funktionswandel der Privatrechts-institutionen, Festschrift für Ludwig Reiser zum 70. Geburtstag, 1974, S. 379 ff. (zit.: Everling).

Le Fanu, Julian: Bankenmarkt Großbritannien, Kon-solidierung, Wettbewerb und der Cruickshank-Bericht; in: Die Bank, 03/2004, S. 150 ff. (zit.: Le Fanu).

Fischer, Klemens, H.: Der Vertrag von Lissabon, Text und Kommentar zum europäischen Reformvertrag; 2. Auflage, Gemeinschafts-auflage der Verlage Nomos Verlagsgesellschaft, Baden-Baden und Stämpfli Verlag AG, Bern, 2010 (zit.: Fischer, Der Vertrag von Lissabon).

Fischer, Reinfried: Der öffentliche Auftrag der Sparkassen heute; in: Sparkassenhistorisches Symposium 1985 – Der öffentliche Auftrag der Sparkassen in der historischen Entwicklung, S. 64 ff., Deutscher Sparkassenverlag, Stuttgart, 1986 (zit.: Fischer, Reinfried).

Fischer, Reinfried: Sparkassenstruktur und Privatisierung; in: Sparkasse, 1992, S. 567 ff. (zit.: Fischer, Sparkassenstruktur).

Fischer, Thomas R.: Der Weg nach vorn – Strategien von Landesbanken und Sparkassen nach dem Wegfall von Anstaltslast und Gewährträgerhaftung; in: Der Landkreis, S. 539 bis 541 (zit.: Fischer).

Fischer-Abt, Stefanie: Die öffentliche Aufgabe der Sparkassen nach niedersächsischem Recht; Osnabrück, 1997 (zit.: Fischer-Abt).

Forsthoff, Ernst: Die Verwaltung als Leistungsträger; W. Kohlhammer Verlag, Stuttgart, 1938 (zit.: Forsthoff).

Forsthoff, Ernst: Rechtsfragen der leistenden Verwaltung; W. Kohlhammer Verlag Stuttgart, 1959 (zit.: Forsthoff, leistende Verwaltung).

Frenz, Walter: Handbuch Europarecht; Band 1, Europäische Grundfreiheiten, Springer Verlag, Aachen, 2004 (zit.: Frenz).

Frick, Heinrich: Die Staatsaufsicht über die kommunalen Sparkassen – Die Sparkassen als Selbstverwaltungsträger und ihr Verhältnis zum Staat in der Bundesrepublik Deutschland; Dunker und Humblot, Düsseldorf, 1961 (zit.: Frick).

von Friesen, Alexander: Staatliche Haftungszusagen für öffentliche Kreditinstitute aus europarechtlicher Sicht; Boorberg-Verlag, Stuttgart, 1998 (zit.: von Friesen).

aus der *Fünten, Heinz*: Der Verwaltungsrat der Sparkasse; Duncker und Humblot Verlag, Berlin, 1968 (zit.: Fünten).

Fuest, Winfried; Krocker, Rolf und Schatz, Klaus-Werner: Die wirtschaftliche Betätigung der Kommunen und die Daseinsvorsorge; Deutscher Instituts-Verlag, Köln, 2002 (zit.: Fuest/Krocker/Schatz).

Gallwas, Hans-Ullrich: Faktische Beeinträchtigungen im Bereich der Grundrechte – Ein Beitrag zum Begriff der Nebenwirkungen; Duncker und Humblot Verlag, Berlin, 1970 (zit.: Gallwas).

Gärtner, Stefan: Sparkassen als Akteure einer integrierten Regionalentwicklung: Potential für die Zukunft oder Illusion?; Graue Reihe des Instituts Arbeit und Technik 2003-05 (zit.: Gärtner).

Grabitz, Eberhard (Begründer) und Hilf, Mainhard: Das Recht der Europäischen Union; Band I, EUV/EGV, Stand: 40. Ergänzungslieferung, Oktober 2009, Verlag C. H. Beck, München (zit.: Grabitz/Hilf).

Geiger, Rudolf: EUV/EGV – Vertrag über die Europäishe Union und Vertrag zur Gründung der Europäischen Gemeinschaft; 4. Auflage, Verlag C. H. Beck, München, 2004 (zit.: Geiger, EUV/EGV).

Geiger, Rudolf, Khan, Daniel-Erasmus und Kotzur, Markus: EUV/AEUV – Vertrag über die Europäische Union und Vertrag über die Arbeistweise der Europäischen Union; 5. Auflage, Verlag C. H. Beck, München, 2010 (zit.: Geiger/Khan/Kotzur).

Geschwandtner, Marcus und Bach, Melissa: Bezeichnungsschutz für Sparkassen, quo vadis?; in: NJW – Neue Juristische Wochenschrift, 2007, S. 129 ff. (zit.: Geschwandtner/Bach).

Grapentin, Tobias; Berg, Claudia und Pfingsten, Andreas: Stakeholder-Management von Sparkassen im Spiegel der Geschäftsberichte – theoretische Anforderungen, Bestandsaufnahme und kritische Bewertung; in: Zeitschrift für Bankrecht und Bankwirtschaft, S. 399 ff. (zit.: Grapentin/Berg/Pfingsten).

Grewe, Wilhelm, G.: Auswärtige Gewalt; in: Handbuch des Staatsrechts, Bd. III, 2. Auflage, C. F. Müller Verlag, Heidelberg, 1996 (zit.: Grewe, HBStR).

von der Groeben, Hans und Schwarze, Jürgen (Hrsg.): Kommentar zum Vertrag über die Europäische Union und zur Gründung der Europäischen Gemeinschaft; 6. Auflage, Nomos Verlagsgesellschaft, Baden-Baden, 2003 (zit.: von der Groeben/ Schwarze-*Bearbeiter)*.

Güde, Udo: Geschäftspolitik der Sparkassen: Grundlagen und aktuelle Probleme; 5. Auflage, Deutscher Sparkassenverlag, 1989 (zit.: Güde).

Haasis, Heinrich: Johann Christian Eberle – Neue Zeiten – Neue Ziele; in: Lebendiges Rheinland-Pfalz, Zeitschrift für Wirtschaft, Wissenschaft und Kultur; Heft 1/2008, „50 Jahre LRP Landesbank Rheinland-Pfalz und die drei Säulen des deutschen Bankensystems“; S. 16 ff. (zit.: Hassis, 50 Jahre LRP).

Haasis, Heinrich: Sparkassen-Finanzgruppe: Struktur, Ziele, Leistungen; in: Knapps enzyklopädisches Lexikon des Geld-, Bank- und Börsenwesens, Auflage 2007, Fritz Knapp Verlag, Frankfurt am Main (zit.: Haasis).

Haratsch, Andreas, Koenig, Christian und Pechstein, Matthias: Europarecht; 6. Auflage, Mohr Siebeck Verlag, Tübingen, 2009 (zit.: Haratsch/Koenig/Pechstein).

Hasselmann, Anja: Die Ausschlusstatbestände für den Beihilfebegriff des Art. 87 EGV am Beispiel von Anstaltslast und Gewährträgerhaftung im öffentlich-rechtlichen Bankensystem der Bundesrepublik Deutschland; Peter Lang Verlag, Frankfurt am Main, 2001 (zit.: Hasselmann).

Hedrich, Carl-Christoph: Die Privatisierung der Sparkassen; Ein Beitrag zu den institutionellen Problemen der Deregulierung; Nomos Verlagsgesellschaft Baden-Baden, Stuttgart, 1992 (zit.: Hedrich).

Heintzen, Markus: Rechtliche Grenzen und Vorgaben für eine wirtschaftliche Betätigung von Kommunen im Bereich der gewerblichen Gebäudereinigung; Duncker und Humblot Verlag, Berlin, 1999 (zit.: Heintzen).

Helmrich, Klaus und Schick, Olaf: Die beliehene Sparkassen-Holding AG – Ein Modell für die Zukunft; in BKR- Zeitschrift für Bank- und Kapitalmarktrecht, Praxiswissen für Rechtsberatung und Rechtsgestaltung, S. 882 ff. (zit.: Helmrich/Schick).

Henneke, Hans-Günter: Sparkassen, Girozentralen und überregionale Zusammenarbeit; Verwaltungsblätter Baden-Württemberg, 2010, S. 173 ff. (zit.: Henneke).

Henneke, Hans-Günter: Sparkassen- und Landesbankenstruktur nach der Finanzkrise; Deutsches Verwaltungsblatt, 2010, S. 472 ff. (Henneke, DVBl).

Henning, Friedrich-Wilhelm: Die historischen Wurzeln des öffentlichen Auftrags der Sparkassen; in: Sparkassenhistorisches Symposium 1985 – Der öffentliche Auftrag der Sparkassen in der historischen Entwicklung, S. 15 ff.; Deutscher Sparkassenverlag, Stuttgart, 1986 (zit.: Henning).

Hentschel, Volker: Die geschichtliche Entwicklung der Landesbanken/Girozentralen von 1924 bis 1945; in: Die Landesbanken/Girozentralen – historische Entwicklung und Zukunftsperspektiven, Deutscher Sparkassenverlag, Stuttgart, 1991, (zit.: Hentschel).

Hidien, Jürgen: Gemeindliche Betätigungen rein erwerbswirtschaftlicher Art und „öffentlicher Zweck“ kommunaler wirtschaftlicher Unternehmen; Duncker und Humblot Verlag, Berlin, 1981 (zit.: Hidien).

Höhns, Stefan: Die Aufsicht über Finanzdienstleister – Kompetenzen, Eingriffsbefugnisse, Neustrukturierung; Duncker und Humblot Verlag, Augsburg, 2002 (zit.: Höhns).

Hösch, Ulrich: Öffentlicher Zweck und wirtschaftliche Betätigung von Kommunen; in: Die Öffentliche Verwaltung, 2000, S. 393 ff. (zit.: Hösch, Öffentlicher Zweck).

Hoffmann-Becking, Michael: Die Begrenzung der wirtschaftlichen Betätigung der öffentlichen Hand durch Subsidiaritätsprinzip und Übermaßverbot; in: Fortschritte des Verwaltungsrechts – Festschrift für Hans J. Wolff zum 75. Geburtstag, S. 445 ff.; C. H. Beck Verlag, München, 1973 (zit.: Hoffmann-Becking).

Huber, Peter M.: Öffentlich-rechtliche Sparkassen in Privatrechtsform?; in: Wirtschaft im offenen Verfassungsstaat – Festschrift für Reiner Schmidt zum 70. Geburtstag, Verlag C. H. Beck, München, 2006 (zit.: Huber).

Isensee, Josef: Gemeinwohl im Verfassungsstaat; in: Handbuch des Staatsrechts, 3. Auflage, Herausgeber: Josef Isensee und Paul Kirchhof, Band IV, C. F. Müller Verlag, Heidelberg, 2006 (zit.: Isensee).

Jäger, Manfred und Voigtländer, Michael: Hintergründe und Lehren aus der Subprime Krise, Artikel, abrufbar unter: http://www.iwkoeln.de/Portals/0/pdf/trends03_08_2.pdf; Abruf vom 27.09.2009 (zit.: Jäger/Voigtländer).

Jarass, Hans und Pieroth, Bodo: Grundgesetz für die Bundesrepublik Deutschland; 10. Auflage; Verlag C. H. Beck, München, 2009 (zit.: Jarass/Pieroth).

Kahl, Wolfgang und Diederichsen, Lars: Subventionsrecht; in: Schmidt/Vollmöller, Kompendium Öffentliches Wirtschaftsrecht, 3. Auflage, S. 157 ff.; Springer Verlag Berlin, Heidelberg, 2007 (zit.: Schmidt/Vollmöller-*Kahl/Diederichsen*).

Karl-Bräuer-Institut des Bundes der Steuerzahler e. V.: Privatisierung von Sparkassen und Landesbanken; herausgegeben vom Karl-Bräuer-Institut des Bundes der Steuerzahler e. V., Wiesbaden, 1994 (zitiert KBI).

Kaserer, Christoph und Berner, Marlise: Die Entwicklung des Privatbankiers in Deutschland seit dem Zweiten Weltkrieg im Lichte geschäftspolitischer und aufsichtsrechtlicher Tendenzen; in: Bankhistorisches Archiv, Beiheft 41, Der Privatbankier – Nischenstrategien in Geschichte und Gegenwart; Franz Steiner Verlag, Stuttgart, 2003 (zit.: Kaserer/Berner).

Kemmler, Iris: Keine Anstalt ohne Anstaltslast – Zur Abschaffung der Anstaltslast für Landesbanken und Sparkassen -; in: Deutsches Verwaltungsblatt, S. 100 ff. (zit.: Kemmler).

Keßler, Thomas: Aufsichtskonkurrenz im Sparkassenwesen – Eine Untersuchung der verschiedenen Aufsichtsarten über die Sparkassen und ihre möglichen Überschneidungen; Sofort-Druck, Tübingen, 1987 (zit.: Keßler).

Kirste, Stephan: Die Realisierung von Gemeinwohl durch verselbständigte Verwaltungseinheiten; in: Gemeinwohl in Deutschland, Europa und der Welt; S. 327 ff.,

Herausgeber: Winfried Brugger, Stephan Kirste und Michael Anderheiden, Nomos Verlagsgesellschaft, Baden-Baden, 2002 (zit.: Kirste).

Kirchhof, Paul: Hoheitsgebiet und Sparkassengebiet – Funktion und begriffliche Voraussetzungen der Sparkassenneuordnung bei Gebietsänderungen der Gewährträger; in: Deutsches Verwaltungsblatt 1983, S. 921 ff. (zit.: Kirchhof).

Klein, Hans H.: Zum Begriff der öffentlichen Aufgabe; in: Die Öffentliche Verwaltung, 1965, S. 755 ff. (zit.: Klein, H. H.).

Klein, Jochen: Das Sparkassenwesen in Deutschland und Frankreich, Entwicklung, aktuelle Rechtsstrukturen und Möglichkeiten einer Annäherung; Duncker und Humblot, Berlin, 2002; (zit.: Klein).

Klein, Mikko: Die Privatisierung der Sparkassen und Landesbanken – Begründungen, Probleme und Möglichkeiten aus ökonomischer und rechtlicher Perspektive; Peter Lang Verlag; Passau, 2003 (zit.: Klein, Mikko).

Kluth, Winfried: Grenzen kommunaler Wettbewerbs-teilnahme; Carl Heymanns Verlag, Köln, 1988 (zit.: Kluth).

Koch, Thorsten: Kommunale Finanzkrise und Verkauf kommunaler Sparkassen; in: Neue Zeitschrift für Verwaltungsrecht 2004, S. 578 ff. (zit.: Koch).

Kölble, Josef: Außenbeziehungen der Länder?; in: Die Öffentliche Verwaltung (DÖV), 1965, S. 145 ff. (zit.: Kölble).

Kohlhausen, Martin: Die aktuelle Fusionswelle im europäischen Bankwesen; in: Zeitschrift für das gesamte Kreditwesen; S. 30 ff. (zit.: Kohlhausen).

Kolb, Angela: Aktuelle Entwicklungen der europarechtlichen Vorgaben für die kommunale Daseinsvorsorge. Wettbewerb contra oder für das Gemeinwohl?; in: LKV – Landes- und Kommunalverwaltung 2006, S. 97 ff. (zit.: Kolb).

Koller, Peter: Das Konzept des Gemeinwohls. Versuch einer Begriffsexplikation; in Brugger/Kirste/Anderheiden (Hrsg.), Gemeinwohl in Deutschland, Europa und der Welt, Nomos Verlagsgesellschaft, Baden-Baden, 1994 (zit.: Koller).

Kost, Sebastian und Geerling, Tobias: Rechtliche Vorgaben für Restrukturierungen im Sparkassensektor; in: BKR – Zeitschrift für Bank- und Kapitalmarktrecht, S. 690 ff. (zit.: Kost/Geerling).

Krähmer, Rolf: Private Finanzierung kommunaler Infrastrukturinvestitionen – Königsweg oder Sackgasse; in: Der Gemeindehaushalt 11/1992, S. 241 ff. (zit.: Krähmer).

Krüger, Herbert: Allgemeine Staatslehre; Zweite Auflage, W. Kohlhammer Verlag, Stuttgart, (Berlin, Köln, Mainz) 1966 (zit.: Krüger).

Küchenhoff, Günther: Zuständigkeitsgrenzen in der Jugend- und Sozialhilfe – Bemerkungen zum Urteil des Bundesverfassungsgerichts v. 18.07.1967; NJW 67, 1795; in: NJW – Neue Juristische Wochenschrift 1968, S. 433 ff., (zit.: Küchenhoff).

Kümpel, Siegfried: Bank- und Kapitalmarktrecht; 3. Auflage, Dr. Otto Schmidt Verlag, Köln, 2004 (zit.: Kümpel).

Kunig, Philip (Hrsg.): Grundgesetz-Kommentar; begründet von Ingo von Münch; 4./5. Auflage, C. H. Beck-Verlag, München, 2001 (zit.: Münch/Kunig).

Langer, Thomas: Monopole als Handlungsinstrumente der öffentlichen Hand; Duncker und Humblot Verlag, München, 1997 (Langer).

Larenz, Karl: Methodenlehre der Rechtswissenschaft; 5. Auflage, Springer – Verlag, Heidelberg, 1983 (zit.: Larenz).

Lehnhoff, Jochen und Mielk, Holger: Gesetz über das Kreditwesen (KWG) einschließlich u.a. des Gesetzes über die integrierte Finanzdienstleistungsaufsicht und des 4. Finanzmarktförderungsgesetzes – Kurzkommentar; Deutscher Genossenschafts Verlag eG, Wiesbaden, 2003 (zit.: Lehnhoff/Mielk).

Lenz, Carl-Otto und Borchardt Klaus-Dieter: EU- und EG-Vertrag Kommentar; Bundesanzeiger Verlag, Köln, 2006 (zit.: Lenz/Borchardt-*Bearbeiter*).

Loeser, Roman: Die Mischverwaltung; Dissertation, Göttingen, 1974 (zit.: Loeser).

Lohr, Valentin: Satzungsgewalt und Staatsaufsicht – Eine kommunal- und sparkassenrechtliche Untersuchung; W. Kohlhammer Verlag, Stuttgart, 1963 (zit.: Lohr).

Lübking, Uwe und Vogelgesang, Klaus: Die Kommunalaufsicht – Aufgaben -Rechtsgrundlagen – Organisation; Erich Schmidt Verlag, Berlin, München, Regensburg, 1998, (zit.: Lübking/Vogelgesang).

Lütke-Uhlenbrock, Christian: Bewertung öffentlich-rechtlicher Sparkassen; Deutscher Universitätsverlag, Wiesbaden, 2007 (zit.: Lütke-Uhlenbrock).

Lutter, Marcus: Pflichten und Haftung von Sparkassenorganen; Carl-Heymanns Verlag KG, Köln 1991 (zit.: Lutter, Pflichten und Haftung).

Lutter Marcus: Zur Rechtmäßigkeit von internationalen Risikogeschäften durch Banken der öffentlichen Hand; in: Betriebsberater 2009, S. 786–791 (zit.: Lutter).

Mann, Thomas: Die öffentlich-rechtliche Gesellschaft – Zur Fortentwicklung des Rechtsformenspektrums für öffentliche Unternehmen; Mohr Siebeck Verlag, Göttingen, 2002 (zit.: Mann, Die öffentlich-rechtliche Gesellschaft).

Mann, Thomas: Öffentliche Unternehmen im Spannungsfeld von öffentlichem Auftrag und Wettbewerb; in JZ – JuristenZeitung, 2002, S. 819 ff. (zit.: Mann).

Martens, Wolfgang: Öffentlich als Rechtsbegriff; Verlag Gehlen, Bad Homburg v. d. H., 1969 (zit.: Martens).

Maunz, Theodor (Begr.): Bundesverfassungsgerichtsgesetz Kommen-tar; Band 2, Loseblattsammlung, Stand März 2010, Verlag C. H. Beck, München (zit.: Maunz/Schmidt-Bleibtreu/Klein/Bethge-*Bearbeiter)*.

Maunz, Theodor und Dürig, Günter: Grundgesetz; herausgegeben von: Roman Herzog, Rupert Scholz, Matthias Herdegen, Hans H. Klein, in Verbindung mit Peter Badura, Hermann Butzer, Otto Depenheuer, Udo Di Fabio, Wolfgang Durner, Volker Epping, Christoph Gröpl, Bernd Grzeszick, Christian Hillgruber, Martin Ibler, Ferdinand Kirchhof, Stefan Korioth, Hanno Kube, Peter Lerche, Markus Möstl, Martin Nettesheim, Hans-Jürgen Papier, Albrecht Randelzhofer, Barbara

Remmert, Eberhard Schmidt-Aßmann, Arnd Uhle; 57. Auflage, 2010, Verlag C. H. Beck, München, 2010 (zit.: Maunz/Dürig-*Bearbeiter*).

Meier, Norbert: Kommunale Finanzkrise und Verkauf kommunaler Sparkassen; in: Neue Zeitschrift für Verwaltungsrecht 2004, S. 578–580 (zit.: Koch).

Meyer, Hubert: Kommunalrecht, Nomos Verlagsgesellschaft, Schwerin/Dümmer, 1998 (zit.: Meyer).

Mullineux, Andy und Terberger, Eva: The British banking system – A good Role model for Germany?; Anglo-German Foundation for the Study of Industrial Society, London, 2006 (zit.: Mullineux/Terberger).

Mura, Jürgen: Entwicklungslinien der deutschen Sparkassengeschichte; Deutscher Sparkassenverlag, Stuttgart, 1994 (zit.: Mura).

Möschel, Wernhard: Privatisierung von Sparkassen; in: WM – Wertpapier Mitteilungen, Teil IV, S. 93 ff., 1993 (zit.: Möschel).

Moraing, Markus: Kommunales Wirtschaftsrecht vor dem Hintergrund der Liberalisierung der Märkte – Handlungsbedarf und Handlungs-möglichkeiten aus Sicht der Kommunalwirtschaft –; in: Wirtschaft und Verwaltung, 1998, S. 233 ff. (zit.: Moraing).

Nagel, Bernhard: Die Veräußerung der Berliner Sparkasse und die Vereinbarkeit von § 40 KWG mit dem europäischen Gemeinschaftsrecht – Gutachten für die Hans-Böckler-Stiftung –; Druckfassung, Kassel, 2006 (zit.: Nagel).

Niethammer, Thomas: Die Ziele der Bankenaufsicht in der Bundesrepublik Deutschland – Das Verhältnis zwischen „Gläubigerschutz“ und „Sicherung der Funktionsfähigkeit des Kreditwesens“; Duncker und Humblot Verlag Berlin, 1990 (zit.: Niethammer).

Nipperdey, H. C. und Schneider, Hans: Die Steuerprivilegien der Sparkassen – Ein Rechtsgutachten über die Frage ihrer Verfassungsmäßigkeit; Verlag C. H. Beck, München, 1966 (zit.: Nipperdey/Schneider).

Ochmann, Rainer: Sparkassengesetz in Rheinland-Pfalz; 2. Auflage, Wiesbaden, 1985 (zit.: Ochmann).

Oppermann, Thomas: Subsidiarität als Bestandteil des Grundgesetzes; in Juristische Schulung 1996, S. 569 ff. (zit.: Oppermann).

Ossenbühl, Fritz: Bestand und Erweiterung des Wirkungskreises der Deutschen Bundespost; Duncker und Humblot Verlag, Berlin, 1980 (zit.: Ossenbühl).

Palandt, Otto: Bürgerliches Gesetzbuch; Kommentar, 69. Auflage, Verlag C. H. Beck, München, 2010 (zit.: Palandt-*Bearbeiter*).

Papier, Hans-Jürgen: Kommunale Daseinsvorsorge im Spannungsfeld zwischen nationalem Recht und Gemeinschaftsrecht; in: Deutsches Verwaltungsblatt, 2003, S. 686 ff. (zit.: Papier).

Pautsch, Arne: Privatisierung des öffentlichen Bankensektors – Eine Untersuchung der Rolle des Staates in der Kreditwirtschaft unter Berücksichtigung aktueller

Probleme im nationalen und europäischen Recht; Herbert Utz Verlag, München, 2003 (zit.: Pautsch, Privatisierung).

Pautsch, Arne: Zur rechtlichen Zulässigkeit des Verkaufs kommunaler Sparkassen; in: Die Öffentliche Verwaltung, 2005, S. 990–994 (zit.: Pautsch).

Peters, Hans: Öffentliche und staatliche Aufgaben; in: Festschrift für H. C. Nipperdey zum 70. Geburtstag; Band II, S. 877 ff., C. H. Beck Verlag, München, 1965 (zit.: Peters, öffentliche und staatliche Aufgaben).

Pitschas, Rainer: Berufsfreiheit und Berufslenkung; Duncker und Humblot Verlag, Berlin, 1983 (zit.: Pitschas).

Pohl, Hans: Die geschichtliche Entwicklung der Landesbanken/Girozentralen von den Anfängen bis 1908; in: Die Landesbanken/Girozentralen – historische Entwicklung und Zukunftsperspektiven, Deutscher Sparkassenverlag, Stuttgart, 1991, (zit.: Pohl).

Preussner, Joachim: Der Gesetzentwurf über die Berliner Sparkasse und die Umwandlung der Landesbank Berlin – Girozentrale – in eine Aktiengesellschaft (Berliner Sparkassengesetz) – Zur Neuordnung des Konzerns der Bankgesellschaft Berlin –; in: BKR – Zeitschrift für Bank- und Kapitalmarktrecht, 2005, S. 309 ff. (zit.: Preussner).

Püttner, Günter: Das Sparkassenrecht in der Bundesrepublik Deutschland; 5. Auflage, Deutscher Sparkassenverlag, Tübingen, 2003 (zit.: Püttner, Sparkassenrecht).

Püttner, Günter: Die öffentlichen Unternehmen – Ein Handbuch zu Verfassungs- und Rechtsfragen der öffentlichen Wirtschaft; 2. Auflage, Richard Boorberg Verlag, Tübingen, 1984 (zit.: Püttner).

Reinelt, Iris: Der Beitrag der Sparkassen zum kommunalen Gemeinwohl; Eigenverlag, Bruchsal, 1990 (zit.: Reinelt).

Ronellenfitsch, Michael: Wirtschaftliche Betätigung des Staates; in: Handbuch des Staatsrechts; 3. Auflage, Herausgeber: Josef Isensee und Paul Kirchhof, Band IV, C. F. Müller Verlag, Heidelberg, 2006 (zit.: Ronellenfitsch).

Rudolph, Bernd: Kompetenz für die Region; in Ifo-Schnelldienst Heft 14, 2005, S. 19 ff. (zit.: Rudolph).

Ruthig, Josef und Storr, Stefan: Öffentliches Wirtschaftsrecht; 2. Auflage, C. F. Müller Verlag, Mainz und Graz, 2008 (zit.: Ruthig/Storr).

Sachs, Michael (Hrsg.): Grundgesetz, Kommentar; 5. Auflage, Verlag C. H. Beck; München, 2009 (zit.: Sachs-*Bearbeiter*).

Sachverständigenrat zur Begutachtung der gesamtwirtschaftlichen Entwicklung: Das deutsche Finanzsystem – Effizienz steigern – Stabilität erhöhen; Statistisches Bundesamt, Wiesbaden, 2008 (zit.: Gutachten des Sachverständigenrats).

Schalast, Christoph und Sassenberg, Thomas: Sparkassenreformen: Bildung von Stammkapital, Verkaufsoptionen und Marktkonsolidierung; in: BKR – Zeitschrift für Bank- und Kapitalmarktrecht, 2007, S. 498 ff. (zit.: Schalast/Sassenberg).

Scheer, Olaf: Das Geschäftsstellennetz im Wandel; in: Die Bank, 1994, S. 463 ff. (zit.: Scheer).

Scheuner, Ulrich: Die Funktion der Grundrechte im Sozialstaat – Die Grundrechte als Richtlinie und Rahmen der Staatstätigkeit; in: Die Öffentliche Verwaltung, 1971, S. 505 ff. (zit.: Scheuner).

Schimansky, Herbert, Bunte, Hermann-Josef und Lwowski Hans-Jürgen: Bankrechts-Handbuch; Band II, Verlag C. H. Beck, München, 2007 (zit.: Schimansky/Bunte/Lwowski-*Bearbeiter*).

Schink, Alexander: Wirtschaftliche Betätigung kommunaler Unternehmen; in: NVwZ – Neue Zeitschrift für Verwaltungsrecht, 2002, S. 129 ff. (zit.: Schink).

Schlierbach, Helmut: Das Sparkassenrecht in der Bundesrepublik Deutschland; 3. Auflage, Fortgeführt von Günter Püttner; Deutscher Sparkassenverlag, Stuttgart, 1994 (zit.: Schlierbach/Püttner).

Schmidt-Aßmann, Eberhard und Schoch, Friedrich (Hrsg.): Besonderes Verwaltungsrecht; 14. Auflage, De Gruyter Verlag, Berlin, 2008 (zit.: Schmidt-Aßmann-*Bearbeiter*).

Schmidt-Jortzig, Edzard und Schink, Alexander: Subsidiaritätsprinzip und Kommunalordnung; Deutscher Gemeindeverlag, Verlag W. Kohlhammer; Münster, 1982 (zit.: Schmidt-Jortzig/Schink).

Schneider, Hannes und Busch, Torsten: Swapgeschäfte der Landesbanken; in: Wertpapier Mitteilungen – Zeitschrift für Wirtschafts- und Bankrecht, 1995, S. 326 ff. (zit.: Schneider/Busch).

Schneider, Uwe H.: Die Entwicklung des Bankenaufsichtsrechts; in: Standortbestimmung – Entwicklungslinien der Kreditwirtschaft; herausgegeben vom Deutschen Sparkassen- und Giroverband, Deutscher Sparkassenverlag, Stuttgart, 1984 (zit.: Schneider, Uwe H.).

Scholz, Rupert: Koalitionsfreiheit als Verfassungsproblem; C. H. Beck Verlag, München, 1971 (zit.: Scholz).

Schuster, Detlev und Sohns, Marcus: Zur Veräußerung von Sparkassen; in: ZBB – Zeitschrift für Bankrecht und Bankwirtschaft, 2006, S. 342 ff. (zit.: Schuster/Sohns).

Schwarze, Jürgen (Hrsg.): EU – Kommentar, 2. Auflage, Mitherausgeber: Ulrich Becker, Armin Hatje und Johann Schoo; Nomos Verlagsgesellschaft, Baden-Baden, 2009 (zit.: Schwarze-*Bearbeiter*).

Schwennicke, Andreas und Auerbach, Dirk (Hrsg.): Kreditwesengesetz; Verlag C. H. Beck, München, 2009 (zit.: Schwennicke/Auerbach-*Bearbeiter*).

Segna, Ulrich: Anspruch auf Einrichtung eines Girokontos aufgrund der ZKA Empfehlung „Girokonto für Jedermann"?; in: Zeitschrift für Bank- und Kapitalmarktrecht, 2006, S. 274 ff. (zit.: Segna).

Sinn, Hans-Werner: Der Staat im Bankwesen – zur Rolle der Landesbanken in Deutschland; C. H. Beck Verlag, München, 1997 (zit.: Sinn).

Skowronek, Peter-Christoph: Die europäischen Sparkassensysteme und das Wettbewerbsrecht der EU – Subventionsrechtliche Probleme im europäischen Sparkassenrecht; Peter Lang Verlag, München, 2000 (zit.: Skowronek).

Stamer, Carsten: Rechtsschutz gegen öffentliche Konkurrenzwirtschaft – Unter besonderer Berücksichtigung der grundrechtsdogmatischen Problematik; Duncker und Humblot Verlag, Berlin, 2007 (zit.: Stamer).

Steiner, Jürgen: Die geschichtliche Entwicklung der Landesbanken/Girozentralen von 1945 bis zur Gegenwart; in: Die Landesbanken/Girozentralen – historische Entwicklung und Zukunftsperspektiven, Deutscher Sparkassenverlag, Stuttgart, 1991, (zitiert: Steiner).

Steiner, Udo (Hrsg.): Besonderes Verwaltungsrecht; 8. Auflage, C. F. Müller Verlag, Heidelberg, 2006 (zit.: Steiner-*Bearbeiter*).

Stern, Klaus: Das Staatsrecht der Bundesrepublik Deutschland; Band I, Grundbegriffe und Grundlagen des Staatsrechts, Strukturprinzipien der Verfassung; 2. Auflage, Verlag C. H. Beck, München, 1984 (zit.: Stern).

Stober, Rolf: Allgemeines Wirtschaftsverwaltungsrecht – Grundlagen des Wirtschaftsverfassungs- und Wirtschaftsverwaltungsrechts, des Weltwirtschafts- und Binnenmarktrechts; 16. Auflage, Verlag W. Kohlhammer, Hamburg, 2008 (zit.: Stober, Allg. WirtschaftsverwaltungsR).

Stober, Rolf: Rein gewerbliche Betätigung der öffentlichen Hand und Verfassung; in: Zeitschrift für das gesamte Handelsrecht und Wirtschaftsrecht, 1981, S. 565 ff. (zit.: Stober).

Storr, Stefan: Der Staat als Unternehmer – Öffentliche Unternehmen in der Freiheits- und Gleichheitsdogmatik des nationalen Rechts und des Gemeinschaftsrechts; Mohr Siebeck Verlag, Jena, 2001 (zit.: Storr).

Streinz, Rudolf (Hrsg.): EUV/EGV – Vertrag über die Europäische Union und Vertrag zur Gründung der Europäischen Gemeinschaft; Verlag C. H. Beck, München, 2003 (zit.: Streinz-*Bearbeiter)*.

Sodan, Helge: Vorrang der Privatheit als Prinzip der Wirtschaftsverfassung; in: Die Öffentliche Verwaltung, 2000, S. 361 ff. (zit.: Sodan).

Streinz, Rudolf (Hrsg.): EUV/EGV – Vertrag über die Europäische Union und Vertrag zur Gründung der Europäischen Gemeinschaft; C. H. Beck Verlag, München, 2003, (zit.: Streinz-*Bearbeiter)*.

Suerbaum, Joachim: Durchbruch oder Pyrrhussieg? – Neues zum Schutz Privater vor der Kommunalwirtschaft; in: Die Verwaltung, 2007, S. 29 ff. (zit.: Suerbaum).

Tettinger, Peter J., Erbguth, Wilfried und Mann, Thomas: Besonderes Verwaltungsrecht – Kommunalrecht, Polizei- und Ordnungsrecht, Baurecht; 10. Auflage, C. F. Müller Verlag Heidelberg, 2009 (zit.: Tettinger/Erbguth/Mann).

Thiel, Michael: EUV/EGV – Vertrag über die Europäische Union und Vertrag zur Gründung der Europäischen Gemeinschaft; C. H. Beck Verlag, München, 2003, (zit.: Streinz-*Bearbeiter*).

Träm, Michael: Neue Entwicklungen der staatlichen Bankenaufsicht in Deutschland und den USA sowie der Einfluss von Basel II; Peter Lang Verlag, Frankfurt, 2006 (zit.: Träm).

Trende, Adolf: Geschichte der deutschen Sparkassen bis zum Anfang des 20. Jahrhunderts, Deutscher Sparkassenverlag, Stuttgart, 1957, (zit.: Trende).

Völter, Michael: Die Verantwortlichkeit von Verwaltungsratsmitgliedern von Sparkassen; Köhler Druck, Tübingen, 1993 (zit.: Völter).

Vogel, Hans-Gert: Schutz der Bezeichnung „Sparkasse" und europäische Grundfreiheiten – Replik auf Brenncke; ZBB 2007, 1; in: Zeitschrift für Bankrecht und Bankwirtschaft, 2007, S. 130 ff. (zit.: Vogel, Hans-Gert).

Vollmöller, Thomas: Die wirtschaftliche Betätigung der öffentlichen Hand; in: Schmidt/Vollmöller, Kompendium Öffentliches Wirtschaftsrecht, 3. Auflage, S. 157 ff.; Springer Verlag Berlin, Heidelberg, 2007 (zit.: Schmidt/Vollmöller-*Vollmöller*).

Voßkuhle, Andreas: Glücksspiel zwischen Staat und Markt – Eine Bestandsaufnahme vor dem Hintergrund verfassungs- und europarechtlicher Vorgaben; in: Verwaltungsarchiv, 1996, S. 395 ff. (zit.: Voßkuhle).

Waschbusch, Gerd: Bankenaufsicht – Die Überwachung der Kreditinstitute und Finanzdienstleistungsinstitute nach dem Gesetz über das Kreditwesen; Oldenbourg Wissenschaftsverlag GmbH; München, 2000 (zit.: Waschbusch).

Weber, Bernhard: Öffentliche Unternehmen unter besonderer Berücksichtigung kommunaler Sparkassen; Verlag Josef Eul, Trier, 1989 (zit.: Weber, Bernhard).

Weber, Martin: Die „banküblichen Geschäfte" im Sinne des Geschäftsrechts der Sparkassen – Eine Untersuchung auf der Grundlage der verfassungs- und verwaltungsrechtlichen Vorgaben sowie des Europarechts, Verlag Dr. Hänsel – Hohenhausen, Aachen, 2003 (zit.: Weber, Martin).

Weber, Walter: Die Entwicklung der Sparkassen zu selbständigen Anstalten des öffentlichen Rechts; Verlag Peter Lang, Frankfurt, 1985 (zit.: Weber, Walter).

Weinberger, Bruno: Die Bedeutung der Sparkassen für die Entwicklung des kommunalen Raumes; in: Standortbestimmung – Entwicklungslinien der Kreditwirtschaft; herausgegeben vom Deutschen Sparkassen- und Giroverband, Deutscher Sparkassenverlag, Stuttgart, 1984 (zit.: Weinberger).

Widhofer-Mohnen, Elgin: Regionales Sparkassenwesen und kommunale Gebietsreform – zum Regionalprinzip nach dem nordrhein-westfälischen Sparkassenrecht; Dissertation, Köln, 1979 (zit.: Widhofer-Mohnen).

Witte, Jürgen Johannes und Gregoritza, Anna: Der Bezeichnungsschutz öffentlich-rechtlicher Sparkassen nach § 40 KWG auf dem Prüfstand des Europarechts unter besonderer Berücksichtigung der geplanten Veräußerung der Landesbank Berlin Holding AG (vormals Bankgesellschaft Berlin AG); in: WM – Zeitschrift für Wirtschafts- und Bankecht, 2007, S. 151 ff. (zit.: Witte/Gregoritza).

Wysocki, Josef: Die geschichtliche Entwicklung der Landesbanken/Girozentralen von 1909 bis 1923; in: Die Landesbanken/Girozentralen – historische Entwicklung und Zukunftsperspektiven, Deutscher Sparkassenverlag, Stuttgart, 1991, (zit.: Wysocki).

Zippelius, Reinhold und Würtenberger, Thomas: Deutsches Staatsrecht; 32. Auflage, Verlag C. H. Beck, München, 2008 (zit.: Zippelius/Würtenberger).

Zügel, Walter: Die Sparkassen zwischen öffentlicher Aufgabe und kreditwirtschaftlichem Wettbewerb; in: Sparkassen im Wandel – 3. Bad Iburger Gespräche, Heymann Verlag, Köln, 1993, S. 13–22 (zit.: Zügel).

Zurheide, Nadine: Das Recht der öffentlichen Unternehmen im Spannungsfeld von öffentlichem Auftrag und Wettbewerb; Verlag Dr. Kovac, Hannover, 2008 (zit.: Zurheide).

Zeitungsartikel und Pressemiteilungen

Anzahl der Banken und ihrer Zweigstellen in den einzelnen Bankengruppen: Bundesverband deutscher Banken; abrufbar unter: http://www.bankenverband.de/service/statistik-service/banken/index_html; Abruf vom 18.09.2010 (zit.: Anzahl der Banken und ihrer Zweigstellen in den einzelnen Bankengruppen).

Bafin erzwingt SachsenLB-Verkauf: Handelsblatt online vom 27.08.2007; abrufbar unter: http://www.handelsblatt.com/unternehmen/banken-versicherungen/bafin-erzwingt-sachsenlb-verkauf;1314074; Abruf vom 27.11.2009 (Bafin erzwingt SachsenLB Verkauf).

Die Subprime-Krise erklärt an dem Beispiel Lehman Brothers: Artikel, abrufbar unter: http://www.openpr.de/drucken/275487/Die-Subprime-Krise-erklaert-an-dem-Beispiel-Lehman-Brothers.html; Abruf vom: 27.08.2009 (zit.: Die Subprime-Krise erklärt an dem Beispiel Lehman Brothers).

Die Welt leidet unter mehr als der Finanzkrise: Sassen, Saskia, in: Die Welt vom 17.07.2009, abrufbar unter: http://www.welt.de/politik/Krise/article4139160/Die-Welt-leidet-unter-mehr-als-der-Finanzkrise.html; Abruf vom 18.09.2010 (zit.: Die Welt leidet unter mehr als der Finanzkrise).

EuGH, Pressemitteilung vom 30.11.2009: Abgedruckt in Europäische Zeitschrift für Wirtschaftsrecht, S. 2 ff. (zit.: EuGH, Pressemitteilung v. 30.11.2009).

Geschäftsbericht der LRP für das Jahr 2007: Landesbank Rheinland-Pfalz – LRP, Mainz, 2008 (zit.: Geschäftsbericht der LRP für das Jahr 2007).

Girokonto für jedermann; Probleme bestehen weiterhin: Deutscher Bundestag; abrufbar unter: http://www.bundestag.de/presse/hib/2009_01/2009_009/03.html;

Abruf vom: 13.09.2009 (zit.: Girokonto für jedermann; Probleme bestehen weiterhin).

Group of Governors of Centralbanks and Heads of Supervisions (GHoS) einigen sich auf höhere Mindestkapitalanforderungen: Pressenotiz der Deutschen Bundesbank, abrufbar unter: http://www.bundesbank.de/download/presse/presse notizen/2010/20100913.mindestkapitalanforderungen.php; Abruf vom 02.10.2010 (zit.: Group of Governors of Centralbanks and Heads of Supervisions (GHoS) einigen sich auf höhere Mindestkapitalanforderungen).

KMU-Definition des IfM Bonn: Internetpräsenz des Institut für Mittelstandsförderung Bonn; abrufbar unter: http://www.ifm-bonn.org/index.php?id=89; Abruf vom 22.12.2008 (zit.: KMU-Definition des IfM Bonn).

Marktanteile der Bankengruppen: Bundesverband deutscher Banken; abrufbar unter: http://www.bankenverband.de/tableprint.asp?id=4068; Abruf vom 25.02.2008 (zit.: Marktanteile der Bankengruppen).

Milliardenspritze für SachsenLB: Süddeutsche Zeitung online vom 18.08.2007; abrufbar unter: http://www.sueddeutsche.de/wirtschaft/803/415571/text/; Abruf vom 28.11.2009 (zit.: Milliardenspritze für SachsenLB).

Mit Gründen versehene Stellungnahme: Kommission der Europäischen Gemeinschaften; Mit Gründen versehene Stellungnahme gerichtet an die Bundesrepublik Deutschland gemäß Art. 226 des Vertrages zur Gründung der Europäischen Gemeinschaft wegen Beschränkungen der Niederlassungsfreiheit und des freien Kapitalverkehrs aufgrund des Verbots, nach einer Privatisierung die Bezeichnung Sparkasse zu tragen – unveröffentlicht – (zit.: Mit Gründen versehene Stellungnahme der EU-Kommission).

Neues Landesbankgesetz überarbeiten: Artikel von Simone Strohmayr und Inge Aures (SPD Landtagsfraktion Bayern); abrufbar unter: http://www.spd-landtag.de/aktuell/details.cfm?ID=11729&nav=aktuell. Abruf vom 13.07.2009 (zit.: Neues Landesbankgesetz überarbeiten).

Regierung will Sparkassen und Landesbanken besser kontrollieren: Der Tagesspiegel vom 15.04.2009 (zit.: Regierung will Sparkassen und Landesbanken besser kontrollieren).

Referentenentwurf der Bundesregierung: Bundesregierung, beispielsweise abrufbar unter: http://rsw.beck.de/rsw/upload/Beck_Aktuell/Regierungsent wurf_1_1_1_1_1_1_1_1_1_1_1_1_1.pdf; Abruf vom 15.07.2009 (zit.: Referentenentwurf der Bundesregierung).

Sachsen-Finanzgruppe (SFG) stärkt Substanz der Verbundsparkassen: Pressemitteilung der Sachsen-Finanzgruppe vom 11.07.2008; abrufbar unter: http://www.sach sen-finanzgruppe.de/presse/pressemitteilungen-2008/11.-juli-2008, Abruf vom 07.09.2009 (zit.: Sachsen-Finanzgruppe (SFG) stärkt Substanz der Verbundsparkassen).

Sparbuch Vergleich: „vergleich.de“; abrufbar unter: http://dynamisch.vergleich.de/bg/scms/termingeld/liste.htm?Laufzeit=1&Betrag=5000,00&Zinsfest=null&Kuendigungsfrist=90&MaxNum=50&MinPLevel=0&Wrap=true&ShowConfig=false&SortierteSpalte=Zins; Abruf vom 14.01.2009 (zit.: Sparbuch Vergleich).

Sparkassen Finanzgruppe in Zahlen 2005: DSGV; abrufbar unter: http://www.sparkassen-finanzgruppe.de/owx_medien/media1/134.pdf; Abruf vom 04.06.2009. (zit.: Sparkassen Finanzgruppe in Zahlen 2005).

Sparkassen in Not: Die Folgen für sie und ihre Stadt: Wirtschaftswoche online vom 12.06.2008; abrufbar unter: http://www.wiwo.de/unternehmer-maerkte/sparkassen-in-not-die-folgen-fuer-sie-und-ihre-stadt-295483/; Abruf vom 27.08.2009 (zit.: Sparkassen in Not: Die Folgen für sie und ihre Stadt).

Sparkassen und Genossen stützen die Wirtschaft: Handelsblatt, abrufbar unter: http://www.handelsblatt.com/unternehmen/banken-versicherungen/sparkassen-und-genossen-stuetzen-die-wirtschaft;2446345;0; Abruf vom 22.08.2009 (zit.: Sparkassen und Genossen stützen die Wirtschaft).

Sparkassengruppe erhält A1 Rating: Handelsblatt online vom 13.12.2004; abrufbar unter: http://www.handelsblatt.com/unternehmen/banken-versicherungen/sparkassengruppe-erhaelt-a1-als-rating;833872; Abruf vom 28.11.2009 (zit.: Sparkassengruppe erhält A1 Rating).

Spekulanten aus Verzweiflung: Süddeutsche Zeitung vom 20.08.2007, Seite 4 unten (zit.: Spekulanten aus Verzweiflung).

Staatliche Beihilfen: Grünes Licht der Kommission für die Rettung der HSH Nordbank: Pressemitteilung der Europäischen Union vom 29. Mai 2009; abrufbar unter: http://europa.eu/rapid/pressReleasesAction.do?reference=IP/09/854&format=HTML&aged=0&language=DE&guiLanguage=en; Abruf vom 26.05.2010 (zit.: Staatliche Beihilfen, Grünes Licht der Kommission für die Rettung der HSH Nordbank).

WestLB macht 1,6 Milliarden Euro Verlust: Spiegel online vom 02.04.2008; abrufbar unter: http://www.spiegel.de/wirtschaft/0,1518,544858,00.html; Abruf vom 22.11.2009, (zit.: WestLB macht 1,6 Milliarden Euro Verlust).

Zoff um Sparkassengesetz: Handelsblatt vom 01.06.2010, abrufbar unter: http://www.handelsblatt.com/unternehmen/banken-versicherungen/schleswig-holstein-zoff-um-sparkassengesetz;2591813;2; Abruf vom 28.06.2010 (Zoff um Sparkassengesetz).

www.ingramcontent.com/pod-product-compliance
Ingram Content Group UK Ltd.
Pitfield, Milton Keynes, MK11 3LW, UK
UKHW021916290926
8980IPUK00015B/1288

9 783631 663615